Werner Krum

USA

OSTKÜSTE

Werner Krum

USA

OSTKÜSTE

Atlantische Landschaften
VON
New Hampshire
BIS
South Carolina

Prestel-Verlag München

Für Josefine, Stefanie, Christian und Michaela,
dankend für liebevolle Begleitung

2. durchgesehene Auflage 1984
Passavia Druckerei GmbH Passau
ISBN 3-7913-0543-3

Inhalt

NOVUS ORDO SAECULORUM

Worte von Vergil
auf der Rückseite des großen
Staatssiegels der Vereinigten Staaten
von Nordamerika

The World's great age begins anew
The golden years return

Paraphrase Shelleys
auf den Vergilschen Text

Vorwort

WER immer ein Reisebuch über Amerika schreiben will, muß mit zwei Schwierigkeiten fertig werden. Die eine hat ihre Ursache in dem tradierten Formenkanon europäischer Reiseführer, der teils nüchternen, teils liebevollen Schilderung dessen, was zu sehen ist, ergänzt mit der Darstellung geschichtlicher, aber auch zeitgeschichtlicher Hintergründe. Das ist bei dem kunstgeschichtlichen Reichtum Europas und den vielfältigen Berührungspunkten zur eigenen Geschichte kein Problem, allenfalls das einer sorgfältigen Beschränkung. Diese Methode muß in Amerika notwendigerweise scheitern, und so wendet sich der Betrachter unwillkürlich mehr den politischen und wirtschaftlichen, damit aber auch kontroversen Themen zu, die, zu einem geographischen Itinerar geformt, unweigerlich journalistischen Stil annehmen. Das mag sich zu einem Lesebuch für den zeitgeschichtlich interessierten Leser gestalten lassen, zu dem, was die Medien mit dem schönen Wort Feature bezeichnen, aber kaum zu einem Reiseführer. Ein solcher will dem Reisenden helfen, das Wesen eines Landes zu verstehen, zu erkennen, was durch das Sehen allein nicht erkannt werden kann. Bei der relativ kurzen, aber nicht zu unterschätzenden Tradition Amerikas spielen die Ursachen seiner Abwendung von Europa eine ebenso große Rolle wie die Siedlungsprinzipien und die ins Land mitgebrachten geistigen und religiösen Strömungen des 17. Jahrhunderts. Hier liegt der Fundus, dessen Sichtung uns Amerika verstehen läßt und dem in diesem Buch ein breiterer Raum gewidmet ist. Doch hat glücklicherweise bei unserem Thema die Geographie einen Ariadnefaden geboten, der den Autor davon abgehalten hat, sich in geschichtlichen Hintergründen zu verlieren. Es sei um Nachsicht gebeten, wenn beim Lesen spürbar wird, wie energisch die minoische Königstochter an ihrem Faden gezogen hat.

Von den beiden Quellen, durch die dieses Buch entstand, ist die eine der Wunsch des Verlages, dem ich gerne nachkam, dankend für verständnisvolle Zusammenarbeit und liebevolle Ausstattung des Bildteils. Die andere ist schwerer zu fassen, ähnlich jenen Wassern, die aus den Felsen des Gebirges dringen, um sich erst allmählich zu schmalen Rinnsalen zu sammeln. Da mögen Kindheitserinnerungen eine Rolle spielen, die Erzählungen meines Vaters, dann viele Bücher, die ich in amerikanischer Kriegsgefangenschaft gelesen habe, hungrig nach der bis dahin versperrten Literatur. Dann trat eine lange Pause ein, Beruf und Familie forderten Tribut, erst spät kamen Reisen zustande, deren Eindruck in einem herausfordernden Gegensatz stand zu jenem Bild Amerikas, das seit den sechziger Jahren bei uns dominiert. Dieses Bild aus Ahnungslosigkeit, Hochmut, europäischer Ironie und weltanschaulichem Sarkasmus konnte nicht befriedigen. In Gesprächen mit Freunden fand ich während der Entstehungszeit des Buches manche Bestätigung, aber auch manch freundliche Skepsis, und zwischen diesen Polen liegt wohl die Wirklichkeit, von der ich hoffe, eher zögernd, einen Teil gesehen und berichtet zu haben.

W.K.

Einführung

DER sich an den Küsten Neuenglands bereits recht nördlich gebende Atlantik, die Seen und Berge New Hampshires, der Champlainsee an der Grenze zu Kanada, das waldreiche Appalachengebirge im Westen und die schon von den warmen Strömungen der Karibik verwöhnten Küsten und Plantagen Virginias geben den geographischen Rahmen dieser Darstellung. Hinzugenommen ist ein Ausflug in die Carolina-Staaten nach dem alten Charleston. Bei dieser Abgrenzung stand der Gedanke Pate, daß der genannte Raum von New York, Boston oder Philadelphia aus bequem mit dem Wagen bereist werden kann und einen geschlossenen Einblick in amerikanische Lebensart, aber auch die besondere Geschichte der dreizehn Gründungsstaaten der USA gibt. Eine solche Abgrenzung ist immer willkürlich, sie sollte aber brauchbar sein für ein praktisches Reiseprogramm, und sie muß, und dies war dem Verfasser ein besonderes Anliegen, die geistigen, wirtschaftlichen und politischen Strömungen deutlich machen, die Menschen und Landschaft geformt haben. Wie so häufig haben aber auch hier die Form der Landschaft und das Klima einen bis zum heutigen Tage prägenden Einfluß genommen, haben sich in geheimnisvoller Weise mit der Geschichte der dreizehn amerikanischen Gründungsstaaten verbunden. Im Gegensatz zu dem erst 1819 den Spaniern abgekauften Florida und seinem noch immer spürbaren spanischen Ambiente hat sich in diesem von den Appalachen wie einem gewaltigen Schutzschild umsäumten Raum die wesentlichste Berührung der Alten

Welt mit einem neuen Kontinent und die Ausbildung des vorwiegend angelsächsisch ausgerichteten Lebensstils der Neuen Welt vollzogen.

Doch betrachten wir zur Orientierung zunächst einmal den amerikanischen Kontinent in seiner nördlichen Hälfte im ganzen: vier Großlandschaften formen sein Gesicht. Im Osten die *Appalachen und ihr Vorland* bis zum Atlantik, im Zentrum das riesige *Becken des Mississippi und Missouri,* das seine Niederschläge mit dem zu Überschwemmungen neigenden Mississippi dem Golf von Mexiko zuführt, im Norden die unendlichen Weiten des ebenen, aber doch 300 bis 500 Meter Höhe erreichenden *Kanadischen Schildes,* an dessen Süd- und Südwestrand sich eine endlose Kette gewaltiger Seen anschließt, die vom Großen Bärensee im äußersten Nordwesten bis zum Ontario-See im Südosten reicht, und im Westen des Subkontinents die riesige Barriere des Felsengebirges der *Rocky Mountains.* Gemessen an dieser Unendlichkeit macht der Raum dieser Darstellung – im wesentlichen der Appalachen und ihres atlantischen Vorlandes – noch keine zehn Prozent aus. Und doch hat sich in ihnen der eigentliche Erschließungsprozeß einer neuen Welt abgespielt, weit bedeutsamer, als die mit so spektakulären Daten und Namen verbundene Entdeckung und Eroberung der Azteken- und Inkareiche in Mittel- und Südamerika.

Aus den Höhen der Appalachen und aus den östlichen der Großen Seen eilen alle Flüsse und Bäche ostwärts dem Atlantik zu. Von allen Landschaften Nordamerikas unterschieden, finden sich hier Geländeformen – bewaldete Berge und liebliche Flußtäler –, die den frühen Siedlern vertraut vorkamen und die auch uns noch heute irgendwie europäisch anmuten. So darf uns nicht verwundern, daß die Gründungsstaaten über die lange Zeit von zwei Jahrhunderten ein recht abgeschlossenes Leben führten und kaum Notiz vom restlichen Subkontinent nahmen. Zwei Jahrhunderte sind aber auch in Europa eine lange Zeit gewesen – etwa vom Dreißigjährigen Krieg bis zum Beginn des Industriellen Zeitalters. Das wird unser Urteil über das angeblich »geschichtslose« Amerika korrigieren und das hat die Ausbildung eines besonderen Lebensstils gefördert, in den viel vom europäischen Wesen, speziell seiner angelsächsischen Variante, hineingeflossen ist. Erst relativ spät begann der große Aufbruch in die übrigen Teile Nordamerikas, die Auseinandersetzung mit dem Wilden Westen und den Spaniern. Wenn wir uns einen Augenblick vorstellen, daß sich die Verschmelzung aller dieser Kolonisationen: der Engländer, Schotten, Iren und Deutschen im Osten, der Franzosen am Mississippi und an den Großen Seen und der Spanier im karibischen Raum und in Kalifornien vollzogen hätte, bevor es zu einer Eigenstaatlichkeit und Abtrennung vom alten Europa gekommen wäre, so hätte sich mit Sicherheit ein anderer Staat geformt als der, den wir heute unter dem Namen der Vereinigten Staaten von Nordamerika kennen. Romanische Mentalität, auch in Amerika bereits eingedrungene feudale Strukturen und trennende religiöse Bekenntnisse hätten sich ausgewirkt – ja, es ist überhaupt fraglich, ob sich in diesem riesigen Raum mit den verschiedensten Sprachen ein einheitliches Ganzes gebildet hätte. Wer darum Amerika (und das soll in diesem Buch als Synonym für die USA stehen) verstehen und kennenlernen will, tut gut daran, in der grünen Kühle Neu-Englands zu beginnen und nicht gleich den Sprung in das exotische Klima Kaliforniens zu wagen, farbenfroh und spanisch überhaucht und darum täuschend über das, was ihm zugrunde liegt.

Dem aufmerksamen und die Karte gelegentlich benutzenden Leser wird nicht entgangen sein, daß die hier benutzten Begriffe der *dreizehn Gründungsstaaten,* der *Staaten an der Ostküste* und der geographischen *Großlandschaft der Appalachen* samt Küstenvorland nicht völlig identisch sind. Zu den dreizehn Gründungsstaaten: New Hampshire, Massachusetts, Connecticut, Rhode Island, New York, New Jersey, Delaware, Pennsylvania, Maryland, Virginia, North Carolina, South Carolina und Georgia, die bis 1763 den Besitz der englischen Krone darstellten, kommen noch die damals von Frankreich abhängigen Gebiete, die heutigen Staaten Vermont und Maine als Teile Neu-Englands hinzu. Nur einer dieser Staaten, Vermont, grenzt nicht an den Atlantik.

Die vier Regionen des Ostens

Um diesen Raum einer Beschreibung zugänglich zu machen, ein Raum, der klein ist, gemessen am ganzen Kontinent, aber groß, gemessen an Europa, und als Orientierungshilfe, sei eine Aufteilung in vier recht unterschiedliche Regionen erlaubt. Im Süden haben *Florida* und *Puerto Rico* als alte spanische Kolonien einen eigenen Charakter, der trotz aller touristischen Überschwemmungen deutlich wahrnehmbar ist, auch heute wieder stärker betont und gepflegt wird. Nördlich an Florida schließen sich die Staaten des *südlichen Atlantik* an: Georgia, South Carolina und North Carolina, von den Amerikanern auch kurz the South-East genannt, einst Teil der Konföderierten Staaten, die wir meist Südstaaten nennen und die sich im Civil War oder Sezessionskrieg 1861 von den Nordstaaten zu trennen versuchten. Ging es auch in diesem Bürgerkrieg, dessen Spuren und Ressentiments bis heute nicht völlig verwischt sind, vordergründig um das Sklavenproblem, so liegt doch die wahre Ursache viel tiefer, wurde gewissermaßen als Infektionsherd bereits bei der europäischen Besiedlung ins Land geschleppt. Einen ersten Hinweis geben uns die Namen dieser Staaten. Sie entstanden als Adelsbelehnungen durch die britische Krone an der Wende zum 17. Jahrhundert und Georgia erinnert an den Hannoveraner Georg II. von England, während die beiden Carolina-Staaten ihren Namen auf Karl II. zurückführen. Das gab diesem weiten Land einen feudalen Status, der sich über lange Zeitläufte erhielt, und sich später in den großen Plantagen äußerte, ihren weißen Herrenhäusern im Colonial Style, in deren palladianischer Formensprache wir noch den Einfluß der romanischen Welt sehen. Die edlen Proportionen, die der große Baumeister aus Vicenza in die Architektur eingeführt hat, ihre eleganten, großzügigen Portici, gelangten über Englands ›Palladian Style«, der noch immer Südengland und London mitprägt, nach Georgia, Virginia und Carolina. Der örtlichen Neigung zur Holzkonstruktion angepaßt, hat die klassizistische Architektur hier ihren letzten Ausläufer erfahren, und selten hat ein Baustil seine Schönheit, seine menschlichen Proportionen an seinem Anfang und an seinem Ende gleichermaßen aufrechterhalten. Das die Sonne reflektierende Weiß dieser säulengeschmückten Bauten vor dem üppigen Grün der Dogwoodbäume und dem zarten Rosa der Magnolien gibt ihnen einen liebenswerten Kontrast zwischen gedanklicher Strenge und der leichten Hand der Natur.

The Old South, der Süden, bringt zum puritanischen, kühleren Norden jenen landschaftlichen, klimatischen und gesellschaftlichen Kontrast, der seine Entsprechung in Europa zwischen der maßhaltenden Strenge Nordeuropas und der weichen Üppigkeit Südeuropas hat. Wie es wohlhabende europäische Pensionäre nach Italien und Spanien zieht, lockt es amerikanische Pensionäre aus Chicago und New York nach Georgia oder South Carolina. Auch die Industrie folgt einem uns nicht unbekannten Trend, verlagert sich südwärts, folgt der Neigung der Zeit zum weicheren Ambiente, der Lässigkeit der Form und den vielfältigeren Möglichkeiten, die Freizeit auch im Freien zu verbringen. Auch die Neger zieht es aus den Steinwüsten der Städte des Nordens wieder zurück – dahinter steht die Erkenntnis, daß die formale Gleichstellung des Nordens die effektive Lebensqualität des Südens nicht ersetzen kann. Die amerikanische Nation hat seit dem Zweiten Weltkrieg den Süden endgültig angenommen, die Literatur hatte ihn seit Thomas Wolfe, William Faulkner und Tennessee Williams schon früher erkannt, und die Großen der amerikanischen Geschichte, George Washington und Thomas Jefferson, hatten sich in Mount Vernon und in Monticello schon im 18. Jahrhundert ihre großzügigen, ebenso verträumten wie geliebten Landsitze erbaut.

Aber wir wollen auch nicht übersehen, daß im Süden – trotz aller amerikanischen Umgänglichkeit – die gesellschaftlichen Ebenen schärfer getrennt blieben, und dies nicht nur zwischen Weiß und Schwarz. Die Neger der Südstaaten haben darauf in einer besonderen Weise reagiert, indem sie die nie völlig vergessene Harmonie ihrer afrikanischen Heimat, die Geborgenheit innerhalb eines Stammes, zu übertragen suchten auf die an sie herangetragene christliche Heilslehre. Dieser Christengott in der Gestalt des Gekreuzigten, sein Eins-Sein mit den Schwachen und Gedemütigten, war den Nachfahren von Sklaven nur allzu verständlich. In seinen Leiden sahen sie die eigenen und machten in sehnsüchtigen Gospelsongs und Spirituals ihrem Herzen Luft, in ihrer Gläubigkeit ihre weißen Herren irritierend.

Wenn wir nach einem Kontrapunkt zum kühlen, intellektuellen und immer noch ein wenig englischen Boston suchen, so werden wir ihn beispielsweise in Charleston, South Carolina, finden. Welch ein Gegensatz! Als Charles Town gegründet, hat es mit den Jahrhunderten den weichen Charme des Südens angenommen, der seinem Namenspatron, dem lebenslustigen Karl aus dem Hause Stuart, recht gut zu Gesicht gestanden hätte. Die hübsche und lustige Begleiterin seiner Tage, Nell Gwynn, hätte auch hier ihre Späße treiben können.

Gelegen am selben Atlantischen Ozean wie Boston, der an der Mündung des Ashley etwas von den weichen Farbstimmungen der Lagune Venedigs annimmt, bezaubert Charleston mit der Grandezza und Großzügigkeit des Südens, mit wunderschönen alten Häusern, die auch im Stadtbereich über zwei oder drei Stockwerke hinweg klassizistische Laubenumgänge zeigen und nach einem Jahrhundert der Vernachlässigung heute wieder in frischen Farben vom gewachsenen Selbstverständnis der Südstaaten erzählen.

Charleston hat aber auch sein altes musikalisches Erbe wiederentdeckt und feiert zusammen mit dem umbrischen Spoleto ein Musikfestival, in dem sich die Musikalität der Romanen, die Ungezwungenheit Amerikas, aber auch die in Amerika seit dem Kriegsende stark gewachsene Liebe zur klassischen Musik zusammenfinden. An solchen Tagen vollends, wenn aus vielen offenen Fenstern des alten Stadtteils Pergolesis hinreißende, fast synkopische Kammermusik dringt, hier von einer übenden Flötistin, dort von einem dunkel akkompagnierenden Cello vorgetragen, werden wir uns Europa sehr nahe fühlen, hat ja auch das lange verträumte und melancholisch wirkende Spoleto durch diese Gemeinsamkeit und das Bemühen des italo-amerikanischen Komponisten Menotti frischen Aufschwung genommen.

Auch jenseits des Low Country, in dem Charleston liegt, in den Midlands und im breiten atlantischen Strandgürtel North Carolinas mit unberührten weißen Stränden an der vorgelagerten Nehrung bei Cap Hatteras, die durchzogen sind von Straßen, auf denen wir uns mitten im Atlantik wähnen, gelegentlich mit einer Fähre zur nächsten Insel springend, oder in Piedmont, dem großen Tabakgebiet mit den Universitätsstädten Raleigh, Durham und Chapel Hill – immer wird uns die Auswahl schwer fallen. Amerika zu bereisen, heißt eine Auswahl treffen. Es gibt kein klassisches Itinerar, keinen Kanon dessen, was man gesehen haben ›muß‹. So ist der Sinn dieses Buches auch weniger, eine bestimmte Streckenbeschreibung zu geben, als den Reichtum dieses Landes vor dem Leser auszubreiten und ihn eine Auswahl anhand seiner Neigungen und Interessen treffen zu lassen.

An der Nordgrenze von North Carolina betreten wir die Zone der Staaten am *Mittleren Atlantik:* District of Columbia, Maryland, Delaware, New Jersey und New York. Mit etwas Spitzfindigkeit wollen wir auch noch Pennsylvania, das an die obere Delawarebucht grenzt, hinzurechnen, zumal dieser Staat für die Deutschen in Amerika eine besondere Bedeutung hat. Nüchtern und vordergründig gesehen sind diese Staaten das wirtschaftliche und politische Zentrum der Vereinigten Staaten. Aber vieles stört dieses Bild, zumal in den großen Städten: soziale Konflikte, krasse Einkommensunterschiede, Rassenprobleme und Kriminalität. Ihre Entstehung hat diesen Staaten schon sehr früh einen

Stempel aufgedrückt. Im 17. Jahrhundert begann die englische Krone mit einem neuartigen Kolonisationsprinzip. Die Küste zwischen dem 41. und dem 45. Breitengrad wurde an Kaufleute in Plymouth und Bristol vergeben und die Zone zwischen dem 34. und dem 38. Breitengrad einer Gesellschaft von Kaufleuten in London zugesprochen. Dazwischen konnten alle Gesellschaften Niederlassungen gründen, sofern sie einen Abstand von hundert Meilen einhielten.

Drei deutlich voneinander geschiedene Eindrücke werden sich uns einprägen: Die Riesenstädte New York, Philadelphia, Baltimore und Washington – die Mittelgebirgslandschaften Pennsylvaniens mit vielen deutschen Enklaven und religiösen Sekten wie den Quäkern und den Amish, die den Pulsschlag der Zeit spürbar dämpfen, und das schon sehr südliche Virginia, einst der nördlichste Vorposten der Südstaaten und darum auch viele Erinnerungen an den Civil War bewahrend.

Vor allem Virginia wird uns – dessen bin ich sicher – eine große Befriedigung beim Reisen gewähren. Ob wir die dem Baden und Fischen dienenden Küsten der weitgestreckten Chesapeake Bay meinen, ob wir an die historischen Schlachtfelder von Yorktown oder an die alten englischen Stadtgründungen von Jamestown (1609) und Williamsburg denken, die in dem großen Aufschwung historischen Interesses der fünfziger und sechziger Jahre renoviert wurden und eine sehr sehenswerte Demonstration frühen englisch-amerikanischen Lebens darstellen, stets werden sich unsere Augen farbenfrohen und interessanten Baulichkeiten und Landschaften öffnen, wunderschönen Tavernen, Restaurants und Inns, deren Äußeres und häufig auch ihre Einrichtung entweder den Southern Colonial Style oder den englischen Regency Style pflegen.

Die Ufer des von Washington zum Meer strömenden Potomac sind reich an Erinnerungen an jenes frühe Amerika, aber auch an landschaftlicher Schönheit. Eine der schönsten alten Städte dieses Landes, Alexandria, liegt nur wenige Meilen südlich von Washington. Die Old Town ist wie das alte Williamsburg mit für europäische Verhältnisse unvorstellbaren Summen aus privaten Händen restauriert worden. Durch die Straßen zu gehen und Ramsay und Carlyle House, das alte presbyterianische Predigthaus in der Fairfax Street, oder den 1792 eröffneten Apothecary Shop zu sehen, durch die Gentry Row und Captains Row mit vielen alten Kapitänshäusern entlang kopfsteingepflasterter Gassen zu streifen oder in Gadsby's Tavern einzufallen, wo George Washington und seine Frau Martha als stürmische Tänzer bekannt waren und wo noch heute seine Geburtstagsfete als Ball in historischen Kostümen gefeiert wird – stets werden wir hier einen ungeheuren Kontrast zu den Steinwüsten New Yorks finden und die Vielgestaltigkeit dieses großen Landes ahnen, das nicht mit zwei, drei Vorurteilen erfaßt werden kann.

Unweit liegt Mount Vernon, Washingtons Landsitz, fest und großzügig auf einem Hügel über dem Potomac-Fluß erbaut. Der sonst so kühl und unnahbar geschilderte Washington hat dieses Haus geliebt, und wenn er in seinen Feldzügen um die Unabhängigkeit Amerikas am Erfolg zu verzweifeln drohte – seine Frau und Mount Vernon richteten seinen Mut auf. In einem Brief schreibt er: »In einem einzigen Monat mit dir würde ich mehr wahrhaftes Glück erleben, als ich es in der Ferne zu finden die leiseste Aussicht habe.« Auch Monticello, Heimat Thomas Jeffersons und landeinwärts bei Charlottesville gelegen, atmet denselben Geist klassizistischer Kühle, einer wunderschönen Landschaft zugewandt und in manchem an die Villen des Veneto erinnernd, aber auch an Herrenhäuser in Südengland.

Die großen Städte dagegen, zumal der Aufenthalt in New York, werden uns zu schaffen machen. Bei der Ankunft wird uns dieses Gebirge aus Wolkenkratzern, gigantischen Brücken und in vielen Stockwerken sich überkreuzenden Verkehrsanlagen erschreckend anspringen, komplex, berauschend schön und abscheulich häßlich, und wenn wir es nach einer Reise durch die stilleren Landschaften und kurz vor dem Rückflug erneut betreten, wird es uns zum zweiten

Mal erregen, wie wenig diese Gigantenstadt mit Amerika in eins zu setzen, wie sie in vieler Hinsicht amerikanischem Wesen völlig fremd ist. Dann werden wir auch das Europäische an New York deutlicher erkennen, das Faszinierende an diesem Gemenge aus Rassen und Völkern, die Vorurteilslosigkeit ebenso wie die geradezu rührenden Versuche von Volksgruppen, ihre nationale Identität in diesem Schmelztiegel zu bewahren. Darum sollte man New York am Anfang und am Ende etwa zwei Tage reservieren.

Je weiter wir nun nach Norden kommen, um so mehr verliert sich der gleichsam feudale Charakter der Südstaaten. Auch die von Geschäftigkeit überquellende Welt der großen Zentren Washington, Baltimore, Philadelphia, Newark, Jersey City und New York, die sich auf knapp 350 Kilometer zusammendrängen, sinkt zurück. Östlich des Hudson und des Lake Champlain hat sich ein Gebiet gebildet und erhalten, das unter dem Namen *Neuengland* in besonderer Weise Keimzelle der Geschichte der Vereinigten Staaten wurde. Der schon 1643 gegründete Bund der Neuengland-Staaten Connecticut, Rhode Island, Massachusetts and New Hampshire, denen sich später noch Vermont und Maine anschlossen, fiel eine einzigartige geschichtliche und kulturelle Rolle zu. In ihnen verschmolz gediegenes europäisches Erbe unter dem Einfluß religiös-reformatorischer Ideen und den Gedanken der Aufklärung zu jener Kernsubstanz Amerikas, die in Europa nicht nur Anerkennung fand, sondern oft genug das Ziel heimlicher Sehnsucht war und ist.

Geschichtliche Hintergründe

Dem Reisenden wird dieses Besondere am ehesten in den zwei großen Jahrhunderten deutlich, dem 17. und 18., die auch in unserer geschichtlichen Erinnerung, wenn auch aus recht verschiedenen Gründen, ein ›Bild‹ Amerikas formen. An der Wende vom 16. zum 17. Jahrhundert fand die erste Landnahme holländischer und dann zunehmend englischer Kolonisten an den atlantischen Küsten des Nordostens statt.

Diese Menschen kamen nicht aus Beutelust oder Abenteuerdrang, sondern zum großen Teil aus einem ideellen Beweggrund. Enge und religiöse Intoleranz der Alten Welt hatten sie abgestoßen, manchmal regelrecht ausgestoßen. Festgegründete Glaubensüberzeugungen waren vielleicht das bedeutendste Erbe jener Pilgrim Fathers, Forecomers und Puritaner, die aus der Unruhe der englischen Religionskriege hinausstrebten. Doch würde man es sich zu leicht machen, im vordergründigen Gegensatz von Katholiken und Protestanten allein die Ursachen zu sehen. Die englische Hochkirche hatte sich zwar mit Heinrich VIII. von Rom getrennt, aber in vielem die alten Traditionen des Herrschens fortgesetzt. Kein Wunder, daß sich der gedankliche Aufbruch der Reformation in England einer anderen Richtung zuwandte, für die die Stichworte Puritanertum, Quäker und allgemein die Presbyterian Church stehen.

Suchten die spanischen Kolonisten in Süd- und Mittelamerika raschen Reichtum, mühsam von einem religiösen Mäntelchen verhüllt, wurde Australien zwangsweise mit den Insassen englischer Gefängnisse bevölkert – in den späteren Staaten Neuenglands fand sich schon früh eine bewußte Hinwendung zum praktischen Vollzug ideell-religiöser Vorstellungen, gepaart mit der eifrigen Entschlossenheit, die mühsam errungene Freiheit vor der Willkür der Fürsten und dem Dogmatismus der etablierten Kirchen zu verteidigen. Daß diese Rücken an Rücken stehende Rundumverteidigung dann auch wieder – menschlich nur allzu verständlich – ein Gefühl für Auserwähltheit schuf, sei nicht verschwiegen.

Das folgende 18. Jahrhundert ist gekennzeichnet durch die Kämpfe zwischen den rivalisierenden Kronen Englands und Frankreichs. Die Bourbonenkönige hatten mit der Kolonisation an den Nordküsten des Golfes von Mexico in Amerika Fuß gefaßt. Der von Norden herabströmende Mississippi lockte die Neugier der Ansiedler, seinen Ursprung zu ergründen. Die Linie New Orleans – St. Louis – Detroit zeichnet diesen Weg nach. Ihnen kamen die französischen

Pelzjäger entgegen, die, dem eisigen St.-Lorenz-Strom folgend, die Kette der Großen Seen erreichten, so daß sich die englischen Kolonien allmählich einer zunehmenden Einkreisung und Beengung gegenübersahen. Durch die Appalachian Mountains von den Ereignissen im Mississippibekken getrennt, war das Gebiet der heutigen Staaten New York und Vermont Schauplatz des Ringens zwischen Engländern und Franzosen. Die Auseinandersetzungen, die die Folge waren, sind uns geläufig durch James Fenimore Coopers Lederstrumpferzählungen, die weit mehr sind als ein romantisches Indianerbuch. Cooper schildert uns die großartige Landschaft, die Seen und die Wälder, die sich damals im weiten Raum zwischen dem Ontario-See und dem Tal des Hudson ausbreiteten. In diesen Wäldern ging über Jahrzehnte der zähe Kleinkrieg vonstatten zwischen den ›Rotröcken‹, wie die britischen Soldaten wegen ihrer scharlachroten Uniform genannt wurden, und den französischen Truppen in ihren weißen Uniformen. Cooper läßt uns in seiner angenehm unverstellten Sicht aber auch ahnen, daß der Umgang der Weißen mit den Indianern der irokesischen Stammesfamilie noch nicht von der grausamen Vernichtungsstrategie späterer Zeiten geprägt war. Beide kriegführenden Seiten versuchten, die Indianer als Bundesgenossen zu gewinnen. Das war naheliegend in einem so unzugänglichen Gelände, und schnell lernten die roten Männer von den Intrigen und Untugenden ihrer Lehrmeister. Und doch will mir scheinen, daß zu Duncans, Wildtöters und Chingachgooks Zeiten die Idee eines allmählichen Sichnäherkommens zumindest eine Chance hatte. Das Ende ist nüchtern. Mit der Vertreibung der Franzosen waren auch die Indianer vertrieben, und bezeichnenderweise wird dieser Krieg darum auch French and Indian War genannt.

Die wenigsten unserer Landsleute werden allerdings bei der Lektüre von Coopers ›Lederstrumpf‹ erkennen, daß sie den Strumpf ihrer eigenen Geschichte in den Händen halten, will sagen, daß sie einen Teil der Geschichte des Siebenjährigen Krieges lesen. Nur sehr eingeengte Geschichtslehrer könnten und konnten uns erzählen, daß in diesem Krieg der Alte Fritz und Maria Theresia um Leben und Tod Preußens gerungen haben. Gewiß haben sie das, und bekanntlich unterstützte Frankreich Habsburg und England Friedrich den Großen, um ihn dann 1761 doch sitzen zu lassen, so daß ihn nur der Tod der russischen Zarin Elisabeth rettete, auf die das Haus Romanow-Holstein-Gottorp folgte und ihm Frieden bot. In Wahrheit aber wurde auf den überseeischen Kriegsschauplätzen die Welt aufgeteilt. Hatten schon die mit der Krönung Karls II. wieder auf den englischen Thron gelangten Stuarts im Zweiten Englisch-Holländischen Seekrieg Neu-Amsterdam, das heutige New York, den Holländern entrissen, so folgte nun unter den Königen aus dem Hause Hannover 1754-1763 der Englisch-Französische Krieg um Nordamerika. 1756 schloß man mit Friedrich dem Großen die Konvention von Westminster an der Schwelle zum Siebenjährigen Krieg. 1763 verliert Frankreich Kanada und Louisiana östlich des Mississippi. Doch damit ist auch England in die gefährliche Nähe eines Ereignisses gerückt, dessen unheilvoller Vorbote die Bostoner Teaparty war.

Es ist vielleicht kein Zufall, daß das englische Parlament die Ostindische Kompanie im selben Jahr der parlamentarischen Kontrolle unterstellte, in dem es auch verschärften Einfluß auf die Gewinne aus den amerikanischen Kolonien zu nehmen trachtete. So hängt die Tea Party von Boston mit dem zunehmenden Freibeutertum eines Robert Clive in Indien und der Selbstherrlichkeit der englischen Gouverneure zusammen, die den Glanz des Hofes von St. James nachzuahmen suchten. Offenbar hat die Krone und das Parlament aber unterschätzt, daß in den Staaten des bereits 1643 gegründeten Neuengland-Bundes etwas Neues entstanden war: ein Zusammengehörigkeitsgefühl, ein behutsames Wachsen von Eigenständigkeit, von in vielen Kämpfen mit den Indianern und den Franzosen bewiesenem Selbstvertrauen, das den fernen und griesgrämigen Houses of Parliament wie dem »Farmer George« – wie der Hannoveraner Georg III. genannt wurde – wenig Respekt entgegenbrachte.

1775 bis 1783, über neun wechselvolle Jahre, dauerte der Unabhängigkeitskrieg Amerikas. Sein Ausgang war über lange Strecken ungewiß. Erst am 4. Juli 1776 verkündete Jefferson die Unabhängigkeit der Vereinigten Staaten von Nordamerika. Es besteht eine eigentümliche Parallele zur Reformation. Wollte diese zunächst nur gewisse Auswüchse des Papsttums beseitigen, im Grunde aber katholisch bleiben, so wollten auch die amerikanischen Briten nur eine gewisse Unabhängigkeit und viele hingen noch zäh an der Monarchie, die über zwei Jahrhunderte festgegründetes Zentrum britischer Lebensweise war. Doch nahmen die Ereignisse rasch eine Eigendynamik an, die den Kompromiß ausschloß und schließlich zum Bruch und zur Entstehung von Neuem führte.

Und wieder waren es – in seltsamer Duplizität zum Siebenjährigen Krieg – Einflüsse des alten Europa, die den Kampf in Amerika mitentschieden. Der Bayerische Erbfolgekrieg 1778-1779 lähmte die Dispositionen Frankreichs im Verein mit der das Land immer mehr erfüllenden Spannung vor der Großen Revolution. Bedeutende französische und preußische Heerführer, wie von Steuben und Lafayette, stärkten die Reihen der Unterzeichner der ›Declaration of Independence‹. Mit dem Frieden von Versailles – welch eine Ortswahl! – willigte England 1783 in die Unabhängigkeit der dreizehn Gründungsstaaten ein. War dieser Friedensschluß am Hofe des sechzehnten Ludwig nicht ein antimonarchisches Signal? Und wenn England im stillen gehofft hatte, das Blatt könnte sich in Amerika doch noch zu seinen Gunsten wenden: die französische Revolution und die Kriege Napoleons ließen hierzu keinen Atem. England wendet sich Afrika und Asien zu, schafft ein gigantisches Weltreich – aber die ausgesäten Samen der Freiheit keimten schon allerorten, der Traum vom Neuen Rom sollte nicht lange dauern.

Mit dem Frieden von Versailles erlischt aber auch die große Rolle der Neuengland-Staaten. Die ferneren großen Ereignisse in der amerikanischen Geschichte: der Sezessionskrieg, die Kriege mit Spanien, der große Treck in den Mittleren Westen und später nach Kalifornien, die explosionsartige Industrialisierung des 19. und 20. Jahrhunderts haben Neuengland nur noch von fern berührt. Unter der sichtbaren Oberfläche allerdings hat der Geist der Pilgrim Fathers, das puritanische Erbe der Engländer und Schotten, weitergewirkt. Die Abneigung der Nordstaaten gegen die Sklaverei des Südens hat hier ihre geographischen und geistigen Wurzeln. Vielleicht auch die puritanische (und calvinistische) Überzeugung, daß Glaubensstrenge und Streben nach sittlicher Vervollkommnung von Gott sichtbar ausgezeichnet werden. Ausgezeichnet eben durch Mehrung des Reichtums und geschäftlichen Erfolgs. Hier wurzelt die alte, heute auch in Amerika belächelte Vorstellung, daß in ›God's own country‹ eine Art Schutz- und Trutzbündnis gelte, in dem Erfolge sich ganz von selbst einstellen, wenn man nur zur Sonntagsschule gehe und dem Reverend bei der Bibellesung zuhöre.

Ist es nun europäischer Hochmut, darüber zu lästern? Ist dieser Hochmut eine Erbuntugend der Alten Welt, die eine so direkte Zuordnung von Gläubigkeit und Gunst des Schicksals allzu oft ad absurdum geführt sah? Max Webers 1905 geschriebenes Werk ›Die protestantische Ethik und der Geist des Kapitalismus‹ ist noch immer ein häufig zitiertes Standardwerk des calvinistisch-puritanischen Amerika. Mag sich da auch oft eine smarte Business-Erwartung eingeschlichen haben, viel wichtiger ist der große Kraftquell, der immer noch, schier unerschöpflich, aus diesem puritanischen Weltbild sprudelt. Mag uns Europäern die Direktheit und manchmal Naivität befremden – so ist doch zu fragen, wo es denn außerhalb dieser Überzeugungen Amerikas noch eine Kraft auf diesem Planeten gibt, die gleichermaßen als Kraft und als Ideal angesprochen zu werden verdient?

Erinnerungen an europäische Landschaften

Neuengland zu besuchen, ist ein Abenteuer. Sicher kein Abenteuer im Sinne einer riskanten Reise, wohl aber das Abenteuer, vielleicht ganz unerwartet in einen Landstrich zu gelangen, der mit seinen sanften Hügeln, dem Grün seiner Wälder, seinen spiegelnden Seen wie wenige Landstriche Amerikas den Zauber der Ursprünglichkeit bewahrt hat. Ob wir im späten Herbst, wenn die Wälder im satten Orange des Indianersommers aufleuchten, dieses Land besuchen, oder im frühen Frühjahr an einer der zahllosen Buchten des Acadia National Parks in Maine stehen, wenn die Schleier der grauen Morgennebel sich heben, die ersten Hummerfischer hinausfahren und Scharen von Wildgänsen aus dem Schilf aufsteigen, ob wir in Nantucket, Massachusetts, die alten und neuen Segler mit knarrendem Tauwerk in der atlantischen Brise dümpeln sehen, im Winter die Skihänge und verschneiten Wälder Vermonts erleben, von denen uns Carl Zuckmayer aus den Tagen seines Exils berichtet – immer werden wir das Gefühl haben, nahe unserem europäischen Erleben zu sein, freilich mehr erinnert an die nördlichen Küsten Europas, als an seine südlichen.

Von allen Atlantikstaaten Amerikas haben sich die Staaten Neuenglands in den letzten hundert Jahren am wenigsten verändert. Trotz oder vielleicht gerade wegen der großen Universitäten Yale und Harvard hat sich das Alte erhalten, wird gepflegt, pflegt aber auch selbst eine spürbare Distanz zum geräuschvolleren mittleren oder südlichen Atlantik. Lassen wir hier James Fenimore Cooper im ›Letzten Mohikaner‹ schildern, wie er 1740 Neuengland sah:

Die Ereignisse dieser Geschichte fallen in den Sommer des Jahres 1740, als die bewohnten Teile der Kolonie von Neuyork sich auf die vier atlantischen Grafschaften, auf einen kleinen Landstrich an jeder Seite des Hudson, von dessen Mündung bis zu den Wasserfällen in der Nähe seiner Quelle, und auf einige vorgeschobene sogenannte »Nachbarschaften« an den Ufern des Mohawk und des

Schoharie beschränkten. Breite Landstriche der Wildnis erreichten nicht nur die Ufer des Hudson, sondern zogen sich auch über ihn hinaus nach Neu-England und gewährten den geräuschlosen Mokassins des eingeborenen Kriegers, wenn er auf geheimen und blutigen Kriegspfad zog, Schutz und Sicherheit in den dichten Wäldern. Ein Blick aus der Vogelschau über die ganze Gegend östlich des Mississippi zeigte damals weite, ausgedehnte Wälder, durchbrochen von den glänzenden Flächen der Seen und den gewundenen Flußläufen. Nur längs der Küste gab es einen schmalen, schon bebauten Streifen Lands.

Vieles davon ist noch immer wie zu Coopers Zeiten sichtbar, und zu den großen Überraschungen des Amerika-Reisenden gehört es, aus den Steinwüsten Manhattans herauszufahren und, jenseits der George-Washington-Brücke, in den Palisades, jenen steilen Basaltklippen des Hudsontales, nach wenigen hundert Metern auf eine Umgebung zu stoßen, die sich seit den Tagen der Manhattoindianer kaum verändert haben dürfte. Die Silhouette der Stadt New York wirkt von diesem Punkt, lugt man in der plötzlichen Stille unwillkürlich vorsichtig durch die Uferbüsche, wie eine völlig unwirkliche Fata Morgana.

New York

Erste Eindrücke

FAHRT mit dem Taxi vom John-F.-Kennedy-Flughafen nach Manhattan. Autobahnartige Schnellstraßen, Van Wyck Expressway, häßliche Vorstädte wechseln mit mehrstöckigen Kreuzungen, als wir den Long Island Expressway kreuzen. Es ist August und drückend heiß im Wagen, der puertoricanische Fahrer ist gegen die schwüle Hitze genausowenig gefeit wie wir, sein buntes Hemd klebt am Körper. Gelegentlich blitzen seine Augen auf und fluchend prescht er an einer Reihe phlegmatischer Langsamfahrer vorbei.

Aus der flachen Bebauung der Suburbs, über verwitterten Reklameschildern am Rande der schilfumstandenen Lagune taucht das Oval des riesigen Shea-Stadions wie eine aluminiumverkleidete antike Arena in trostloser Umgebung auf. Sahen auch die Arenen des alten Roms so trist aus? Wir vergessen oft, daß einige antike Städte Millionenstädte mit vernachlässigten Mietskasernen waren, in denen Entwurzelte lebten, vom Land in die Stadt getrieben. Auch in das ›neue Rom‹ zieht es die Menschen, hier nennt man sie Puertoricaner und Black Men. Warum kommen immer zur Unzeit solche Gedanken? Wir waren nicht acht Stunden über den Atlantik geflogen, um ihnen nachzuhängen. Was war eigentlich das Ziel unserer Reise, worin bestanden unsere Erwartungen?

Niemand erwartet von Amerika den Eindruck großer Kunstlandschaften, wie etwa der Provence oder Toscana.

Also erwarteten wir Naturlandschaften? Sicherlich hofften wir auf streckenweise vom Menschen kaum berührte Natur und ihre stille Schönheit, und wir haben diese reichlich gefunden. Was Amerika aber am meisten fehlt, das ist der Reichtum an mythologischen Hintergründen, jenes Geflecht von Sagen, Märchen und alter, halb versunkener Geschichte, die Europa, zumindest in unseren Augen, über alle Kontinente erhebt. Alles, was uns in früher Jugend mitge*teilt* wurde – hier fehlt es an eben diesem Teilhaben. Der Fremde er*fährt* nur das Land, er muß deshalb versuchen, in die nicht sichtbaren Hintergründe einzudringen.

So recht eigentlich wußten wir im Grunde nur, daß man im 20. Jahrhundert gar nicht vermeiden kann, das einflußreichste und mächtigste, das wohlhabendste, aber auch umstrittenste Land der westlichen Welt, vielleicht unseres Planeten, erlebt zu haben. War es nicht der Versuch, mit seinen Problemen auch unsere Zeit zu verstehen, war es nicht ein wenig die Neugier (und der Hochmut) des Europäers, zu sehen, ob in der großräumigen Freiheit eines weiten Kontinents das Samenkorn Europas aufgeblüht oder verkommen war?

Hierzu ist die ernüchternde Anfahrt vom Kennedy Airport geeigneter, als das prächtige Entrée der von den Reisenden früherer Jahrzehnte bestaunten Einfahrt in die obere Hudsonbucht mit der imponierenden Skyline von Manhattan. Patina und Pathos der Freiheitsstatue können mit ihrem walhallaleeren Blick uns Heutige nicht mehr darüber hinwegtäuschen – während der an den Piers vorbeigleitende Dampfer bereits den Blick freigibt in die dunklen Straßenschluchten zwischen der 20. und 40. Straße –, daß auch der Fackelschein der Freiheit tiefe Schatten wirft.

Erst als unser Puertoricaner über die riesige Triboro Bridge fährt, umfängt uns frischere Luft, ahnen wir die Brise vom Atlantik und schmecken die Tang- und Teergerüche von den Hafenanlagen des Long Island Sound, den wir queren. Ganz fern und im Dunst taucht für einen Augenblick die Fata Morgana des Doppelgebirges von Upper-

und Downtown Manhattans auf, einige der neueren Wolkenkratzer aus Aluminium und Titan blinken zu uns herüber, als ob sie sagen wollten, »*hier* ist New York, haltet Euch nicht so lange da im Norden auf«. Doch zunächst tauchen wir tief ein in die Slums von Harlem, durchsetzt mit neueren ziegelbraunen Wohnmaschinen von fröstelnder Sterilität.

Ich kenne dies alles von geschäftlichen Reisen, jetzt aber beobachte ich die Reflexion dieser Eindrücke in den Gesichtern meiner Frau, meines siebzehnjährigen Sohnes und der elfjährigen Tochter. Zunächst ist in ihren Augen Irritiertheit. Da ist nichts von Ah's und Oh's, eher Verstörtheit, als das Taxi auf dem F.D. Roosevelt Drive den East River entlang fährt, unter den gewaltigen Gitterkonstruktionen der Queensboro Bridge hindurch, auf der in schwindelnder Höhe die Autokolonnen dahinhasten. Erst als der Central Park mit seinem beruhigenden Grün die Fifth Avenue begleitet, löst sich die Spannung. Urbanes Leben und Eleganz breiten sich aus, freundlich stehen die Pferdedroschken an der Ecke des Parks, und unsere Tochter, die ein großer Pferdenarr ist, findet es gut, daß die Rößlein neben all der chromglänzenden Pracht äpfeln dürfen.

So ist es ganz vernünftig, daß eine gewisse Fremdheit der Begrüßung unsere Ansprüche dämpft. Erst nach Tagen werden wir aus diesem Gefühl wieder auftauchen; langsam, ohne überschäumenden Enthusiasmus, aber stetig und unaufhaltsam wird sich uns der wichtigste Teil dieses Kontinents erschließen. Und beim Abschied werden wir unwillkürlich das Prädikat ›groß‹ und ›beeindruckend‹ finden und unter der gefühlskühlen Oberfläche menschliche Wärme wahrgenommen haben, auch wenn sie sich in puritanisch abwendender Gebärde äußert.

Welch eine Stadt! Abgründe der Straßenschluchten, Abgründe menschlicher Existenz, tiefe Schatten, aber auch helles Licht. Stadt der Hoffnung vieler Generationen von Einwanderern, europäisch wie keine andere Stadt Amerikas, und doch mit dem Gebirge ihrer Wolkenkratzer Symbol eines Neuen Kontinents. Diese Stadt erleben zu wollen, ein ganz klein wenig sie verstehen zu wollen, ist nicht in Sightseeing-Manier in wenigen Stunden oder ein, zwei Tagen zu be wältigen. Und doch möchte ich dem Leser Mut machen, sich dieser Stadt zu öffnen, ihr vier oder fünf Tage zu widmen. Die Eindrücke, die wir gewinnen, werden in unserer Erinnerung weit mehr haften als das gesamte übrige Amerika, Neuengland und San Franzisko vielleicht ausgenommen.

Der Pulsschlag New Yorks ist hektisch, und doch haben die New Yorker einen Lebensstil oder eine Überlebenstechnik entwickelt, die sie gelassen erscheinen läßt. Die erste Regel heißt denn auch: Lebe dein eigenes Leben, beachte den anderen nicht, er wird seine eigenen Probleme haben! Versucht man in Gedanken die Mentalität der Bevölkerung dreier großer Städte, etwa Münchens, Londons und New Yorks zu vergleichen, so fällt als erstes auf, daß der Münchener gesellig ist, ohne Stadtklatsch gar nicht auskommen kann, ganz gleich, ob er die Zeitgeschichte freundlich oder mit Granteln kommentiert. London wirkt da schon erheblich kühler, geschäftsmäßiger, die Farbigkeit bayerischer Ausdrücke wandelt sich zum feinen Understatement und der Klatsch zu den Gesellschaftsspalten der Presse. Doch hat auch London Refugien der Wärme, fast möchte man sagen Gemütlichkeit, in seinen alten Pubs. Man muß in der Lunchzeit erlebt haben, wie sich in diesen Pubs, etwa dem ›Georges‹ unweit der Courts, Atmosphäre entwickelt. Wie eine Flutwelle strömen die Barristers und Solicitors aus den nahen Gerichten an den Tresen, pfiffige Gesichter unter seltsamen grauen Perücken, manchmal eine junge Frau in schwarzer Robe darunter und alle in heftiger, wild gestikulierender Diskussion, das Schinkenbrötchen in der Linken und den Krug mit schäumendem hellen Ale oder Guiness in der Rechten – die ganze unterkühlte Atmosphäre englischer Gerichtssäle wandelt sich in Wärme und Verschmitztheit.

New York aber ist anders. Trotz des dichten Verkehrs auf den Straßen, trotz der hastenden Menschenmassen in der

A VIEW OF MOUNT.VERNON THE

EAT OF GENERAL WASHINGTON.

1

Mount Vernon, der Landsitz von General Washington

›Fireboard‹ zur Abdichtung eines Kamins während der Sommerzeit, gemalt von einem unbekannten amerikanischen Künstler, um 1800

Washington, National Gallery of Art
(Geschenk von Edgar William und Bernice Chrysler Garbisch)

rush hour, ist es stiller. Kühle Freundlichkeit in den Geschäften, man antwortet auf Fragen bereitwillig und liebenswürdig, aber nur nach Aufforderung, keine unerwünschten Weitschweifigkeiten, keine aus dem Mund quellenden Lebensberichte und Beichten. Und dennoch ist diese Stadt nicht kalt und herzlos. Sie hat nur einfach erkannt, daß allzuviel Interesse auch schnell zur unerwünschten Beeinflussung werden kann oder eine Ermutigung darstellen könnte, sein müdes Haupt auf anderer Leute Schulter zu legen. Fast jede der zahllosen in New York ansässigen Rassen, Religionen und Nationen hat ihre eigene Weltsicht, auch Weltskepsis, wie sie sich vielleicht am vollendetsten in der jüdischen Mentalität wiederfindet, die New York sehr stark geprägt hat. Das darf uns nicht wundern. Keinem Volk ist auf seinem langen Weg so viel zugemutet worden, so viel aufgebürdet worden, keinem wurde soviel Hoffnung gegeben und so wenig Realität des Erfolgs. Die anderen Völker mußten von ihm dazulernen, die Technik des Überlebens, die hohe Kunst, auch in der Entbehrung noch Ideale hochzuhalten, den typisch jüdischen Witz, angesichts eines Abgrundes noch über sich selbst zu lachen, letzter Ausdruck der Unwichtigkeit dieser Welt.

Vieles, sehr vieles davon ist ein Teil New Yorks geworden, findet sich für den Fremden in den berühmten Cartoons des ›New Yorker‹, in deren Doppel- und Dreifachbödigkeit man sich erst hineintasten muß. Und manchmal gerinnt das erste Lächeln dabei zu Gelee. Der ›New Yorker‹ ist übrigens mit seinen Spalten ›The Talk of the Town‹ eine herrlich ironische Einführung in die aktuellen Themen der Stadt, und in ›Goings on about Town‹ wird seitenlang das kulturelle Leben New Yorks vorgestellt. Die Filmemacher haben dieses Besondere immer wieder einzufangen versucht, zuerst in John Dos Passos ›Manhattan Transfer‹ und zuletzt in Woody Allens ›Manhattan‹. Die Verbindung englischen Understatements mit dem untergründigen jüdischen Humor ist hervorragend gelungen, und es ist ein Glück, daß man diesen Film in Schwarz-Weiß gedreht hat. New York ist eine schwarz-weiße Stadt, eine Stadt von Hell und Dunkel, sie lebt von Kontrasten und nicht von Farben wie das graublaue Paris oder das ockerfarbene Rom.

Dieses New York zu erleben, setzt drei Dinge voraus: mindestens vier Tage, besser eine Woche Zeit, Unvoreingenommenheit des Sehens und Denkens und nicht zuletzt gesunde Füße und vernünftiges Schuhwerk. Um mit dem Letzten zu beginnen: Die New Yorker U-Bahn besitzt zwar ein weitverzweigtes Netz, doch ist ihr Zustand, auch Hinweise und Beschilderungen, wenig einladend. Nach Einbruch der Dämmerung lassen wir besser eine Fahrt mit ihr sein. Die Haltestellen sind recht düster, und gelegentlich verirrt man sich in den Käfigen, die die Fahrgäste in *downtowns* und *uptowns* trennen. Da ist es besser, die verschiedenen Busse zu benutzen, die Manhattan in Nord-Südrichtung durchfahren, soweit sie nicht im Verkehr steckenbleiben. Diese Busse sind, wenn man die rush hours meidet, recht angenehme Verkehrsmittel, meist air-conditioned, und wenn sie auch gelegentlich nach unerfindlichen Riten ein oder zwei Avenues nach Westen oder Osten springen, irgendwie schaffen sie es meistens, die knapp zehn Kilometer lange Strecke zwischen dem Südrand des Central Park und dem Battery Park an der Spitze Manhattans zu überwinden. In diesem Raum sind nahezu alle Sehenswürdigkeiten New Yorks konzentriert, und es ist ratsam, für eine Tagestour eine bestimmte Stadtgegend auszuwählen, um dann, nach dem Abendessen, ins Hotel zurückzufahren. Da die Busse abends seltener verkehren, empfiehlt sich ein Taxi, wobei man den Fahrer zu einem Umweg entlang dem F.D. Roosevelt Drive veranlassen sollte, vielleicht auch, die Brooklyn Bridge hin und zurück zu fahren, um den atemberaubenden Blick auf das nächtliche Lichtermeer New Yorks von jenseits des East River zu genießen.

Die Wahl des Hotels sollte man noch in Europa treffen, da viele Hotelketten wie Holiday Inn, Sheraton und andere Büros in Frankfurt unterhalten, in denen man erheblich verbilligte Coupons erhalten kann. Es gibt im Grunde drei Bereiche in New York, in denen sich die Hotels konzentrieren: am Südrand des Central Park einschließlich der 57. Straße, um die Pennsylvania Station im Zentrum Manhattans und im Bereich des UN-Hauptquartiers. Je näher das Hotel dem erst- und drittgenannten Bereich liegt, um so höher sind die Preise. Es ist unnötig zu sagen, daß Bäder, sanitäre Einrichtungen, Fernseher und anderes einem hohen Standard genügen, täglich die Bettwäsche gewechselt wird, ansonsten aber in einem Riesenhotel mit vielen hundert Zimmern kein Mensch vom anderen Notiz nimmt. Auf dem Dach liegt meist ein Schwimmbad, sehr gepflegt und abends beleuchtet, mit einem verschwenderischen Angebot an Handtüchern aller Art und einem interessanten Blick auf die Höhen und in die Tiefen der Wolkenkratzerlandschaft.

Die kosmopolitische Natur von New York bringt es mit sich, daß die Fülle der Restaurants unbeschreiblich ist. Dennoch ist es nicht ganz einfach, gut und zugleich preiswert zu essen. Jeder Stadtteil hat sein eigenes kulinarisches Cachet. In Upper Manhattan gibt es eine ganze Anzahl nicht teurer Lokale, deren Aufmachung zwischen einem englischen Pub und einem deutschen Bräu schwankt. Daneben gibt es viele italienische und französische Restaurants. Viel vertreten sind Delikatessenrestaurants. Dieser in Deutschland eingebürgerte Begriff ist aber im jüdischen Sinn gemeint, es sind Spezialitäten der jüdischen Küche, oft sehr empfehlenswert und immer mit einem Hauch der Alten Welt.

Um nun in dieses Abenteuer New York aufzubrechen, empfiehlt sich eine Einteilung in vier Tagestouren, die versucht, in dieser gedrängten Zeit unnötige und strapaziöse Wege zu umgehen:

Der erste unserer Spaziergänge wird uns in den Süden Manhattans führen, den ältesten Teil der Stadt, das alte Nieuw Amsterdam, das sich aus ihm entwickelnde englische New York und heutige Downtown, ein Begriff, der lange schwankte zwischen Finanzimperium und Verkommenheit und immer noch Ambivalenz, Vielgestaltigkeit und

Vieldeutigkeit aufweist. Es ist eine lange Wanderung, unterbrochen durch die im Sommer doppelt angenehme Kühle und vielleicht ein kleines Konzert in St. Paul's, die gepflegte Gastlichkeit in Fraunces Tavern und eine kleine Rast auf den Treppen der Federal Hall, wo uns der bronzene Washington ein wenig Schatten spendet, und wir werden glücklich sein, den Abend in einem der hervorragenden chinesischen Restaurants in Chinatown zu beenden.

Unser zweiter Spaziergang führt uns zum Washington Square, zur bizarren Welt von Greenwich Village, an die Docks am Hudson und zum stillen Gramercy Park. Am Abend werden wir das Empire State Building befahren und die Lichter über New York aufgehen sehen. Der restliche Abend könnte uns ganz einfach am Swimmingpool sehen, bei einem long drink ganz allmählich wieder zu uns selbst findend.

Der dritte New Yorker Spaziergang führt uns zur Pennsylvania Station, wir queren die Fifth Avenue zur Grand Central Station, versuchen die Architektur einer neuen Generation von Wolkenkratzern zu verstehen, besuchen das UN-Hauptquartier am East River, um dann die Fifth Avenue im Strom der Passanten zurückzugehen bis zum Central Park.

Der vierte und letzte Spaziergang gehört den Museen New Yorks, die man nicht abtun sollte mit der Bemerkung, das könne man in Europa einfacher haben. Das Metropolitan Museum, die Frick Collection, das Guggenheim Museum und das Museum of Modern Art sind in ihrer Art einzigartig. Zumal das Metropolitan ist recht eigentlich eine Museumslandschaft, mit vielfältigen Möglichkeiten der Entspannung, einem hübschen Restaurant, gruppiert in einem kühlen Innenhof um einen kleinen Teich mit lustigen Springbrunnen und wie geschaffen zur Erholung.

Am Ende dieser vier Tage werden wir feststellen, daß wir nur einen Bruchteil gesehen haben. Die einen werden bemängeln, daß wir die Slums von Harlem oder der Bowery vermieden haben, ihr soziales Gewissen wird sich vielleicht dagegen auflehnen, nur das ›weiße‹ New York kennengelernt zu haben. Aber auch dieses weiße New York ist reich genug an Kontrasten sozialer Natur, und mancher Blick aus dem Fenster des Busses oder Taxis wird uns ahnen lassen, wo die Probleme dieser Riesenstadt liegen. Die anderen werden es vermissen, daß wir die riesigen Wohngebiete jenseits des Hudson, die freilich zu Jersey City gehören, die Häusermasse der Brooklyn Heights und Queens, nicht zu reden von der Bronx im Norden der Stadt und Richmond auf Staten Island, nicht gesehen haben. Doch sie sind für den Touristen nur in Ausnahmefällen von Interesse. Einige in Verbindung mit der amerikanischen Geschichte interessanten Plätze sind in losem Zusammenhang mit den Tagestouren vorgestellt.

Downtown – Financial District: Das historische New York

Es ist die morgendliche Hauptverkehrszeit. Nicht abreißende Menschenmengen eilen durch die Straßen, verschwinden in U-Bahnschächten. Obwohl noch früh am Tage, sind die Straßen bereits voller Feuchtigkeit. Aus irgendwelchen Gullys und Schächten steigt Dampf auf, Müll säumt die Gehsteige, ältere Damen führen ihre Hunde spazieren und halten schon Kleenex und Schäufelchen parat, denn man ist ordentlich, mögen da auch Dutzende von Bier- und Colabüchsen vom Wind über die Gehsteige getrieben werden. Der New Yorker ist um diese Stunde schweigsam und eher von ärgerlicher Zielstrebigkeit. Langsam füllen sich die Coffeeshops entlang den Straßen wie buntschillernde Oasen mit Büropersonal, diszipliniert steht man Schlange; coffee, porridge, toast, jelly, ham and eggs; alles geht sehr rasch und unpersönlich, und der Fremde, der es ja nicht eilig hat, sich in europäischer Manier an einen Tisch setzt und erst mal in Ruhe frühstücken will, fällt völlig aus dem Rahmen. Aber New Yorker sind tolerant, wer weiß aus welcher Provinz diese Fremden kommen.

Dann nimmt uns der Bus südwärts den Broadway entlang. Dieser alte Indianerpfad, der einst die felsige Halbinsel Manhattan durchlief und es noch heute tut, hat es nicht für nötig gehalten, sich der wirtschaftlichen Notwendigkeit rechtwinkliger Straßenzüge anzupassen. Schief läuft er durch die rechthaberische Ordnung, einzelne Parks tauchen auf, und am Union Square biegt der Broadway ab, überläßt seine Aufsässigkeit nun der Bowery. Auf der Höhe des Woolworth Building steigen wir aus, geraten in ein Rudel von Angestellten, die wie Lemminge aus den U-Bahnschächten quellen und hinter den breiten Glastüren der Büropaläste verschwinden. Wir stehen am Fuß des 1913 von Cass Gilbert erbauten *Woolworth Building,* einer Landmarke in der Architektur New Yorks. Der himmelstürmende Turm des Herrn Woolworth, der sich selbst an einem der Wasserspeier des Gebäudes als pennyzählender Groschenfürst abbilden ließ, ist im neugotischen Stil des englischen Parlaments erbaut. Noch hatte man nicht gelernt, das Neue, das als Ergebnis horrender Bauplatzpreise unvermeidlich war, in eine neue Form zu gießen. Doch ist selbst das Woolworth Building so sehr Teil der Stadt geworden, daß es, wie manche Jugendstilbauten jener Zeit, inzwischen auch von den Kunsthistorikern mit einer verschämten Liebe betrachtet wird. In warmes Sonnenlicht getaucht, ist dieser ›Cathedral of Commerce‹ Charakter nicht abzusprechen.

Auf unserem Weg südwärts stoßen wir auf der rechten Seite des Broadway bald auf *St. Paul's Chapel.* 1766, also noch in englischer Zeit errichtet, ist es die älteste unveränderte Kirche Manhattans, einst auf freiem Feld gelegen. Die georgianisch-klassizistische Fassade erinnert, wie manche Kirche in den Neuenglandstaaten, an St. Martin-in-the-Fields in London, kein Wunder, war doch der Architekt James McBean ein Schüler von James Gibbs, der St. Martin am Trafalgar Square erbaut hat. Das Innere ist ein wohltuender Ort der Stille in der wogenden Brandung des Verkehrs auf dem Broadway. Der Raum ist unerwartet licht und hell, die Seitenemporen stützen sich auf zierliche Säulen, und die prachtvollen irischen Waterford Kristalleuchter geben im Verein mit den zartblauen Pastelltönen der Wandbemalung eine heiter-festliche Note. In den Seitenschiffen finden sich die Kirchenstühle George Washingtons, mit einem G gezeichnet, und George Clintons, dem ersten Präsidenten der USA und dem ersten Gouverneur des Staates New York. Die Ausstattung besorgte Major Pierre L'Enfant zusammen mit dem Kunsttischler Duncan Phyfe. Für einen Pionieroffizier aus Washingtons Armee eine bemerkenswerte Leistung. Während des Sommers finden dienstags und donnerstags um 12 Uhr kostenlose Konzerte in St. Paul's statt. Einem nicht genannten Stifter sind diese Darbietungen zu danken, und es ist ein großes und irritierendes Erlebnis, der Welt des hektischen Business, dem Lärm und der Hitze des sommerlichen Manhattan zu entweichen, um einen reinen Sopran, verschlungen in eine warme Altstimme, Bachkantaten und Lieder von Johannes Brahms zu hören.

Tritt man aus der Kirche, die mit der Zeit fast schwarz geworden ist, schier zerdrückt wird vom Glas und Chrom der Nachbarschaft, hat man die wenigen schütteren Bäumchen auf dem Kirchhof hinter sich gelassen, so saugt es den Blick hinauf zu den gleißenden Spitzen der beiden Türme des *World Trade Centers*. Blinkend und in der Sonne blitzend, sind die Zwillinge nicht nur die zweithöchsten Gebäude der Welt, sondern auch von unbezweifelbarer Eleganz. Die strikte Betonung der Vertikalen über 110 Stockwerke wird in Bodennähe aufgelockert, ja aufgefangen durch die Bündelung von je drei Lisenen wie bei einem gerafften Vorhang. Die riesige Eingangshalle gewinnt dadurch etwas Gotisches in einer modernen und stilisierten Form. Im Inneren findet man sich auf einem fliederfarbenen Teppich von völlig irrealer Dimension. Es kann sein, daß man ganz allein in diesem Raum steht, überwältigt von den Ausmaßen, aber auch von dem Gefühl, daß über einem zwanzigtausend Menschen in dem einen halben Kilometer hohen Gebäudekoloß arbeiten. Durch die ›gotischen‹ Strebepfeiler, die hier ungemein leicht und elegant wirken, fällt der Blick auf den Hudson und nach der anderen Seite auf eine imposante Stadtlandschaft. Das erstaunlichste aber sind einige Bäume, die wir an anderer Stelle gar nicht beachten würden, die hier aber den Rang von Kunstwerken gewinnen, wenn die Sonne ihre hellgrünen, gefiederten Blätter zwischen dem gleißenden Aluminium aufleuchten läßt. Man könnte kritisch bemerken, daß die Kunst der Architekten Minoru Yamasaki und Emery Roth, die das Trade Center erbaut haben, von der Schöpfung immer noch mit einer hinreißend kleinen Geste aufgewogen wird. Doch zögere ich, dies zu sagen, denn Türme, Bäume und die darüber hinsegelnden Wolken bilden keinen Gegensatz, sind vielmehr Teil eines Ganzen.

Eine vorzügliche Kennerin dieser Stadtlandschaft, Sabina Lietzmann, hat gesagt: *Das unvermutete Nebeneinander macht den Sehreiz New Yorks aus: Wie die dunkle Silhouette von St. Paul vor den silbernen Aluminiumstreben des Trade-Center-Nordturms sitzt, Altersschwarz und Friedhofsgrün sich zu einem Oaseneffekt addieren ...*

Den New Yorker Ansichten ist in der Tat mit den ästhetischen Begriffen europäischer Kapitalen nicht beizukommen, doch lernt man schnell, der unterkühlten Formschönheit der Moderne näherzukommen, der schlichten Linienführung, die hohe Befriedigung gewähren kann. Je älter ich werde, um so unsicherer werde ich auch, ob denn wirklich der alte Formenkanon europäischer Architektur mit der Moderne aufgehört habe. Architektur hat in ihren besten Leistungen immer von der Anwendung einfacher Grundformen gelebt, und der Schock, den die gotische Welt beim Einbruch der kühl-strengen Formen der frühen Renaissance erfuhr, mag auch nicht größer gewesen sein als der, den die Veränderungen von Mies van der Rohe, vom Bauhaus, von Le Corbusier, Oscar Niemeyer und anderen bewirkt haben. Das eigentlich Frappierende ist denn auch nicht so sehr der Wandel des Stils, sondern der Wandel der Werkstoffe. Die Eisenzeit ist – von manchen nicht zur Kenntnis genommen

– von der Leichtmetallzeit abgelöst worden, und da dies just mit der sogenannten Moderne zusammenfiel, gab es Anpassungsprobleme, wie sie der Backsteinarchitektur, in Norddeutschland etwa, auch nicht fremd waren. Betrachtet man heute die Wolkenkratzer New Yorks, so ist das Einschwenken auf die Linie elementar schöner Grundformen unübersehbar und hebt sich – wie ich glaube – wohltuend ab von der verschnörkelten pseudobarocken Formensprache der älteren Wolkenkratzer, die alte Schmuckformen in billigem Brownstone reinen Zweckbauten aufzukleben suchte.

Fährt man mit dem Fahrstuhl, der die Beschleunigung eines startenden Flugzeuges hat, auf den 411 Meter hohen Südturm, und ist der Horizont frei, so gewinnt man einen fast maritimen Aspekt von New York. Weit breitet sich der Atlantik, und Staten Island und Brooklyn sowie das ferne Long Island scheinen nur kleine Inseln in der unendlichen Weite zu sein. Es lohnt sich jedenfalls, die Trade Towers *und* das Empire State Building zu besuchen, da der Eindruck vom Dach des zweitgenannten völlig verschieden ist, Manhattan eher wie ein in die See hinausschwimmendes Schiff erscheinen läßt.

Gehen wir nun zum Broadway zurück und weiter südwärts, erblicken wir bald *Trinity Church.* 1696 als erste Pfarrkirche New Yorks erbaut, mußte sie schon zweimal wegen Baufälligkeit erneuert werden, zuletzt 1846. Aus der Trinity School und dem angeschlossenen King's College hat sich später die Columbia University entwickelt. Die Geldmittel, die hierfür notwendig waren, stammten aus den großen Schenkungen, die Queen Anne 1705 der Kirche machte. So ist die Britische Krone noch recht spät in Amerika tätig geworden.

Der kleine Kirchhof birgt die Gräber von William Bradford, dem ersten Buchdrucker New Yorks, und Alexander Hamilton, Offizier in Washingtons Armee und späterer erster Secretary of Treasury. Ihrem Wirken werden wir an anderer Stelle begegnen.

Trinity Church markiert auch den Beginn der *Wall Street* und damit den Wall und Graben der ersten Gründung Nieuw Amsterdam. 1624 brachte die Galeone ›Nieuw Nederlandt‹ 32 holländische und wallonische Familien herüber, die sich in der Gegend des Battery Parks ansiedelten. Noch heute heißt ein Teil des Parks ›Bowling Green‹, da die ersten Siedler hier gerne kegelten. Henry Hudson, in holländischen Diensten stehend, hatte mit seiner ›Halve Maen‹, ›Halber Mond‹, erst 1609 jenen bellissimo lago wiedergefunden, den Giovanni da Verrazzano 1524 bereits entdeckt hatte. Dann gründete die Dutch West India Company an der Südspitze Manhattans eine Pelzhändlerniederlassung, und bald nannte man den bellissimo lago Hudson Bay. 1626 kaufte der erste holländische Gouverneur, Peter Minnewit aus Wesel am Niederrhein, meist Peter Minuit genannt, den Manhattoindianern vom Stamme der Algonquins die mageren Weidegründe für 60 Gulden ab, die seitdem zu fetten Pfründen wurden. Eine 1626 angefertigte Skizze, der Hartgers View, zeigt etwa zwanzig kleinere ein- und zweistöckige Häuser unweit eines sechssternigen Forts mit Erdwällen und Holzpalisaden, eine Windmühle dreht sich am Hudson, und einige Manhattos rudern stehend und halbnackt ein seltsames Canoe in den East River, mißtrauisch beäugt von einigen Europäern in Harnisch und Helm aus einem nahen breitbauchigen Kutter. Ein 1651 entstandener Kupferstich zeigt bereits eine Kirche, die vermutlich mit der später an der Ecke von Nassau und Liberty Street gelegenen New Dutch Church identisch ist. Weniger erfreulich auf diesem Bild ist der Anblick zweier Galgen ›Op't Eylandt Manhattans‹ – was werden da wohl die Manhattos gedacht haben?

1664 kam die Idylle zu einem raschen Ende, als Karl II. von England seinen Bruder Jakob, den Herzog von York, in die Hudson Bay sandte. Nieuw Amsterdam sah keine Chance gegen die britischen Kanonen und gab kampflos auf. Der Herzog nannte in stolzer Selbstbescheidung den Ort nunmehr New York und bestieg bald darauf den englischen Thron als Jakob II. Die Holländer zogen sich auf ihre

Plantagen zurück und hinterließen ihre Namen wie Visitenkarten. Noch heute heißt Bronx nach der Siedlung des Jonas Bronx, und Brooklyn ist das alte Breuckelen.

Im unregelmäßigen Straßengewirr zwischen Church- und Greenwich Street stehen wir plötzlich vor einem hellgrauen Granitgebäude, dessen blitzsaubere Quadern mit ihren feinen Quarzäderchen in der Sonne funkeln. Der Eingang ist überwölbt von einem kunstvollen, in Bronze nachgebildeten Pagodendach. Von den Fenstern des Piano nobile züngeln feuerspeiende Drachen herab und erinnern an die alten Ostasienfahrer, die wenige Meter entfernt an den Piers lagen.

Wir gewinnen den *Battery Park* und damit die Südspitze Manhattans. Verborgen unter den Bäumen liegt das kleine Fort Clinton, 1811 auf einer schmalen Sandbank vor Manhattan erbaut und durch eine Zugbrücke mit ihm verbunden. Seine Entstehung verdankt es seiner strategischen Lage, die ganze Breite der Hudson Bucht beherrschend. Zugleich mit Fort Clinton entstanden die Forts auf Ellis Island und auf Governors Island, Fort Jay genannt, die wir beide mit ihren dunklen, alten Kanonen auf unserer Fahrt nach Staten Island sehen werden. Später wurde Fort Clinton Konzerthalle, und Jenny Lind, der ›Schwedischen Nachtigall‹, lag das alte New York hier, lange vor Hollywood, zu Füßen. Dann wurde es Einwanderungsamt, eine Aufgabe, die später Ellis Island übernahm – wer weiß, welche unserer Vorfahren hier hoffnungsvoll den Fuß auf den Boden der Neuen Welt gesetzt haben.

Wandert man an der Küste am Bowling Green entlang, nimmt man dankbar die Salzbrise des Atlantik wahr und erkennt fern im Süden zwischen Brooklyn und Richmond die Meerenge der Narrows mit der hochragenden Verrazano-Narrows Bridge. Hier lag Giovanni da Verrazzano 1524 einen Tag lang mit seiner ›Dauphine‹ vor Anker, vergeblich bemüht, die Westpassage zu finden. Er schrieb: *Ein sehr angenehmer Platz, zwischen zwei flachen Hügeln gelegen, zwischen denen ein mächtiger Strom der See zufließt.*

Mehr nach Westen zu ragt die *Freiheitsstatue* auf Liberty Island empor. 1886 wurde das Denkmal nach Plänen von Bartholdi als Symbol der in Amerika verwirklichten Freiheit errichtet. Lange Kontroversen waren dem Bau vorangegangen, der ein Geschenk des französischen Volkes an die Vereinigten Staaten war. Die konstruktive Aufgabe war schwierig. Eiffel, der gerade den nach ihm benannten Turm in Paris erbaute, errichtete ein Stahlgerüst, das von außen mit gewaltigen Bronzeplatten verkleidet wurde. Man kann die Statue von innen besichtigen, hinaufsteigen und aus ihrem Kopf einen recht leeren Horizont betrachten. Boshafte Menschen haben sie darum auch eine Matrone genannt, die mißmutig eine nasse Fackel hält, aber nichts erhellt. Vom Battery Park fährt ein regelmäßiger Bootsdienst zu Liberty Island, dabei kann man auch das *Immigration Museum* zu Füßen der Matrone besichtigen, das manche Erinnerungen an die Angst und Not der Einwanderer enthält. Wenn ich auch gestehen muß, daß mich Denkmäler wie das der Enlightening Liberty samt ihren Schwestern, den Bavarias oder Britannias, weder ästhetisch noch vom Gedanken her begeistern, so kann ich doch nicht leugnen, daß die Freiheitsstatue, in der Millionen Einwanderer ein Symbol einer besseren und freieren Zukunft sahen, im Widerschein dieser Hoffnung Würde gewinnt.

Ich möchte dem Besucher New Yorks eher empfehlen, mit der Fähre nach *Staten Island* zu fahren. Die Fahrt kostet hin und zurück nur ein paar Cents, eine der billigsten ›Seereisen‹, die es gibt, und gestattet, mit Ruhe und bei einer Tasse Kaffee, das Panorama der oberen Hudson Bay in sich aufzunehmen; die Freiheitsstatue sehen wir dabei auch aus der Nähe. Der Fähranleger liegt am Ostrand des Battery Parks, ist auch Endhaltestelle der U-Bahnen und Busse (South Ferry). Wenn sich die Fähre vom Kai mit seiner grünen altmodischen Gußeisenhalle löst, gewinnt Manhattan Gestalt als jenes Gebirge von Skyscrapers, als das es früher den Schiffsreisenden erschien. Fremd und beunruhigend wirken die Türme der alten, oft bizarr geformten Wolkenkratzer, deren Abstufungen an sumerische Zikkurats erinnern, an die Zeit Sargons und Hamurabis. Hart davor ist eine neue Generation von Türmen aufgebaut, glatt und in einfachen funktionalen Formen, blitzend in Chrom, Aluminium, Titan und Glas. Obwohl es heute in vielen Teilen der Welt Hochhäuser gibt, haftet Manhattan immer noch etwas von einem Babylon der Neuzeit an und der Hubschrauber, der tief unter der Skyline an den Hochhäusern entlang geistert, wird er an die Wände das gefürchtete ›Mene mene tekel upharsin‹ schreiben? Schreiend umkreisen die Möwen das Schiff, ganze Schulklassen tummeln sich an Deck, quadratköpfige kleine Yankees mit rotblondem Haar und zierliche kleine Negermädchen mit sorgsam geflochtenen Zöpfen stehen beieinander, noch sind ihre Lebenspfade gemeinsam. Die Head mistress zählt sie zum siebten Male, vergebens, es ist, als ob der heftige Wind von See sie immer wieder auseinandertreibt. Es fällt uns auf, daß die Negerkinder weitaus gepflegter sind, ist es Anpassung oder Selbstbewußtsein?

Die wiedereinlaufende Fähre enthüllt zu Füßen der Skyline ein rotes Backsteingebäude mit einem eleganten weißen Säulenportikus. Fremd, aber alles andere als verschüchtert steht das 1793 errichtete Gebäude, heute einem geistlichen Orden gehörend, zwischen den Riesen. Letzter Rest einer einst stattlichen Reihe von Mansions im Federal Style, die die Wasserfront von New York begrenzten. New York muß damals einen beschaulich hübschen Anblick geboten haben, wie der 1802 in Kupfer gestochene Birch Picnic View bezeugt. Auch die dann einsetzende Geschäftigkeit zeigte noch ein höchst malerisches Bild mit Hunderten von Seglern und einem Wald von ragenden Masten rings um Manhattan. Dann kamen die Dampfschiffe, es wurde nüchterner, aber bis in die fünfziger Jahre unseres Jahrhunderts hinein boten die großen Passagierdampfer an den Hudson-Piers bis hinauf zur 40. Straße und jenseits des Hudson bei Hoboken ein eindrucksvolles Bild, wenn sie mit ihren Bugs den Hudson Drive überkragten. Dies alles ist Vergangenheit. Von der Staten-Island-Fähre aus sieht man kaum ein Schiff in Fahrt. Auch die Ufer New Jerseys sind leergefegt. Der Schiffsverkehr hat sich offenbar andere Häfen gesucht, und die Piers am Hudson werden aufgefüllt, um Platz für Gebäude zu schaffen. Was hat den Hafen so veröden lassen? Sicher zunächst einmal der Flugverkehr, und damit beginnen die wirtschaftlichen Schwierigkeiten New Yorks. Natürlich beschäftigen Flughäfen und Fluggesellschaften auch eine Menge Personal, aber deutlich weniger als der Schiffsverkehr. Auch der Wechsel vom einfachen Dockarbeiter zu Angestellten hatte Auswirkungen. Dazu kam der Übergang vom Stückgut- auf Containerverkehr, der in modernen Anlagen in New Jersey abgewickelt wird. Die Massengutfrachter fahren ohnehin zu Häfen, in denen die verarbeitenden Betriebe direkt am Kai liegen. So ist New York, allerdings nicht nur aus diesen Gründen, zu einem Sorgenkind geworden, und es ist kein Zufall, daß die New York Port Authority, die reiche Hafenbehörde, das World Trade Center gebaut hat, denn die große Schaltzentrale des Welthandels ist New York noch immer, vielleicht mehr denn je.

Max Frisch hat in seiner autobiographischen Erzählung ›Montauk‹ die Stimmung am abendlichen Hudson geschildert, wie sie auch heute noch zu spüren ist:

... ein paar feiste Möwen auf der Mole, Wiedersehen mit der öligen Spiegelung im Wasser. Ein veralteter Dampfer liegt noch immer am Anker; Ketten mit Bärten aus Tang. Einmal ein Helikopter. Es ist windig, das schwarze Wasser klatscht gegen die Mole, deren Gehölz vor zwei Jahren schon morsch gewesen ist. Ein großer weißer Frachter, der vermutlich am nächsten Tag auslaufen wird, liegt ruhig und unbeweglich, Statendam, *eine holländische Flagge im Wind. Rückwärts die alte Hochstraße, die zur Zeit in Reparatur ist. Die kleine düstere Bar, wo sie Billard spielen, gibt es auch noch;* Blue Ribbon, *die Lichtschrift rot wie Limonade in der Dämmerung. Westwärts findet gerade ein schleimiger Sonnenuntergang statt; ein langer schwarzer Frachter davor. Ein paar Leute auf der Mole, Müßiggänger wie ich. Ein junger*

Schwarzer mit Fahrrad fährt Slalom. Ein Paar, das umschlungen auf der äußeren Planke sitzt als Schattenriß. Ein Alter mit Hund. Ein anderer Hund ohne Herr. Die langen dicken Taue aus Hanf. Eine Bierdose, die im Wind zu rollen beginnt.

Ungeachtet dieser melancholischen Schilderung – Downtown hat sich gegen Ende der siebziger Jahre wieder mit Leben gefüllt. Auch die jungen Menschen fühlen sich hier wieder wohl, und neulich soll sogar im kinderlosen New York etwas so Sensationelles wie ein Kinderwagen an der Wallstreet gesichtet worden sein. Vielleicht hängt das auch mit der Segelbrise in der Hudsonbucht zusammen, die immer mehr weiße Besans und knallbunte Spinnacker rund um die Battery erscheinen läßt. Wenn man in der richtigen Gruppe unterwegs ist, findet man am Battery Park bei Bring Sailing Back Inc. eine Möglichkeit, etwa mit der hübschen ›Petrel‹, eine Rundfahrt um Manhattan zu machen.

Die Südspitze Manhattans war immer ein natürlicher Anleger für Fähren. 1661 verband sie schon eine besegelte Fähre mit Hoboken auf der anderen Seite des Hudson, und 1695 begann der Fährbetrieb über den East River vom Fly Market Slip nach Brooklyn. Beide Linien haben sich bis heute erhalten, aber der meiste Verkehr verläßt nun Manhattan durch den Brooklyn-Battery Tunnel, dessen Einfahrtsstollen wie ein Staubsauger riesige Autoschwärme einsaugt und den wir im Nordwesten des Battery Parks sehen können. Durch die Erschließung des Brooklyn Tunnels und der Verrazano-Narrows Bridge ist auch Staten Island enger an New York gerückt und ein beliebtes und sehr ruhiges Wohngebiet geworden. Wer an der frühen Geschichte des kolonialen Amerika interessiert ist, der sollte sich die *Richmondtown Restoration* (302 Center Street, Staten Island) ansehen. Dieses Dorf wurde im 17. Jahrhundert gegründet, und einige Gebäude wie die Kirche St. Andrew's und das 1696 erbaute holländische Versammlungshaus, Voorlezer's House genannt, haben sich original erhalten. Voorlezer's House gilt als älteste Elementarschule der USA;

ein Schulzimmer wurde mit Gegenständen der Zeit ausgestattet.

An der äußersten Südspitze von Staten Island steht das *Conference House* (7455 Hylan Blvd). 1680 von Thomas Billopp, einem englischen Kapitän und Freibeuter erbaut, wobei er die Steine als Kielballast aus Schottland mitbrachte, wirkt es geschmackvoll mit seinem Feldsteinmauerwerk und den großen, wohlproportionierten Fenstern. Am 11. September 1776 hielt hier der britische Admiral Lord Howe eine Konferenz mit den aufständischen Amerikanern ab, an der Benjamin Franklin, John Adams und Edward Rutledge für den Kongreß teilnahmen. Admiral Howe mußte zur Kenntnis nehmen, daß der First Congress in Philadelphia am 4. Juli 1776 die Unabhängigkeitserklärung unterschrieben hatte und der Bruch mit dem Mutterland endgültig war.

So hat sich in diesen Räumen der eigentliche Abschied Amerikas von England vollzogen. Nicht in Heftigkeit und lauten Worten – eher mit einer gewissen Nachdenklichkeit auf beiden Seiten und in den Formen einer wohlerzogenen Gesellschaft, die es verstand und noch heute versteht, unvermeidbar gewordene Trennungen mit Anstand hinzunehmen. Hier im Conference House begann damit jener Prozeß der Entlassung mündig gewordener Kolonien in die Freiheit, aber auch in die Risiken der Eigenstaatlichkeit, der erst in unserem Jahrhundert allmählich ausklingt. Es gibt vielleicht nur ein geschichtliches Beispiel für eine ähnliche Leistung: Nach dem Zerfall des Römischen Reiches haben viele tragenden Prinzipien rings um das Mittelmeer, auch nördlich der Alpen überlebt. Doch waren römischer Wille und römisches Gewissen daran nicht beteiligt. England dagegen nahm Maß an seinem Gewissen. Löwe und Einhorn sind seine beiden Wappentiere, und wenn der Löwe das Britische Empire zusammengerafft hat, so hat das respektlose und seine Unabhängigkeit liebende Einhorn, dieses liebenswerte und die skurrile Phantasie des englischen Volkes getreulich spiegelnde Sagentier, das Empire wieder in die Freiheit entlassen, freilich auch in die Freiheit vieler Probleme. Conference House liegt in schöner landschaftlicher Umgebung, die sich in sanften Wellen bis zur atlantischen Küste hinabsenkt; es könnten die rolling hills Südenglands sein.

Wir wollen unseren Rundgang nun wieder aufnehmen und wenden uns aus dem Battery Park nordwärts. Dabei stoßen wir auf das aus grauem Maine-Granit erbaute *New York Custom House,* 1900 als Zollstation in neoklassizistischen Formen errichtet. D.C. French hat 1907 eine Figurengruppe, die vier Kontinente darstellend, in den üppigen Formen der Jahrhundertwende davorgesetzt. Kontrapunktisch erhebt sich dahinter die kühl funktionale Fassade der New Yorker Produktenbörse (New York Produce Exchange).

Nun werden die Straßen eng und völlig unregelmäßig, und es bietet einen besonderen Reiz, in diesen engen Gassen zu gehen, flankiert von den abenteuerlichen Strukturen der Wolkenkratzer. Die neueren unter ihnen, glänzend und das Licht hart reflektierend, sind erbaut aus den wunderschönen feinkörnig grauen Graniten Vermonts, Maines und New Hampshires, mit viel Glas und Leichtmetallen, die älteren aus jenem bräunlichen, manchmal fast violett wirkenden Brownstone aus dem nahen New Jersey. Brownstone ist ein weicher Sandstein aus der Triasformation des Mesozoikum, entsprechend billig, und so hat New York von den fünfziger Jahren des vergangenen Jahrhunderts an diese häßliche braune Farbe angenommen, die wie zu lange gelagerte und unansehnlich gewordene Schokolade wirkt. In Downtown ist der Hell-Dunkel-Unterschied zwischen den beiden Skyscraper-Generationen ganz frappant, und da die Straßen so angenehm unregelmäßig verlaufen, die Gebäude sich somit unter allen möglichen Winkeln dem Auge darbieten, die Stumpfheit der fensterarmen dunklen Gebäude sich spiegelt und verzerrt in den funkelnden Glasfassaden der Moderne, überraschend kleine Vorhöfe sich öffnen, mit einem Springbrunnen, der im Wind sein Wasser über den Gehsteig wehen läßt, hier und da mit einer tapferen kleinen Robinie oder, wie die Amerikaner sie nennen: locust tree, Heuschreckenbaum, die ihre gefiederten Blätter der Sonne entgegenreckt – wird durch all dies das ziellose Wandern durch Downtown Manhattan so angenehm. Es ist ohne Zweifel der schönste und beeindruckendste Teil der Stadt, ganz unbegreiflicherweise kaum von Touristen besucht.

Haben sich die Augen sattgesehen, wird der Magen dabei hungrig geworden sein, und da wäre zu empfehlen, einmal den dauernden Snacks und Hamburgers, Beefburgers und sonstigen ...burgers zu entraten und an einem Platz zu essen, der so recht geeignet ist, das frühe Amerika zu erleben. Der Weg führt uns durch die Pearl Street, die bis etwa 1700 die Küstenlinie darstellte. Später füllte man das Gelände östlich davon auf und errichtete viele meist dreistöckige Gebäude, von denen *Fraunces Tavern* (54 Pearl Street, Ecke Broad Street) der einzige erhaltene Rest ist. Stephanus van Cortlandt, noch aus der Generation wohlhabender Mijnheers des holländischen Nieuw Amsterdam stammend – einem Haus der van Cortlandts werden wir auch in der Bronx begegnen –, gab den Bauplatz 1700 seinem Schwiegersohn Stephan Delancey, der ein stilvolles frühklassizistisches Gebäude aus Backstein erbaute, geschmückt in der zurückhaltend sparsamen Art der Zeit mit weißen Fenstergewänden und einem kleinen Portikus zum Schutz der Tür. Aber schon 1762 wurde das Anwesen im auch damals schnellebigen New York an den aus Westindien kommenden Gastwirt Samuel Fraunces verkauft, der hier die Queen's Head Tavern einrichtete. Es wurde ein florierendes Gasthaus, in dem sich rasch die Hautevolee New Yorks traf. 1768 wurde hier die New York City Chamber of Commerce gegründet – die Abwehrhaltung gegenüber dem ›Stamp Act‹ und seinen wirtschaftlichen Beschränkungen ist unverkennbar – und bald trafen sich an der Schwelle der amerikanischen Revolution auch die Sons of Liberty heimlich und dann immer offener. Auch der Wirt mochte in diese Dinge verwickelt gewesen sein, denn unmittelbar bevor die britischen Truppen New York besetzten, verschwand er, um erst nach der Befreiung seinen Ausschank wieder zu eröffnen.

Im Erdgeschoß der heutigen Fraunces Tavern befinden sich mehrere Säle und Speisezimmer, meist dunkel in Holz getäfelt, mit hübschen alten Bildern und sehr schönen Messingleuchtern. Das Licht dringt nur milde durch die kleinen unterteilten Fensterscheiben, eine Oase der Ruhe und Gepflegtheit und darum auch gern von Geschäftsleuten aus der nahen Wall Street aufgesucht. Die Preise sind vernünftig, nicht übertrieben, Fischgerichte exzellent, der Wein wie immer in Amerika trocken und angenehm, kurzum a very agreeable and charming place. Bemerkenswert ist ja auch der Unterschied solcher Restaurants zu den entsprechenden in Europa: Obwohl wir, en famille, sichtlich keine Spesenritter waren, sind wir selten so höflich bedient worden. Die jungen Damen, die sich dieser Aufgabe als Waitress widmeten, taten es mit viel persönlichem Charme, verständnisvoll zu unseren Kindern und mit feiner Zurückhaltung. Es fiel uns auch auf, daß in diesem Haus die männlichen Gäste nicht dominierten, sondern viele von Damen begleitet, auch ganze Tische von jungen und attraktiven Sekretärinnen aus den nahen Büros besetzt waren, die sich vielleicht einen besonderen Tag machen wollten. Wie angenehm im Vergleich mit unseren Nobelrestaurants, in denen bereits beim Sherry business-as-usual gilt.

Nach dem Essen empfiehlt es sich, die Räume des Obergeschosses zu besuchen, besonders den Long Room, in dem George Clinton, der erste republikanische Gouverneur New Yorks, noch unmittelbar unter den Augen der abziehenden Briten am 25. November 1783, ein festliches Dinner für George Washington gab. Zehn Tage später, am 4. Dezember desselben Jahres, verabschiedete sich Washington im Long Room von seinen Offizieren, unter ihnen Israel Putnam, Alexander Hamilton, Philip Schuyler, Baron Friedrich Wilhelm von Steuben, denen wir in der Schilderung der amerikanischen Geschichte wiederholt begegnen werden.

Die denkwürdige Begegnung ist von Benjamin Tallmadge festgehalten worden:

The time now drew near when General Washington intended to leave this part of the country for his beloved retreat at Mount Vernon. On Thursday the 4th of December it was made known to the officers then in New York that W. intended to commence his journey on that day. At 12 o'clock the officers repaired to Fraunces Tavern in Pearl Street where Gen. Washington had appointed to meet them and to take his final leave. We had been assembled but a few moments when his Excellency entered the room. His emotion were too strong to be concealed which seemed to be reciprocated by every officer present After partaking of a slight refreshment in almost breathless silence, the General filled his glass of wine and turning to the officers said: ›With a heart full of love and gratitude I now wish to take leave of you.‹ General Knox who was nearest to him turned to the Commander in Chief who suffered in tears, was incapable of utterance but grasped his hand when they embraced each other in deep silence.

Die Art und Weise, in der ein großer Abschnitt der amerikanischen Geschichte, und nicht nur dieser, sein Ende gefunden hatte, enthüllt sehr viel vom Wesen dieses großen Landes, auch davon, wo und wie die Akzente des Lebens gesetzt werden. Der Long Room ist nach allerlei anderer Nutzung wiederhergerichtet worden. Viele Erinnerungsstücke und Gemälde aus der Zeit sind da, und aus den altmodischen Schiebefenstern fällt der Blick auf das lebhafte Treiben in Pearl Street, der wir nun weiter folgen werden bis zum *Hanover Square,* dem Pressezentrum des alten New York, an dem William Bradford 1693 die erste Druckerei der jungen Kolonie eröffnete. Gegenüber liegt das *India House* mit seiner etwas merkwürdigen italianisierenden Architektur. Hier biegen wir westlich ab durch die Exchange Road, bis wir an der Ecke der Nassau Road auf die Börse stoßen, die berühmte und berüchtigte *New York Stock Exchange.*

Unmittelbar am Ende der Revolution war die finanzielle Verfassung des jungen Staates nicht die beste. Die Bankleute und Makler trafen sich zu ihrem Catch-as-catch-can-Business in den nahen Coffee Houses und unter einem alten Sykomorenbaum an der Ecke Nassau/Wall Street. Das war der Beginn der Stock Exchange, die am 17. Mai 1792 in Tontine's Coffee House gegründet wurde, wie ja auch das alte Lloyd-Café in London der Treffpunkt der Assekuranzmakler war und seinen Namen mancher Reederei und Versicherungsgesellschaft beerbt hat. Das erste Börsenobjekt war die 80-Millionen-Dollar-Anleihe, die der Kongreß aufnehmen mußte, um die Kriegsschulden zu begleichen. Das heutige Gebäude wurde 1903 von Trowbridge und Livingstone errichtet, und, entgegen anderer Meinung, ist es kein unschöner Bau. Man kann ihn besichtigen, und Führungen vermitteln einen Eindruck von der lärmenden Geschäftigkeit einer Börse. Wer es nicht besser weiß, könnte meinen, das irre Geschrei künde eine neue Revolution an, es ist aber wohl nur eine besonders heftige Baisse oder Hausse, und die freundlichen hellgrünen Bäume vor der Börse nehmen keine Notiz von soviel Wind – vielleicht hat man sie in Erinnerung an den Buttonwood Tree von 1792 gepflanzt. Aus dem Holz der Sykomoren, das sehr hart ist, pflegte man einst Knöpfe zu fertigen, daher der Name.

In der Stunde des hohen Mittags ist die Wall Street belebt, um nicht zu sagen überfüllt, mit Tausenden von Angestellten, die in der warmen Sonne auf den Stufen der Federal Hall ein wenig bräunen. Die ganze Atmosphäre ist sehr entspannt, die warmen Ockerfarben der Gebäude, die dorische Tempelfassade der Federal Hall, das bunte Menschengewimmel, der Eisverkäufer, der mit einem Schild ›Mister Softice‹ respektlos vor dem bronzenen Washington steht, erwecken südliche Assoziationen und lassen den Eindruck einer finster verbissenen Welt des Geschäfts gar nicht aufkommen. Doch täuscht dieser Eindruck gewaltig. Noch immer ist das Stock Exchange das Herz der Finanzen dieser Erde, und die Geldströme, die hier kreisen und gelenkt werden, sind der Blutkreislauf der Wirtschaft. Fällt der Dow Jones Index der wichtigsten Börsenkurse, so ist's wie bei stark fallendem Blutdruck, Lebensangst und Sorge breiten sich aus. Hier in und vor dem Stock Exchange hat sich auch der Alptraum des schwarzen Börsenfreitags am 24. Oktober 1929 abgespielt. John Kenneth Galbraith, der bedeutende amerikanische Nationalökonom, hat sich mit jenem Ereignis, aber auch den Plagen unserer Zeit auseinandergesetzt. Er sieht die eigentliche Ursache des Börsenkrachs in der ungeheuren Spekulationswelle, die Ende der Golden Twenties die USA durchlief. Jeder wollte in kürzester Zeit reich werden, Kredite wurden ohne jede Sicherheit aufgenommen und gewährt. Als dann plötzlich einige übersetzte Kurse dem Druck des Marktes nachgaben, brach Panik aus. Innerhalb von Minuten wurden Vermögen verloren, waren Banken dem Schalteransturm nicht mehr gewachsen und schlossen, und Massen schreiender, wild gestikulierender Menschen füllten die Wall Street, wie in einem Horrorfilm. Kann es sich wiederholen?

Die Konfrontation von Stock Exchange und *Federal Hall,* die sich etwas scheu über Eck ansehen, ist wie These und Antithese in der amerikanischen Geschichte. Hier die materielle Welt, dort die hoher Ideale, wie sie George Washington bei seiner Antrittsrede 1789 als Präsident an dieser Stelle verkündet hat. Dabei hat die Hall ganz schlicht als holländisches Stadthaus Ende des 17. Jahrhunderts begonnen. 1701 wurde ein Neubau errichtet, noch in britischer Zeit, und hier hat Johann Peter Zenger 1735 jenen Prozeß um die Pressefreiheit gewonnen, der ein erstes Wetterleuchten für die britische Krone hätte sein müssen. Der 1710 aus der Rheinpfalz nach Amerika ausgewanderte Zenger gab ab 1733 ›The New York Weekly Journal‹ heraus und legte sich mit dem korrupten englischen Gouverneur William Cosby an. Es spricht aber für die Objektivität englischer Gerichte, daß das Verfahren mit einem Freispruch Zengers endete.

1842 fand man es notwendig, diese City Hall, zeitweise Sitz des Capitols der Vereinigten Staaten, abzureißen und durch den heutigen Neubau im klassizistischen Stil zu ersetzen. Unklar war von Anfang an Architektur und Zweckbestimmung. Über einer Rotunde sollte sich ursprünglich ein römisches Pantheon wölben, doch man konnte sich nicht recht dazu entschließen und baute schließlich einen rechtekkigen griechischen Tempel um die Rotunde herum. Zur Wall Street öffnet sich ein dorischer Tempelportikus, auf dessen Treppenstufen sich das Standbild von George Washington, 1883 von Q.A. Ward geschaffen, erhebt. Dennoch hat das Ganze durchaus Charakter und ist so gut und schlecht wie manche andere Nationalmonumente, die Ende des letzten Jahrhunderts in Europa geschaffen wurden. Eine Zeitlang war das Schatzamt hier untergebracht; in der Rotunde sehen wir noch einen der eingemauerten Tresore. Wie bescheiden ist seine Größe und wie übersichtlich muß damals die Geldwirtschaft eines Staates gewesen sein, wenn der Minister noch schnell nach Büroschluß die Banknoten zählen konnte. Heute ist die Federal Hall ein Museum.

Rings um die Hall sprießen die Bankpaläste wie Pilze aus der (teuren) Erde. Schräg gegenüber liegt der Marmorpalast der J.P. Morgan Banking Company, und folgen wir der Wall Street nach Osten, so stoßen wir an der Ecke zur William Street auf die *Bank of New York,* 1784 gegründet, und heute schon im dritten Gebäude am selben Platz gelegen. Die Statuten der Bank waren von Alexander Hamilton, dem ersten Treasurer der jungen Vereinigten Staaten, ausgearbeitet worden. Das Dreigespann George Washington, George Clinton und Alexander Hamilton war für das junge New York ein Glücksfall persönlicher Integrität und vorausschauender Planung. Allen dreien sind wir in St. Paul's Chapel und Trinity Church bereits begegnet, und wieder beeindruckt die Fähigkeit dieses Landes, militärische Begabung, administrativen Blick und Sinn für Handel und Gewerbe in unaufwendiger und unauffälliger Art zu verbinden.

Wir gehen nun zur Nassau Street zurück (erstaunlich, wie New York nun schon fast 300 Jahre lang die englisch-hannoveranischen Namen bewahrt hat) und finden an der Ecke zur Liberty Street die *Federal Reserve Bank,* die in einer wahren Renaissancefestung nach dem Vorbild des florentinischen Palazzo Strozzi untergebracht ist. Vor allem die schmiedeeisernen Arbeiten im Inneren sind von bemerkenswerter handwerklicher Qualität. Die Federal Reserve Bank hat etwa dieselben Aufgaben wie die Deutsche Bundesbank bei der Steuerung der Kreditzinsen und des Geldumlaufvolumens. Auch die nahe Handelskammer, im üppigen Beaux-Arts-Stil der Jahrhundertwende erbaut, kündet von einem Lebensgefühl, das uns heute fremd geworden ist.

Nun wenden wir uns nach Osten und gehen zum *East River* hinunter, denn das Gelände, durch Auffüllungen entstanden, liegt niedriger als der Granitsockel, auf dem die Wolkenkratzer Manhattans erbaut wurden. Es ist eine eher unschöne Gegend, etwas heruntergekommen, doch wer an Hafenszenen Spaß hat, den mag es hierher ziehen. Bald nach der ersten holländischen Landung 1624 wurde Nieuw Amsterdam ein bedeutender Handels- und Fischereiplatz. Der South Street Seaport bewahrt die Erinnerung an ein sonst nicht mehr auffindbares New York. An den Piers liegen noch eine Anzahl alter Segelschiffe wie die ›Wavertree‹, ein Rahsegler für die Küstenfahrt, neben kleineren schoner-getakelten Booten. Daneben ist am Poller der alte Ostindienfahrer ›Peking‹ vertäut, der zu den berühmten Flying-P-Liners der Hamburger Reederei Ferdinand Laeisz gehörte. Das Schwesterschiff ›Pamir‹ sank 1957, bemannt mit Seekadetten, in einem Hurrikan vor den Azoren, nur noch ein grausam von der See zerschlagenes Rettungsboot findet sich in Lübecks Jakobikirche, aber immer noch erinnert in Travemünde die ›Passat‹ an diese große Zeit der Windjammer auf der Route um Kap Hoorn. Auch ist es ein freundlicher Gedanke, in der Hitze New Yorks an die kühle Brise Travemündes zu denken, auch an das Fernweh, das unsichtbar in der Takelage der ›Peking‹ wie der ›Passat‹ herumgeistert. Auch das ›Ambrose‹-Feuerschiff, das Generationen von Fahrensleuten und Auswanderern den Eingang in die Hudsonbucht wies, hat sich erhalten und der alte Raddampfer ›Alexander Hamilton‹. Das Ganze wird als kleines Museum gepflegt und ist zu besichtigen.

In der nahen Fulton Street, inmitten der schmuddeligen Lagerhäuser, Maklerbüros, Segelmacher und anderer typischer Hafengewerbe hat sich ein wenig die Erinnerung an das Ende des Jahrhunderts und damit die Segelschiffahrt erhalten. Lief so ein Schiff nach langer Reise in den Hafen ein, gab es viele, die meinten, sich des Seemanns annehmen zu müssen. Denn noch hatte Jan Maat ja sein Geld. So standen die Abhol-Runner der Boardingmaster schon bereit, den an Land gehenden Matrosen ihr Schiff madig zu machen. Das bißchen Gepäck der Sailors wurde von Bord geschmuggelt; etwaige Guthaben der Heuer verblieben dem Kapitän, etwas mußte eben der Zukunft geopfert werden. War die Seekiste erst mal beim Boardingmaster untergestellt, für den der Runner arbeitete, war die Sache schon gelaufen. Nun galt es, an die Heuer ranzukommen, soweit sie in den Taschen war. Da halfen denn edelmütig alle zusammen, die Tailors, die das verspeckte Seezeug ersetzen sollten, die ›Töchter‹ der Kneipiers, denn auch das älteste Damengewerbe war hier natürlich vertreten, der Heuerbaas oder Landhai, der bereits Aufträge von Kapitänen hatte, die ohne Mannschaft auf dem Trockenen saßen. Und es galt die alte Regel: Je schlechter die Kombüse, um so trockener saß der Kapitän und um so größer war das Aufgeld für den Heuerbaas. Am Ende stimmte die Rechnung, und der shanghaite Seemann, drösig vom karibischen Rum, wurde wieder an Bord eines Seelenverkäufers oder Walfängers gehievt. Offenbar war dies eine Urform von Arbeitsvermittlung, vor allem eine, die sich unabhängig selbst am Leben erhielt.

Aber das ist alles vorbei, nur noch die Erinnerung liegt in den Gassen. Doch gibt es für den Freund maritimer Küche ein renommiertes Restaurant für Meeresfrüchte. Es ist ›Sweet's‹, und man könnte dreimal daran vorbeigehen, ohne es bemerkt zu haben. Vielleicht werden Damen mit kritischen Blicken die Türe betrachten, aber nein, hier geht es heute sehr gesittet zu, kein Gesang »what shall we do with a drunken sailor« schallt uns entgegen und auch der penetrante Geruch der Fisch-, Muschel- und Austernlagerhallen in der Nähe sollte uns nicht vergrämen.

Unser Tagesspaziergang nähert sich nun dem Ende. Wir werden recht erschöpft sein, und so bietet es sich an, statt sogleich in den Norden, nach Uptown, zurückzukehren, eine Taxe zu nehmen, um in der Stunde der Dämmerung noch Chinatown mit seinen bunten, phantastischen Leuchtreklamen zu sehen und dort eventuell zu Abend zu essen. Erst wenn die grünen und roten Drachen zu glühen beginnen, gewinnt das Chinesenviertel sein eigenes Gesicht, verschwindet das Amerikanisch-Nüchterne, tauscht sich aus mit einer geheimnisvoll fernöstlichen Welt. Da es sehr schwer ist, sich in dem Gewirr zwischen Mott und Doyer Street zurechtzufinden, und es auch nicht ganz einfach ist, ein interessantes chinesisches Restaurant zu finden, möchte ich einige empfehlen und hoffen, daß der Taxifahrer den Leser dort wohlbehalten abliefert. Chinatown ist übrigens kein dunkles und verrufenes Viertel mehr. Noch in den zwanziger Jahren war es berüchtigt wegen der Kämpfe, die Familienclans untereinander ausfochten, deren Opfer dann am frühen Morgen im East River schwammen. Auch die Opiumhöhlen sind verschwunden. Wohl weniger, weil sie bekämpft wurden, sondern weil ganz einfach andere Drogen heute so gut wie überall im Umlauf sind und das Problem sich auf Jugendliche verlagert hat. Der alte Chinese, der mit glasigem Blick sein Opiumpfeifchen schmaucht, würde heute keinen Fahnder mehr in Bewegung setzen.

In 7 Mott Street findet sich ein kleines Museum, in dem man auch Tourenvorschläge erhalten kann. Die Läden haben viel von ihrem Reiz verloren, seit Jade- und Elfenbeinarbeiten, Tea Sets und andere Chinoiserien in jedem besseren Großstadt-Kaufhaus zu bekommen sind. Die große Stunde Chinatowns sind die Jahresfeste, entsprechend dem Tier des Jahres: dem Drachen, dem Tiger oder dem Hasen. Dann explodiert das sonst eher zurückhaltende, auf Würde bedachte Wesen der Chinesen, Englisch wird zur Fremdsprache, Feuerwerk und phantastische Umzüge mit riesigen Drachen füllen die Straßen. Doch ist das chinesische Neujahrsfest nicht an einen festen Tag unseres Kalenders gebunden (es orientiert sich ja am Mond und nicht an der Sonne), und so wird es ein großer Zufall sein, die feurigen Drachen auf unserer Reise zu erleben.

Und nun zu den Restaurants, wobei ich mich auf die Mittelpreisklasse beschränke: Im Chi-Mer (11 Chatham Square), das ganz typisch für Chinatown ist, bekommt man auch Peking-Ente ohne Vorbestellung, die in den meisten anderen Lokalen notwendig ist. Das Hunam (845 Second Ave) offeriert die Küche der gleichnamigen Provinz, für Freunde scharf gewürzter Speisen. Lotus Eaters (880 Third Ave) bringt nordchinesische Küche und die Gewürze der Chung-king Region. Szechuan Taste (23 Chatham Square) erfreut mit Meeresfrüchten, King-Wu (18 Doyers Street) mit der Mandarinküche. Im Gegensatz zu den inzwischen auch in Deutschland verbreiteten chinesischen Restaurants wird uns hier schnell bewußt, daß China ein Riesenreich mit völlig verschiedenen Eßgewohnheiten ist.

Zum Hotel sollten wir unter allen Umständen am späten Abend ein Taxi nehmen und dabei vielleicht noch an den Blick von der Brooklyn Bridge denken.

Midtown: Das New York der New Yorker

Unser zweiter New Yorker Spaziergang beginnt am Washington Square und führt uns dann durch Greenwich Village an die Hudson Docks und weiter zum City Hall Park. Von hier gelangen wir im Taxi zum Eastern Village, Stuyvesant- und Gramercy Square, um nach Einbruch der Dämmerung zum Empire State Building zu fahren. Es ist nicht das New York der Cosmopolis, das wir hier besuchen, sondern eher das New York des durchschnittlichen Amerikaners, ein Einblick in jenen Schmelztiegel der Völker und Rassen, der jede Eleganz, wie sie die Fifth Avenue belebt, vergessen läßt. Erinnerungen an die Altstadtquartiere in Paris, etwa um die längst abgerissenen Halles, allerlei Bohème, ein wenig Neapel, eine Prise Alt-Frankfurt, etwas Soho. Kein Weg für reine Ästheten, aber für Menschen, die das Menschliche interessant finden. Die Straßen sind gesäumt von kleinen Läden, billigen Kneipen, Altwaren und Secondhand Shops. Aus blindfenstrigen Souterrainlädchen bellen Hunde herauf, Katzen und Käfigvögel suchen ihren Besitzer und die Käufer ein Stück Anhänglichkeit, die sie bei den lieben Mitmenschen nicht finden konnten. Auf den Bürgersteigen bewegt sich ein buntes Völkergemisch, mögen die Jüngeren in Jeanskleidung recht einheitlich wirken, die Älteren haben noch viele europäische Gewohnheiten behalten. Man ist ganz unter sich; in seinem eigenen Quartier (wie weit ist New York eigentlich entfernt), man geht in Pantoffeln, keine Eile beschleunigt den Schritt, der Nachbarschaftsschwatz, die kleinen Sorgen der Mieter und Händler bestimmen den Alltag, jedenfalls kein amerikanisches Tempo, das im übrigen eher eine europäische Vorstellung als Wirklichkeit ist, vielleicht begründet um die Jahrhundertwende, heute jedenfalls eher in das Gegenteil verkehrt.

Vielleicht beginnen wir darum diesen Tag ganz amerikanisch mit einem Stehfrühstück im nahen Drugstore um die Ecke. Wenn wir Glück haben, erwischen wir auch einen Barschemel, umgeben vom Geruch der unvermeidlichen Scrambled eggs und des oft bitter gerösteten Toasts. Pancakes aus Buchweizen, heiß und köstlich mit Ahornsirup übergossen, bieten sich an, ununterbrochen wird Kaffee nachgeschenkt, oft vor dem Frühstück ein eiskalter Fruchtsaft getrunken. Der gepflegte Herr im sorgfältig gebürsteten Anzug sitzt neben dem farbigen städtischen Arbeiter. Daneben sehr effektvoll geschminkte junge Damen, flapsig mit jungen Männern flirtend, eher kameradschaftlich als damenhaft. Ein alter Mann erscheint, sichtlich herabgekommen, räumt leere Kisten und Blechdosen weg. Wahrscheinlich lebt er von diesem kleinen Trödlerjob. Er wird genau so freundlich behandelt wie alle anderen. Als er beladen den Raum verläßt, hält ihm eine aparte Frau die Türe auf.

In der Sechsten Avenue, die sich sehr imponierend auch ›Avenue of the Americas‹ nennt, versuchen wir es doch einmal mit der U-Bahn. Die Linien B, D, F und K verlaufen unter der 6th Avenue bis zum Washington Square. Die Züge sind recht heruntergewirtschaftet, innen bunt verschmiert mit den Parolen der Zeit, krachend schließen die Türen und mit unbeschreiblichem Getöse; wackelnd, als ob er aus den Weichen springen wollte, schießt der Zug in eine enge Betonröhre. Das Licht geht alle Augenblicke aus, fremde gleichgültige Gesichter, auch allerlei fragwürdige Typen, am nächsten Bahnhof steigt ein Polizist mit seiner achteckigen Mütze ein, sein Kopf hat noch einige Ecken und Kanten mehr, er lächelt uns an und läßt seinen Polizeiknüppel um den Finger rotieren.

Washington Square ist eine etwas kleinbürgerliche Ausgabe der Tuileriengärten. Folgerichtig finden wir auch einen Triumphbogen, Washington Arch genannt, der den Eingang zur Fifth Avenue markiert. Der Square wird aber weniger als Eingangspforte zur illustren Welt der Fünften Avenue verstanden, sondern als verbindendes Glied zwischen Greenwich und East Village, den beiden volkreichsten und populärsten Vierteln Manhattans. Die Wolkenkratzerlandschaften des Financial Districts und Uptowns werden hier durch eine flache Talsenke geteilt, in der niedrige Bebauung vorherrscht und Aufsässigkeit, die sich dem rechteckigen Raster des rigorosen Randall-Planes nicht anpassen will, mit dem New Yorks Stadtväter 1811 versuchten, Manhattan in ein Schema zu pressen.

Eine Schilderung von Wolfgang Koeppen aus den fünfziger Jahren ist immer noch zutreffend und gibt die Stimmung am frühen Morgen im Washington Square wieder:

... alte schöne Bäume, Schatten, ein Springbrunnen, Bohemien-Quarter, am Morgen auch hier Schlafende auf den Bänken, Männer in Sweatern, Männer mit melancholischen Schnurrbärten, Männer jeder Hautfarbe, eifrig Lesende, finster Studierende, ein Kinderspielplatz, aber ohne Kinder, Tische zum Schachspielen,

um diese Stunde noch nicht genutzt, Mädchen in prallen Hosen führen überaus vornehme Hunde aus, alte Herrenhäuser ringsum, Fassaden wie gute Großmütterchengesichter, daneben perfekte Wohnmaschinen für reiche Junggesellen, heruntergekommene Herbergen, Mondschlösser der Jeunesse dorée, nicht die geraden Straßen der fortlaufenden Numerierung mehr, Winkelgassen lokken, ein Parfüm von Paris, eine Imitation von Rom, ein Hauch von Poesie ...

Der Ursprung dieses Platzes hängt mit der aus Europa eingeschleppten Pest zusammen. Viele tausend Opfer liegen unter dem Rasen, vergessen wie die zahllosen Opfer der Henkersulme, die einst hier stand. Für die heutigen New Yorker ist vor allem der Springbrunnen in der Mitte des Platzes ein beliebtes Ziel, um einem jener improvisierten Jazz Festivals zuzuhören, die das Treiben der melancholischen Blumenkinder und Hippies abgelöst haben. Vom Brunnen aus hat man auch den besten Blick auf die schönen roten Ziegelhäuser an der Nordseite des Square. Um 1830 entstanden, einst eine noble Wohngegend der New Yorker Aristokratie, sind sie später ein beliebtes Künstlerquartier geworden. Henry James hat dieser Gegend in seinem Roman ›Washington Square‹ ein Denkmal gesetzt, später unter dem Titel ›The Heiress‹ verfilmt. In No. 3 schrieb Dos Passos ›Manhattan Transfer‹. Immer noch zeigen diese alten Häuser, ziegelrot und mit aus weißem Kalkstein abgesetzten Fenstern und Türen, ein ansprechendes Bild. Die New York University verlegte schon 1836 ihren Sitz hierher, gab der Gegend eine neue Note und einige hübsche Gebäude, wie die georgianische Law School im Südwesten des Platzes. Da, wo heute das Loeb Students Center sich erhebt, stand früher Madame Blanchard's Boarding House, eine jener typischen New Yorker Einrichtungen, in denen früher häufig Literaten wohnten, wie Theodore Dreiser oder Eugene O'Neill.

Jene alten Boarding Houses waren auch keine Hotels, eher Pensionen, in denen man oft Jahre wohnte, bis man heiratete oder wegzog. Meist wurden sie von einer Witwe geführt, die von diesem Haus, oft der einzigen Hinterlassenschaft ihres Mannes, leben mußte. Ich erinnere mich noch gut an die Schilderungen und Erlebnisse meines Vaters, der vor dem Ersten Weltkrieg einige Jahre in New York gelebt hat. Die Hektik Manhattans muß damals viel größer gewesen sein, der Ansturm auf die Subway beängstigend, unter wilden Rufen »Hurry on, let's go« wurden die Menschen in die überfüllten Waggons gepreßt, und die letzten hatten ihre Not, ihre Finger nicht auf dem Bahnsteig zu lassen. Die Straßen waren überfüllt mit sperrigen Droschken und sonstigen Pferdefuhrwerken, Gäule wurden scheu, und ein vielfarbenes malerisches Völkergemisch drängte durch die Straßen Downtowns. Aber die jungen Leute genossen auch das freie Leben, zumal nach der gezierten Gangart des alten Europa. Zu der freizügigen Lebensweise gehörten die Wochenenden im oberen Hudsontal. Gerade war die Bahnlinie in Betrieb genommen worden, und die jungen Leute fuhren hinaus zum Zelten an die einsamen Seen, picknickten an stillen Stränden, um nach einem erfrischenden Sprung ins Wasser riesenhafte Lachse zu fangen, die dann gegrillt ein tagesfüllendes Frühstück ergaben. Vieles davon ist immer noch zu finden.

Überqueren wir die Westseite des Washington Square und nochmals die Avenue of the Americas, so betreten wir das schwer abzugrenzende Gebiet von *Greenwich Village*. Einst weit vor den Wällen des alten Nieuw Amsterdam gelegen, hatten sich hier Farmen, Obstgärten, Tabakplantagen angesiedelt. Eine Gelbfieberepidemie trieb 1791 eine Menge Siedler aus Downtown nordwärts, und jeder baute, wie er wollte, sofern er dem Nachbarn nicht in die Quere kam. Diese alten Grenzen ländlicher Anwesen und Felder haben sich in den heutigen Straßen erhalten, und erbittert verteidigen die Greenwicher ihre alten Rechte. Alle Versuche westlich der 6th Avenue die großen Avenues nach Süden durchzubrechen und Hochhäuser zu bauen, sind gescheitert. Südlich der 14th Street West herrscht malerische Unordnung, ein schwer entwirrbares Chaos kleiner Sträß-

11

Ralph Earl (1751-1801)

Bildnis des Elijah Boardman

Gemälde 1789

»Porträtmalerei bleibt auch in der zweiten Hälfte des 18 Jahrhunderts das Hauptfeld der bildenden Kunst in Amerika, wobei Genauigkeit der Beobachtung so hoch gewertet wird wie Gefälligkeit der Farbe und Eleganz der Komposition. Die ›sachliche Genauigkeit‹ bezieht sich aber nicht mehr allein auf die Figur des Dargestellten, sondern sie gibt Auskünfte über Beruf und Familie.« (Alfred Neumeyer) Zu den besten ›Berufsporträts‹ gehört das lebensgroße Bildnis des Textilhändlers Boardman, den der Künstler an seinem Arbeitspult stehen läßt, indes die geöffnete Tür den Blick freigibt auf die bunt gemusterten Stoffballen im Laden.

New York, The Metropolitan Museum of Art

chen fast europäischen Einschlags und irgendwie an Alt-Paris erinnernd, gegen den Südosten zu in Little Italy übergehend, wo das Italienische dominiert, etwa um Bleecker Street, deren holländischer Name sich prächtig mit der überquellenden Obst- und Gemüsedekoration Italiens verträgt. 1969 hat man Greenwich Village unter Denkmalschutz gestellt, eine Geste der Einsicht, daß auch das ewig ruhelose New York irgendwann einmal geschichtliche Sedimente ablagern muß, was schon Henry James zu der Bemerkung geführt hat, hier herrsche »eine Gelassenheit, die andernorts in dieser ausgedehnten schrillen Stadt nicht oft zu finden ist. Diese Gegend von New York sieht reifer, reicher, würdiger aus als die oberen Verzweigungen der großen Längsdurchbrüche am Central Park, sie wirkt, als hätte sich hier gesellschaftliche Geschichte abgespielt.«

Das Besondere an Greenwich Village sind darum auch nicht Sehenswürdigkeiten, sondern die vielen engen Gäßchen und kleinen intimen Plätze etwa am Milligan Place oder die besonders schöne Reihe alter Stall- und Kutscherhäuser an der MacDougal Alley, die einst zu den herrschaftlichen Häusern am Washington Square gehörte. Auch östlich der Fifth Avenue findet sich unweit des Square in der Washington Mews eine stille, verträumte kopfsteingepflasterte alte Gasse. Viele dieser Häuser zeigen noch die holländische Baugewohnheit, eine Treppe zum etwas erhöhten Erdgeschoß hinaufzuführen, gelegentlich flankiert von einst grimmigen, heute von Karies geplagten Löwen, oder einem bronzenen irischen Hirtenhund, treuer, einzig überlebender Wächter einer Familie, die in den fünfziger Jahren des alten Jahrhunderts hier wohnte. Obwohl New York keine Überschwemmungen kennt, hing man am Althergebrachten und verband es mit der späten Klassik des englisch-georgianischen Stils, der so typisch für das östliche Amerika wurde, daß man ihm nach dem Unabhängigkeitskrieg den Namen ›Federal Style‹ gab. Es ist noch heute ein bewundernswerter Baustil, zumal für Häuser bürgerlich-wohnlichen Zuschnitts. Die feinen weißen Tür- und Fenstergewände, gelegentlich sparsam angedeutete ionische oder dorische Säulen als Türflankierung, und, wenn es hoch kommt, ein elegant vorspringender Säulenportikus geben viel Atmosphäre zumal im Herbst, wenn die schrägstehenden Sonnenstrahlen graphische Reize enthüllen. Das erklärt, warum diese Häuser heute wieder begehrte und teuere Objekte sind, nur arrivierten Künstlern und Wohlhabenden zugänglich, so daß sich die junge und noch gärende Bohème fast ganz aus Greenwich Village zurückgezogen hat und in das ›billigere‹ East Village eingefallen ist, dort wieder sehr zum Ärger von ethnischen Gruppen wie den Italienern, Juden oder Slawen.

Dasselbe Greenwich Village kann aber am späten Abend zur Kulisse deftiger Straßenszenen werden, die mit dem Begriff Bohème kaum noch etwas zu tun haben. Wo sich 8th Avenue und Greenwich Avenue kreuzen, kommt kaum noch ein Taxi durch, die Straßen sind voller junger und young-to-be-Leute, durch die Fenster der Lokale sieht man alle Arten von Liebespaaren, sich küssende junge Männer, mit unbeschreiblicher Zärtlichkeit sich anblickende junge Frauen, ausgeflippte Alte mit dem Kopf auf der Tischplatte. Jede Form von Weltschmerz findet hier ihren Ausdruck. Das abendliche Greenwich ist darum nur in sehr ortskundiger Führung ein Erlebnis – aber auch das Greenwich des hellen Tages kann uns zum Narren halten. Straßen wechseln mitten zwischen zwei Kreuzungen ihren Namen, West 4th Street kreuzt West 10th und 11th Street und vereinigt sich mit West 13th Street, so hilft nur eine sehr genaue Karte die arithmetischen Ungereimtheiten zu überwinden. Lassen wir zum Schluß Sabina Lietzmann das Résumé ziehen:

Wie alle habituellen Künstlerviertel hat auch Greenwich Village nicht vermocht, Impuls und Geste, Kunst und Kommerz reinlich auseinanderzuhalten. Der Ruf von Bohème zieht die Schaulustigen an, und zwischen die Künstler nisten sich die Möchtegerne ein. Das Reservat der geselligen Einsiedler wird zur Sehenswürdigkeit, und so fiel mit der zweiten Nachkriegszeit ein Abglanz von Rummelplatz und Lunapark auf die Boutiquen und Ateliers, die

Espresso-Cafés und Jazz-Kneipen von Greenwich Village. In MacDougal Street, dem Amüsierboulevard des Village, steckt ein Stück Miniatur-Las Vegas. Die Künstler wichen vor den Touristen und den steigenden Mieten, die mit neuen Wohnhochhäusern ins Village drangen, südwärts und östlich aus …

Geblieben ist das Aufsässige. Schon im letzten Jahrhundert weigerte sich Hendrick Brevoort, den Lieblingsbaum seiner Frau einem Straßendurchbruch zu opfern, darum knickt noch heute der Broadway an der 10th Street scharf nach Südwesten ab, und im Winter 1916 versuchten ein paar Übermütige, mit einem Pistolenschuß vom Washington Arch herab die Greenwich Republic auszurufen – etwas davon ist hängengeblieben.

Eine kurze Taxifahrt bringt uns nun zur *City Hall* und dem hier gelegenen Komplex repräsentativer Bauten, die um so beeindruckender sind, je mehr man die katastrophale finanzielle Lage New Yorks bedenkt. Das scheint aber auch früher ähnlich gewesen zu sein, denn die City Hall wurde nur auf der Südseite mit Marmor und Naturstein verkleidet, für die Rückseite genügte Brownstone, da die Stadtväter in Geldnot waren, und ohnehin niemand annahm, daß die Stadt wesentlich nach Norden wachsen würde. Erst bei der Renovierung 1956 wurde auch die Nordseite verkleidet. Ob die dabei entstandenen Kosten einen Zusammenhang haben mit den häufigen Demonstrationen am Dienstsitz des Mayors ist mir nicht bekannt. Dafür hat man die einst eleganten Räume für den Gouverneur des Staates New York eingespart, der nun im fernen Albany, der formalen Hauptstadt des Staates, in einer griechisch-archaischen Monstrosität hausen muß. So ist das Verhältnis zwischen der Stadt und dem Staat New York aus vielerlei Gründen nicht immer das Beste.

City Hall Park, zu Beginn des 19. Jahrhunderts angelegt, wird ganz geprägt durch die 1803 errichtete City Hall, die noch heute Sitz des Bürgermeisters ist. Im Obergeschoß sind an bestimmten Tagen Erinnerungsstücke aus der Stadtgeschichte zu sehen, die zeigen, daß diese Gegend New Yorks einst viel ausgeprägter das Zentrum der jungen Stadt war, allmählich fast in den Boden gedrückt wurde durch die wachsende dritte Dimension der Wolkenkratzer an ihrem Südrand. Eine der schönsten Ansichten New Yorks bietet sich von der Freitreppe der City Hall aus im Osten. In kühnen perspektivischen Verkürzungen erscheint die Brooklyn Bridge mit dem gewaltigen Tross der Hängeseile und dem Doppeltor der Pylone.

Hier am Rande des City Hall Parks wurden am 16. Mai 1691 Jacob Leisler und seine Freunde erst gehängt und dann gevierteilt, weil sie angeblich die englische Krone verraten haben. Diese Geschichte ist voller Absurdität, zeigt uns auch, in welch krisenhafter Zerrissenheit sich die einzelnen Kolonialprovinzen Englands knapp hundert Jahre nach ihrer Entstehung und vor ihrer Auflehnung gegen die Krone befanden. New York wurde damals – wie so oft in seiner Geschichte – durch französische Angriffe, die dem Hudsontal südwärts folgten, bedroht. In die allgemeine Nervosität platzte noch die Nachricht, daß der ungeliebte und wenig liberale König, Jakob II., abgesetzt werden sollte. Eine Gruppe beherzter Männer des englischen Adels hatte dem Prinzen Wilhelm von Oranien die Regentschaft angetragen, unter ihnen Sir Winston Churchill of Weymouth (der erste dieses Namens), und unter recht turbulenten Umständen begann die Herrschaft des Oraniers in Whitehall mit der Glorious Revolution von 1688. Doch die Nachrichtenverbindungen nach Amerika waren langsam, nur zögernd hatte sich in Boston, Newport und anderswo eine Anhängerschaft für Wilhelm III. and Maria II. herausbilden können. Nicht so in New York, wo der ansonsten verhaßte Jakob eine starke Stütze hatte. In dieser Situation ergriff der in Frankfurt am Main geborene Jacob Leisler, Kapitän der New Yorker Miliz, die Initiative und die Herrschaft im Namen des Oraniers und warf die Franzosen am Mohawk und um Schenectady zurück. Unglücklicherweise hatte das neue Herrscherpaar in England recht lange gezögert, seine Pläne für Reformen und für den Ausbau bürgerlicher Rechte in Amerika kundzutun, und zu allem Überfluß hatte es auch noch den falschen Mann in der Person des neuen Gouverneurs Sloughter abgesandt. Vielleicht zögerte auch Leisler zu lange, seine Vollmacht, die mehr de facto als de jure bestand, an Sloughter abzugeben. Eine reiche Clique von Großgrundbesitzern aus Albany intrigierte gegen ihn, und plötzlich fand er sich in Castel Clinton im Battery Park eingeschlossen und später zum Tode verurteilt. Die Tragik dieses Mannes, der Wilhelm und Maria ergeben war und durch sie und mit ihnen ein Ende der Unterdrückungspolitik des halb schwachsinnigen Jakob II. erhofft hatte, spaltete die Kolonien. Später wurde Leisler von der Krone post mortem freigesprochen, man taufte eine Straße Manhattans in Francfortstreet um, aber der Zwiespalt zwischen bürgerlicher Liberalität und althergebrachter feudaler Struktur, die bereits tief in Amerika eingedrungen war, hielt bis zum Ausbruch der American Revolution an. Es war Nicholas Roosevelt, erster Politiker aus dieser Familie, der zum Alderman des Staates New York gewählt wurde, weil er Leislers Partei ergriffen hatte. So hat sich um Leisler, den in Amerika heute kaum noch jemand mit Namen kennt, und um die Thronbesteigung von Wilhelm und Maria eine Geschichte entsponnen, in der zum ersten Mal die Namen Churchill und Roosevelt gemeinsam auftauchen.

Unweit nördlich der City Hall schließt der Komplex des *Civic Center* den kleinen Foley Square, das New Yorker Stadtgericht (New York County Courthouse), 1926 von Guy Lowell in der Form eines Hexagons mit einem gewaltigen korinthischen Säulenportikus erbaut, sowie das United States Courthouse ein, das Foley Square nach Osten begrenzt. Das beeindruckendste Gebäude aber ist das Municipal Building, 1915 von McKim, Mead und White erbaut und von einer weithin goldschimmernden Statue der Civic Fame gekrönt. Es ist natürlich immer fragwürdig, wenn ein Behördenarchitekt ein Sinnbild der Bürgertugend oder des Bürgerruhmes auf ein öffentliches Gebäude stellt. Auch in

Amerika besteht ein gut Teil der Bürgertugend im Zahlen von Steuern, und daran wird niemand gern erinnert.

Nah im Norden des Civic Centers beginnt Chinatown, beginnt aber auch die verrufene *Bowery,* einst ein Indianerpfad wie der Broadway, den Peter Stuyvesant benutzte, um zu den Pfirsichplantagen seiner Bouwerie zu reiten (holländisch Bouwerie = Bauernhof). Nahebei entstand eine kleine holländische Kapelle, die später der heutigen Kirche Saint Mark's-in-the-Bouwerie wich, 1795 von Ithiel Town erbaut und erst spät mit dem aufgetreppten spitzen Turm versehen. Das Innere ist durch zwei Kunstwerke interessant: das Altarblatt malte Chester Beach, ein Schüler Rodins, und die Glasfenster wurden nach Zeichnungen des dämonischen William Blake geschaffen. Auf dem erhaltenen Friedhof ist Peter Stuyvesant begraben, eines der Kirchenfenster zeigt ein Abbild des einstigen holländischen Gouverneurs von Nieuw Amsterdam, der sich nach der Übergabe der Stadt an die Briten auf seine Farm zurückzog.

Obwohl wir kaum Lust verspüren werden, die Bowery entlangzugehen, schmuddelig und immer noch eine Meile des Elends, der Heruntergekommenen, Hoffnungslosen, eine Meile, auf der man sehr unsicher wird, wo die Schuld des einzelnen aufhört und die Schuld der Allgemeinheit beginnt, ist es eine Anstandspflicht, derer zu gedenken, die trotz geringer Erfolge immer wieder mutig in einen ungleichen Kampf ziehen. Ich meine die Salvation Army, die Heilsarmee. Auf dem europäischen Kontinent, im Gegensatz zu England, immer etwas belächelt, sehr zu Unrecht, hat diese Form von Kirche es verschmäht, nur in der Predigt zu wirken, ohne gleichzeitig tätiges Christentum zu üben. Ihr Grundsatz »Go for souls – and go for the worst« ist bitter ernst gemeint und ihre Beharrlichkeit bewundernswert, wie sie in ihren dunkelblauen, korrekten Uniformen mit den steifen karmesinroten Krägen tapfer ihr Lied anstimmen und den Obdachlosen und Ausgeflippten Bleibe und Nahrung bieten. Vielleicht ist nirgendwo das Vorbild des biblischen Samariters wörtlicher genommen worden.

Wir kommen auf unserem Weg (den wir mit einem Taxi natürlich kürzen sollten) nun durch das *East Village,* Gegenstück zu Greenwich Village, zum Teil in irren bunten Farben nach Pop-Art angemalt und allenfalls im Vorbeifahren lustig anzusehen. 28 East 20th Street liegt das Geburts- und Wohnhaus des Präsidenten Theodore Roosevelt (1858 bis 1919), eines Großonkels von Franklin Delano Roosevelt (1882-1945). Es ist ein schönes, spätviktorianisches Gebäude mit original erhaltener Einrichtung.

Unweit des Rooseveltschen Hauses liegt *Gramercy Park,* im frühen 19. Jahrhundert eine exklusive Wohngegend im well-to-do-Geschmack einer noch ganz englisch orientierten Gesellschaft. Es ist ein wenig New Yorks Belgravia, entspricht dem Londoner Westend. Cyrus Field lebte hier, der den Mut hatte, das erste transatlantische Tiefseekabel zu verlegen, der große amerikanische Architekt Stanford White, der in nahezu allen Stilen, maurisch, gotisch, klassizistisch in New York gebaut hat, Lieblingsarchitekt seiner Zeit war und sich mit einem der Pittsburgh-Stahlmillionäre anlegte, weil er ihm seine ladylove ausgespannt hatte, James Gerald, der amerikanische Botschafter in Berlin vor dem Ersten Weltkrieg; auch eine Reihe von Literaten und Schauspielern gaben Gramercy Park seine eigene gesellschaftliche Atmosphäre. Jeder Hausbesitzer bekam, Idee eines geschäftstüchtigen Maklers, zwei goldene Schlüssel für den Park, die noch heute benutzt werden, auch wenn inzwischen der Players Club und andere Klubs hier eingezogen sind. Nur noch der bronzene Edwin Booth, gefeierter Star in der Rolle von Shakespeares Hamlet, bewacht einsam den Platz, am Rande steht das empfehlenswerte Gramercy Park Hotel.

Je weiter wir nun nordwärts gehen oder fahren, um so mehr bewegen wir uns im Zentrum von Midtown, einem außerordentlich fließenden Begriff. Es gibt eigentlich zwei Meinungen: die einen verlegen Midtown in den Bereich, dem unsere heutige Wanderung gilt, die anderen begrenzen Midtown mit dem Central Park nördlich, so daß für sie

Uptown erst mit und jenseits des Central Park beginnt. Eindeutig ist darum auch nur die Bemerkung »we go uptown« oder »we go downtown«, und das heißt nichts anderes als nordwärts oder südwärts. Wir aber entziehen uns diesem Streit, gehen nun westwärts und besuchen das *Empire State Building* auf der Höhe der 34. Straße. Hier beginnt das zweite Wolkenkratzergebirge New Yorks, das in heftiger Konkurrenz zum Financial District steht. 1931 mitten in der Weltwirtschaftskrise und völlig zur Unzeit fertiggestellt, ist das Empire State Building einer der ersten Skyscraper, die auf jede horizontale Gliederung verzichten und mit der vertikalen Betonung den Blick nach oben ziehen. Doch unterschätzt man die Höhe, da die von der Straße aus einsehbare Fassade nur 227 Meter emporführt. Dann springt das Gebäude zurück und stuft sich wie eine mesopotamische Zikkurat nach oben auf die Endhöhe von 375 Metern, nur knappe 36 Meter weniger als die Trade Towers, die indessen mehr beeindrucken, da sie dem Auge ihre gesamte Höhe bieten und durch den freien Platz auch mehr Abstand lassen. 102 oberirdische und zwei unterirdische Stockwerke beherbergen in den Bürostunden etwa 25000 Menschen. Der Bauherr hat es als einer der ersten verschmäht, in Kunstkatalogen seinen Stil zu finden. Die Fama erzählt, er habe seinem Architekten gesagt: »Bill, wie hoch kannst du bauen, ohne daß es umfällt?« Und dann pflanzte er einen dicken Bleistift auf seinem Tisch senkrecht auf.

Betreten wir die marmorgetäfelte Eingangshalle, verwirrt die Vielfalt der Geschäfte, luxuriösen Boutiquen, Restaurants und Coffeeshops. Was auf einem Bahnhof die Bahnsteige, sind hier die zahlreichen Fahrstuhlschächte, unter deren Aufzügen es an jeder Station gemütlich haltende ›Personenzüge‹, ›Eilzüge‹, die nur bestimmte Stockwerke ansteuern und regelrechte ›Expreßzüge‹ gibt, die speziell den Touristen auf die Aussichtsplattform im 86. Stockwerk und dann mit Umsteigen auf die 102. Plattform bringen, die bis Mitternacht geöffnet ist. Zu empfehlen ist vor allem der Besuch kurz nach Einbruch der Dämmerung. Nur wenige Gebäude

New Yorks sind die ganze Nacht erhellt, die meisten werden nach dem Verlassen durch das Büropersonal noch ein bis zwei Stunden beleuchtet, so daß, zumal im Herbst oder Frühjahr, die Zeit zwischen 5 und 7 Uhr zum Anblick der illuminierten Stadt am günstigsten ist. Dann hat New York auch jene schöne samtblaue Dämmerungsfarbe angenommen, in der die Myriaden von Lichtern ein warmes Gelb verströmen. Stehen wir dann auf der Plattform, deren Fernsehantenne gespenstisch über uns funkelt und nochmals gute sechzig Meter emporsteigt, so sehen wir, wie das riesige Schiff Manhattan wie ein festlich erleuchteter Ozeanriese aus dem engen Fahrwasser des Hudson und des East River majestätisch hinausgleitet in die atlantischen Fluten.

Leider gibt es nur wenige Wolkenkratzer mit Restaurants in ihren oberen Stockwerken. Der Südturm der World Trade Towers besitzt ein berühmtes Restaurant, ›Windows on the World‹, das aber eigentlich nur tagsüber zu empfehlen ist (Luxusklasse). Manche Hotels wie das Park Lane am Central Park haben ein Restaurant, ›Dining on the Roof‹, am schönsten aber ist der ›Sky Club‹ auf dem PanAm Building mit einer exquisiten Einrichtung im Stil eines englischen Klubs und einem rund um die Separées laufenden Aussichtsfenster auf Midtown Manhattan. Darüber liegt noch ein Hubschrauberlandeplatz, auf dem zu landen recht aufregend ist, wenn die großen Rotorenblätter noch laufen und man das Gefühl hat, der Wind wirble einen tief in die apokalyptischen Straßenschluchten. Sky Club ist nur durch die freundliche Einladung von Mitgliedern betretbar. Unvergeßlich, wenn die tiefen Schatten in die Täler Manhattans fallen, Hunderte von Fenstern in der nahen Flanke des nächsten Wolkenkratzers aufflammen, die Straßenzüge aus der Höhe wie Bäche flutenden Lichtes erscheinen, der Barmixer seinen Cobbler schüttelt, gedämpfte Stimmen und Musik eine Atmosphäre schaffen, wie sie nur New York haben kann.

Uptown: Am Rande des Central Park

Der dritte Tag unseres Aufenthalts mag uns zunächst erneut nach Midtown führen, dem geschäftlich belebtesten Teil New Yorks, zum shopping wie geschaffen mit der Fülle seiner Geschäfte, Auslagen, anziehenden Restaurants. Dieser Stadtteil ist erst nach dem Sezessionskrieg entstanden, geriet somit heftig in die ›roaring eighties‹, die stürmische Phase der Entwicklung von Kommerz und Industrie, in der im Handumdrehen und mit nicht immer feinen Methoden Vermögen gemacht wurden, in der die Europa so bewegenden Tellerwäscherstories entstanden. Der Goldrausch in Kalifornien war gerade vorbei, das elektrische Licht begann sich durchzusetzen, Privatgesellschaften fingen an, fieberhaft Eisenbahnen durch ganz Amerika zu ziehen, ganze Armeen von Einwanderern landeten im Battery Park, kurz, die Welt war in einem Taumel, alles schien machbar. Als 1850 St. Patrick's Cathedral an der Fifth Avenue gebaut wurde, beklagten sich die Bewohner des Pfarrsprengels über den weiten Weg aus dem Süden Manhattans. 1888 war die Kathedrale vollendet, nun beklagten sich die Pfarrkinder, die inzwischen den Banken in Downtown gewichen waren, daß sie längst viel zu weit im Norden wohnten.

Auch die alte, eng zusammenhaltende New Yorker Gesellschaft der frühen holländischen und englischen Jahre hielt dem Ansturm der Zeit nicht stand. Ihre zurückhaltenden stillen Wohnstraßen im Süden verloren mit dem Emporдrängen einer aggressiven Aufsteigergesellschaft rasch alle Bedeutung. Midtown hieß nun die Devise, und es war chic, an der Fifth Avenue ein neues Domizil zu beziehen. Die Astors, Jacobs, William und Cornelius Vanderbilt beschlossen den Gegenangriff und errichteten sagenhafte Festungen an Luxus. Und doch mußten sie dem Zeitgeist Tribut zahlen, die Carnegies, Fricks, Morgans, Belmonts waren ihnen hart auf den Fersen, und alle diese Namen werden uns durch halb New York entweder als Banking Corporations oder in Form von Stiftungen begleiten. Es ist faszinierend, daß die Angewohnheit der Reichen und Mächtigen des alten Europa, ein Kloster oder eine kostbare Kapelle zu stiften, sich auch der Neuen Welt mitgeteilt hat, säkularisiert zwar, aber kostbar und dem uralten menschlichen Bedürfnis folgend, nicht spurenlos von dieser Erde zu verschwinden. Manchmal aber wurde es doch ein Kloster, wenn auch nur ein unbelebtes und wiederaufgebautes wie die von John D. Rockefeller angelegten Cloisters in äußersten Norden Manhattans.

Wo der Broadway in sehr spitzem Winkel die Seventh Avenue kreuzt, liegt der *Times Square,* am Tage eine ziemlich schäbige, heruntergekommene Gegend, genannt nach dem alten Times Tower, den Adolph Ochs 1904 für die ›New York Times‹ errichten ließ. Heute gehört der Turm Allied Chemical, und in der ganzen Gegend ist der einst dominierende Charakter des Pressezentrums von Manhattan herabgewirtschaftet auf die Ebene von Pornoheftchen, die in zahllosen neonbunten Lädchen mit verblüffenden Sammlungen von subkulturellen Gegenständen verkauft werden. Times Square bietet aber von der Höhe des Empire State Building ein beeindruckendes Bild durch den kategorischen Schnitt, mit dem der Broadway die etwas langweilige rechtwinklige Ordnung Manhattans aufschneidet. Die beste Zeit, Times Square zu erleben, ist der frühe Abend, wenn die zahllosen und überaus phantasievollen Lichtreklamen jenes Bild entstehen lassen, das die Amerikaner mit ›The Great White Way‹ bezeichnen, Londons Piccadilly Circus verwandt, und das den Eindruck weckt, das spitze Eckgebäude zwischen Broadway und Seventh dampfe wie ein Schiff durch das steinerne Meer. Zwischen Times Square und Grand Central Station pendelt der nützliche ›Shuttle‹, die frequentierteste U-Bahn New Yorks. Shuttle heißt Weberschiffchen, und wie ein solches webt es den Verkehr auf den großen Nordsüdsträngen der Broadway-, Seventh Avenue- und Lexington Avenue-Linien als Querverbindung in westöstlicher Richtung zusammen. Der Name hat sich dem Space Shuttle der Astronauten vererbt.

Die angrenzenden Teile des Broadway sind die Meile der Theater, der typischen Erstaufführungstheater, in denen das kritische New Yorker Publikum unbarmherzig das Prinzip von hire and fire walten läßt. Mißerfolge verschwinden sang- und klanglos in der Versenkung des Schnürbodens, Erfolge machen ihren Weg rund um die Welt, zumindest die amerikanische Welt. Theaterleute teilen darum auch die Welt ein in Broadway und Off-Broadway. Broadway ist härtestes Risiko, Off-Broadway ist das Abrahmen, manchmal auch der unverbesserliche Versuch, einen Mißerfolg in der Provinz noch einmal zu starten. Ecke 57. Straße und Seventh Avenue steht die alte Carnegie Hall, einst ein weltberühmtes Konzertgebäude, heute herabgewirtschaftet und nach dem Auszug des New York Philharmonic Orchestra neben dem schönen Lincoln Centre kaum noch zu erhalten.

Eines Abends vor vielen Jahren hatten mich Freunde eingeladen, ein Musical in einem der ›all black‹-Theater anzusehen. All black, das will heißen: Schauspieler und Publikum sind dunkelhäutig. Wenn ich allerdings gedacht hatte, hier würden auf der Bühne die Konflikte zwischen Schwarzen und Weißen sichtbar, so hatte ich mich getäuscht. Die Konflikte zwischen den Schwarzen verschiedener Provenienz waren das Thema. Ein junger und hinreißend singender Neger war aus Nigeria zugewandert. Er hatte den Mund voller großer Parolen, gängiger politischer Redensarten, verliebte sich in eine bildschöne Negerin und geriet, ob er wollte oder nicht, in den Bannkreis einer aus dem Süden nach New York zugewanderten Familie. Wie dieser afrikanische aggressive junge Mann sich mit der fast biblischen Weisheit der Grandma auseinandersetzte, wie ihm klargemacht wurde, daß (zumindest diese) amerikanische Negerfamilie als Teil Amerikas fühle und denke, dieses Land liebe, in ihm (und nicht in Afrika) seine Erinnerungen, seine Traditionen suche und finde, das war sehr bewegend und enthüllte eine Perspektive, die mir vorher völlig fremd war. Freilich, wenige Jahre danach begannen die gewaltsamen Krawalle, und ich habe oft an dieses Broadway Musical gedacht und daran, inwieweit der Aufbruch der jungen Völker Afrikas in die sicher unbefriedigende Situation der Neger Amerikas hineingewirkt hat. Das schwarze Publikum jenes Abends jedenfalls war sehr angetan von der Aufnahme ihres farbigen Landsmannes aus Nigeria, von der Art, wie die gütige weißhaarige und schwarzhäutige alte Dame ›The Taming of the Shrewd‹ zuwegebrachte, und es feierte die Schauspieler mit wildem Beifall.

Etwas weiter südlich stoßen wir Ecke 8th Avenue/34. Straße auf den *Madison Square Garden,* vielleicht das berühmteste und besuchteste Sportzentrum der Welt, in dessen riesigen Hallen aber ebenso Konzerte, Festivals und politische Versammlungen stattfinden. Als Tourist werden wir damit wenig anfangen können. Empfehlenswert ist es aber, in die Tiefen des Styx hinabzusteigen, will sagen, die Hallen und Bahnsteige der Pennsylvania Station, die sich unter Madison Square Garden erstrecken. Hier kommen die Expreßzüge aus dem Süden der USA an und mit ihnen die Farbigkeit der Southern States, die Farbigkeit der Haut und noch mehr die grellfarbenen, hollywoodbunten Gewänder aus Florida und Puerto Rico, ein Hauch von Karibik samt der extravaganten Verrücktheit der Gepäckstücke. Diese Züge sind für New York so etwas ähnliches wie der Saloniki-Expreß in München, aber wie verschieden ist die Natur seiner Fahrgäste. Auch die temperamentvollsten südländischen Zuwanderer Münchens haben oft etwas nervös Gereiztes, ein falsches Wort und schon gibt es Streit, die Zugschaffner kehren gern den großen Herrn heraus, und in den Augen der Landesunkundigen steht die Angst, welcher Stempel denn nun wieder in irgendeinem Dokument fehlt.

Dem steht ein ganz anderes Bild in den Staaten gegenüber. Mag auch mancher Weiße mit zunehmender Sorge an die Zukunft denken, die Bevölkerungsstatistik argwöhnisch musternd, im täglichen Umgang ist wenig von Spannung zu bemerken. Leger und locker ist der Umgangston, gelegentliche Schwierigkeiten sind weniger auf weiße Ressentiments, als auf das wachsende Selbstbewußtsein der Farbigen zurückzuführen, deren ursprünglicher Drang zur Anpassung sich wandelt in ein ganz bewußtes Anders-Sein. Kinder, auch Frauen, legen ihr Haar in Afrolook mit zahllosen kleinen gedrehten Zöpfchen, die Männer tragen afrikanische Gewänder, oder was sie dafür halten, und nicht selten sind diese Gewänder geschmackvoll und originell. In keiner anderen Stadt haben wir so viele elegante Negerinnen gesehen, schlank, hochgewachsen, in lässige Couture gehüllt, die auch in Paris gefallen würde, und mit weichen geschmeidigen Bewegungen durch die Menge gehend. Es war meine Tochter, der zuerst diese Mischung aus Schönheit und Eleganz auffiel, wie sie und ihr Bruder überhaupt manches mit dem ersten Blick erkannten, was wir erst mühsam aus dem seltsam verstellten europäischen Blickwinkel herauslösen mußten. Doch ist nicht zu übersehen, daß auch innerhalb der schwarzen Bevölkerung Amerikas starke Unterschiede wahrzunehmen sind. Während sich eine dünne Oberschicht intelligenter Neger, vor allem Künstler, mit der gelassenen Sicherheit des Arrivierten in der recht freien New Yorker Gesellschaft bewegen, haben sich viele zurückgezogen in die Slums von Harlem und Brooklyn.

Diesem Problem, das uns in amerikanischen Großstadtstraßen immer wieder anfällt, aus dem Wege zu gehen, wäre unaufrichtig. So sollten wir wenigstens – ohne jede Bewertung – die entgegengesetzten Standpunkte kennenlernen. Die religiösen Fundamentalisten aus Neuengland sahen im Schwarzen dieselbe Kreatur Gottes wie im Weißen. Im pragmatischeren Süden neigte man aus dem Fundus praktischer Erfahrungen dazu, dem Neger einen inferioren Status zuzusprechen. Dahinter stand die Frage der biologischen Gleichwertigkeit. Dieses Bild hat sich langsam zu wandeln begonnen zugunsten einer differenzierteren Einschätzung und der Erkenntnis, daß Schwarze wie Weiße – wie der Berliner so schön sagt – »so'ne und solche« hervorbringen. Obwohl es immer noch viele Amerikaner gibt, die eine rigorose Rassentrennung fordern, weil sie grundlegende Unterschiede sehen, nimmt doch die Zahl derer zu, die erkannt zu haben glauben, daß es nicht ein grundlegender Unterschied ist, der Schwarze und Weiße trennt, wohl aber die Zeit, die den beiden Rassen zur Ausbildung ihrer gegenwärtigen Fähigkeiten vom Schicksal gegeben wurde. Die bange Frage ist, ob es in einer sich ohnehin schnell verändernden Welt den Schwarzen gelingen wird, die Zeit aufzuholen. Auch die Farbigen spalten sich in zwei Lager. Die einen akzeptieren das Prinzip der Leistungsgesellschaft und versuchen den Sprint, mehr oder weniger häufig auch mit Erfolg. Die anderen haben ihr ›Anderssein‹ entdeckt, kultivieren es, beleben ihre afrikanischen Traditionen.

Diese, wenn man so sagen darf, mehr biologischen Gedanken und Trends werden durch volkswirtschaftliche Eigentümlichkeiten der amerikanischen Welt bestärkt. Schon J.K. Galbraith hat in seinem 1958 erschienenen Buch ›The Affluent Society‹ (Die Überflußgesellschaft) die zutiefst verschiedenen Auffassungen dargestellt, wie sie sich in den Personen Thomas Robert Malthus (1766-1834) und John Maynard Keynes (1883-1946) kundtun. Vertrat Malthus einen zumal in den USA verbreiteten Sozialdarwinismus mit der Devise: Der Tüchtigste wird im ›Struggle for life‹ überleben, so versuchte Keynes die Auswüchse extremen wirtschaftlichen Liberalismus zu bekämpfen. Malthus' ›Essay on the Principle of Population‹ enthält starken Tobak, wenn er feststellt: »Those, who lost, went to the lions«, doch hat sich in Amerika diese Philosophie mit puritanischen Vorstellungen von der sichtbaren Bevorzugung des Tüchtigen verbunden und hat eine, trotz mancher Schattenseiten, insgesamt positive wirtschaftliche Entwicklung eingeleitet. Die Engländer dagegen sind mit Keynes tief in eine Politik der ›Austerity‹ (Nüchternheit) und des Dirigismus hineingeraten, die sie seit dem Ende des Ersten Weltkriegs nicht mehr verlassen hat.

Ich kann nur hoffen, daß dieser kleine Exkurs zwischen der 42. und 57. Straße New Yorks den Leser nicht allzu ermüdet hat. Es ist anzunehmen, daß die Damen unter uns bereits mit berechtigter Ungeduld darauf drängen, etwas über die Geschäfte und Kaufhäuser New Yorks und nicht nur über deren volkswirtschaftliche Prinzipien zu erfahren. Doch möchte ich darin das Wort lieber Sabina Lietzmann überlassen, die als Frau nicht jene Hemmungen haben wird, wie sie Wolfgang Koeppen Ende der fünfziger Jahre geschildert hat, was den Herren zum Trost vorher zitiert sei:

Auch ich wollte ein Kleid nach Europa mitbringen, eines dieser geschickten, Paris nachahmenden, aber unnachahmlichen Schneiderwerke von New York, ich ging in die Warenhäuser, wagte mich in Damenbereiche und begegnete Königinnen. Hier lag man der Kundin noch zu Füßen. Flure für jedes Alter, Stockwerke für jede Größe, Etagen für jede Farbe, der letzte Einfall von der Seine, in der Avenue Montaigne kaum entworfen, war hier schon in hundert Variationen ein billiges Glück. Jedes Stück hing, den begehrlichen Händen erreichbar, in den frei zugänglichen Regalen. Kein Verkäufer belästigte oder hemmte die Gier. Die Damen griffen nach den Träumen, zogen sie an, spiegelten sich im Kristall, verwarfen die erste, die zweite, die dritte Wahl, neue Modelle wurden aus den Fächern gerissen, wurden übergezogen, man trat kaum hinter Vorhänge, man war ganz ungeniert, man warf, was nicht gefiel, auf einen Tisch, auf den Boden, Aufräumerinnen kamen freundlich und hängten lächelnd die verschmähte Mode zurück, und mich beachtete niemand, niemand fragte nach Begehr und Wunsch, man hielt mich wahrscheinlich für einen Rayon-Inspektor, für einen Eunuchen im Dienst der Damen.

Nun, inzwischen gibt es Spezialgeschäfte für alleinreisende Herren, die für ihre Damen einkaufen wollen.

Frau Lietzmann teilt die Kaufhäuser und Geschäfte kundig ein:

Es gibt ein gutes Dutzend Warenhäuser in Manhattan, das totale Warenhaus, wie Macy und Gimbel, ist ein kompletter Konsumenten-Kosmos, wo man schlechthin alles findet. Die zweite Kategorie ist das Kaufhaus mit Möbeln, Dekorationsstoffen, Küchen- und Lebensmittelabteilungen, etwa Altman, Bloomingdale. Das Discount House fällt in die dritte Kategorie, es arbeitet mit schmaler Profitspanne, es ist eine Nahkampfarena, in der man wühlen, drängen und stoßen muß, von Sonderangeboten angefeu-

ert (Alexander, Klein, Korvette). Die vierte Gruppe schließlich umfaßt die Speciality Stores, die eleganten Häuser entlang Fifth Avenue, die vor allem Kleider und Zubehör verkaufen (Bergdorf-Goodman, Bonwit Teller, Lord und Taylor, Henri Bendel und Saks).

Auch die Einteilung innerhalb der Häuser sollte bedacht werden, der richtige strategische Angriff macht den Erfolg, welche Frau wüßte das nicht? Die Preise steigen vom Bargain Basement mit den Sonderangeboten über den Street Floor mit Kosmetika, Strümpfen und Modeschmuck zu den gehobeneren oberen Regionen mit Haute Couture, deren New Yorker Variante längst mit der Pariser konkurrieren kann. Daß New York eine recht elegante Stadt ist und sehr modisch orientiert, sollten wir nicht vergessen – in Jeans oder im Costa-Brava-Look auftauchende Fremde werden kühl übersehen.

Fast ein Symbol dieser New Yorker Einkaufsverlockungen ist *Tiffany,* Ecke Fifth Avenue und 57. Straße. Obwohl man dort entgegen mancher Meinung nicht mit Audrey Hepburn frühstücken kann, ist es für jedermann zugänglich. Wieder Sabina Lietzmann:

Die Glaskästen mit den teuren Juwelen sind von Schulmädchen belagert, von diskret postierten Herren im Humphrey-Bogart-Hut nicht aus den Augen gelassen. Der Fahrstuhl führt in die oberen Etagen zu Silber, Glaswaren und Porzellan sowie zum Haus Cellini, Jean Schlumberger. Die Silberabteilung hält auch kleine Geschenke zu bescheidenen Preisen bereit: Schlüsselringe, Pillendöschen, Armreifen etc. Da mag es die Herren eher zu Abercrombie and Fitch ziehen, wo Sportgerät lockt, wo Hemingway seine Jagdflinten gekauft hat, oder zu Brooks Brothers, unübertroffen für die berühmten Grey Flannel Suits. Barneys ist ein Warenhaus für Herren, angeblich vor 50 Jahren um 500 Dollar (den Gegenwert eines versetzten Verlobungsringes) gegründet. Und wie wir auch immer dies sehen, ob unsere Reisebörse gut gefüllt oder mager ist, immer wird uns Manhattan mit einer tröstlichen Illusion erfüllen: Wo es alles gibt, wird auch jeder seine Wünsche befriedigen können. Ein paar ganz besondere Tips sind Thrift Shops, z.B. Ritz Thrift Shop in der 57. Straße, wo es teuere Pelze zu Spottpreisen gibt (zumal in der feuchten Hitze New Yorks) oder die Second Hand Book Shops in der 4th Avenue, wo Entdeckungen zu machen sind aus dem abgelegten Fundus von ganzen Generationen von Einwanderern, und manche Widmung auf dem Vorsatzblatt wird uns nachdenklich machen, etwa wenn wir in einem Hölderlinband lesen, daß »die Offiziere im Stab des Artilleriekommandeurs der soundsovielten Division ihrem verwundeten Kameraden Leonhard Goldstein baldige Genesung wünschen – Grüße von der Somme«. Welche Gedanken und Gefühle sind mit diesen Menschen über den Atlantik gereist!

New York ist immer voller Überraschungen. Da wird von einer schnellebigen Stadt geredet, in der nichts Bestand hat, angeblich die Synthetik- und Plastikkultur alles überwuchert und Gewachsenes zerstört hat, zumindest in den bescheideneren Preisregionen. Beim shopping entdeckt meine Frau aber Geschäfte, die in Deutschland offenbar längst ausgestorben sind. Rührend altmodische Läden mit verschnörkelten Schildern, wo es all den Kleinkram an Borten, bunten Bändern, Spitzen, Bordüren und Aufnähkragen gibt, in denen einst unsere Großmütter mit Lust und Liebe wühlten, die Mütter schon weniger, und die neuen Käuferschichten reizt es nur noch zum Lachen. Hier in New York lacht niemand, und auf einmal entdecken wir, daß in solchen Läden auch junge Mädchen einkaufen, und plötzlich fällt uns auf, wieviele Baumwollwaschkleider in den USA getragen werden, verziert mit einem weißen Spitzenkrägelchen und ebensolchen Manschetten, wieviele dieser Nessel-, Musselin- und höchst raffiniert einfachen Cottonkleidchen man auf den Straßen, besonders im Süden sieht, eine wahre Renaissance von Granma's Oldfashioned Style.

Dazu passen dann die kleinen, europäisch anmutenden Ristoranti und Trattorie in Midtown und in Greenwich Village, die manchmal die Kühnheit besitzen, einen Wirtsgarten unter schattigen Dogwoodbäumen und Pergolen in die häßlichen Hinterhöfe zu schieben, den Blick nach oben auf die Brickwalls und die Trostlosigkeit der Feuerleiterkaskaden barmherzig kaschierend. Hier kann man zwischen kalifornischem Vino della casa und importiertem Chianti, Nebbiolo und anderen Gewächsen der Alten Welt wählen, und die Atmosphäre Italiens ist gelegentlich herzlicher als in Turin oder Neapel, noch nicht so verdorben von politischen Parolen und der wachsenden Abneigung, andere ›zu bedienen‹. Wie denn überhaupt für den, der es liebt, am Rande des Weges zu beobachten, Amerika immer mehr Reservate des Alten bewahrt. Dieser Kontinent hat seine Sturm- und Drangjahre endgültig hinter sich gelassen, und groß ist die Sehnsucht nach einer heilen Welt, die weg will von den Heilbringern Hasch, Marihuana und einem LSD-Joint. Zu diesem Bild gehören auch die vielen gutaussehenden jungen Männer und Frauen, die man in den Straßen Manhattans für ihre Glaubensbekenntnisse und soziale Aufgaben werben sieht. Unaufdringlich, bescheiden und persönliche Integrität ausstrahlend.

Midtown ist das Zentrum des New Yorker Kulturlebens, und wenn es auch recht schwierig ist, in der Saison Karten für Oper und Konzert zu bekommen oder für eines der Musicals, so ist es doch einen Versuch wert, vielleicht mit einem ›tip‹, dem unvermeidbaren Trinkgeld an der Hotelrezeption. Das Schicksal der altberühmten Carnegie Hall in der 57. Straße ist recht ungewiß, doch New York hat sich im *Lincoln Center* zwischen 62. und 66. Straße westlich des Central Park ein unvergleichliches Musik- und Theaterzentrum geschaffen. Gruppiert um einen sehr modernen, aber ein wenig römisch anmutenden Platz mit seinen abends feenhaft beleuchteten Fontänen, liegt auf der linken Seite das Staatstheater von New York (New York State Theater), in dem die New York State Opera und das berühmte New York City Ballet auftreten. Zur Rechten sehen wir die Avery Fisher Hall als Konzerthalle für das Philharmonische Orchester, und zwischen beiden liegt mit seinen gewaltigen Rundbögen die Met, die altberühmte Metropolitan Opera mit den beiden riesigen Wandgemälden Marc Chagalls in leuchtend roten und gelben Farben, mit über 3500 Sitzplätzen ein sehr großes Opernhaus von bestechend schönen modernen Formen. In einem zweiten Kreis wird dies alles umgeben von Plätzen und hübschen Museen, kleineren Festsälen wie dem Vivian Beaumont Theater hinter der Halle der Philharmonie. Henry Moores liegende Plastik inmitten eines kleinen Teiches harmoniert angenehm mit dem von Eero Saarinen entworfenen Beaumont Theater. Auch die kühnsten Werke, wie die von Lippold geschaffene Raumplastik ›Orpheus und Apollo‹, die ganze fast 60 Meter breite Wandelhalle der Philharmonie überspannend, und Hadzis riesige Bronzeplastik ›K. 458 Die Jagd‹ (in Erinnerung an Mozarts Streichquartett, KV 458) sind bemerkenswerte Beispiele moderner Kunst.

Nach dieser Abschweifung in die Gefilde westlich des Central Parks kehren wir zurück in die grandiose Stadtlandschaft Midtowns, das hier nun doch unübersehbar zu Uptown wird. Auf der Westseite der Fifth Avenue, unweit Tiffany's, liegt das *Rockefeller Center,* einer der populärsten Plätze und eigentlich eine Stadt in der Stadt. Etwa 250000 Menschen, die Bevölkerung einer kleinen Großstadt, arbeiten hier. Durch geschickt plazierte Gebäude um einen Innenhof, Lower Plaza genannt, zu dem Channel Gardens mit kleinen rinnenden Wasserläufen von der Fifth Avenue herabführen, entsteht der Eindruck von Urbanität. Liebevolle Bepflanzung mit Blumen, phantasievolle Bronzeplastiken und zahllose Bänke laden zum Verweilen ein, und immer sind die Anlagen wie die Plaza mit Menschen erfüllt, spielenden Kindern, lesenden Alten und verliebten Jungen. In der Plaza stehen sommers Tische und Stühle unter Sonnenschirmen und laden in der Kühle der Springbrunnen zur Einkehr; winters ist alles verwandelt in eine Schlittschuhbahn, umflattert von einem Wall von bunten Fahnen, zwischen deren Tüchern die in der Sonne glitzernden Wolkenkratzer des Rockefeller Center auftauchen. Diese riesige Anlage, deren Größe aber gar nicht ins Bewußtsein tritt, lebt vor allem von der dritten Dimension. Ein fast zehn Kilometer langer, sich vielfältig verzweigender unterirdischer Gang verbindet alle Gebäude zwischen der Fifth Avenue und der Sixth Avenue, führt fast bis zur Eingangshalle des Hilton Hotels. An regnerischen Tagen herrscht hier zwischen Geschäften und Kaffeehäusern Hochbetrieb, und man hat das Gefühl, die unterirdische Ladenstraße des Rockefeller Centers sei zum Kern von Manhattan geworden.

Das Gegenstück hierzu ist das *RCA Building* (Radio Corporation of America) an der Westseite der Plaza, unmittelbar hinter Paul Manships Prometheus, einer riesigen vergoldeten Bronzeplastik, die bereits von der Fifth Avenue aus zu sehen ist. Das Erdgeschoß im RCA Building ist mit Wandgemälden von José Maria Sert bedeckt, die die Geschichte der menschlichen Entwicklung erzählen. Und da wir noch immer den goldenen Prometheus durch die Glastüren schimmern sehen, ist es hier auch der prometheische Mensch, der die Natur bezwingende Geist, der die Darstellung beherrscht und heute zu Recht manchen Argwohn erweckt. Da das ganze Gelände der Columbia University gehört und folglich alle Straßen und Plätze Privateigentum sind, wird das Center an einem Tag im Jahr geschlossen, um damit die private Verfügungsgewalt zu demonstrieren. Auf dem Dach des RCA Buildings befindet sich ein Observation Roof, von dem der Blick tief hinab in diese abenteuerliche Stadtlandschaft fällt, auch auf die Dächer der niedrigeren Gebäude, die oft phantasievoll zu üppigen Gärten gestaltet wurden, ein ferner Abglanz der hängenden Gärten der Semiramis zu Babylon.

Auf die Fifth Avenue zurückkehrend, sehen wir zwischen der Maison Française und dem British Empire Building die über zwölf Meter hohe bronzene Atlasfigur von Lee Lawrie. Ganz nahe sind wir nun *St. Patrick's Cathedral,* Kathedrale des römisch-katholischen Erzbischofs von New York. Zwischen 1858 und 1888 in neugotischen Formen und in Anlehnung an den Dom von Köln und die Kathedralen von Westminster und Amiens erbaut, ist sie heute umgeben von einem Wald zwei bis dreimal so hoher Wolkenkratzer. Das Himmelstürmende gotischer Münster kann hier angesichts der Umgebung nicht mehr wirken; das Gotteshaus erscheint eher bescheiden und zerbrechlich. Wenn wir eintreten, so werden wir zunächst die Stille verarbeiten müssen, die Kühle, die uns sommers umweht und die wohltut nach der Hitze der sonnenreflektierenden grell-hellen Wolkenkratzer. Das Innere erinnert sehr stark an nordfranzösische Kathedralen, wozu auch die in Chartres und Nantes hergestellten Kirchenfenster beitragen mögen.

Wenn wir uns nun östlich wenden, von der Fifth Avenue zur Park Avenue hinübergehen, sollten wir nicht versäumen, auf der Höhe der 53. Straße zwei Wolkenkratzer der sechziger Jahre zu besehen, von denen zumindest das *Seagram Building,* 1958 von Mies van der Rohe erbaut, ein ungemein schönes, fast möchte man sagen: herrliches Gebäude ist. Randolph E. Osman hat es in seinem New Yorker Kunstführer so geschildert: »Von dem ambragrauen Glas und den dunklen, bronzefarbenen Bauelementen im klar strukturierten Stahlskelett bis zu den Travertinwänden und den italienischen Glasmosaikdecken der Innenräume, ja bis zum kleinsten Türknopf, wurde das ganze Gebäude von diesem Architekten (zusammen mit Philip Johnson) entworfen. Es ist bisher die Gipfelleistung in der Entwicklung des Wolkenkratzers seit seinen Anfängen mit Louis Sullivan. Modernste Technik ist hier mit ausgesuchten Materialien verbunden, die mit großer Sorgfalt und mit ästhetischem Feingefühl für Struktur und Proportion ausgewählt wurden.«

Zusammen mit dem gegenüberstehenden *Lever Building* (1950 von Skidmore, Owings und Merrill erbaut), das dem Ambragrau und Beige des Seagram Building eine blaugrüne, metallen eingefaßte Fassade entgegenstellt, ist ein neuer funktionaler Baustil zumal auf der vornehmen Park Avenue eingeführt worden. Treffend ›Curtain-Wall-Architecture‹ genannt, da die Fassaden dem eigentlichen tragenden Baukörper nur vorgehängt sind, geben sie Park Avenue das Aussehen einer kristallenen Glasallee. Doch ist der Umschwung der Baugesinnung nicht nur ein ästhetisches Problem gewesen. Waren noch die alten Wolkenkratzer wie das Empire State Building eingeteilt in zahllose kleine Büroeinheiten, so wuchs in den fünfziger und sechziger Jahren der Trend zum Großraumbüro mit der Forderung nach überschaubaren großen Flächen auf einem Stockwerk. Auch wenn das Großraumbüro heute nicht mehr so recht beliebt ist, vielerlei soziale Probleme und Spannungen mit sich gebracht hat, so ist die Neigung zu in sich geschlossenen Büroeinheiten geblieben, wenn diese auch heute wieder intern aufgeteilt werden in kleinere Büroräume.

Etwas südlicher, Ecke Fifth Avenue und 42. Straße, liegt die *New York Public Library*, die die Bibliothek des Britischen Museums in London mit ihren Beständen (etwa 10 Millionen) längst überflügelt hat und im Gegensatz zur Congress Library in Washington eine öffentliche Bücherei ist. Gehen wir hier nicht achtlos vorbei in der Annahme, dies sei unbeschadet des klassizistischen Gehabes doch nur eine jener langweiligen, nach Desinfektionsmitteln riechenden öffentlichen Bücherhallen, wie sie in unseren Städten zu finden sind. Die Public Library ist vielmehr eine kulturelle Institution ersten Ranges. Betritt man über die breit gelagerte Treppe die Hallen und Säle, so ist man überrascht über die zur Schau gestellten bibliophilen Schätze. Auch im Gegensatz zu unseren Bibliotheken, die ihre Reichtümer eher ängstlich verbergen, sich wissenschaftlich trocken und abweisend geben, wird hier in New York das Kostbare zugänglich gemacht. Diese Tradition beginnt schon im Britischen Museum in London, dessen Ausstellungsvitrinen und Lesesäle eben jenes ›public‹ ausstrahlen, für das unser Wort ›öffentlich‹ nur eine unvollkommene Übersetzung ist.

Da wäre es denn angebracht, auch die andere ›große‹ New Yorker Bibliothek zu erwähnen, die *Pierpont Morgan Library* (29 East 36th Street), im Unterschied zur Public Library eine private Einrichtung, die ihre Sammlungen kostbarer Manuskripte, alter Drucke, Stahlstiche und Lithographien in einem prächtigen Rahmen vorstellt. Der Bankier Pierpont Morgan – den Marmorpalast der J.P. Morgan Banking Company haben wir schon an der Wall Street gesehen – ließ um die Jahrhundertwende für seine Sammlungen die Bibliothek im Neorenaissancestil errichten. Einzigartige Kostbarkeiten liegen hier aus: eine Gutenberg Bibel, ein Mainzer Psalter von 1495, das Stundenbuch der Katharina von Cleve, Zeichnungen Dürers, Rembrandts. Mit das Beeindruckendste an Morgans Konzept ist die Einbettung seiner Schätze in einen Rahmen hervorragend gestalteter und dekorierter Räume. Ich könnte mir vorstellen, daß solchen kleinen, privaten Sammlungen in ihrer Intimität die Zukunft gehören wird, und nicht den großen Museen, die uns oft mit ihrer Kunstmassierung verwirren.

Daß die alten Bankiers, wie Morgan, mehr konnten als Moneymaking, zeigt neben seiner Kunstsammlung auch sein Engagement im Pressewesen. Als Adolph Ochs 1896 versuchte, der New Yorker Sensations- und Boulevardpresse – wir würden heute sagen der Regenbogenpresse – eine seriöse amerikanische Tageszeitung entgegenzusetzen, half Pierpont Morgan energisch mit, die ›New York Times‹ zu gründen. Für seine Entscheidung brauchte er ganze fünfzehn Minuten, heute würde man eine Kommission mit siebzehn Unterausschüssen gründen.

In den Bezirk östlich der Public Library zurückkehrend, gelangen wir in den Bereich des *Grand Central Terminal,* der durch seine riesige ebenerdige Haupthalle beeindruckt. Von hier laufen die Züge in den Westen und Norden der USA. Auch New York hat den Schönheitsfehler aller großen Städte, wie Paris, Berlin und London, daß die Züge in die verschiedenen Himmelsrichtungen von Kopfbahnhöfen ausgehen, so daß über die Hauptstadt reisen bedeutet, den Zug und den Bahnhof zu wechseln. Aber all diesen Bahnhöfen, dem Anhalter und Lehrter Bahnhof in Berlin, die Gare de l'Est in Paris, Victoria Station und Euston in London haftet oder haftete damit auch etwas ungemein Typisches an, sie waren oder sind gewissermaßen der Brückenkopf eines anderen Landes, der Mentalität des Südens oder Nordens.

Hoch über diesem ohnehin schon beeindruckenden Komplex hat sich das *PanAm Building* aufgetürmt. 1960 von einer Architektengruppe unter Leitung von Walter Gropius erbaut, der die Schule des Dessauer Bauhauses begründet und geleitet hatte, ist das eigenartige, achteckige und 241 Meter hohe Gebäude eine charakteristische und unverwechselbare Landmarke in der Hochhauslandschaft Manhattans. Blickt man von Nordosten, von der breiten Park Avenue, auf den riesigen, vor uns aufgetürmten und den Straßenlauf blockierenden Komplex, so bietet sich ein prächtiges Bild, besonders bei schräg einfallender Sonne und jener Diesigkeit, die Manhattan ohnehin eignet. Vor den kleinfenstrigen, leicht nach den Ecken zu gebrochenen Flächen des PanAm Building erhebt sich ein Zwerg von einem Hochhaus mit steilem Spitzdach und von einer Laterne bekrönt. Dieser Zwerg, die Central Station, woanders wäre er der bestaunte Mittelpunkt einer Stadt, macht die ungeheuren Dimensionen New Yorks deutlich – und dahinter und daneben türmen sich weitere himmelragende Bauten auf, jeder mit einer anderen Rasterung der Fenster, der Curtain-Walls, alle im Dunst in ungewisse, aber deutlich getrennte Blauschattierungen gehüllt – ein graphisches Meisterwerk.

Gegenüber (aber wo ist ›gegenüber‹ in dieser zyklopischen Landschaft?), also in der 42. Straße, befindet sich das *New York Convention and Visitors Bureau,* das Fremdenverkehrsbüro, täglich von 9–18 Uhr geöffnet, wo uns eine Fülle von Anregungen und Prospektmaterial erwarten. Fast in ganz Amerika kann man eine ›toll-free-number‹ wählen (eine gebührenfreie Nummer), es ist 1-800-255-3050, und es sollte wundern, wenn sich in diesem gastfreien Land daraufhin nicht eine deutsch sprechende Dame nach Wünschen und Problemen des Anrufers erkundigte. In einer anderen Hinsicht ist Amerika aber sehr problematisch, davon ist hier zu berichten, weil mir an dieser Stelle in einer Bank ungeahnte Komplikationen widerfuhren. Ich hatte die naive

Hoffnung, einen Eurocheque einlösen zu können. Das hat mich und ein gutes Dutzend höfliche, aber hilflose Bankangestellte eine gute Stunde beschäftigt. Erst die hohe Direktion konnte entscheiden (und ich hatte das Gefühl, auch diese nur unter erheblichen Zweifeln), ob man dieses suspekte Papier honorieren solle. Ich bekam das Geld, der Scheck wurde mir von meiner heimatlichen Bank erst nach Monaten präsentiert, Gott allein weiß, durch wieviele Hände er gelaufen ist. Dem kann man entgehen, indem man in Amerika nur Traveller Cheques, oder, weit besser, eine Kreditkarte wie American Express benutzt. Ein Mensch ohne Kreditkarte ist in den USA kaum eine ›reliable person‹ und erweckt geradezu Argwohn.

An Park Avenue liegt auch das altrenommierte *Waldorf Astoria.* 1978 renoviert, hat es versucht, den alten Rang unter vielen Emporkömmlingen zu behaupten. Dabei hatte es diesen Rang in seinen Wohntürmen nie verloren, seit eh und je das New Yorker Domizil bedeutender Persönlichkeiten, die hier ein ständiges Appartment zur Verfügung haben. Die Presidential Suite dient denn auch gekrönten Häuptern, auch solchen, die sich selbst gesalbt haben, und immer noch ist der spitze und hintergründige Witz aktuell, der das britische Foreign Office telefonisch nach einer bestimmten Majestät fragen läßt, beantwortet von einem schlagfertigen Telefonisten mit der Gegenfrage »Which one?«. Für den normalen Menschen wird der Unterschied bedeutungsvoller sein, wie man hier den Waldorf-Salat zubereitet. Statt geraspelter Sellerieknolle, die in Europa jeden Geschmack erschlägt, nimmt man feingewürfelte Selleriestengel, viel Äpfel und gibt Walnußstücke darunter. Das Waldorf geht zurück auf den 1783 in New York zugewanderten Johann Jakob Astor aus dem kleinen Dorf Walldorf in der Nähe von Heidelberg. Er hat in Amerika schnell den Namen Waldorf Astor angenommen, verlor dabei ein l und gewann im Pelzgeschäft sagenhaften Reichtum. ›Mister Manhattan‹ war, ob seines riesigen Landbesitzes, sein Spitzname. Ende des 19. Jahrhunderts ging sein Urenkel William Waldorf Astor nach England und wurde der Gründer der einflußreichen Zeitungsverlegerfamilie Astor. Ein anderer Urenkel des Kurpfälzers Astor, der kurz vor den erneuten Verwüstungen der Pfalz in der Folge der Französischen Revolution nach Amerika gegangen war, John Jacob Astor, hat um die Jahrhundertwende mit den Hotelbauten in New York begonnen, die seinen Namen tragen. 1912 kam er beim Untergang der ›Titanic‹ ums Leben.

Der Weg führt uns nun weiter ostwärts bis zum East River hinab. Hier hat sich 1949–1951 auf einem von John D. Rockefeller geschenkten riesigen Areal das *UNO-Hauptquartier* entfaltet. In dem ganzen, vom East River aus am besten überschaubaren Komplex ist vor allem das Sekretariatsgebäude als ein schmaler, scheibenartiger Bau bemerkenswert, der seine Breitseite dem Fluß zuwendet. Vorgelagert ist das sanft nach außen hin ansteigende General Assembly Building der Vollversammlung. Es kann von Norden her besichtigt werden. Die Glasmalereien von Marc Chagall und die Wandmalereien von Fernand Léger werden gerühmt, doch ist die Architektur außerordentlich weitläufig, gewinnt allenfalls Glanz, wenn eine Fülle von UN-Vertretern aus aller Herren Länder anwesend ist, Afrikaner in ihren bunten Nationaltrachten, Araber in der Djellabah, aber die meisten Abgeordneten ziehen es vor, im europäischen Habit zu erscheinen, nur die Gesichter in allen Farben und die Augen in allen Formen verraten die Fremdheit. Mitunter wird etwas aggressiv ein Che-Guevara-Look getragen, und das ganze Ambiente mit vielen postkartenbunten Ständen erweckt auch nicht den Eindruck, daß auf dieser Bühne große Politik gemacht, sondern eher, daß hier große Komödie gespielt wird. Wolfgang Koeppen schildert das Haus mit der freundlichen Ironie dessen, der weiß, daß die Tage Dag Hammarskjölds endgültig vorbei sind, Traum einer Stunde in einer rasch sich verändernden Welt:

Der nackte Zeus Griechenlands paßt sich seiner Umgebung an. Die Treppen, die Gänge, die Säle, die Hallen waren licht und groß und einer besseren Zukunft zugewandt. Eine schwarze Tür führte die Delegierten in einen Raum der Meditation. Die schwarze Tür war wie der schwarze Gang in einem Märchen, und wenn man sich nicht umblickt, erreichte man wohl das Glück. Der Vogel der Freiheit oder des Friedens wurde von einem Engel festgehalten oder losgelassen. Man konnte es nicht genau erkennen [Chagall!]; vielleicht hielt der Engel die Zeit für noch nicht gekommen. Durch den Hauptsitzungssaal schwangen kühne Farbkurven des Franzosen Léger, doch durch das breite Fenster der Stirnseite des Raumes sah der East River auf einmal wie der Rhein bei Bonn aus, und unter seiner glitzernden Oberfläche wußte man gefährliche Riffe.

Auf der Rückfahrt mit dem Bus klappert und tickt der durchsichtige Münzautomat, in den man das Fahrgeld wirft, emsig zählend vor sich hin. Dies ist die Realität der Welt.

Der Central Park und drei Museen

Der vierte und letzte New Yorker Rundgang gilt den Museen. Diese Stadt ist aber so überreich an Kunstsammlungen aller möglichen Arten und Richtungen, daß Beschränkung auf vielleicht drei Museen notwendig ist, drei, die auch vieles von dem enthüllen, wie in Amerika öffentliche Aufgaben durch weitgehend private Institutionen wahrgenommen werden. Daneben gilt unser Blick, und hoffentlich auch ein Spaziergang oder eine reizvolle Droschkenfahrt, dem Central Park und der sich links und rechts des Parks wandelnden Stadtlandschaft, die zunächst eine stille und luxuriöse Wohngegend darstellt, um dann nördlich in Yorkville in das deutsche Viertel von New York überzugehen, bevor Harlem ab der 110. Straße sich ausbreitet. Wer noch die Zeit findet, sollte nicht versäumen, den nördlichsten Punkt der Insel Manhattan mit dem Fort Tyron Park und den Cloisters zu besuchen, die im Westen vom Henry Hudson Parkway und im Osten vom letzten Ausläufer des Broadway begrenzt werden. Von hier ist es dann auch nur ein Sprung über die großartige George Washington Bridge hinüber nach den Palisades, die uns ganz zauberhafte Rückblicke auf

Manhattan schenken. Das alles ist an einem Tag freilich kaum zu schaffen, zumal man ja auch garnicht etwas ›schaffen‹, sondern sich viel eher die Zeit und Muße nehmen sollte, Eindrücke zu verarbeiten, wozu der heutige Spaziergang, der wohl eher eine Spazierfahrt werden wird, im besonderen Maße einlädt.

Die meisten Museen New Yorks sind montags geschlossen, und alle öffnen erst ab zehn oder elf Uhr vormittags. So bietet sich am frühen Morgen an, eine der Droschken Ecke Fifth Avenue/59. Straße (Grand Army Plaza) zu besteigen und in den noch taufrischen *Central Park* hinauszufahren. Der Park ist zumal am frühen Morgen noch recht menschenleer, still, und enthüllt seine durchaus englische Art als natürlicher (wenn auch künstlich angelegter) Landschaftsgarten. Dabei ist sein Südrand, den wir schon von den großen Hotels aus gesehen haben, eine eher milde Wiesen- und Baumlandschaft, in der man angenehme Spaziergänge machen kann, die riesigen Granitplatten entdeckend, die nur an wenigen Stellen von dünner Erdkrume bedeckt werden und denen Manhattan jenen tragfähigen Untergrund verdankt, auf dem die riesigen statischen Lasten der mehrere hundert Meter hohen Wolkenkratzer errichtet werden konnten. Dieser Teil ist auch am Abend im Schwirren zahlloser Glühwürmchen dankbares Objekt kleiner Spaziergänge zwischen Grand Army Plaza und Columbus Circle. Entgegen anderslautender Gerüchte braucht man dazu auch keine Kanone hinter sich herzuziehen, vielleicht ist es aber besser, in einer größeren Gruppe zu gehen.

Weit interessanter ist der nördliche Teil des Parks mit abwechslungsreichen Felsgruppierungen, kleinen Baumhainen, in denen sich viele Baumarten finden, die wir auch vereinzelt in unseren Parks antreffen, die hier aber eingeborene Kinder des Waldes sind, wie die verschiedenen Hemlocktannen (Tsuga heterophylla der pazifischen Küste und Tsuga canadensis), die manchmal wie Eiben aussehen, Ahorne wie der Sugar Maple, der in vielen Staaten der USA angeritzt wird, um den köstlichen Ahorn-Sirup zu gewinnen, die in wundervollen Schleppen hängende Nutka-Scheinzypresse (Chamaecyparis nootkatensis), die in Kalifornien verbreiteten Redwoods, die gigantischen Mammutbäume (Sequoia gigantea), die an der Westküste bis zu hundert Meter hoch werden und einen Stammdurchmesser von zwölf Metern erreichen, doch hier im Central Park, wie auch auf der Insel Mainau und in Weinheim an der Bergstraße, viel bescheidener ausfallen. Eine besonders schöne Baumart ist die Sumpfzypresse (Taxodium distichum), die etwas feuchte Stellen sucht, und ein herrliches feingefiedertes zartgrünes Nadelwerk zeigt, das sich, ähnlich wie bei den Lärchen, im Herbst wunderschön verfärbt und abfällt. Daneben stehen die graublauen Koloradotannen (Abies concolor) und die kurznadligeren Silbertannen (Abies nobilis glauca), ganz zu schweigen von der inzwischen auch unsere Forstwälder bevölkernden Küstendouglasie (Pseudotsuga taxifolia), die fälschlich immer für eine Fichte gehalten wird. Kurz, wer an der Flora Amerikas interessiert ist, wird im Central Park erste Bekanntschaft damit machen können.

Aber auch die vielen kleinen Teiche, malerischen Felspartien und Wasserfälle bieten dem Auge nach den Steinwüsten Manhattans eine angenehme Abwechslung. An Sommerabenden finden hier Freiluftaufführungen mit Musik und Schauspiel statt, und im Winter beleben Eisläufer die Weiher, und Kinder, die sich Schneeballschlachten liefern.

Zurückgekehrt zur Grand Army Plaza stehen wir vor dem verschnörkelten *Plaza Hotel.* Hier hat Thomas Mann 1938 jene famose Rede gehalten, in der er seinem Verleger bescheinigte: »He is not only a publisher, he is a creature too.« Alles lachte und amüsierte sich, daß auch ein Nobelpreis vor solchen Schnitzern nicht schützt.

Inzwischen hat auch die *Frick Collection* geöffnet, die in dem für den Pittsburgher Koks- und Stahl-Industriellen Henry Frick 1913 gebauten, französischen Einfluß verratenden Herrenhaus eingerichtet wurde. Die später zur Stiftung gewordene Kunstsammlung ist berühmt wegen ihrer Exponate der Malerei des 17. und 18. Jahrhunderts aus England,

III

Edward Hicks (1780-1849)

Der Hof von David Twining, 1787

Gemälde 1845-48

Infolge des frühen Todes seiner Mutter ist Edward Hicks auf dem Hofe der Quäkerfamilie Twining in Newton Township, Bucks County, Pennsylvania, aufgewachsen. Das Bild ist während seiner letzten Lebensjahre in Erinnerung an seine Kindheit gemalt: Man sieht den Buben Edward unten rechts zusammen mit den Zieheltern.
Hicks war Quaker-Prediger und gilt unter den Populärmalern als der bekannteste. Sein ›Königreich des Friedens‹ – die Darstellung geht auf Jesaja 11, 6-8 zurück – hat sich solcher Beliebtheit erfreut, daß er an die hundert Variationen davon gemalt hat. Vom Calvinismus geprägt, stand er »seiner bildnerischen Tätigkeit mit Mißtrauen gegenüber. Die Verbindung, die die Kunst mit Phantasie und Luxus eingehen kann und muß, macht sie im Vergleich zu den nützlichen Künsten suspekt. Nur durch seinen Beruf als Prediger und Hausmaler konnte er seine Bilder als gerechtfertigt ansehen. Man könnte Hicks mit einem Gläubigen vergleichen, der die Bibel zitiert. Die Vorbilder gehören dem Bereich des Absoluten an, man hält sich an sie, um den rechten Weg zu gehen.« (Alfred Neumeyer)

Williamsburg, Virginia, Abby Aldrich Rockefeller Folk Art Center

Frankreich und Holland, auch Italien ist vertreten, gar mit einem Piero della Francesca, und besonders schön sind die Emailarbeiten aus Limoges in Mittelfrankreich. Einige wahllose Anregungen: Paolo Veroneses Krönung der Jungfrau Maria, etwa 1340 im Aufbruch aus der byzantinischen Formenstarre in die Gotik entstanden, hängt Bouchers 1743 geschaffenem, den Charme des Rokoko atmendem Bild seiner Frau provokativ gegenüber. Auch Bouchers acht Gemälde mit allegorischen Darstellungen der Künste und Wissenschaften, einst für Madame de Pompadour gemalt, zeigen trotz des trockenen Themas viel Liebenswürdigkeit. Daß die ›Artes‹ hier durch Kinder dargestellt sind, mag schon auf die Sehweise Rousseaus hinweisen, auf die Hinwendung zur Natürlichkeit, wie sie eben Kindern eigen ist. Unter den Engländern sind große Namen wie Joshua Reynolds, Thomas Gainsborough und Hogarth vertreten. Hogarths 1724 entstandenes Bildnis von Miss Mary Edwards zeigt uns eine der reichsten Frauen Englands, die aus jeder Konvention ausbrach, heimlich heiratete und ein Kind zur Welt brachte, dann aber alles abstritt, um frei zu bleiben (und ihr Vermögen zu erhalten). Ist es eine kleine Ironie, daß dieses Bild im nonkonformistischen, aber auf Geld bedachten Amerika hängt? Fragonard, Bellini mit der ›Verzückung des hl. Franziskus‹, einem der bedeutenden Bilder des Quattrocento, Tizian und schließlich auch Hans Holbein der Jüngere mit dem Bildnis des Widersachers Heinrichs VIII., Thomas More, der ihm die Suprematsakte verweigerte, sowie einem Bildnis Oliver Cromwells, das ihn als recht verschlagenen Staatsmann zeigt. Dann folgen die Holländer mit van Eyck und van Dyck, und man könnte sich verlieren in dieser Sammlung, die weniger nach ihrem Umfang als nach der Qualität ihrer Bilder groß genannt zu werden verdient. Auch der privat wirkende Charakter der Sammlung, ihre Einbettung in den Rahmen eines, nun gut, nennen wir es Palais, macht den Besuch der Frick Collection anregend und erholsam. Doch sollten wir nicht gehen, ohne dem – soweit ich erkennen kann – einzigen Amerikaner unter den ausgestellten Malern begegnet zu sein. Es ist James McNeill Whistler mit seinem Gemälde der Mrs. Leyland, das unvollendet geblieben ist. Whistler ist in Lowell, Massachusetts, geboren, lebte dann aber, mit Oscar Wilde befreundet, in England, wo die beiden den ganzen Stadtteil Chelsea in Aufruhr brachten. So ist auch das Bild der Mrs. Leyland nicht ohne Bezug. Die Dame hatte ihn herausgeworfen, als er ein Zimmer ihres Hauses in Anspielung auf ihren selbstgefälligen Mann mit Pfauen ausgemalt hatte. Whistler hat die amerikanische Malerschule des Hudsontales beeinflußt, von der wir noch hören werden.

Nun wenden wir uns dem *Guggenheim Museum* zu, dessen Architektur allein schon spektakulär wirkt. Das 1959 von dem Architekten Frank Lloyd Wright erbaute und noch 1949, kurz vor seinem Tode, von Solomon R. Guggenheim im Entwurf genehmigte Gebäude ist ein gewaltiger Zylinder, an dessen Innenseite sich die Ausstellungsflächen in einer Spirale hochwinden. Wright wollte dem Betrachter hier ersparen, sich in den labyrinthischen Verästelungen eines klassischen Museums zu verlieren, ganz wörtlich ›den Faden zu verlieren‹. Wenn wir mit dem Aufzug hinaufgefahren sind, wendeln wir uns beim Hinabgehen an der gesamten modernen Malerei vorbei. Dieser Weg gibt uns eine fast chronologische Folge, beginnend mit den französischen Impressionisten Pissarro, Renoir, Cézanne, van Gogh, leitet dann über zu Picasso, Chagall und hin zu Expressionisten wie Delaunay, Kandinsky, Franz Marc und Paul Klee. Unter den Hauptwerken seien erwähnt: Die ›Eremitage bei Pontoise‹ von Camille Pissarro, Delaunays ›Saint-Séverin‹, Marc Chagalls ›Ich und das Dorf‹, Franz Marcs ›Bos Orbis Mundi‹, Fernand Légers ›Die große Parade‹ mit schon fast indianisch-aztekischen Anklängen. Dabei sollten wir bedenken, daß das Museum Solomon Guggenheims etwa 180 Kandinskys und 170 Klees besitzt, von denen nur ein Bruchteil ausgestellt ist.

Fahren wir nun die Fifth Avenue südwärts und entsteigen dem Bus auf der Höhe der 81. Straße, so sind wir umgeben von jener Residential Area an der Upper Fifth Avenue, in der le-tout-New York seinen Wohnsitz hat, vielleicht nur an wenigen Wochenenden des Jahres benutzt. Überall gehen Markisen bis zur Straße vor, und in den kristall- und goldglitzernden Hauseingängen hat eine Art von Butler seine Loge oder seinen Desk, waltet mit unendlich vornehmem Gesichtsausdruck, der jeden Neugierigen verscheucht. New York hat eigentlich nie revolutionäre Gedanken gehabt, eher eine stille Bewunderung für geschäftlichen Erfolg, es ist, als ob Herr Malthus auch heute noch durch die stillen Straßen geht, vorbei an exquisiten kleinen Restaurants, versnobten Coiffeurs, die sich nicht etwa mit der Lockenpracht der Damen beschäftigen (dazu kommt Figaro ins Haus), sondern mit der Pflege aristokratischer Windspiele, die den Fremden nicht einmal anbellen, was auch eine Art von Hochmut ist.

Jenseits der Fifth Avenue liegt dann der breit gelagerte Komplex des *Metropolitan Museums,* umgeben vom Grün des Central Park. 1881 begann man mit dem Bau des heutigen Westflügels. Bis zum heutigen Tage ist die Gesamtanlage nicht vollendet. Unablässig finden neue Stiftungen statt, erweitert sich das Ensemble der Bauten, Säle und Trakte, zuletzt mit der Robert Lehman Collection, einem modernen Annex, der sich patioartig über mehrere Stockwerke erstreckt und mit dem Gemälde des bescheiden wirkenden Stifters jene private Verpflichtung unterstreicht, die Amerikas Kunstleben bis heute kennzeichnet.

Wenn wir die riesige Empfangshalle betreten, in deren Säulennischen kostbare Blumenarrangements hängen, wenn wir die stille und unendlich höfliche Atmosphäre erleben, die dieses gut geleitete Haus auszeichnet, dann werden wir bald gewahr, daß dies ein ganz anderes Museum ist, als etwa das British Museum in London, die Museen in Ost-Berlin, die vatikanischen Sammlungen oder die Alte Pinakothek in München, vom Louvre ganz zu schweigen. Das Metropolitan Museum ist der Versuch, den Bewohnern der Neuen Welt die Alte Welt vorzustellen. Und wenn auch einzigartige Kunstwerke hier zu finden sind, nie sollten wir vergessen, daß es den Initiatoren darum ging, eine Gesamtschau zu geben, einen Vergleich der Stile, Länder und Epochen. Das gibt diesen ungeheuren Sammlungen auch für uns einen besonderen Reiz, wir durchwandern gewissermaßen unsere eigene Kulturgeschichte – wie auch die anderen –, sehen sie aus der Distanz. So sind auch die großen Schauräume zu verstehen: der Charme des spanischen Vélez-Blanco-Patio aus dem frühen 16. Jahrhundert, die Formstrenge und Atmosphäre der Medieval Sculpture Hall, fast eine gotische Kathedrale mit ihren Glasfenstern aus Saint-Germain-des-Prés und dem wunderschönen Chorgitter aus der Kathedrale von Valladolid. Der Equestrian Court führt uns dann im ersten Stock in das weltliche Mittelalter mit besonders schönen Helmen und Harnischen, vornehmlich aus deutschen und österreichischen Werkstätten. Im Sackler-Flügel werden wir einen altägyptischen Tempel finden, von einem kleinen See und Schilf umgeben. Vielleicht am beeindrukkendsten sind die originalen Einrichtungen aus vielen europäischen Schlössern und Stadthäusern. In keinem anderen Museum der Welt können wir, wie hier, die Abfolge der Innendekorationsstile, die Atmosphäre alter Wiener Palais, italienischer Palazzi, englischer Herrenhäuser, eleganter Pariser Adelshôtels nebeneinander betrachten, vergleichen, die stilistischen Feinheiten erkennen. Geschickt hat man sich bemüht, die alten Räume mit den originalen Stukkaturen und kostbaren Tapisserien wiederherzustellen, hat sie gefüllt mit liebevoll aus aller Welt zusammengetragenen Leuchtern, Bildern, Tafelservicen und Bestecken. Diese Interieurs sind eine recht einmalige Sehenswürdigkeit.

Vor dem Rundgang wollen wir noch einen Blick auf den durch Leitfarben übersichtlich gestalteten Plan des Museums werfen. Dessen Ausdehnung ist so groß, daß wir in den wenigen Stunden, die wir ihm vermutlich widmen können, nur ganz enge Bereiche persönlichen Interesses zu streifen vermögen. So will sich auch die folgende Darstellung verstehen, die alles wegläßt, was andernorts, zumal in Europa, auch gesehen werden kann. Die umfangreichen ägyptischen, griechischen und römischen Sammlungen, die mit Recht gerühmt werden, können bei einem Kurzaufenthalt in New York kaum besucht werden. Unser besonderes Interesse sollte darum den Galerien europäischer und amerikanischer Gemälde, den Americana und den bereits erwähnten stilkundlichen Interieurs gelten. Auch das Metropolitan kann es nicht allen recht machen. Während die einen klagen, das 1866 als eine private Institution begonnene Museum sei wie ein Flickenteppich bunt und unübersichtlich, ein gigantisches Warenhaus der Kunst, kritisieren andere, mit der Anerkennung durch den Staat New York als öffentliche Einrichtung 1872 sei der dirigierende und belehrende Stil der Museumsleitung allzu offensichtlich geworden. Ich meine, daß beide Seiten unrecht haben. Die pragmatische Einstellung Amerikas hat dieses Haus geprägt: so viel Didaktik wie notwendig und so viel Schaufreude wie möglich.

Doch fürchte ich, inzwischen eine wahre Todsünde der Unterlassung begangen zu haben. Spätestens nach dem Guggenheim-Museum müssen meine Leser unendlich hungrig geworden sein! Nachdem wir nun mit letzter Kraftanstrengung die breiten Stufen zur Eingangshalle des Metropolitan erklommen haben, betreten wir darum gleich das Fountain Restaurant zur linken Hand. Die Tische des Selbstbedienungsrestaurants sind sehr hübsch um ein Wasserbecken arrangiert, schöne Bronzeplastiken und Blumen beleben das Ganze, der Springbrunnen verbreitet Kühle und Entspannung, und das Essen ist mit einer reichen Auswahl an interessanten Salaten, Snacks, Eis, Kaffee und leichten Weinen genau das Richtige für einen heißen Sommertag in Manhattan.

In die europäische Gemäldegalerie eintretend, wird uns zuerst der hervorragende Zustand der Bilder auffallen. Manche sagen, sie seien überrestauriert. Wie dem auch sei – viele Betrachter wird der Kontrast zu den erblindenden Gemälden in manchen mittellosen Museen Italiens angenehm berühren. Ganz aus der Frühe des italienischen Trecento stoner Silberschmieds Paul Revere (wir werden in Boston in anderem Zusammenhang von ihm hören), sowie schöne Glasarbeiten aus der Hand von Heinrich Wilhelm Stiegel, gebürtig aus Köln und dann in Mannheim (Pennsylvanien) ansässig, sind ebenfalls im ersten Stock ausgestellt. Vieles aus Duncan Phyfes Werkstatt (von ihm stammt ein Teil der Ausstattung von St. Paul's in der Nähe der Wall Street) ist nahe der großen Eingangshalle im Obergeschoß zu sehen. Dort finden sich auch Einrichtungsteile des Van Rensselaer House (nahe Albany). Auch das ganz frühe Amerika ist mit dem schönen Wohnzimmer aus Thomas Harts Haus in Ipswich (Massachusetts) vertreten, 1640 entstanden – ganze zwanzig Jahre nach der Landung der ›Mayflower‹! Hübsch ist der Ballsaal aus Gadsby's Tavern in Alexandria (Virginia); bis ins hohe Alter nahmen George Washington und seine Frau in diesem Saal an den Festen des Jahres teil. Die Tavern werden wir im alten Ortskern von Alexandria, unweit von Washington, besuchen.

So bleibt uns nun doch die Sammlung großer Stilräume zu bewundern, Höhepunkt eines Rundgangs durch das Metropolitan Museum. Die frühe Renaissance ist mit einem kühlen, formal strengen Raum aus der Residenz Federigo da Montefeltros in Gubbio vertreten. Etwa 1479 entstanden die kostbaren Intarsienarbeiten und Bilder, gerahmt von Pilastern und allerlei Scheinarchitekturen im Zeitgeschmack. Ein Erzengel Michael auf leuchtend blauem Hintergrund, der einst als Lunettenschmuck über dem Hauptportal der kleinen Kirche in Faenza stand, hält sein Schwert fast spielerisch in der Rechten und die Waage der Gerechtigkeit so lässig in der Linken, daß man schon ahnt, wie fragwürdig alle Gerechtigkeit sein wird. Aber das Gesicht ist liebenswert, sanft und versonnen – ganz Italien spiegelt sich darin.

Außerordentlich schön sind die französischen Gobelins, die uns die Geschichte der Nymphe Britomartis erzählen (etwa 1550), sowie ein phantastisches Prunkbett, das gegen 1575 in Flandern entstand und dem Earl of Leicester gehörte, Günstling der großen Elisabeth von England.

Der Barockstil findet seinen Ausdruck in dem gewaltigen Chorgitter der Kathedrale von Valladolid, gegen 1680 geschmiedet und eingebaut in eine große, romanische Formen andeutende Halle, die selbst eine Kathedrale sein könnte, ist sie doch gefüllt mit Kostbarkeiten aus vielen Kirchen der Welt. Weltliches Barock führen uns die Gemächer aus der Zeit Ludwigs XIV vor. Die handwerkliche Vollkommenheit des Grand Siècle ist nie wieder überboten worden, und Charles Le Brun – in einer Art milder Diktatur der Künste – hat allen diesen Dingen, dem wunderschönen Alkovenbett, den kostbaren Teppichen und Gobelins, wie dem sehr sparsamen Mobiliar seinen Stempel aufgedrückt.

Von der großen Zeit der englischen Architektur und Innenausstattung gibt uns das Treppenhaus aus Cassiobury Park, Hertfordshire, eine leise Ahnung. 1677 von Grinling Gibbons aus Eichenholz geschnitzt, verrät es dessen großen Lehrmeister Christopher Wren, dem England so viel verdankt. Wie verschieden ist hiervon das Chorgestühl aus der Mainzer Kartause, 1723 geschnitzt, das mir bei aller handwerklichen Vollkommenheit reichlich überladen scheint.

Dann aber geraten wir in die zauberhafte Eleganz eines Schlafzimmers aus dem venezianischen Palazzo Segredo (1718). Der Weichheit des verblühenden Venedig steht der Anspruch des aufblühenden Frankreich in einem Alkoven im Stil des fünfzehnten Ludwig gegenüber, in dem sich bereits klassizistische Neigungen andeuten. Die streng klassizistischen Räume des Pariser Hôtel de Crillon, 1780 entstanden, reine Ausprägung des Louis-Seize, schließen sich an. Die zart blaugrauen Holzvertäfelungen und die sparsame Verwendung goldener Zierleisten zeigen Verwandtschaft zu dem gleichzeitigen englischen Adam's Style. Prächtig, aus der klassischen Bescheidung schon wieder heraustretend, ist der Grand Salon aus dem Hôtel de Tessé, in Gold und Weiß gehalten und durch große Spiegelflächen erweitert: Die Salonatmosphäre wenige Jahre vor der Großen Revolution wird sichtbar. Das Gefühl, kurz vor einem Rien-ne-vas-plus zu stehen, wird noch verstärkt durch einzelne Bergèren, die einst Marie Antoinette gehört haben. Hier findet sich auch ein raffinierter Schreibsekretär des berühmten deutschen Möbeltischlers David Roentgen, dessen Werkstatt ursprünglich in Neuwied lag, bevor er der Liebling der Pariser Hofgesellschaft wurde. Auch diese Stücke sind große Kunst, formvollendet, klassisch kühl und perfekt in der Funktion geheimnisvoller und kaum zu ahnender Fächer.

Im Jahre 1977 erwarb das Metropolitan ein bemerkenswertes Bild von Jacques Louis David. 1788, schon im Dunstkreis der Grande Révolution entstanden, zeigt es den großen Chemiker Antoine-Laurent Lavoisier und seine Frau inmitten allerlei chemischer Apparaturen. Dieses Bild hat eine enge Beziehung zur amerikanischen Industriegeschichte, an die wir bei der Fahrt durch Delaware anknüpfen wollen. Das Gemälde zeigt uns aber auch, wie an der Schwelle einer neuen Zeit die Naturwissenschaften ans Licht drängten, ›porträtfähig‹ wurden, auch wenn die Revolution 1794 Lavoisiers Kopf unter der Guillotine fallen ließ.

Zwei der schönsten Schauräume habe ich bis zum Schluß aufbewahrt. Der eine zeigt das Speisezimmer aus dem Landsdowne House in London, 1765 von Robert Adam eingerichtet. Adam hatte nach einer langen Kunstreise durch Italien »die Feinheit, Fröhlichkeit, den Charme und die Schönheit« der Künste Italiens gelobt, und in diesem Speisezimmer eine elegante Umsetzung dessen, was er gesehen hatte, in den kühlen Zeitgeist des Klassizismus vorgenommen. Das feine Taubengrau der Wände, kontrastierend mit schneeweißen Stukkaturen und korinthischen Pilastern, wird aufgefangen von dem ebenso zarten Blau und Rosa des Teppichs, dem dunkelglänzenden Mahagoni der sparsamen Möblierung. Antike Statuen in den Wandnischen und ein kostbarer Kristalleuchter geben die Vorstellung einer Zeit, in der das Wohnen zur Kunst geworden war. Der andere Schauraum beherbergt einen Pariser Laden. Der alte Quai Bourbon auf der Insel Saint-Louis, mitten im Herzen von Paris, war einst eine Einkaufsstraße. Wer heute Paris besucht, kann kaum eine Vorstellung von der Qualität und formschönen Ausgewogenheit jener alten Läden gewinnen. Der hier ausgestellte ist von einer hübsch geschnitzten eichenen Straßenfront mit interessant gestalteten Fenstern, kleinen Ziergirlanden und einer Stichbogentür umgeben, die in einen kostbar ausgestatteten Innenraum führt, angefüllt mit den kunstgewerblichen Köstlichkeiten einer untergegangenen Zeit. Unter dem ausgestellten Sèvres-Porzellan gibt es eine Garnitur, die Ludwig XVI. dem Bruder Friedrichs des Großen geschenkt hatte. Außerdem sieht man Silberwaren, Kandelaber und Louis-Seize-Stühle von einzigartiger Feinheit und handwerklicher Qualität. Das Ensemble warmgelb erleuchteter Räume, auf das wir durch einen halbdunklen Gang zugehen, erweckt die Illusion eines warmen Sommerabends in Paris. Wird es eine Frau geben, die da nicht den Wunsch hat, in das Reich der schönen Dinge einzutreten und sich recht lange darin aufzuhalten? Da mag es für die Herren tröstlich sein, daß nichts verkäuflich ist!

Nach einem solchen Tag gibt es eigentlich nichts besseres, als den Abend mit Freunden oder der Familie am Rande des Swimmingpools auf dem Dach des Hotels zu verbringen. Die Steinmassen der Stadt strahlen noch bis in die späte Nacht eine starke Wärme aus, oft eine Qual für die Bewohner kleiner Wohnungen, die häufig auf dem Balkon übernachten oder Feldbetten auf dem Dach aufgestellt haben. Doch da wir diskret sind, wenden wir unser Interesse den Damen im Schwimmbecken zu, holen uns an der Bar einen Campari-Soda, einen gemischten Schinken- und Krabben-Salat und sehen das phantastische Lichtermeer Midtowns aufglühen; gelegentlich zieht ein Frachter mit wenigen Positionslichtern seine Bahn auf dem Hudson, dafür ist der Himmel voller Gefunkel der blinkenden Maschinen, die Kennedy oder La Guardia Airport zustreben. Aus den Festräumen und Restaurants des Hotels tief unter uns dringt gedämpfte Musik herauf. Irgendetwas wird in New York jeden Abend gefeiert, und zu jeder Stunde des Tages sieht man abgeräumtes Geschirr, sorglos vor die Zimmertüre gestellt, eilen nur mit dem Bademantel Bekleidete vorbei an

Damen in eleganten, langen Abendroben und Herren im Smoking. Niemand stört sich daran, der Bus bringt gerade wieder eine ganze Ladung aus Illinois oder Wisconsin; cowboybunt und kaum in der Halle, werden die Telefonzellen gestürmt, um dringend mit Nebraska zu telefonieren.

Würde solcher Aufruhr den Empfangschef eines europäischen Hotels zu mißbilligendem Räuspern bringen, hier stört sich niemand daran; sofern die Gäste eine Credit Card vorweisen, sind sie alle gleich. Es darf den Europäer auch nicht aufregen, wenn er auf dem Weg durch die endlosen Flure, vorbei an unermüdlich Eiswürfel produzierenden Automaten, gefährlich aussehenden feuerfesten Stahltüren und riesigen messingblitzenden Hydranten plötzlich Schüsse fallen hört und eine hysterische Stimme um Hilfe schreit. Im allgemeinen ist das nur der Fernseher in einem der Hotelzimmer, von den Youngsters von Smith's aus Chicago etwas zu laut eingestellt, während die Eltern unten im Ballroom das Tanzbein schwingen.

Verborgenes Mittelalter

An der Nordspitze der zunehmend schmaler werdenden Insel Manhattan liegen auf dem höchsten Punkt *The Cloisters.* Wir finden die Zufahrt vom westlich gelegenen Henry Hudson Drive oder östlich vom letzten Ausläufer des Broadway. Mitten im Fort Tryon Park hat man hier mit Hilfe einer Stiftung von John D. Rockefeller, Jr., begonnen, abgetragene europäische Klöster Stein für Stein wiederaufzubauen. 1926 gegründet, in einer Zeit, in der noch manche arme europäische Gemeinde alte Kultbauten auf Abbruch verkaufte, begann man, das Kloster Saint-Michel-de-Cuxa aus den französischen Pyrenäen hierher zu verpflanzen. Doch wollte man keine genaue Rekonstruktion dieses Klosters. Man suchte Teile daraus zu verbinden mit Architekturfragmenten anderer Bauten, strebte gewissermaßen ein Idealkloster an, an dem sich vieles studieren ließe. So war nur der Kreuzgang von Saint-Michel-de-Cuxa über den Atlantik gewandert, wurde geschickt mit der Apsis der Kirche San Martin aus Fuentidueña in Spanien und Fresken aus der Ermita de San Baudelio de Berlanga vereint. Dabei hatten die Erbauer der Cloisters im Auge, vor allem den Übergang von der Romanik zur Gotik, den sogenannten Übergangsstil, hier anschaulich zu machen. Das Portal aus Reugny im oberen Loiretal und ein Türgewände aus dem Kloster Moutiers-Saint-Jean in Burgund verdeutlichen diesen Gedanken, wie auch dem Cuxanischen Kreuzgang ein zweiter aus Saint-Guilhem-le-Désert beigesellt ist, der die schweren Formen der Romanik feinfühlig abwandelt. In diesen reichen und sich durchdringenden Räumen finden sich zahlreiche Kunstwerke großen Ranges: das Elfenbeinkreuz aus Bury St. Edmunds in Suffolk, eine frühe, aus Birkenholz geschnitzte Madonna aus Troyes an der Seine, und, welch eine Überraschung, eine Heilige Jungfrau aus Straßburg. Ungewöhnlich schöne Stücke sind weiterhin ein deutsches Aquamanile, das fast an chinesische Drachenfiguren erinnert, zwei kostbare Stundenbücher des Jean Duc de Berry, die ›Heures de Jeanne d'Evreux‹ und die ›Belles Heures‹, sowie Wandteppiche, die eines der Lieblingstiere der mittelalterlichen Mythologie, das Einhorn, zum Thema haben. Das Einhorn galt als Symbol der Männlichkeit, aber auch der Jungfräulichkeit und Reinheit, man könnte es als Symbol der guten Träume der Menschheit auffassen, und die Jagdszenen der gegen 1500 erschaffenen Teppiche, wunderbar leuchtend und von hinreißendem Erfindungsreichtum, sind doppeldeutig: das Einhorn zu jagen, deutet die Suche nach dem Edlen an – aber die Aneignung geschieht durch Gewalt, böse und gierig wird das Tier mit Speeren angegangen, und hätte man es erlegt, so wär's vergeblich gewesen. So ist auch die den Jägern abwinkende junge Dame zu verstehen, die ihre Hand auf den Nacken des Einhorns legt und es zahm fortführt.

So mag uns auch hier, hoch über Manhattan, während drunten der breite Hudson auf die George-Washington-Brücke zuströmt und die Sonne in dem alten Gemäuer der

Abtei Bonnefont-en-Comminges spielt, der Gedanke ankommen, daß Ort und Zeit relative Begriffe sind, die alten Gedanken, die kühnen, mehr noch die stillen Träume der Menschheit, sich den Suchenden auch in Manhattan offenbart haben, Manhattan nicht jenes Baal ist, als das es von der South Ferry erscheint. Selten wird eine Stadt an ihren äußersten Grenzen so unterschiedliche Gedanken ausdrücken.

Manhattan-Umrundung zum Abschied

Im Nordteil Manhattans finden sich zwei Häuser, die dem nagenden Zahn der Zeit getrotzt haben. Das *Morris-Jumel Mansion* (West 160. Straße/Edgecomb Avenue) bietet das Bild eines herrschaftlichen Hauses im Federal Style. Der zweistöckige, säulengetragene Vorbau mit einem klassizistischen Dreiecksgiebel, sowie die Einrichtung, gegen 1810 entstanden, geben eine gute Vorstellung einstiger Lebensart. Im *Dyckman House* (204. Straße/Broadway) hat sich das einzige alte holländische Farmhaus, gegen 1783 erbaut, erhalten. Damals hatte New York seine britische Zeit schon längst hinter sich, aber immer noch waren viele Holländer hier ansässig und bauten hartnäckig ihre Häuser (wenn sie wie das Dyckman House abgebrannt waren) im alten Stil wieder auf. Leider ist die Umgebung sehr häßlich, so daß der Eindruck leidet.

In der nahen Bronx, ansonsten eher eine unschöne Gegend, ist das *Van Cortlandt Mansion* erhalten geblieben. 1748 von Frederick van Cortlandt im Georgian Style erbaut, zeigt es harmonische Proportionen und erinnert in vielem an Fraunces Tavern in Downtown, an dessen Entstehung die Cortlandts ebenfalls beteiligt waren. Seltsam ist die Art, wie die Fenster des aus Feldstein bestehenden Gebäudes mit Backsteinumrahmungen versehen sind. Das Haus war öfters Washingtons Hauptquartier. 1776 verbarg Augustus van Cortlandts hier die Stadtakten vor den Briten in einem Blechbehälter, den man noch sehen kann – welch glückliche

Zeit, in der die Akten einer Stadt in solch einem Gefäß unterzubringen waren!

Bei schönem Wetter ist die Umrundung Manhattans zu Schiff eine erholsame Art, zum Abschied nochmals einen Eindruck von außen zu gewinnen. Die Schiffchen der Circle Line verlassen Pier No. 83 am Hudson in Höhe der 43. Straße, umfahren zunächst die Südspitze Manhattans mit dem Battery Park, wenden sich dann nordwärts in den East River und unterqueren Brooklyn-, Manhattan- und Williamsburg-Bridges. Wir erblicken dann das *United Nations Building,* das von der Wasserseite am sehenswertesten ist, fahren am Welfare Island vorbei, überquert von der gewaltigen *Queensboro Bridge,* an der eine winzige Cable Car wie ein Insekt entlangläuft, die die Insel mit Manhattan verbindet, und gelangen nun in die tristen Quartiere von *Brooklyn Heights* mit ihren seelenlosen Wohnmaschinen in roten und gelben Ziegelsteinen. Wenn das Geschlinge der *Triboro Bridge* und ihrer Zubringer, ein Nervenknoten des New Yorker Verkehrs, uns wieder freigegeben hat, umrunden wir die Nordspitze Manhattans, wegen der schwierigen Strömungsverhältnisse noch ganz holländisch ›Spuyten Duyvil‹ geheißen, erblicken rechts die Hügel der *Bronx,* bevor uns der breite Hudson wieder südwärts führt. Auf seinem Westufer liegen die *Palisades,* eine nicht sehr hohe, aber dennoch imponierende Felsszenerie hart am Ufer. Dann schwimmt unser Schiff unter der gewaltigen Spannweite der *George Washington Bridge* hindurch, zur Linken haben wir gerade noch die Cloisters in ihrem Park gesehen, dann folgt jenseits der Brücke das *Grant's Tomb* auf der Höhe, und der Henry Hudson Parkway durchläuft den *Riverside Park.* Wenn wir großes Glück haben, dann erleben wir auch ein oder zwei große Passagierdampfer an den Piers des neuen Transatlantic Terminals (Pier 92 in Höhe der 52. Straße). Diese Schiffe dienen heute nicht mehr dem Linienverkehr, sie sind Kreuzfahrtdampfer, und ihr Ziel ist im Zweifelsfall bei den Bermudas oder in der Karibik zu suchen. Nur noch die Queen Elisabeth II, kurz QE 2 genannt, fährt noch gelegentlich von Southampton nach New York – eine Reise für nostalgische Feinschmecker. Unsere Rundfahrt freilich endet wieder am Pier No. 83, und kein weißbejackter Steward lädt zum Dinner.

Eine weitere Möglichkeit, auf dem Wasser zu reisen, bietet sich im Sommer mit Ausflugsfahrten von Pier 81 nach *Poughkeepsie* am mittleren Hudson. Diese Fahrt ist sehr empfehlenswert, dauert etwa neun Stunden und führt uns die Schönheit des oft gerühmten Hudsontales vor Augen. Die Schiffe machen einen kurzen Aufenthalt am Bear Mountain State Park und in West Point.

Von den Ursprüngen bis zur Kolonisation

TIEFES Dunkel liegt über der amerikanischen Frühgeschichte. Unbewiesen, aber allgemein akzeptiert ist die Theorie, daß die indianischen Stämme aus den Steppen Ostsibiriens über die Beringstraße oder eine noch ältere Landverbindung aus der Zeit vor der Wegenerschen Kontinentaldrift eingewandert sind. Gewisse anthropologische Gemeinsamkeiten mit der mongolischen Rasse sind unverkennbar, doch ist für den an Vorgeschichte nicht speziell Interessierten die Abfolge der Großwildjäger der Clovisgruppe und der späteren Folsomjäger wie auch der das Gebirge bewohnenden Altkordillerengruppe recht ermüdend. Lediglich die Gruppe der Puebloindianer, die sich um 2000 v. Chr. herausbildete, beansprucht unser Interesse, zumal sich in diesen Stämmen im südwestlichen Teil der USA eine Kultur erhalten hat, deren bauliche Zeugnisse beeindrukkend sind. Den Raum der Darstellung dieses Buches berühren sie nicht. Der Küstensaum des Atlantik bietet nur spärliche Reste alter indianischer Kultur. Das hat seinen Grund nicht nur in der frühen Verdrängung durch die weißen Siedler, sondern auch in der niedrigen Stufe kultureller Entwicklung der Ostküstenstämme, verglichen mit den indianischen Hochkulturen im Süden und Westen der USA. Wir haben uns die Stämme an der Ostküste als Nomaden vorzustellen, die in den unermeßlichen Wäldern der Jagd nachgingen, sich vom Fischreichtum der Seen ernährten und auf einem fast bronzezeitlichen Niveau lebten. Entsprechend gering war auch ihre staatenbildende Kraft. Der Stammesverband mit oft genug verfeindeten Sippen gab ihnen den Rahmen, völlig verschieden von den Hochkulturen des Südens, den Inkas, Mayas und Azteken, die in großen Staaten auch die Kraft zu bedeutenden Gemeinschaftsleistungen wie kultischen Bauten, Straßen und Eindeichungen fanden.

Das erste Licht in dieses Dunkel brachte der Kontakt mit den einwandernden Engländern, Holländern und Franzosen. Darum kann es uns nicht verwundern, daß die Eifersucht der Weißen untereinander auch das Urteil über die Indianerstämme färbt. So waren die im Gebiet Neuenglands wohnenden Algonquinstämme der Delawaren, Mohegan und Narragansetts englandfreundlich, und entsprechend freundlich ist auch die historische Erinnerung an sie, was freilich ihren nahezu vollständigen Untergang nicht aufhalten konnte. Südlich des Ontariosees war das Gebiet der Fünf Nationen gelegen, die auch als Irokesenbund bekannt wurden. Sie waren franzosenfreundlich gesinnt, spielten in den Kämpfen des Indian War eine große Rolle, doch hat auch dieser Bund nichts bewirken können, war nur loser Stammeszusammenhalt. Aber auch in diesem riesigen Land gab es erbitterte Kämpfe um den Lebensraum. Die extensive Lebensweise der Indianer, die starke Dezimierung des Wildes durch die Jagd, aber auch durch Seuchen, führten gelegentlich zu Unterwerfungs- und Ausrottungsfeldzügen. So haben die Irokesen 1720 die friedlichen Delawaren unterworfen, nachdem diese fünfzig Jahre früher ein Abkommen mit William Penn getroffen hatten, das eine Koexistenz vorsah und von beiden Seiten auch über die Jahrzehnte eingehalten wurde. Die englische Literatur, aus der ja die meisten unserer Kenntnisse stammen, hegt darum auch einige Vorbehalte gegen die Irokesenstämme der Mohawk, Oneida, Cayuda und Seneca, denen sich später noch die Tuscarora anschlossen. Auch die Huronen oder Wyandots kommen dort schlecht weg, da sie in den Auseinandersetzungen auf seiten der Franzosen kämpften und in einige unrühmliche Plünderungen verwickelt waren. Manche dieser Stammesnamen sind so ähnlich, daß sie noch heute ständig verwechselt werden. So sind die Mohikaner (englisch Mohican) nur entfernt mit den Mohegan verwandt. Diesem Irrtum ist auch Fenimore Cooper zum Opfer gefallen, indem er den geschichtlich belegten Häuptling Uncas aus dem Stamm der Mohegan zu einem Mohikaner machte, was dem Reiz seiner Erzählung ›Der letzte Mohikaner‹ indes keinen Abbruch tut.

Die Entdeckungen

Aber auch die Geschichte der frühen Entdeckungen Amerikas ist rätselhaft. Es ist heute wohl allgemein bekannt, daß Kolumbus' Entdeckung der karibischen Inseln, 1492, nicht der Beginn der Entdeckung Amerikas war, sondern das spektakuläre Ende einiger Jahrhunderte maritimer Streifzüge. Schon der Grieche Pytheas berichtet im vierten vorchristlichen Jahrhundert von einer Insel im Nordmeer, auf der die Nacht nur zwei Stunden dauerte, und die er Thule nannte. War es Grönland? Knud Rasmussen scheint dies geglaubt zu haben, nannte er doch seine Expeditionsbasis auf Grönland Thule. Hatten Homer und Herodot die Erde als eine flache Scheibe betrachtet, so entwickelte die pythagoräische Schule im sechsten Jahrhundert vor Christus die Theorie einer sphärischen Kugel. Ptolemäus beobachtete den Erdschatten auf dem Mond und stellte seine Kreisform fest, und die mittelalterlichen Theologen in der ihnen eigenen Logik erkannten der Kugel die vollkommenste Form zu und folgerten, daß Gott in seiner Vollkommenheit auch die Erde als Kugel geschaffen haben müsse. So hatte auch Kolumbus keine Schwierigkeiten mit seiner Vermutung, man könne auf zwei Wegen rund um den Globus nach Indien kommen, doch erlag er einem Irrtum über die Entfernung, und daran war wiederum Ptolemäus schuld. Hatte noch der kluge Eratosthenes den Umfang der Erdkugel mit 34400 Kilometern erstaunlich genau berechnet (es sind in Wahrheit 40076, gemessen am Äquator), reduzierte Ptolemäus diese Angabe auf etwa 24000 Kilometer. Dieser Irrtum wurde Kolumbus fast zum Verhängnis. Da die astronomische Navigation noch nicht entwickelt war, das ›Schießen‹ der Sonne mit dem Sextanten, hatte er zwei Zahlen zur Verfügung: die Entfernung zwischen der spanischen Westküste und Indien, die er nach Ptolemäus auf die Hälfte des Erdumfangs, also etwa 12000 Kilometer einschätzte, und andererseits die durchsegelte Strecke über Grund, die er recht und schlecht mit dem Log messen konnte. Nun ist so ein Log sehr primitiv, nichts anderes als ein über Bord geworfenes Stück Holz, mit dem man die Zeit maß, die es benötigte, um an der Schiffslänge vorbeizutreiben. Wenn man dann noch die Meeresströmung richtig abschätzte, so kam man zu einer Aussage über die gesegelte Strecke. Kolumbus wußte Anfang Oktober 1492, daß er diese Strecke längst hinter sich gebracht hatte und verbarg es vor der unruhigen Besatzung der ›Santa Maria‹. Einiges Hin- und Herkreuzen wegen ungünstiger Winde hatten die direkte Entfernung zwischen Spanien und den Antillen, etwa 8000 Kilometer, auf über 12000 Kilometer verlängert, jene äußerste Grenze, die sich Kolumbus gesetzt hatte, und sein Tagebuch berichtet uns, daß er entmutigt zum Umkehren entschlossen war, buchstäblich im letzten Moment Vögel ihm aber die nahe Insel Guanahani wiesen.

Von seinen Vorgängern wissen wir leider sehr wenig. 985 besiedelte Eric der Rote Grönland, doch um 1400 wurde die Niederlassung, vielleicht wegen einer Klimaverschlechterung, wieder aufgegeben. Zwei Sagas aus jener Zeit berichten vom Sohn Erics, Leif dem Glücklichen, der durch einen Sturm Grönland verfehlte und an eine ferne Küste geworfen wurde, die er Weinland nannte. Kurz danach folgte ihm Thorfinn Karlsefni und kreuzte die Davis-Straße nach Labrador. Aber nach zwei schlimmen Wintern gab er auf, seine Suche nach Weintrauben war ohnehin erfolglos gewesen, was uns nicht wundert. Noch heute berichten immer wieder Amateurarchäologen von Funden aus jener Wikingerzeit. Auch mancher Scherz ist darunter, wie der Kensington-Runenstein, den man in der Nähe von Newport ›fand‹, und der würdige Koriphäen der Wissenschaft lange beschäftigt hat. Die Insel Martha's Vineyard an der Südküste von Massachusetts hat jedenfalls nichts mit diesem Vinland zu tun.

Es gehört zu den Eigentümlichkeiten der Geschichte aller Entdeckungen, daß zu einem bestimmten Zeitpunkt gewisse Dinge ›in der Luft‹ liegen. So war auch die Reise Christoph Kolumbus' kein Einzelgang. Sein Landsmann Giovanni Caboto, später anglisiert zu John Cabot, kam gegen 1490 nach Bristol im Westen Englands. Diese Stadt hatte damals einen bedeutenden Ruf für alle Seeleute, denen der weite und unbekannte Atlantik eine Herausforderung war. Heinrich VII. gab Caboto und seinen drei Söhnen die Erlaubnis »to sail to all parts, contreys, and seas of the East, of the West ... upon their own proper costs and charges, and to seek out and discover and finde whatsoever isles, contreys, regions or provinces of the heathen and infidels may be found, and to raise the English banners and ensignes«. In seiner Großmut hat sich der gute König Heinrich dabei sicher nicht übernommen, und doch hätte er weiser sein können. Die Dienste Kolumbus' hatte er abgewiesen, zeigte aber Verärgerung, als er von dessen Erfolgen im Auftrag Ferdinands und Isabellas hörte.

Mit ganzen achtzehn Mann brach Caboto mit der winzigen ›Matthew‹ im Mai 1497 von Bristol auf. Am 24. Juni bereits hatte er an einem uns unbekannten Ort die Ostküste Amerikas erreicht. Er bemerkte die riesigen Fischschwärme im flachen Wasser, und so ist zu vermuten, daß er sich auf der Höhe der Neufundlandbank befand. Auch die mitsommerliche Hitze machte ihm zu schaffen, aber Gold, Gewürze, Seide fand er an den kargen Küsten der neuen Welt nicht. König Heinrich schenkte ihm 20 Guineas und dankte huldvoll »for a new isle added to myne empire«. Die Erzählung von dem unerhörten Fischreichtum sprach sich in Bristol herum. Der codfish, der Kabeljau, lockte nun zahlreiche Fischer auf die Great Banks, und König Manuel von Portugal erkannte sehr rasch, daß der wahre Reichtum in jener

Gegend ganz einfach und in herkömmlicher Weise mit Netzen zu fangen war. 1601 segelte ein Bauer von den Azoren bis zum 55. Grad nördlicher Breite. Sein Name, Joao Fernandes, war wohl zu alltäglich, so nannte er die Küste nach seinem Beruf Labrador (lavrador = port. Bauer, Farmer). Sein König, nicht eben bescheiden, beanspruchte nun alles Land bis zu einem Meridian 1100 nautische Meilen westlich der Kapverdischen Inseln. Ein portugiesischer Gouverneur in Neufundland wurde eingesetzt, und noch heute verraten einige Küstennamen, wie etwa Cape Ray, Bay de Verde und Bonavista dieses 1578 endende Intermezzo.

Inzwischen war die Suche nach der ›Durchfahrt‹ nach Indien weitergegangen. Noch immer galt die Ansicht, daß im Archipel der neuentdeckten Inseln eine schiffbare Route in den ersehnten Osten führen mußte. Diese Meinung ist leicht verständlich, wenn man bedenkt, daß vor allem die von Kolumbus entdeckten Inseln der Karibik kein Hindernis für die Weiterfahrt darstellten, und warum sollte nicht jede neu auftauchende Landmasse nur eine Insel sein?

Gegen 1495 lebte in Sevilla ein Florentiner namens Amerigo Vespucci. Er war als Schiffsausstatter an der Ausrüstung der kleinen Flotte seines Landsmanns Kolumbus beteiligt. 1499 nahm er an einer Reihe von Expeditionen teil, wir wissen nicht, in welcher Eigenschaft. Der Kapitän, Alonso de Hojeda, war einer von Kolumbus' Veteranen, niemand spricht mehr von ihm. Vespucci dagegen gilt als Autor jener 1504 in Florenz gedruckten Tagebücher, in denen wir lesen: »Diese Gegenden werden zu Recht Mundus Novus genannt, eine Neue Welt, da unsere Vorfahren keine Kenntnis von ihr hatten ... Ich habe einen Kontinent gefunden, reicher von Menschen und Tieren bevölkert, als unser Europa, Asien oder Afrika.« Bescheidenheit war nicht Vespuccis Tugend. Doch auch davon würde niemand mehr sprechen, wenn nicht ein junger Gelehrter namens Waldseemüller, der am Collège von St. Dié wirkte, bei der Herausgabe einer Neuauflage der Werke des Ptolemäus auch auf die Briefe Vespuccis stieß, deren witziger Stil ihn bewog, in seiner ›Cosmographia Introductio‹ 1507 zu schreiben: »Da Americus Vespucius einen vierten Teil der Welt entdeckt hat, sollte dieser nach ihm America genannt werden, zumal Europa und Asia ihre Namen von Frauen bekamen.« Das klingt fast nach männlicher Emanzipation, und es ist auch etwas ungerecht gegenüber Kolumbus, der mit seiner ›otro mundo‹ dasselbe gemeint hatte. Der kluge Waldseemüller, der nie die Mühsal einer solchen Reise erfuhr, hatte aber in seiner stillen Studierstube eine großartige Eingebung, die den bärtigen Seefahrern nie zugefallen wäre: Er erkannte, daß die Küsten Brasiliens, die Inseln der Karibik und die Küsten Neufundlands zu einem einzigen Kontinent gehörten.

Der große Durchbruch kam mit dem Portugiesen Ferdinand Magellan, der am 28. November 1520 die nach ihm benannte Magellanstraße im Süden Feuerlands durchfuhr, und die riesige Weite und Stille des von ihm darum so getauften Pazifischen Ozeans erblickte. 1521 erreichte dieser vielleicht größte Seemann aller Zeiten die Insel Guam, um kurz darauf bei einer Auseinandersetzung mit Malayen getötet zu werden. Von drei Schiffen unter seinem Kommando kam nur eines 1522 zurück, es trug den symbolischen Namen ›Vittoria‹.

Betrachtet man die wenigen Jahrzehnte, in denen unerhörte Kühnheit, erfahrene Seemannschaft, der Drang, eine Sache zu finden, die theoretisch vorausgesagt war, zu Ergebnissen führten, die nicht nur für die damalige Welt atemberaubend waren, so erkennen wir in den handelnden Personen und Mächten aber auch jenes Europa wieder, das für die folgenden Jahrhunderte die Welt beherrschen sollte. Alles, was vorher war, das christliche Abendland, der islamische Vordere Orient, verstanden sich zwar als einzigartig – in Wirklichkeit waren sie aber nur Reiche unter anderen Reichen, freilich wenig bekannten. Und wenn auch in jenen Tagen das Leben noch ruhiger seinen Lauf nahm, so ist es doppelt faszinierend zu sehen, mit welchem Tempo die Entdeckungen einander folgten. Weder die Langsamkeit der

Nachrichtenverbindungen, noch die Schwerfälligkeit des Buchdrucks haben sich ausgewirkt. 1516 erschien bereits Petrus Martyrs erster Versuch einer amerikanischen Geschichte ›Dekaden einer Neuen Welt‹, Kolumbus' ›Briefe‹ und Vespuccis ›Mundus Novus‹, es war wie ein Funke, der übersprang.

Die Neue Welt im Bild ihrer Zeit

Wer Freude an alten Land- und Seekarten hat, heute als Faksimile preiswert zu erhalten, mag die Spuren dieser frühen Reisen darauf verfolgen. Das atemberaubende Tempo, in dem all diese Erkenntnisse der Navigation, praktischer Reiseerlebnisse, aber auch mathematischer Einblicke in Gestalt und Form der Erde sich auswirkten, wird dabei deutlich. Die Menschen des frühen 16. Jahrhunderts müssen davon gewaltig bewegt worden sein, mag das Leben damals auch ansonsten ein ruhiges Gleichmaß gehabt haben. Schon Albrecht Altdorfer, der große Maler des Donaustils, hat gegen 1512 in seinem Triumphbild für Kaiser Maximilian ›Die kalikutischen Leut‹ dargestellt, wie sie sich federngeschmückt unter die Elefanten drängen. Noch war der Irrtum erlaubt, die Indianer mit ihrem Kopfputz aus bunten Federn müßten etwas mit indischen Elefanten und Kalkutta zu tun haben. Ein unbekannter Künstler der Straßburger Schule fertigte einen Holzschnitt gegen 1509 (heute in der British Library in London), in dem Amerigo Vespuccis Erfahrungen mit (vermutlich südamerikanischen) Eingeborenen wiedergegeben werden. Vespucci schreibt an seinen Freund Pier Soderini (und in der treuherzigen deutschen Übersetzung heißt es): »Disz büchlin saget wie die zwē hêrre Fernandus K. zu Castilien und herr Emanuel K. zu Portugal haben das weyte mör ersüchet unnd funden vil Insulen unnd ein Nüwe welt von wilden nackenden Leuten, vormals unbekant.« Daß auch die weiblichen Leut' nackend gingen, scheint die alten Seefahrer sehr verwirrt zu haben, denn in dem Holzschnitt sieht man einen Cavalière, der sich ziemlich eindeutig mit drei Indianerdamen unterhält und dabei seine Hände nicht ruhig halten kann. Man sieht aber auch eine finstere Alte, die sich hinterrücks heranschleicht und den fahrenden Rittersmann mit einer Keule erschlägt. Es war aber wohl weniger eine Frage der Tugend, die hier im Spiel war, als eine Frage des Hungers, denn Vespucci erzählt uns weiter, daß die Indianer unter dem Schutz eines Pfeilhagels den Getöteten ans Feuer schleppten und, hübsch portionsgerecht zerteilt, an einem lodernden Feuer rösteten.

Mit das schönste Bild der Neuen Welt und zugleich auch das älteste stammt von der Hand des Florentiners Giuliano di Domenico Dati. 1493 erschienen, in einem Werk über Kolumbus' Entdeckungen, zeigt es die Landung an der Küste einer palmenbestandenen Insel, begrüßt von unbekleideten Indianern, während die ›Santa-Maria‹ als hochbordige Karavelle am Gestade liegt und jenseits des Meeres König Ferdinand tastend seine Hand gegen die Neue Welt ausstreckt. Der ganze Holzschnitt verrät das tiefe italienische Bedürfnis nach Harmonie, da ist nichts von besitzergreifender Herrschsucht, nichts vom Sich-Weiden an makabren Einzelheiten, wie in dem Augsburger Holzschnitt von 1505, heute in der Bayerischen Staatsbibliothek, mit dem Vespuccis ›Mundus Novus‹ illustriert worden war, und der uns indianische Häuptlinge beim abendlichen Verzehr ihrer gebratenen Feinde zeigt. Das Kannibalische an den Wilden hatte es den Zeitgenossen sichtlich angetan.

Kalligraphische Kostbarkeiten sind die Karten, die wohl weniger den Seefahrern dienten, als dem Anlocken kapitalkräftiger Geldgeber. Auch große Künstler haben diese Aufgabe nicht verschmäht, so Hans Holbein der Jüngere, der Randillustrationen zu einer Weltkarte mit dem Titel ›Typus cosmographicus Universalis‹ für den Holzschnitt fertigte. Die Library of Congress in Washington bewahrt ein Exemplar, es zeigt uns ein erstaunlich komplettes Bild der Erde. Europa, Afrika und Asien sind in den Umrissen und Proportionen gut erfaßt, Australien fehlt natürlich, aber nach Waldseemüllers Erkenntnissen ist Nord- und Südamerika bereits als Einheit gezeichnet; Südamerika ein wenig kümmerlich geraten, und von Nordamerika sieht man nicht mehr als einen schmalen Küstenstreifen, hinter dem, nur durch eine schmale Wasserstraße getrennt, Zipangri, das alte Japan, erscheint. Während sich in den Weltmeeren sagenhafte Fabelwesen tummeln, die uns zeigen wollen, wie fasziniert die Zeit von all dem erregend Neuen war, sind auf der Umrahmung in hübschen Zeichnungen die antike Welt, die Gewürzpflanzen Indiens und (offenbar unvermeidbar) die Indianer beim abendlichen Grill dargestellt.

Den kühnsten Einblick in die Konstruktionsprinzipien der Welt verrät aber 1538 die doppelherzförmige Weltkarte des Gerardus Mercator. Die Erde ist in zwei Hälften geteilt, aufgeklappt, und beide jeweils von den Polen gesehen. Dieser Entwurf ist als Mercators Projektion in die Kartographie eingegangen, wird noch heute benutzt und zeigt alle Orte in ihrer wahren Entfernung zu den Polen. Diese Karten sind vor allem im Zeitalter des Flugverkehrs über die Polrouten wieder interessant geworden. In Mercators Karte, von der nur zwei Exemplare im Besitz der American Geographical Society und der New York Public Library erhalten sind, wird auch Amerika erstmals mit Waldseemüllers Namen ›America‹ bezeichnet. Die Widmung verrät Gespür für die Wünsche der Zeit, aber auch Sinn für kaufmännische Werbung: »Gegrüßt sei der Leser! Amerika und Sarmatien bezeugen vor Dir, aufgeklärter Leser, daß diese Karte die neueste und exakteste vor allen früheren ist. Wir zeigen Dir die Erde nur in großen Linien, denn wir werden im Detail auf alle Einzelheiten zurückkommen und in der Tat, wir haben bereits unternommen, Europa darzustellen. Du kannst sie demnächst erwerben, und sie wird nicht weniger bedeutend sein als die Karte von Ptolomäus. Adieu 1538.« Die kaufmännische Geschicklichkeit ist entwaffnend, zeigt auch einen in Bewegung gekommenen Markt, der offenbar der Inquisition nicht genehm war, denn 1543 wird Mercator, wie der in der Widmung genannte Jean Drusius, vor ein Tribunal gestellt. Zuviel Wissen galt als ungesund.

Eine letzte interessante Karte ist die Darstellung von Diogo Homem, einem Portugiesen, der sie gegen 1557 angefertigt hat. Wahrscheinlich stammt sie aus der gemeinsamen Sammlung von Mary Tudor – der ›blutigen Maria‹ – und Philipp II. von Spanien. Es steht zu vermuten, daß die beiden nach ihrer Heirat, wir werden davon an anderer Stelle des Buches hören, manches Mal über diese Karte gebeugt über gemeinsame politische Ziele in der Neuen Welt nachgedacht haben. Noch waren die spanischen Wappen in Süd- und Nordamerika eingezeichnet. Wie lange noch ... Eine dieser Karten wird in der British Library, Department of Manuscripts, in London aufbewahrt, eine zweite – wer ahnt's – im Palazzo Borromeo auf der Isola Bella im Lago Maggiore. Wie stark übrigens die Renaissance von der Entdeckung einer Neuen Welt erregt war, enthüllt auch beiläufig der Palazzo Lodron in Trient. 1577 errichtet, wurde bereits 1585 in einem Deckenfresko die Entdeckung Amerikas gefeiert, umgeben von Venus und Mars, dem Raub der Galathea und anderen mythologischen Szenen, aus denen wir den Rang ermessen können, den man dieser Pioniertat einräumte. Den zarten Farben von Homems Gouache, gerahmt mit Goldlettern auf dem umlaufenden Pergament, wohnt ein eigenartiger Zauber inne, die Vorstellung, noch ungeahntere Dinge könnten entdeckt werden. So trennt die Magellanstraße im Süden Südamerika von einem angedeuteten neuen Kontinent – hatte man die Eisbarrieren der Antarktis schon gesehen, das ›mare congelatus‹, das gefrorene Meer? Auch der Norden Amerikas verliert sich im Ungewissen. Es sollte noch lange dauern, bis die schneeverwehten Tundren Kanadas erforscht wurden.

Wirtschaftliche Ernüchterung

Dem Hochgefühl der Entdeckungen folgte bald die Ernüchterung. Mochten die Spanier in Mexiko und Peru unermeßliche Reichtümer an Gold einscheffeln, bezahlt mit der grausamen Ausrottung und einer bis in unser Jahrhundert als geschichtlicher Ballast sich auswirkenden Unterdrückung der Indianerrasse – wenige Jahrzehnte nach dem Goldrausch schien Amerika nur noch eine Enttäuschung zu sein. Es sperrte mit seiner Landmasse ganz einfach den bequemen Seeweg nach Indien. Auf den westindischen Inseln hatte man die Syphilis aufgelesen, das Klima war mörderisch, wer konnte an Amerika froh werden?

Wenn sich nun Ernüchterung in Madrid, Sevilla, Lissabon breitmachte, *ein* europäischer Monarch hatte sich noch nicht an der Neuen Welt versucht: Franz I. von Frankreich. Er beauftragte Giovanni Verrazzano, einen kürzeren Seeweg als Magellan zu finden, und die Seidenhändler von Lyon streckten ihm das Geld vor, sollten sie doch den Nutzen davon haben. Verrazzano segelte zu den westindischen Inseln und dann gemächlich die Ostküste der USA nordwärts. Im April 1524 lief er in die Hudsonbucht ein, entdeckte gewissermaßen New York. Aber da gab es nichts zu entdecken. Granitfelsen, auf denen heute Manhattan ruht, wenige Eingeborene, und ein kurzer Segeltörn den Hudson aufwärts belehrten ihn rasch, daß dies keine den Kontinent querende Seestraße sei. Die New Yorker haben spät von Verrazzano Notiz genommen, erst 1964 hat man eine die Narrows überspannende Brücke nach ihm benannt, und ein Denkmal im Battery Park erinnert an den mutigen Italiener und mit ihm an seine Landsleute Cristoforo Colombo, Giovanni Caboto und Amerigo Vespucci. Keine Nation hat an der Entdeckung Amerikas einen so reichen Anteil wie Italien, auch wenn es die Engländer nicht gerne hören.

Verrazzano, den die Amerikaner aus unerfindlichen Gründen nur mit einem z schreiben, entdeckte dann die Narragansett Bay, umrundete Cape Cod, beschrieb die Küsten von Maine – aber die Durchfahrt konnte er nicht entdecken. Seitdem ist man in Lyon auf Verrazzano nicht gut zu sprechen, denn Kaufleute rechnen scharf. Die Karte, die sein Bruder zeichnete, ließ aber eine Hoffnung. Hinter der Küste von Virginia deutete er ein Meer an, dem er den Namen Indischer Ozean gab. Noch im 18. Jahrhundert soll es in Virginia Leute gegeben haben, die im Westen ihres Staates diesen Ozean suchten. Einer von ihnen war der Gouverneur Spotswood.

Aber Franz I., König von Frankreich, gab nicht auf. 1533 beauftragte er den Bretonen Jacques Cartier aus Saint-Malo, die Gegend des St. Lorenzstromes zu erkunden. Fliegt man heute nach New York auf einem jener Großkreise, die die kürzeste Entfernung darstellen (was wir beim Betrachten der meist Mercators Zylinderentwurf folgenden Karten zunächst nicht verstehen können), so erblickt man die gewaltigen Ausmaße des Mündungstrichters des Lorenzstromes. Der Traum von der Ost-Westpassage ist inzwischen teilweise wahr geworden und die großen Seeschiffe fahren heute durch die Kette der großen Seen bis Chikago. Kein Wunder, daß dieser beeindruckende, aber über viele Monate des Jahres Eis führende Strom die Neugier Cartiers auf sich zog. Auf zwei Reisen erkundete er seinen Verlauf bis zum Ontario-See. Unter dem Steilhang von Quebec überwinternd, erzählten ihm die Huronenhäuptlinge von dem sagenhaften König Saguenay, der über weiße Menschen herrsche und riesige Schätze von Gold und Silber besitze. Cartier war beeindruckt. Warum sollten wir heute darüber lächeln? Cortes hatte einen solchen König gefunden (und ausgeplündert). Seltsam ist auch, daß Huronen wie Azteken irgendetwas erzählten von weißen Menschen, die schon vor den Europäern in Amerika gewesen sein sollten. Aber aus den Quebecer Träumen Cartiers wurde nichts, vielleicht vertrugen die Huronen auch kein Feuerwasser.

Man versuchte es nun südlicher in Florida. 1563 landeten französische Hugenotten unter René de Laudonnière und gründeten Fort Caroline. Das konnte den Spaniern nicht gefallen, sie gründeten San Agostino, das heutige St. Augustine, und verjagten die Franzosen. Ein findiger Englishman aus Plymouth hatte aber bei einem Besuch in Fort Caroline etwas entdeckt: »The Floridians have a kind of herb dried, who with a cane and an earthen cup on the end, with fire, due suck on the end gives a smoke which satisfieth their hunger.« Damit war das Tabakrauchen in England und Frankreich eingeführt, wie später unter Friedrich dem Großen die Kartoffel, die ja auch ein Gewächs der Neuen Welt ist.

Die großen Ideen waren also verraucht, aber in den kleinen Dingen ging das Leben weiter, und die französischen Fischer auf den Neufundlandbänken entdeckten bald, daß die Indianer zu einem Tauschgeschäft bereit waren: Kabeljau gegen wertvolle Felle. Merkwürdigerweise hatten die Indianer nie versucht, vor ihrer Haustür im offenen Meer zu fischen, und die Franzosen zogen es vor, mit Pelzen statt verderblichen Fischen nach Hause zu fahren, wenn das Eis im Herbst kam und der Nebel auf den Bänken. Bald reisten Pelzjäger zum St. Lorenzstrom, und in rascher Folge entstanden Niederlassungen in Port Royal, Quebec, Montreal, Trois Rivières.

1590, am Ende der Religionskriege in Frankreich, entschloß sich Heinrich IV., ein Monopol für den kanadischen Pelzhandel zu vergeben. Die Handelsfirmen hatten als Gegenleistung eine kleine Anzahl von Kolonisten auf ihre Kosten anzusiedeln, um so peu à peu den Grundstock für eine allmähliche Inbesitznahme des riesigen Landes zu schaffen. Unter den Zuwanderern war Samuel de Champlain, noch heute ein großer Name unter den Francokanadiern. Die erste feste Gründung war Quebec, 1608, und immer noch zeigt die Flagge der französisch sprechenden Provinz Quebec die königlichen Lilien von Frankreich.

Auch in England und in Holland hatte man inzwischen erkannt, daß die Reichtümer, die in der Neuen Welt zu ergattern waren, nicht in Gold und Geschmeide lagen, sondern in einem großen fruchtbaren Land, das dem mutigen Kolonisten wirtschaftlichen Gewinn bei großer persönlicher Freiheit versprach.

1609 erschien zum zweiten Mal ein kleines europäisches Schiff in der oberen Hudsonbucht. Es war die holländische Karavelle ›Halber Mond‹ unter dem Kommando des Engländers Henry Hudson, der unter den Felsen an der Südspitze

begrüßt uns Giottos (1266-1337) ›Anbetung der Könige‹. Dem Weichen Stil der gotischen Malerei gehört Giovanni di Paolos (1403-1482) ›Paradies‹ an, eine figurenreiche, in weichem Rhythmus schwingende Komposition voller Harmonie und Farbe. Andrea Mantegnas (1431-1506) ›Anbetung der Hirten‹ zeigt uns jene schöne oberitalienische Landschaft, die auch in Giovanni Bellinis ›Madonna mit Kind‹ mit bergigem Hintergrund und einer hochgebauten Stadt wiederkehrt. Unter den Holländern der Renaissance ragt Jan van Eycks (1390-1441) ›Jüngstes Gericht‹ heraus (nicht unbestritten in der Zuordnung), dann folgt Pieter Brueghels (um 1525/30-1569) ›Kornernte‹ und Tizians Alterswerk ›Venus und der Lautenspieler‹, 1562 entstanden, in dem sich die Terra ferma Venedigs in warmem Goldglanz sonnt. Zu Paolo Veroneses (1528-1588) ›Mars und Venus‹ kontrastiert reizvoll Lucas Cranachs (1472-1553) ›Urteil des Paris‹, dessen freche Erotik einst so verwirrt hat. Groß ist die Zahl der Rembrandts und Rubens, gewaltig im Format und in der Fleischesfülle, so daß der kleine ›Don Manuel‹ Francisco de Goyas (1746-1828) sich daneben fast verschüchtert ausnimmt. El Grecos (1541-1614) ›Ansicht von Toledo‹ mit ihren düsteren, unheilgeladenen Gewitterwolken, daneben der ›Großinquisitor‹ als Symbol einer bedrückenden Zeit, leiten hinüber zu den französischen Impressionisten, zu Edgar Degas (1834-1917) mit der allzu oft kopierten ›Bühnenprobe‹, Pierre Auguste Renoirs (1841-1919) ›Madame Charpentier und ihre Kinder‹, Cézannes (1839-1906) ›Mont-Sainte-Victoire‹, van Goghs (1853-1890) ›Zypressen‹ und ›L'Arlésienne‹ und schließlich Gauguins (1848-1903) Südseebildern. Wir werden unsere Not haben, noch einen Blick auf die amerikanische Malerei zu werfen, die es verdienen würde, eingehender behandelt zu werden. Wenn sie hier dennoch nur gestreift wird, so einmal deshalb, weil meine mangelnde Spezialkenntnis ein weites Ausholen nicht erlaubt, zum anderen, weil an entsprechender Stelle dieses Buches noch eingehender von amerikanischer Landschaftsmalerei die Rede sein soll.

Der American Wing zeigt einige hundert Gemälde, darunter Hauptwerke von Benjamin West, John S. Copley und Gilbert Stuart (alle zweite Hälfte des 18. Jahrhunderts). In ihnen findet das Gedankengut der kolonialen Periode und der Aufbruch in die Unabhängigkeit künstlerischen Niederschlag, auch ein neues Verhältnis des Menschen zu einer noch sehr ursprünglichen Natur wird offenbar. Gedanklich, wenn auch nicht zeitlich, gehört auch Emanuel Leutzes ›Washington crossing the Delaware‹ in diesen Zusammenhang. Stark vertreten ist die Hudson River School mit Thomas Cole, George C. Bingham und Albert Bierstadt (alle erste Hälfte des 19. Jahrhunderts), vielleicht die bedeutendste Malschule Amerikas mit teils realistischen, teils romantischen Neigungen in der Landschaftsdarstellung.

Zwei amerikanische Maler, James McNeill Whistler (nicht zu verwechseln mit Rex Whistler) und John S. Sargent, haben um die Jahrhundertwende in der Porträtmalerei brilliert. Schön sind die realistischen Bilder von Winslow Homer und Thomas Eakins – Landschaften des Meeres, wildbewegt, auf die der friedliche Begriff ›Seestück‹ nicht zuzutreffen scheint. Auch der zeitlich eingeengte Besucher des American Wing wird spüren, wie stark europäische Maltradition in diesem Land durch eine frische unbefangene Art des Blicks abgewandelt wurde. So seien dem Betrachter dringend empfohlen: Copleys Seekadetten ›Midshipman Augustus Brine‹, Homers ›The Gulf Stream‹ oder Robert Henris ›Dutch Girl in White‹, in dessen Gesichtszügen kindliches Erwachen und frühe Nachdenklichkeit sich zu großem Liebreiz vereinigen.

Nun werden wir vielleicht noch einen Blick auf Exponate werfen wollen, die in besonderem Maße mit der amerikanischen Geschichte oder mit den Orten verbunden sind, die wir noch im Verlauf unserer Reise sehen werden. Die Pennsylvanien-Deutschen, meistens aus der Rheinpfalz, haben bedeutendes Kunsthandwerk hinterlassen. Es ist im ersten Stock am Eingang zum amerikanischen Flügel zu finden. Frühes Silber, zumal aus der Werkstatt des renommierten Bo-

IV

Unbekannter Künstler

Tanz der Negersklaven auf einer Plantage

Aquarell um 1800

Das Bild wurde in Columbia, South Carolina, gefunden, und es wird angenommen, daß es auf einer Plantage zwischen Charleston und Orangeburg gemalt worden ist. Die Kleidung der tanzenden Neger verweist auf das letzte Viertel des 18. Jahrhunderts. Die Sklaven führen einen afroamerikanischen Tanz vor, dessen Bedeutung jedoch – wie auch die des Stockes und der Tücher – noch nicht erkannt ist.

»Es dürfte sich in dieser Darstellung einer Tanzszene um die wohl früheste Repräsentation des Sklavenlebens in künstlerischer Form handeln. Im Vordergrund sind die zehn Teilnehmer streifenförmig angeordnet, im Hintergrund sieht man die Plantage mit den Reihenhäusern der Sklaven. Die tiefschwarze Hautfarbe der Teilnehmer hebt sich aufs eindringlichste von den weißen und blauen Gewändern ab. Der Farbsinn dieses Laienmalers ist hoch entwickelt.« (Alfred Neumeyer; siehe auch Tafel V, S. 193)

Williamsburg, Virginia, Abby Aldrich Rockefeller Folk Art Center

Manhattans Nieuw Amsterdam anlegte. Die Gründung im Namen der Holländischen Westindischen Handelskompagnie war rein kaufmännisch orientiert. Schon im ersten Jahr gewann man 250 Gulden aus dem Verkauf von Biber- und Otterfellen. Der erste holländische Gouverneur Peter Minuit kaufte den Manhattoindianern das heutige Manhattan für ganze 60 Gulden ab, in der Tat die gewinnträchtigste Grundstücksspekulation in der Geschichte der Menschheit. Schon bald siedelten sich auch Nichtholländer an, und ein Virginier berichtet schon 1643 »the people seem not concerned what religion their neighbor is of, or whether he hath any or none« – New York hatte also schon sehr früh seine heutige Form gefunden!

Wir aber wollen nun in die Alte Welt zurückschauen, um die Entwicklungen zu verstehen, die Europa mit Macht ergriffen hatten und sehr rasch ihre Auswirkungen in die Neue Welt trugen.

Die europäischen Auswanderer

An der Wende des 16. zum 17. Jahrhundert war die Weltgeschichte in beunruhigende Entwicklung geraten. Wir sind gewohnt, im Zentrum dieser Ereignisse das alt gewordene Heilige Römische Reich Deutscher Nation zu sehen, das sich im Ansturm neuer Ideen und angesichts der faktisch vollzogenen schismatischen Kirchenspaltung zusehends auflöste. Wir verkennen aber aus solcher Sicht, in welch starkem Maße auch andere europäische Staaten in derselben Gefahr waren. Als mit Heinrichs VIII. Tod am 28. Januar 1547 ein Moment der Besinnung in England eintrat, die Geschichte für einen unbewachten Augenblick aus dem Schatten seiner Persönlichkeit heraustrat und in der plötzlichen Stille der Gedanke wieder erlaubt war, ob denn England wirklich in die Reformation eingetreten sei oder nur den machiavellistischen Neigungen seines Herrschers gehorcht hatte, sah Kaiser Karl V. seine Chance im Wirrwarr des politisch und glaubensmäßig aufgewühlten Europa. Indessen erwies sich der Sohn Heinrichs VIII., Eduard VI., als immun gegen alle Verlockungen einer großen katholischen Allianz. Unter dem Einfluß des Erzbischofs von Canterbury, Thomas Cranmer, wurde der Bau der Ecclesia Anglicana zielstrebig weiterbetrieben. Erst der unerwartete Tod des jungen Königs 1553 gab der kaiserlichen Politik eine neue Chance.

Bereits elf Tage später sondierte der kaiserliche Sonderbotschafter bei Mary Tudor, der Thronfolgerin, die Situation, den Gedanken an eine Heirat mit dem Sohn Karls V., Philipp II. von Spanien, vorsichtig ins Spiel bringend. Das geradezu atemberaubende Tempo führt zum Erfolg. Am 25. Juli 1554 findet die Trauung Philipps II. mit Mary Tudor in der Kathedrale von Winchester statt. Kunstvolle juristische Akrobatik war vorausgegangen, um die Sorgen der englischen Untertanen zu zerstreuen. Vergebens war der blutig unterdrückte Aufstand Wyatts, und unaufhaltsam drang die junge Königin auf eine Wiedereinsetzung der katholischen Religion. Doch der Geist der Zeit war bereits zu weit fortgeschritten. Ungeachtet der grausamen Unterdrückungen, die Mary Tudor den Beinamen Bloody Mary eintrugen, ungeachtet der lodernden Scheiterhaufen vor den Toren Londons, besannen sich Adel, Geistlichkeit und das immer aufsässige und jedem Denkkonformismus aus tiefster Seele abgeneigte englische Volk auf seine alten Rechte. Dem Adel schmeckten die arroganten spanischen Höflinge nicht, die gleich bei ihrem ersten öffentlichen Auftritt in der Art, wie sie das Wild jagten und alles, was unter ihre Klinge kam, totschlugen, jeden Sinn für ›fair play‹ vermissen ließen. Der Geistlichkeit war das erneute Beugen des Nackens unter das Joch des päpstlichen Legaten Reginald Pole zuwider, eines Legaten zwar aus englischem Blut, aber darum um so gefährlicher. Der Geist unduldsamer spanischer Inquisition hielt mit dem ›Act for the Punishment of Heretics‹ seinen Einzug, und das Volk beantwortete es auf seine Weise, indem es überall tote Katzen und Hunde mit geschorener Tonsur aufhängte.

Aber auch handfeste Politik war im Spiel: Englisches Geld und englische Soldaten sollten dem bedrängten Philipp helfen, seine Kriege in Frankreich und den Niederlanden zu führen. Der Umschwung kam 1557, als erkennbar wurde, daß Mary Tudor keinen Erben bekommen würde. Nach dem Ehevertrag bedeutete dies den Ausschluß Philipps aus allen Rechten, und im Verein mit der überall aufflackernden Opposition sank sein Interesse an der Insel rasch. Am 5. Juli 1557 nahmen Philipp und Mary Abschied auf der Reede von Spithead – sie sollten sich nie wieder sehen, und Philipp stürzte sich in die Abenteuer des flandrischen Feldzugs gegen die Franzosen. Noch waren die Grafen Egmont und Hoorn, die einst seine Brautwerber am englischen Hof gewesen waren, auf seiner Seite. 1558 brach alles auseinander. Der Tod Marias der Blutigen und die Thronbesteigung Elisabeths, die man später die Glorreiche nennen sollte, beendeten das katholische Intermezzo in England. Die Niederlande erhoben sich gegen das verhaßte und intolerante Regime der Spanier.

Mit diesen Veränderungen waren die entscheidenden Weichen für den Aufstieg der Seemächte England und Holland gestellt, Veränderungen, die im Verein mit der Schwächung Deutschlands im Dreißigjährigen Krieg das traditionelle Übergewicht der kaiserlichen Macht im Zentrum Europas brechen sollten und ein neues Epizentrum der Macht im Nordwesten Europas schufen.

Es ist für das Verständnis der Kolonisation Amerikas notwendig zu erkennen, wie ausschließlich zunächst aus diesem Nordwesten Europas Lebensgefühl, Glaubensüberzeugungen, Sitten und Gebräuche in das Gebiet der heutigen Staaten an der Ostküste einströmten. Hinzu kommt, daß die einwandernden Holländer und Engländer ländlich orientierte Menschen waren, die ihren Lebensunterhalt durch Ackerbau und Viehzucht zu erwerben hofften. Die später eintreffenden Franzosen gründen zwar den Mississippi entlang eine Reihe von Siedlungen wie New Orleans und St. Louis, doch ist ihr Erwerbssinn mehr auf Handel und die

Jagd auf Pelztiere ausgerichtet; die einwandernde französische Bevölkerung kommt aus einer mehr bürgerlich-kaufmännisch orientierten Schicht, und im Norden, an den großen Seen, in Montreal und am St. Lorenzstrom gesellt sich ihnen die zahlenmäßig kleine Gruppe der Pelzjäger und Händler hinzu, die keine Neigung zur Seßhaftigkeit hatte. So war von allem Anfang an der Keim zu einer Entwicklung gelegt, die zwangsläufig nur dem englischen Bevölkerungsanteil in Nordamerika eine dauerhafte Verwurzelung in Aussicht stellte.

Das Ende des kaiserlichen Traumes von einem wieder katholisch gewordenen England war somit auch das Ende des europäisch-mittelalterlichen Weltbildes von der Einheit romanischer und germanischer Völker geworden, und der symbolische Abschied Englands von König Philipp weist hinaus auf den Atlantik und die Küsten einer neuen Welt. Die uralte Frage, ob die handelnden Personen dies erkannt haben oder nur bunte Galionsfiguren am Bug des Schicksalsschiffes waren, wer wagt, darauf zu antworten?

Im Jahre 1588 fiel die Entscheidung zur See mit der Niederlage und dem Untergang der großen Armada von Spanien. Langsam und beharrlich verfolgte nun England seine eigenen Vorstellungen von kolonialer Entwicklung. Sie sollten sich bemerkenswert von den Methoden der Spanier und Franzosen unterscheiden. Orientiert an der bereits bestehenden East India Company, entwarfen Sir Humphrey Gilbert und sein jüngerer Halbbruder Sir Walter Raleigh das Bild von landwirtschaftlichen Gründungen an der Ostküste der USA. Die erste dieser Niederlassungen auf der Insel Roanoke vor der Küste North Carolinas führte zu einem Fiasko. 1585 gegründet, segelte der erste Gouverneur John White, um Nachschub besorgt, nach England zurück. Zuvor war ihm eine Enkelin, Virginia Dare, in Roanoke geboren worden, der erste weiße in Amerika zur Welt gekommene Mensch. Als White 1587 zurückkehrte, fand er keine Spur der Siedler mehr vor. Die Häuser waren von einer hohen Palisade umgeben, und in einen Pfahl war das Wort ›Croatan‹ eingeritzt. Das Rätsel ist nie gelöst worden. Der Name Virginias führt sich nach einer Lesart auf Virgiania Dare zurück, andere nehmen an, er sei in Verehrung der Virgin Queen, Elisabeth I., gewählt worden.

1603 trat Jakob I. die Nachfolge Elisabeths an. Mächtig schwoll nun der Strom der Auswanderer an und vielfältig sind die Gründe hierfür. Neben den religiösen werden aber nur zu leicht die wirtschaftlichen Ursachen im England des 16. Jahrhunderts vergessen. Gegen 1550 hatte der Wollhandel einen enormen Aufschwung genommen. Die Schafzucht verdrängte allmählich den Ackerbau der vielen kleinen Bauern und Pächter. Ganze Landstriche Englands entvölkerten sich, und wer heute durch England reist, wird immer wieder erstaunt sein, welche Unmengen von Schafen auf oft idyllischen Weiden er antrifft. Was uns heute aber so friedvoll und hübsch anmutet, bedeutete einst Armut, Arbeitslosigkeit und Landflucht. Die Menschen suchten ihr Heil auf den Schiffen, die vor allem von Bristol und Plymouth aus in See stachen. Bis 1640 verließen etwa 70000 Bürger die Insel, für jene Zeit eine gewaltige Menschenmenge. Die englische Krone hatte natürlich ein Interesse an dieser Auswanderung, steuerte sie doch die Not im Mutterland. Sie vergab königliche Patente, sogenannte ›Charters‹, an Handelsgesellschaften, die als Joint-Stock Unternehmen geführt wurden, deren Aktionäre also Gewinn und Verlust gemeinsam teilten. Eine dieser Gesellschaften, die London Company of Virginia, erhielt 1606 den Zuspruch für das Gebiet zwischen dem 34. und dem 41. Breitengrad. Im Mai 1607 wurde Jamestown an der Chesapeake Bay gegründet. Das Unternehmen litt von Anfang an unter vielen Schwierigkeiten und erst durch den Anbau von Tabak, der ja auch heute noch ein berühmtes Produkt Virginias ist, gewann die Kolonie wirtschaftliche Sicherheit.

Bei der Betonung ökonomischer Fakten wird allzuleicht übersehen, daß in jenen Tagen der Renaissance auch starke geistige Triebfedern das ›Unternehmen Neue Welt‹ beflügelten. Sir Humphrey Gilbert, als er mit seinem Schiff

›Squirrel‹ von Plymouth ablegte, hatte an Bord Platons ›Politeia‹ und Thomas Morus' ›Utopia‹. Am Tage vor dem Untergang der ›Squirrel‹ in einem heftigen Sturm hat man ihn vom Nachbarschiff aus lesend an Deck gesehen, und es gibt keinen Zweifel, daß der Gedanke an eine neue Modellrepublik in der Neuen Welt den Humanisten ernsthaft beschäftigen mußte. Sind die USA diesem Anspruch gerecht geworden? Das ist die Frage. Doch gibt es eine bessere Republik?

Neben diesen kaufmännisch orientierten Unternehmungen, protegiert vom Adel Englands, hatte sich in der Stille eine ganz anders geartete Gruppe zusammengefunden. Die Bildung der Church of England, wir würden heute sagen: der anglikanischen Hochkirche, hatte jene unbefriedigt gelassen, die im Aufbruch der Reformation mehr als formale Trennung von Rom sahen. Hinzu kam (und kommt noch heute) eine ausgeprägte englische Neigung, der Wahrheit des Christentums in kleinen Gruppen oder Sekten näherzukommen, statt in etablierten und in einem gewissen Formalismus erstarrten Kirchengemeinden. So hatten sich einige Separatisten, die sich bald ›Puritans‹ nannten, nach Holland gewandt. In Leiden gewannen sie bescheidenen Wohlstand, und ihr Anführer William Brewster erhielt vom englischen König ein Patent zur Gründung einer Kolonie in Virginia. Da die Mittel für ein solches Unternehmen nicht ausreichten, nahm man noch andere Auswanderer in die Company auf. So gab es die ›Saints‹ und die ›Strangers‹, und diese Bezeichnungen verraten uns vieles darüber, wie man sich selbst und andere sah. Als die Puritans 1608 von Plymouth nach Holland absegelten, waren ganze zwanzig Jahre vergangen, seitdem die englische Flotte dasselbe Plymouth verlassen hatte, um der spanischen Armada den Todesstoß zu geben. So hat sich England zur Zeit der großen Elisabeth und in den Tagen Jakobs I. zweier Dinge entäußert: der spanisch-katholischen Gefahr für seine Eigenständigkeit, aber auch einer Bevölkerungsschicht – ähnlich den calvinistischen Hugenotten in Frankreich –, die das Ferment sozialer Verantwortung hätte sein können, es nun aber vorzog, die Forderungen ihres Gewissens und Glaubens nach einer allgemeinen und sozialen Ethik in der Ferne zu verwirklichen. Zurück blieb ein England, frei von militärischen Sorgen, aber leider auch frei von einem gewichtigen Teil seines Gewissens.

Im Jahre 1620 charterten die Puritans in London die ›Mayflower‹ und legten von Plymouth ab. Durch widrige Winde gerieten sie statt nach Virginia nach Cape Cod. Bevor sie das Land erkundeten, um sich schließlich in Plymouth niederzulassen, schlossen sie den Mayflower Compact, einen Vertrag, in dem sie sich zur gegenseitigen Hilfeleistung verpflichteten und in Umrissen die Form ihres kleinen Staatswesens festlegten. Es war ein seltsames Unterfangen. Waren andere auf Beute aus oder gingen munter und ohne lange Skrupel auf ihr Ziel zu – hier war eine Gruppe Menschen, die nach einer qualvollen Überfahrt auf einem viel zu kleinen Schiff und angesichts einer wenig versprechenden Küste nichts Eiligeres zu tun hatte, als ihr ausgeprägtes Rechtsgefühl in eine formale und schriftliche Form zu zwingen. 1621 wählte man nach einem schrecklichen Winter in Neuengland William Bradford zum Gouverneur. In den Jahrzehnten bis zu seinem Tode, 1657, führte er die junge Kolonie aus unendlichen Schwierigkeiten heraus, zahlte gewissenhaft seine Schulden in London zurück, und fand noch die Zeit, in seinem berühmten Buch ›Of Plymouth Plantation‹ eine ungemein anschauliche Darstellung jener Jahre zu hinterlassen.

Doch blieb Plymouth eine kleine Kolonie, ihre Bedeutung lag und liegt in einem starken moralischen Impetus, der bis in unsere Zeit im amerikanischen Volk fortlebt. Bald bildeten sich weitere Niederlassungen in Neuengland. 1629 wurde die Massachusetts Bay Company gegründet, die die Emigrationswellen während der Cromwellschen Zeit aufnahm. Sehr im Gegensatz zur Virginia Company und den anderen südlicheren Gründungen in der Hand ihrer Lord Proprietors stand die Einwanderung in die Neuengland-

Staaten im Zeichen religiöser Motivationen, und es ist bezeichnend, daß bereits 1647 der General Court der Massachusetts Company die Einrichtung von Grund- und Mittelschulen in allen Ortschaften von hundert Einwohnern veranlaßte. 1636 wurde Harvard College gegründet und es kann kaum Zweifel daran bestehen, daß dies weniger aus wachsendem Wohlstand heraus geschah, als aus der Besorgnis um den drohenden Verlust geistiger Substanz, die wichtiger als Geld bewertet wurde.

In der Geschichte Amerikas nun einfach fortzufahren, verbieten zwei Umstände: so fesselnd jeder Beginn in einem neuen Lebensraum ist, so rasch verliert sich der Fortgang, auch in der Geschichte der USA, in vielen Details. Der Leser eines Reisebuches wird es darum wohl eher begrüßen, mit der einen oder anderen Einzelheit lieber an den Stätten seiner Besuche bekanntgemacht zu werden. Darum möchte ich erst vor der Beschreibung des Südens den Sezessionskrieg darlegen, und über die englisch-französischen Auseinandersetzungen während des Siebenjährigen Krieges, den die Amerikaner ›Indian War‹ nennen, im Zusammenhang mit dem Hudsontal und dem Lake Champlain berichten. Der Unabhängigkeitskrieg, auch ›American Revolution‹ genannt, wird uns vor dem Besuch Bostons beschäftigen, und indem wir auf unserer Reise auch Pennsylvanien streifen, werden wir dort William Penn begegnen, der als Sohn eines englischen Admirals völlig aus der Art schlug und Quäker wurde. Diese noch heute einflußreiche Sekte hat die geistige Landschaft um Philadelphia in besonderer Weise bestimmt, und das in sehr englischer Weise: möglichst kein Schema, wenig Reglement, keine Kasten und Privilegien, aber eine ganz pragmatische Zuwendung zum Nächstliegenden, zu ehrlicher Arbeit und zu sauberer, möglichst ehrenamtlicher Verwaltung. William Penn durchstreifte Europa und warb um Ansiedler in der Neuen Welt, begegnete dem eher amüsierten Unverständnis der deutschen Fürsten. Karl II. von England hatte ihm 1681 große Teile des heutigen Pennsylvanien zur Verfügung gestellt, und Williams Penns Aufruf muß den ausgemergelten und vom Dreißigjährigen Krieg geschundenen Menschen in Deutschland, die von einem Bekenntnis ihres Landesherrn zum anderen getrieben wurden – cuius regio, eius religio –, wie die Botschaft aus einer anderen Welt geklungen haben. Viele sind ihm gefolgt, vor allem aus der verarmten Pfalz, und hier zeigt sich zum ersten Mal die besondere Begabung der angelsächsischen Welt, Menschen verschiedener Zunge zu einer Einheit zu verschmelzen. Die Mittel hierzu, Milde, Toleranz, Achtung der Eigenheiten anderer, waren bis dato ein unbekannter Faktor in der Geschichte gewesen.

Dieselbe Geschichte macht uns aber ihr Verständnis nicht leichter, wenn wir auf unserer Reise feststellen müssen, daß Pennsylvanien eher ein armer Staat der USA geblieben ist. Auch hat ein Wesenszug der Quäker, ihr manchmal engstirniges Anklammern an Althergebrachtes, zu Absonderung und Verhärtung geführt, auch zur Unfähigkeit, den Wandel der Zeit innerlich und äußerlich zu verarbeiten. Im südöstlichen Pennsylvanien, bei der Sekte der Amischen, hat sich viel davon erhalten. Umschlossen von einer hochindustrialisierten Gesellschaft leben sie wie auf einer Insel im Meer ihrer wogenden Kornfelder. Hier hat sich auch das Pennsylfaanische erhalten, ein merkwürdig verballhornter Unterdialekt der Pfälzischen Mundart, kaum verständlich heutigen Ohren.

In diese geistige Landschaft paßt die Gestalt Dwight D. Eisenhowers, dessen Familie aus Grünstadt in der Pfalz kommt. Obwohl Eisenhower in den weiten Plains von Kansas, in Abilene, aufwuchs, wanderten die ›Eisenhauer‹ aus Pennsylvanien zu, gehörten zu den ›Brethren in Christ‹, die man die Vettern der Amischen nennen könnte. Drei Bibeln gab es im Elternhaus des Generals und späteren Präsidenten: eine deutsche, eine englische und eine griechische, und die sechs Brüder machten trotz der äußerst bescheidenen wirtschaftlichen Verhältnisse ihren Weg als Apotheker, Chemiker, Rechtsanwalt, Bankier, Universitätspräsident und Präsident der Vereinigten Staaten. Groß war der Widerstand der pazifistischen Eltern gegen Ikes militärische Karriere, und letztlich war Eisenhower auch kein Mensch, dem das Militärische nur Selbstzweck war.

Man muß kein Tiefenpsychologe sein, um zu verstehen, daß gerade in diesem Mann sich jener Kreuzzugsgedanke manifestierte, der uns nach 1945 gelegentlich so verstört und verwirrt hat. So hat der Unmut eines Geschlechts, das auch nach zwei Jahrhunderten keine Ruhe fand vor der Intoleranz, vor der es einst geflohen war, dazu geführt, daß ein tief im Glauben verwurzelter Enkel deutscher Einwanderer jenen Ungeist, jenen Menschen- und Glaubensverächter, in die Knie zwang. Doch hat Eisenhower seine Gedanken in dieser Richtung nie enthüllt.

Hartmut von Hentig hat einmal die Gründe dargestellt, warum man, in der Zeitgeschichte stehend, nicht versuchen sollte, sie zur ›Geschichte‹ zu verbiegen. Er schrieb:

Wenn Zeitgeschichte dem zukünftigen Schreiben von Geschichte dienen will, müßte sie vor allem dies tun: den noch lebenden Menschen so viel subjektive Erinnerung abfragen, wie sie herzugeben bereit und in der Lage sind; die Zeugnisse, Dokumente, Akten zwar studieren, aber ihnen systematisch mißtrauen; es sind ›Ablagerungen‹ von Bewußtsein, das es hier noch lebendig, sperrig, von Bildern erfüllt, mit Lust und Leid getränkt, gibt; die Unstetheit der Wahrnehmung, der Urteile, der Selbst-Deutung als kostbaren Stoff annehmen und aufheben und diesen nicht gleich auf eindeutige Ursachen, widerspruchslose Theoreme reduzieren; Wechselndes nicht immer als lineare Bewegung, sich Stoßendes nicht gleich in Gegensätze, einzelne Zustände nicht alsbald in historische Lagen verwandeln; immer wieder herausfinden wollen, was die Menschen tatsächlich von der (geschichtlichen) ›Landschaft‹ sehen oder gesehen haben und was davon sie deshalb so sehen, weil sie die ›Landkarte‹ schon kennen.

Solches beherzigend, wollen auch wir Amerika sehen, indem wir zu seinen Wurzeln wo immer möglich hinabsteigen, uns aber davor hüten, die Gegenwart in eine jener wohlfeilen Schablonen zu pressen, wie sie allerorten und eifrig angepriesen werden.

Entlang den Küsten Neuenglands

AUS den Straßenschluchten Manhattans gewinnen wir die Weite der stillen Landschaften Neuenglands, indem wir dem F.D. Roosevelt Drive zustreben, jener Schnellstraße, die den East River westlich begleitet. Wo auch immer wir in Manhattan gewohnt haben, irgendeine der Straßen führt uns ostwärts zum Roosevelt Drive. Da wir uns nun anschikken, New York zu verlassen, und vom Fußgänger wieder zum Autofahrer werden, muß ein Wort zur Wagen-Ausleihe gesagt werden. Amerika sehen und bereisen heißt: Mieten eines Leihwagens. Die in diesem Geschäft tätigen Firmen sind bereits am Kennedy-Flughafen zahlreich vertreten: AVIS, HERTZ, um die größten zu nennen. Da man in aller Regel für den Beginn einer Amerika-Reise einige Tage in New York einplanen wird, gibt es zwei Möglichkeiten, die Miete abzuschließen: Entweder man fährt mit dem Taxi vom Hotel zum Flughafen zurück und entgeht dadurch dem Verkehr in Manhattan, oder man mietet den Wagen gleich in einer der kleineren Agenturen in Mid- oder Uptown. Persönlich empfehle ich das Zweitgenannte, weil es preiswerter ist und auch schneller vonstatten geht. Das Verlassen Manhattans ist weitaus unproblematischer, als man vielleicht befürchtet.

Der Straßenverkehr in den USA läuft viel gelassener, manchmal mit einer geradezu phlegmatischen Ruhe, die den Europäer zunächst eher aufreizt. Dafür habe ich in den Staaten nie einen bösen Unfall gesehen – das mag Zufall sein, aber die Geschwindigkeitsbeschränkung auf im allgemeinen

55 mph (Meilen pro Stunde), entsprechend ca. 90 km/h, und die nüchterne Gesetzestreue des durchschnittlichen Amerikaners bewirken einen sehr ruhigen Verkehrsfluß auf den Highways. Da alle Wagen annähernd gleich stark sind und die automatischen Getriebe die Fahrzeuge alle etwa am gleichen Punkt heraufschalten, Kavalierstarts und schnittiges Überholen darum kaum möglich sind, erleben wir ein ganz neues Fahrgefühl: Aus dem ruhigen Fluß auszubrechen, bringt uns schnell erstaunte Blicke der anderen Verkehrsteilnehmer ein, und spätestens beim dritten Mal schleichen sich Schuldgefühle ein, und wir werden uns geduldig einordnen. Das Faszinierende an all dem ist nun, daß dieses langsame Fahren erlaubt, große Strecken ohne Ermüdung hinter sich zu bringen. Engstellen, Baustellen, Staus sind auf den Highways so gut wie unbekannt, wenn wir vom Wochenende einmal absehen.

So lehnen wir uns zurück in die bequemen Sitze unseres ›Sedan‹ (viersitzige Limousine) oder eines ›Station cars‹ (Kombiwagen), genießen die automatische Schaltung und die im Sommer immer empfehlenwerte Klimaanlage, und rollen über den Drive am East River nordwärts. Letzter Blick auf die sich überkreuzenden Brücken über uns, bevor wir auf dem ersten Teil der Triboro Bridge den East River queren. Dann wenden wir uns nach links, nach Norden, bis sich nach wenigen hundert Metern erneut die Wege gabeln. Unser Weg führt nach rechts über den Bruckner Expressway 278 (allgemeine Beschilderung New England), bis wir Anschluß an den Highway 95 New England Thruway haben, der entlang der atlantischen Küste Connecticuts führt.

Kleine Orte an der ›Number One‹

Sehr rasch entrinnen wir den nicht immer schönen Vorstädten New Yorks, sollten aber auch bedenken, daß wir Connecticut vornehmlich in seinen kleinen Orten und nahe der Küste erleben wollen. Etwa ab *New Rochelle* rate ich, den Highway 1 zu benutzen. Das kleine Städtchen wurde bereits

1688 von französischen Hugenotten gegründet, von denen einige schon 1627 ausgewandert waren, nachdem Richelieu den letzten festen Platz der Protestanten, La Rochelle, belagert und ausgehungert hatte. Nach der Aufhebung des Edikts von Nantes, 1685, als immer deutlicher wurde, daß der Glaubensverfolgungen kein Ende sein würde, begann der große Exodus in die Neue Welt, von ganz Europa, je nach Standort, mit Befriedigung oder Anteilnahme verfolgt. Es ist derselbe Atlantik, der mit seinen Wellen die Gestade der beiden Rochelles bespült und die Schiffe getragen hat, mit denen die calvinistische Lehre der Vorbestimmung allen menschlichen Lebens auch in Amerika Eingang fand. Da werden wir auch gleich bemerken, daß das Protestantisch-Elitäre, das Neuengland geprägt hat, nicht nur eine englisch-puritanische, sondern auch eine französisch-calvinistische Wurzel hat. Am Hafen werden wir nicht nur manch alten Namen finden, wie Huguenot Island, sondern auch jene verschwenderische Fülle von Motorbooten und Yachten, die unsere ganze Reise an den atlantischen Küsten begleiten wird.

Der calvinistischen Glaubensstrenge, ihrer Überzeugung, daß dem Schicksal als Gottes Wille nicht auszuweichen sei, und den daraus folgenden Tugenden der Redlichkeit und der Zivilcourage ist auch ein anderer Bürger New Rochelles gefolgt. Thomas Paines Traktat ›Common Sense‹ oder ›Vom gesunden Menschenverstand‹ blies 1776 wie ein anfachender Luftzug in die Diskussion über die Abwendung von England. »Gesellschaft ist in jedem Zustand ein Gut; Regierung ist, selbst in ihrem besten Zustand, nur ein notwendiges, in ihrem schlimmsten Zustand aber ein unerträgliches Übel!« rief er seinen Landsleuten zu, »denn würden die Triebe des Gewissens jederzeit klar, einheitlich und unwiderstehlich befolgt werden, so brauchte der Mensch keinen anderen Gesetzgeber.« Aber so ganz hat Paine den oft nur allzu menschlichen Trieben doch nicht getraut und gefolgert: »Also wird es gut sein, wenn jede Gegend eine bestimmte Anzahl Repräsentanten (in den Kongreß) entsendet. Und damit die Gewählten nie ein vom Interesse der Wähler unterschiedliches Interesse bilden können, wird die Klugheit die Wähler lehren, wie dienlich es ist, häufig Wahlen abzuhalten.« Hier wurzelt die mit zwei Jahren sehr kurze Legislaturperiode des amerikanischen Repräsentantenhauses, einst sicher sinnvoll, heute kritisiert, weil komplizierte Fragen in zwei Jahren kaum eine ausgereifte Lösung finden können. Doch werden nicht nur an Paine Zweifel laut, auch die Determinationslehre der Calvinisten hat ihren Glanz verloren. Und ob wir nun auf dem Vieux Marché im alten Rochelle stehen und, an der Tour La Chaîne vorübergehend, auf den grauen Atlantik hinaussehen, oder einige tausend Meilen weiter westlich im neuen Rochelle dem Spiel des Lichtes in der Takelage der zahllosen Segler zusehen – alle jene etwas gewaltsamen Versuche, menschliches Schicksal zu erklären oder zu verändern, werden uns kaum befriedigen.

In der leicht diesigen Atmosphäre des heißen Tages dümpeln, dessen ungeachtet, die Segler auf der gleißenden Wasserfläche. Am baumreichen Ufer liegen Bootshäuser und Villen, die ihren georgianischen Charme nicht verbergen können. Man sieht kaum Menschen – ein Boot zu besitzen, versteht sich von selbst. Man nützt es oder läßt es sein. Nicht jenes Gedränge von Booten, wie wir es an schönen Sommertagen in der Travemünder Bucht oder an der Schleimündung erleben können, voller Hektik, weil das vielleicht mühsam erworbene Boot sich ja ›rentieren‹ muß. Ein Neuengländer würde dafür nur ein mildes Kopfschütteln übrig haben.

Der ›Highway Number One‹ ist die älteste und traditionsreichste Straße der Neuen Welt, wird darum auch ›Old Boston Post Road‹ genannt, was freilich den jungen Neuengländern in den Ohren klingt wie uns ›Thurn und Taxis‹. Die Straße windet sich durch grüne, parkartige Landschaft. Die kleinen Städtchen, sehr weitläufig gebaut, gruppieren sich um spitztürmige weiße Kirchen, und ganz allmählich schiebt sich das Bild der freundlichen, meist aus Holz erbauten und hell aus dem Grün schimmernden Häuser Neuenglands in den Vordergrund. Viel Englisches, Dänisches, aber auch Norddeutsches wird uns auffallen: Die hellroten Ziegelsteine, die Neigung zu weißen Fensterrahmen, klassizistischen Frontgliederungen, säulengeschmückten Portici erinnern an den großen Palladio aus Vicenza und viel Gemeinsames diesseits und jenseits des Atlantik, der hier nicht trennt – eher vereint.

Wir meiden Bridgeport, in dem der Zirkus Barnum seinen Ursprung nahm und ein Museum hinterlassen hat. Bei dieser Gelegenheit muß ich bemerken, daß es Gründe gibt, in diesem Reiseführer nicht von jedem Ort lückenlos alle Sehens- und Merkwürdigkeiten zu erwähnen. In den USA sind viele ›Sehenswürdigkeiten‹ ausgerichtet auf die Interessen der Amerikaner selbst. Vieles davon ist für uns, aus mangelnder Detailkenntnis oder weil es den Vergleich mit entsprechenden und bekannten Stätten in Europa nicht aushält, uninteressant. Die Amerikaner, die sich selbst gern als ›continentals‹ bezeichnen – sehr verschieden von dem, was die Engländer unter ›continental people‹ verstehen –, suchen natürlich gern Orte auf, die ihrer Vorstellung von ›alter‹ Kultur entsprechen. Da gerät dann manches in die Nähe sehr kommerzialisierter Vorstellungen, mit jenem Walt-Disney-Touch, der in Europa allenfalls Kinder erfreut. So hoffe ich auf des Lesers freundliches Verständnis, wenn ich mich beschränke auf Dinge, die entweder durch ihren Rang Interesse beanspruchen können oder als Kontrasterlebnis unsere Blicke auf sich ziehen. In diesem Sinne können wir ohne Anflug von Hochmut am Barnum Museum oder dem nachgebauten Globe Theatre im nächsten Ort Stratford vorbeifahren.

Universitätsstadt Yale in New Haven

Dagegen sollten wir in New Haven eine ausgiebige Rast erwägen. 1638 von Puritanern gegründet, erhielt es bereits 1701 eine Collegiate School, die aus Hartford und Old Say-

brook zugewandert war. Europäische Universitäten pflegen ihre Gründungstradition gern in Erinnerung an einen fürstlichen Gönner. Cambridge und Heidelberg, Prag und Padua sind voll solcher Erinnerungen in den Namen ihrer Colleges, Institute und patinabedeckter Standbilder, an die freilich heute die Studiosi respektlos ihre Fahrräder anlehnen. Da berührt es dann seltsam, daß zu einer Zeit, in der sich der typische englische Universitätscampus noch fest in der Hand der bronzenen Georges aus dem Hause Hannover befand, im New Haven College sich eine neue Art von Mäzenatentum in der Person von Elihu Yale etablierte. Yale war lange Zeit britischer Gouverneur im indischen Madras gewesen, und der Ostindienhandel hatte wohl auch einen kleinen ›Nebenerwerb‹ abgeworfen. Dieser ›Nebenerwerb‹ geriet New Haven zum Vorteil; 1817 nannte sich das College bereits Yale College und ist heute zusammen mit Harvard und Berkeley ein berühmtes Dreigestirn akademischen Lebens.

In Downtown New Haven hat sich das regelmäßige Viereck des von Grünanlagen durchzogenen *Old Campus* erhalten. Wir gelangen von der Interstate 95 oder dem Highway 1 dorthin, indem wir vor Überqueren des Mill River nach links abbiegen. Es gibt Führungen, die von College Street ausgehen, und manche Vergleiche mit dem englischen Oxford werden sich aufdrängen. Hier hat sich über den Atlantik hinweg – wie wir auch noch bei Harvard sehen werden – unendlich viel Gemeinsames bei aller Verschiedenheit erhalten. Yale Campus ist ein immer noch gotisches Gebilde, und wenn wir auch wissen, daß es nur Neugotik ist, so ist doch das Beieinander und Ineinander gepflegter Grasflächen, zinnenbewehrter Hallen und der Courts um Harkness Tower eine freundliche Reverenz vor dem mittelalterlichen England, die die Schärfe der Auseinandersetzungen des Unabhängigkeitskrieges erheblich mildert. Wenn der Vergleich erlaubt ist, so erinnert dies alles an die gemeinsame Erinnerung von Katholiken und Protestanten bei der Betrachtung einer romanischen Kathedrale.

Harkness Tower mit seinem hübschen Glockenspiel ist Teil des Memorial Quadrangle, in dem sich die *Art Gallery* befindet, mit reichen Sammlungen an europäischer, afrikanischer und vor allem präkolumbianischer Kunst. Nahebei ist auch das Peabody Museum mit seinen naturwissenschaftlichen Exponaten, doch liegt mir weitaus näher, Sie zu ermuntern, über die ›lawns‹, die gepflegten Rasenflächen, zu streifen und das so völlig andere Bild des studentischen Lebens in sich aufzunehmen, das viel Schulmäßiges mit erheblicher persönlicher Freiheit zu verbinden weiß, während die deutschen Hochschulen mit ihrer weitgehenden Freizügigkeit des akademischen Lernbetriebs den einzelnen oft sehr rasch in einer gewissen Vereinsamung zurücklassen.

New Haven besitzt die üblichen Hotels der großen Ketten wie Holiday Inn, Sheraton, Howard Johnson. Da auf diese Einrichtungen Schilder an den Highways rechtzeitig aufmerksam machen, darf ich solche Hinweise im Verlauf der ferneren Reise entfallen lassen. Sehr bequem ist es – und kostenlos – sich von einem Hotel zum nächsten anmelden zu lassen, wozu aber nur in der Hauptsaison, am Wochenende und bei Brennpunkten des Interesses Anlaß besteht. Ein angenehmer Platz zum Lunch ist in New Haven ›Shermans's Tavern‹, 1032 Chapel Street und nahe dem Campus. Die Tavern ist nicht billig, aber gelegentlich muß man einen Kontrapunkt zur Welt der ewigen Snacks setzen, und das ist gerade in einer so englisch angehauchten Stadt wie New Haven reizvoll.

Wem dies alles zu europäisch und akademisch sein sollte, oder wer in Gesellschaft von Kindern reist, die bereits in New Haven ungeduldig fragen, wo denn nun der Wilde Westen bleibe, dem sei das *Winchester Gun Museum* (275 Winchester Avenue) empfohlen, wo die Lust am wilden Leben mit dem Anblick von einigen tausend Feuerwaffen gestillt wird, die einen geradezu fabelhaften Erfindungsreichtum unserer lieben Mitmenschen enthüllen.

Nutmegs und Fischer

Der Connecticut Turnpike 95 führt uns nun weiter ostwärts, immer wieder mit Abfahrten zur Old Boston Post Road 1, die nahe der Küste den geruhsameren Reisenden in die kleinen Fischerorte bringt. In *Guilford* finden sich schöne alte Häuser des 17. Jahrhunderts. Darunter das Henry Whitfield House von 1639, heute ein Museum, das den Ruf hat, das älteste Steinhaus der USA zu sein. Bald queren wir den Connecticut River, dessen indianischer Name eigentlich ›Quinnehtukqut‹ lautete, was soviel wie ›von Ebbe und Flut bewegter Fluß‹ bedeutet. An der umständlichen Schreibweise dieser indianischen Namen ist das Bemühen der ersten Siedler abzulesen, die indianischen Laute in einer möglichst genauen englischen Lautumschreibung festzuhalten. In der Tat wird der Connecticut auf eine Länge von hundert Meilen von der Tide bewegt, den Verhältnissen an der Elbe recht genau entsprechend.

Der alte Staat Connecticut war einst nur an der Küste von Fischern und in den Hafenstädtchen von Leuten besiedelt, die von der Seefahrt lebten. Der Handel brachte bescheidenen Wohlstand, alles hielt sich sehr im Rahmen, bis zum Ausbruch des Booms in den Tagen der großen Walfangflotten und des wenig rühmlichen Sklavenhandels. In dem noch heute sehr dünn besiedelten Hinterland mit seinen großen Wäldern ernährten sich die Siedler mehr schlecht als recht mit jenen Heimindustrien, die auch in Europa, etwa im Schwarzwald und im Erzgebirge, lange Jahrhunderte ein kümmerliches Brot gewährten: Schnitzarbeiten, Knöpfe, Küchengerät und Spielzeug. Diese Waren wurden von den Yankee Pedlars mit Pferd und Wagen von Tür zu Tür vertrieben. Vielleicht stammt aus jenen Tagen auch der alte Spottname des Staates: ›Nutmeg State‹. Nutmegs sind Muskatnüsse, einst wohl ein teures Gewürz, und darum in den langen Winternächten Connecticuts aus Holz täuschend ähnlich nachgeschnitzt. Das mag uns eine Ahnung geben von einem anderen Amerika.

Westlich der Connecticutmündung liegt Old Saybrook und etwas landeinwärts das Städtchen *Essex,* 1648 gegründet, einst als Zentrum des Schiffbaus berühmt. Heute ist es einer der malerischsten Orte Connecticuts mit hübschen alten Kapitänshäusern in der Pratt Street und einem überquellenden Yachthafen an der Essex Island Marina. Jenseits des Connecticut River verlassen wir die 95 und durchfahren den Fischerort *Old Lyme,* in dessen alten Häusern sich eine Künstlerkolonie eingenistet hat. Die Küstenstraße 156 windet sich durch reizvolle, waldreiche Landschaft, immer wieder unterbrochen durch kleine romantische Flüßchen, die dem nahen Atlantik zueilen, etwa dem Niantic River, an dessen gewundenen Ufern Gruppen von Sommerhäusern unter Kiefern und Sugar Maples stehen, aus Holz erbaut, häufig mit geschindelten Wänden und mit offenen Veranden zum Wasser hin. An den Stegen davor sind Boote vertäut, südwärts verheißt eine gleißende Helligkeit das nahe Meer. Es ist eine Landschaft der grünen Waldsäume, gewundener Wasserläufe, in denen sich ein blaßblauer Himmel spiegelt, gesäumt von Wiesen mit Tausenden sattgelber Sumpflilien, eine Landschaft, in der man sich wohlfühlt, nichts ist unzugänglich, man kann picknicken, die Füße ins Wasser hängen, baden und den Vogelstimmen lauschen.

Gedanken an Thoreau am Niantic

In dieser Landschaft ist mir ein Buch, das ich 1946 in amerikanischer Kriegsgefangenschaft gelesen hatte, zu einem realen Erlebnis geworden. Ich meine Henry David Thoreaus ›Walden‹. Eigentlich gehört diese Geschichte ja nach Massachusetts, wo Thoreau 1817 in Concord in der Nähe von Boston geboren wurde. Dieser Mann war zugleich lebensfremd und lebensnah, und sein Versuch, dem Druck und den ewigen Zwängen des zivilisierten Daseins zu entrinnen, brachten ihn dazu, einige Jahre in den Wäldern an einem kleinen See – heute Walden Pond geheißen – zu leben. Wie er das tat, in manchen seiner Gedanken Jean-Jacques Rousseau nahekommend, ist eine sehr amerikanische Geschichte. Doch während Rousseau seinen kühnen Gedankenflug zu weiten Horizonten antrat, leidenschaftlich dem natürlichen Gefühl das Vorrecht vor gesellschaftlicher Konvention und zivilisatorischer Eingeengtheit zusprach und damit einer der Wegbereiter der Französischen Revolution geworden ist – Thoreau wollte andere nicht bewegen. Er schildert mit amerikanischer Offenherzigkeit Beweggründe seines Versuchs, auch seine Mißerfolge, und schon im ersten Kapitel des Buches, ›Ökonomie‹ betitelt, kann er nicht umhin – in einem sehr kaufmännisch orientierten Land großgeworden – das Konto zu eröffnen: Bretter zum Bau der Hütte 8,03 Dollar, Abfallschindeln für Dach und Seiten 4,00 Dollar, Türklinke 0,10 Dollar und so fort. Der Gesamtsumme von 28,12 Dollar stellt er den immateriellen Gewinn gegenüber, etwa in einem kleinen Gedicht über seinen Teich, Walden Pond:

Ich träume nicht, daß ich ihn sehe,
Ich lebe nur in seiner Nähe . . .
Sein steinig Ufer, das bin ich,
Ich bin der Wind, der drüber strich,
Ich halt' in meiner hohlen Hand
Sein reines Wasser, seinen Sand,
Und seinen tiefverborgnen Zufluchtsorten
Ist hoch in meinem Sinn ihr Platz geworden.

Diese Romantik mag uns zunächst verwirren, wir erwarten sie nicht bei Amerikanern, aber Thoreau verliert sich nicht in ihr. Überall schimmert die Tradition bürgerlich-demokratischer Tugenden durch: die Abneigung, irgendeiner feudalen, apodiktischen Autorität das Ohr zu leihen. Er plädiert pro und contra wie ein Anwalt vor Gericht, es ist das Pathos der Jefferson und Lincoln, das in seinen Gedanken durchklingt, überzeugend durch gedankliche Schärfe, aber auch menschliche Wärme. Der Leser kann wählen – und das ist die Basis amerikanischen Demokratieverständnisses und gleichzeitig ihres Funktionsmechanismus von ›checks and balances‹.

Wie hübsch ist die Geschichte von dem Holzkäfer und wie bildhaft sein Gleichnis:

Wir alle haben die Geschichte von dem kräftigen, schönen Käfer gehört, der aus der trockenen Platte eines alten Tisches aus Apfelbaumholz herauskam. Der Tisch hatte sechzig Jahre lang in der Küche eines Farmers, erst in Connecticut und dann in Massachusetts, gestanden. Der Käfer kroch aus einem Ei, das, nach den darüberliegenden Ringen zu schließen, viele Jahre vorher in den lebenden Baum gelegt worden war. Mehrere Wochen lang hörte man ihn nagen, nachdem er möglicherweise durch die Hitze eines Teekessels ausgebrütet worden war. Wer fühlt sich nicht in seinem Glauben an Auferstehung und Unsterblichkeit gestärkt, wenn er dies hört? Vielleicht liegt seit Jahrtausenden unter den vielen konzentrischen, verholzten Schichten des trockenen Lebens der Gesellschaft ein Ei, das zuerst in den Splint des grünen, lebenden Baumes gelegt wurde, der sich dann darüber anscheinend zum balsamischen Grabe schloß. Wer weiß, welch schönes, beschwingtes Leben es barg, das jetzt vielleicht nach vielen Jahren die erstaunte Menschenfamilie nagen hört, wenn sie um die festliche Tafel versammelt ist, und das dann plötzlich aus der Gesellschaft alltäglichstem, abgenütztestem Möbel hervorkommt, um sich eines vollkommenen Sommerdaseins endlich zu erfreuen!

Das Idealbild des Menschen in einer unberührten Natur entnimmt Thoreau Ovids ›Metamorphosen‹ in der dritten Fabel: »Erst entsproßte das goldne Geschlecht, das, von keinem gezüchtigt/Ohne Gesetz freiwillig der Treu und Gerechtigkeit wahrnahm.« Doch sieht Thoreau auch deutlich die im 19. Jahrhundert in Amerika einziehende Korruption und Bestechlichkeit der Verwaltung; und wir ahnen, warum ein jüngeres Amerika, das zu einem erneuerten Selbstverständnis drängt, ihn zu seinen geistigen Vätern rechnet, wenn er sagt: *Ich bin überzeugt, daß Diebstahl und Räuberei unbekannt wären, wenn alle Menschen so einfach lebten wie ich. Diebstähle und Raub kommen nur in Gemeinwesen vor, wo die einen mehr als genügend, die andern aber nicht genug haben. Die Homer-Ausgaben würden bald richtig und nach Bedarf verteilt sein. ›Nec bella fuerunt/Faginas astabat dum scyphus ante dapes.‹ (Auch Kriege gab es keine, als beim Mahle / Aus Buchenholz geschnitzt der Becher stand.) Ihr, die ihr die öffentlichen Angelegenheiten leitet, was braucht ihr Strafen anzuwenden? Liebt die Tugend, und das Volk wird tugendhaft sein. Die Tugenden eines Hochgestellten gleichen dem Winde; die Tugenden des gemeinen Mannes gleichen dem Gras; wenn der Wind darüber geht, so neigt es sich.*

In die Lieder von Joan Baez ist mancher von Thoreaus Gedanken eingegangen, der Anspruch eines Amerika, das sich nicht nur als ›business‹ verstehen will, nach den Quellen seines Aufbruchs in die Freiheit sucht und das finstere, das 19. Jahrhundert vergessen will. Und mag auch Jean-Jacques Rousseau unter den beiden so namensähnlichen Gestalten der Brillantere gewesen sein, so geht doch sein berühmter ›Contrat social‹, der gedankliche Versuch eines Gesellschaftsvertrages gleichberechtigter Individuen, von einer ebenso großartigen wie unrealen Fiktion aus. Schon die Autoren der sonst gerne in großen Worten schwelgenden französischen Verfassung von 1791, ansonsten Rousseau sehr verpflichtet, ziehen sich an dieser Stelle auf sehr unpräzise Formulierungen zurück. So heißt es in Artikel I: *Les hommes naissent et demeurent libres et égaux en droits. Les distinctions sociales ne peuvent être fondées que sur l'utilité commune.* Die Menschen sind also »gleich und bleiben frei und gleich in ihren Rechten«. Aber dann kommt der verräterische Satz:

»Die sozialen Unterschiede können nur auf die allgemeine Nützlichkeit gegründet werden.« Was diese allgemeine Nützlichkeit sei, nun, darüber ist seither lange und ausgiebig gestritten worden. Pragmatischer und wirklichkeitsnäher formulierte es die Bill of Rights of Virginia vom 12. Juni 1776: *Alle Menschen sind von Natur gleichermaßen frei und unabhängig und besitzen gewisse angeborene Rechte . . ., nämlich das Recht auf Leben und Freiheit und dazu die Möglichkeit, Eigentum zu erwerben und zu behalten und Glück und Sicherheit zu erstreben und zu erlangen.* Von der öffentlichen Nützlichkeit ist hier keine Rede – nur von der Rechtlichkeit des Strebens nach Besitz und Glück.

Rousseau wurde in Genf wegen seines ›Contrat social‹ heftig angegriffen. In den Genfer Bergbriefen von 1763 verteidigt er seinen Begriff des ›allgemeinen Willens‹, der so schwer zu ermitteln ist. Die ganze Unsicherheit Rousseaus, seine Fiktion aufrechtzuhalten, findet sich in dem Satz: »Beide Willen (der öffentliche Auftrag und der eigene Willen der Regierung) stimmen manchmal überein, manchmal bekämpfen sie sich. Dieses Widerspiel der Kräfte bewirkt das Leben der Staatsmaschine.« Nun ja, wer wollte leugnen, daß hiervon die Politik lebt. Henry David Thoreau sah das alles einfacher, weniger akademisch. Darum war sein Einfluß auf die Politik des vergangenen Jahrhunderts gering. Heute gilt er ein wenig als der Apostel der die Staatsmaschine und ihre Zwänge nachdenklich Betrachtenden.

So mag man am schilfumstandenen Ufer des Niantic sitzen, dessen Wasserwirbeln zusehend, wie sie dem Atlantik zuströmen, und darüber nachsinnen, auf welch geheimnisvollen Wegen die Alten Völker sich der Neuen Welt erschlossen haben. Damit widerlegt sich auch die weitverbreitete Meinung, die Amerikaner seien unendlich oberflächlich, nur dem Geschäft zugewandt. Sicher ist diesem Land – verständlich aus der Lage der frühen Siedler – ein Hang zum Praktischen eigen, der sich verbindet mit der natürlichen Abneigung des durchschnittlichen Angelsachsen gegen jede Art von überhöhter Sprache im Alltag.

Maritime Impressionen bei New London

Die Straße überquert nun Niantic Bay und folgt der tief eingeschnittenen Küstenlinie bis zum *Ocean Beach Park* am östlichsten Punkt der River Thames Mündung. Der breite Sandstrand mit dem sommerlich warmen Wasser des Atlantik verlangt eine erste Unterbrechung der Reise. Snackbars und die übrigen Badeeinrichtungen erlauben, ganztägig hier zu bleiben, und wenn wir auch sonst eher stille Strände lieben, so suchen wir gelegentlich auch Musik und bewegtes Strandleben. An der stellenweise von Felsen unterbrochenen Küste liegen viele in grauem Schiefer gedeckte Sommerhäuser, die See ist belebt von zahllosen Seglern, und mit überraschender Schnelligkeit vergessen wir, daß uns sechstausend Kilometer von Europa trennen. Unweit des Badestrandes mündet ein kleiner Bach, der Stony Creek, ins Meer und führt uns den Unterschied von Salz- und Süßwasser augenfällig vor. Normalerweise ist ein solches Gewässer an seinem Unterlauf der Tide ausgesetzt und Fauna und Flora sind auf den letzten Meilen oft nicht mehr klar getrennt. Hier kann man schwimmend auf wenigen Metern den Unterschied körperlich erfahren, wenn sich das spezifische Gewicht des Wassers plötzlich ändert, der Körper scheinbar leichter wird und die begleitenden Ginster und Wacholderbüsche plötzlich den Halophyten, den ›salzliebenden‹ Pflanzen, wie der Stranddistel, weichen, bis wir im offenen Meer das nicht immer geliebte Gekröse des Blasentangs an den Beinen spüren. An solchen Bachmündungen werden die frühen Siedler häufig geankert haben, um ihre zur Neige gegangenen Frischwasservorräte aufzufüllen. Vielleicht lag hier einst ein Beiboot der ›Mayflower‹ und die Männer schöpften frisches Wasser in die stickigen Fässer, während die Frauen an Bord mit Sorge diese fremde Küste musterten, die so wenig zum Lebensunterhalt zu bieten schien.

In der Ferne zieht die Autofähre nach Long Island vorbei und gelegentlich ein schwarzer Schatten, unheimlich wie ein Wal. Die Menschen im Rumpf dieses Wales streben aber der

Submarine Base in Groton zu, und mancher unter ihnen wird gelegentlich in der Stunde der Angst, wenn der Wasserdruck auf dem vibrierenden Bootskörper lastete, auch an den Propheten Jonas gedacht haben, als er im Bauch des Walfisches sprach: »Ich rief zu dem Herrn in meiner Angst, und er antwortete mir; ich schrie aus dem Bauch der Hölle, und du hörtest meine Stimme.« Manche Stimme wurde aber nicht erhört – entlang der Ostküste der USA ruhen zahlreiche deutsche Unterseeboote des Zweiten Weltkrieges mit ihrer Besatzung auf dem Meeresboden. Unweit New Londons liegt U 853, am 6. Mai 1945 von Wasserbomben der Fregatten Moberley und Atherton getroffen, 56 Stunden vor Eintritt des Waffenstillstandes.

Ocean Beach Park ist Teil von *New London,* und wie es sich gehört, liegt auch das neue London an den Ufern der Thames, die hier mit amerikanischer Folgerichtigkeit mit th ausgesprochen wird. Ein wenig enervierend sind die Badeaufseher, die jeden Schwimmer in fünfzig Meter Küstenferne zurückpfeifen. Wir hielten es für Wichtigtuerei, bis wir einige Tage später in der Zeitung lasen, daß man in den flachen Wassern der Moriches Bay von Long Island einen 17 Fuß langen und über eine Tonne wiegenden weißen Hai erlegt habe, neben dessen Abbild jedes Filmmonster dürftig wirkt. Das Ungetüm war dem an der Oberfläche des Meeres treibenden Skelett eines Spermwales gefolgt, zusammen mit acht anderen weißen Haien. Um Mitternacht im Scheinwerferlicht eines flachgebauten Fischerbootes harpuniert, zog er die Fischer noch neun Stunden in seinem ›Kielwasser‹ hinter sich her, bis er aufgab.

Es gibt nicht eben viele Motels in New London, so haben wir uns als Gäste in einem der kleinen, behaglichen New England Houses eingemietet. Kleine Fenster mit wehenden Tüllgardinen halten die sommerlich heiße Sonne fern, Holztreppen, viel helle Farben und Messing geben Atmosphäre. Abends sitzt man angenehm auf den Veranden, wenn der kühlende Wind vom Atlantik kommt und in den nahen Bäumen rauscht. Das ältere Ehepaar, dem das Haus gehört, stammt aus Polen, ist jüdischer Herkunft. Es ist wohl das erste Mal, daß Sommergäste aus Deutschland bei ihnen wohnen. Ist es noch jenes oder ist es ein anderes Deutschland – steht als Frage in ihren Augen. Die unglückliche Geschichte Polens zwischen Deutschland und Rußland hat sie fortgetrieben, und daß es heute einen polnischen Papst gibt, ist auch für sie, fern aller Glaubensbekenntnisse, eine Neuorientierung, die sie bewegt. Wir haben uns dort wohlgefühlt.

New London selbst – 1646 gegründet und 1781 von den Engländern niedergebrannt – ist eigentlich eine häßliche Stadt, aber es gewinnt an der Wasserseite mit seinen Yachthäfen und kleinen Clubrestaurants viel Charme. In einem dieser Steakhouses haben wir die besten und saftigsten Steaks in den Staaten gegessen und von der üppigen Salatbar und ihren Dressings träumen wir noch heute. Fast überall bekommt man einen ausgezeichneten, trockenen kalifornischen Weißwein, den man dem französisch-schweizerischen Chablis nachgezüchtet hat, und mit welchem Erfolg! Vor den Fenstern die übliche Armada von Seglern aller Größen und Klassen, die uns allmählich zweifeln läßt, ob wir in Neuengland ebensoviele Autos wie Sportboote gesehen haben – immerhin kein übler Tausch.

Etwas flußaufwärts liegt die U.S. Coast Guard Academy, und an der Pier sehen wir die 1936 bei Blohm und Voß in Hamburg gebaute ›Eagle‹, mit 1634 ts Wasserverdrängung und als Dreimastbark getakelt. Sie entstammt derselben Bauserie wie die ›Gorch Fock‹ der Bundesmarine.

Jenseits der großen Brücke liegt die Stadt *Groton* als größte Unterseebootbasis der Welt mit der Werft von General Dynamics Electric Boat Division. Hier lief am 21. Januar 1954 das erste atomgetriebene U-Boot, die ›Nautilus‹, vom Stapel, verwirklichter Traum von Jules Vernes ›Nautilus‹. Das mit 3180 ts Wasserverdrängung noch bescheidene Boot – wiewohl größer als alle Weltkriegsboote – ist inzwischen den riesigen, fast 10000 ts aufweisenden Unterwasserschiffen gewichen, die mit über 30 Knoten = 50 km/h unter

Wasser operieren und wochenlang getaucht bleiben können. Aber auch die höchstentwickelte Technik hat ihre Grenzen, und noch heute rätselt man in Groton darüber nach, welche Ursachen in den sechziger Jahren dem Atomboot SSN ›Thresher‹ zum Verhängnis wurden, das an einer der tiefsten Stellen des nordatlantischen Grabens spurlos verschwand – vielleicht das Opfer einer heimtückischen Schichtung von kaltem, schwerem und warmem, leichtem Wasser, deren Dichteunterschied von der Maschinenkraft nicht mehr überwunden werden konnte. Jules Verne gab dem Kapitän der ›Nautilus‹ den Namen Nemo (lat. niemand), und nemo omnium mortalium wird die Qual jener Stunde beschreiben, als das Boot sank und das Grauen in die Augen trat.

Alte Segler in Mystic Sea Port

Mystic Sea Port ist ein besonders schöner Ort unweit des Städtchens Mystic, an der Mündungsbucht des gleichnamigen Flusses gelegen. Im Zuge der Wiedererweckung alter historischer Stätten hat man in den fünfziger Jahren versucht, am alten Platz die Gebäude und Anlagen eines neuenglischen Hafenstädtchens aus der großen Zeit des Walfangs und der schnellen Chinaklipper wiedererstehen zu lassen. Die Anziehungskraft dieses Ortes bestätigt diese Idee. Vor hundert Jahren befand sich hier die Werft von George Greenman – aus den verwahrlosten Trümmern ist der Shipyard mit Lagerhallen, Taverne, Bank und Handwerksbetrieben neuerstanden, mitten unter den Rahen der alten Segler, die sich hier ein Stelldichein geben. Da liegt die 1841 gebaute ›Charles W. Morgan‹, das einzige original erhaltene hölzerne Walfangschiff der Welt. Wir können die alte Einrichtung besehen, die Kessel, in denen der Walspeck zu Tran ausgekocht wurde, die kargen Räume, die primitiven, schweren Harpunen, mit denen von Beibooten aus der Wal gejagt wurde. Der Geruch von Tran und Teer hängt noch immer im Holz der Niedergänge und wir ahnen etwas von der Schwere dieses Berufes – mit einem solchen Schiff zwischen den Eisbergen an der grönländischen Küste zu kreuzen und die riesigen Blauwale und die heimtückischen und angriffslustigen Pottwale gewissermaßen Auge in Auge auf offenem Meer mit der Harpune anzugehen. Reich wurden dabei andere, und so ist das hübscheste Haus am Hafen die aus grauem Granit solide erbaute Cooper Bank, während die Seeleute wahrscheinlich nebenan in Schaefer's Tavern bereits ihre Heuer loswurden. Nahebei ist ein rope-walk, eine Reeperbahn, die aber nur tagsüber in Betrieb war, wurden hier doch schlicht und einfach Taue für Schiffsbedarf gedreht.

In der Takelage der ›Charles W. Morgan‹ werden Segelmanöver vorgeführt, und meist findet sich ein Student auf dem Kai, der passende Shanties dazu singt. Wenn das auch sicher um des lieben Geldes willen geschieht, so gehört doch auch der Blick in die hübschen Augen von Besucherinnen dazu, wie überhaupt alle diese Dinge in Amerika nicht jenen gelangweilt-trinkgeldhungrigen Aspekt haben wie oft in Europa. Unweit hört man den Schmied an seinem Amboß hämmern, die hier tätigen Handwerker sind nämlich keine lebendigen Museumsstücke, sondern haben alle Hände voll zu tun, das Holz der Schiffsrümpfe und die vor sich hinrostenden Eisenteile nach Art der alten Gewerke instandzuhalten.

Wenige Schritte weiter liegt die Bark ›Joseph Conrad‹ als ausgedientes Segelschulschiff der Jahrhundertwende, und an der rückseitigen Werft der Neufundlandschoner ›L.A. Dunton‹. Dieser knapp 100 Registertonnen große Schiffstyp wurde noch zu Beginn unseres Jahrhunderts auf den Neufundlandbänken, einem der reichsten Fischfanggründe der Welt, eingesetzt. Das Zusammentreffen des warmen Golfstromes mit dem eisigen Labradorstrom hat hier einzigartige Voraussetzungen für den Fischfang geschaffen und ist eine Quelle des Wohlstandes an den Küsten von Maine, Massachusetts und Connecticut geworden. Schiffe wie die ›L.A. Dunton‹ sind auch die eigentlichen Vorfahren der heutigen Hochseeyachten und zeigen mit ihrem schnittigen

Rundbug schon deren charakteristische Bauform. Zum Einholen der Netze auf den flachen und heimtückischen Bänken hatten aber selbst diese eleganten Schiffe einen zu großen Tiefgang, so daß man Dories benutzte, kleine, flache Ruderboote, deren Duchten man herausnahm, um die Boote an Deck ineinander zu stapeln.

Leider ist keiner der Clipper zu sehen, jener rassigen Segler, die einstmals den Teehandel mit China und den Wollhandel mit Australien rund um Kap Hoorn bestritten. Boston, Baltimore und New London waren die großen Werfthäfen – kaum etwas hat sich erhalten; nur die Engländer mit ihrem unerbittlichen Sinn für Tradition pflegen noch ihre ›Cutty Sark‹ im Trockendock von Greenwich – die Amerikaner haben diesen Sinn zu spät entdeckt, und so ist vieles an ihren Küsten erst in unserer Zeit als Nachbildung entstanden. Hier in Mystic wurde der Clipper ›David Crockett‹ auf der Greenmanschen Werft erbaut – es war das schnellste Schiff auf der Route nach San Francisco in der großen Zeit des kalifornischen Goldfiebers. Ab 1870 verfiel der Holzschiffbau, für Stahlschiffe war der Platz wegen des weiten Materialtransports zu ungünstig und das Wasser des Mystic River zu flach.

Vom Hafen aus unternimmt das altertümliche Dampfboot ›Sabino‹ Fahrten auf dem Mystic River, die den Hafen reizvoll von der Wasserseite zeigen. Wer mehr Zeit und Spaß an Schiffen hat, kann auch vom Zentrum Mystics (Drehbrücke) mit der ›Adventure‹ seewärts kreuzen nach Fisher Island Sound und nach Grotons Submarine Base. Das *Marinelife Aquarium* in Mystic ist dagegen weniger interessant. Naturverbundene können im *Denison Pequotsepos Nature Center* eine Art Wander- und Lehrpfad aufsuchen, auf dem uns die zum Teil völlig fremde Flora der Neuengland-Staaten vorgestellt wird. Von all dem erschöpft, lassen wir uns nun unter dem Sonnensegel des ›Seamen's Inne‹ in Mystic Seaport nieder, genießen einen kühlenden Longdrink und eine Clam Chowder, jene Muschelsuppe mit Kartoffeln und Speck, die eine der Nationalspeisen Neueng-

lands ist. Zum Übernachten sei das äußerlich unscheinbare ›Whaler's Inne Hotel‹ in Mystic empfohlen.

Nach soviel maritimer Abwechslung folgen wir wieder dem Highway 1, der nun etwas landeinwärts verläuft. An der Abzweigung der Straße 2 können wir einen alten Begräbnisplatz der Narragansett-Indianer besuchen und werden uns erneut über die ungeheure Einsamkeit der Landschaft wundern, die zunehmend niedrige und verkrüppelte, tundrenartige Bäume zeigt. Zahlreiche kleine und große Seen bieten sich zum Fischen und Baden an, niemand nimmt Notiz von ihnen – der verschwenderische Reichtum an Land und Möglichkeiten ist für europäische Augen faszinierend. Wir sind hier bereits mitten im Bundesstaat Rhode Island, dem kleinsten der USA. Bei *Narragansett* tritt die Küste zurück, raumgebend für die gleichnamige, nach einem Indianerstamm der Algonquinfamilie benannten Bucht, die vierzig Meilen tief bis nach Providence führt. Doch diese Ansammlung von Städten sollten wir links liegen lassen und uns eher an den liebenswerten viktorianischen Häusern an der Wasserfront von Narragansett erfreuen. Der ebenfalls altmodische Charme des Green Inn läßt uns die Versuchungen der großen Hotelketten rasch vergessen. Südlich davon liegt *Scarborough State Beach,* eine Badezone mit weitem Blick auf den nach Providence einlaufenden Seeverkehr.

Newports Herrenhäuser

Folgen wir nun der Küstenstraße 1 A, so erblicken wir bald die riesigen Ausmaße der beiden zur Insel Rhode Island und nach Newport führenden (und mautpflichtigen) Brücken. Auf den anschwellenden Rampen gerät man unversehens in luftige Höhen und genießt weite Ausblicke auf die Bay. Von der zweiten Brücke herabrollend, sind wir dann auch schon in Newport, das an der Südspitze der Insel Rhode Island liegt.

Newport ist eine bemerkenswerte Stadt mit einer wechselvollen Geschichte, in der sich wie in einem Brennglas die Entwicklung der Neuengland-Staaten konzentriert. Wenn Plymouth und Boston für jenes engagierte Puritanertum gestanden, dem freilich schon bald Selbstgerechtigkeit beigemischt war, so repräsentieren das nahe Providence und Newport eine gegenläufige Tendenz. Als die strikten Puritaner ihr eigenes Gemeinwesen geschaffen hatten, hätten sie eigentlich glücklich sein können, der politischen und religiösen Bevormundung Europas entronnen zu sein. Eben war der schreckliche Dreißigjährige Krieg zu einem Ende gekommen, Ausblutung und Erschöpfung zurücklassend. Aber wie das so ist unter Menschen, fiel es den Puritanern nun ein, ihrerseits Menschen zu verfolgen, die nicht in ihr rigides Schema paßten. Da sie offenbar an sich selbst nichts mehr zu reformieren fanden, reformierten sie eben andere – ein uraltes Prinzip, das schon Matthäus zu der bissigen Bemerkung veranlaßt hat: »Was siehest du aber den Splitter in deines Bruders Auge und wirst nicht gewahr des Balkens in deinem Auge? Oder wie darfst du sagen zu einem Bruder: Halt, ich will dir den Splitter aus deinem Auge ziehen?«

Es dauerte jedenfalls nicht lange, bis man mit dem Splitterziehen begann, und bald brannten lustig die Feuer der Hexenverbrennungen rings um Boston. Ein neuer Exodus war die Folge. 1636 wurde Providence, 1639 Newport von Emigranten (was für ein erregendes Wort in der Neuen Welt!) aus Boston gegründet. Bald kamen Quäker aus England, spanische und portugiesische Juden – Sephardim genannt – und Baptisten hinzu und lebten nach ihren Bekenntnissen, wovon noch die 1763 erbaute Touro Synagogue zeugt.

Aber auch diese neugewonnene Freiheit scheint recht bald mit neu- wie alttestamentarischen Grundsätzen in Konflikt gekommen zu sein, denn der Reichtum Newports im 17. und 18. Jahrhundert gründete sich auf den Sklavenhandel, das Rumgeschäft und andere bedenkliche ›Handelsgüter‹. Das geschah in sehr geschickter und wirtschaftlicher Weise: Man sandte ein Schiff nach Afrika und ›machte‹ oder kaufte Sklaven. Diese wurden in die westindischen Kolonien Englands und Frankreichs gebracht, wo sie zum Zuckerrohranbau unentbehrlich waren. Bezahlt wurden die Sklaven mit Rum und Melasse, und der Rum landete schließlich in Newport, wo er die langen Winterabende Neuenglands verschönte. Dieses etwas anrüchige Prinzip des ›triangle trade‹ geriet während des Amerikanischen Unabhängigkeitskrieges in Not, als die Briten die Stadt besetzten und die englische Fregatte ›H.M.S. Rose‹ die Einfahrt in die Narragansett Bay blockierte. Newport hat sich von diesem Schlag nie mehr erholt, und so hat die rotweiße, aber originalgetreue Nachbildung jener Fregatte, die höchst malerisch inmitten einer unübersehbaren Menge von Yachten an Bowen's Wharf und dem King's Dock liegt, einen leicht nostalgischen Charakter, gelegentlich aufgeschreckt durch das Getöse einer Breitseite aus ihren 24 Kanonen an besonderen Feiertagen. Die echte ›H.M.S. Rose‹ wurde übrigens 1779 von der bei diesem Anlaß gegründeten U.S. Navy versenkt, kurz bevor die Engländer Newport aufgeben mußten.

Das Zentrum des alten kolonialen Newport liegt an Washington Square und Brick Market. Das 1739 erbaute Old Colony House diente bis 1900 als Sitz der Rhode Island General Assembly. Hier liegen auch die Kirchen der bereits erwähnten, aus Boston vertriebenen Glaubensbekenntnisse: die Touro Synagogue (1763), das Seventh Day Baptist Meeting House (1729), Quaker Meeting House (1699) und Trinity Church (1726). *Trinity Church* ist nach Plänen des großen Londoner Architekten Sir Christopher Wren erbaut worden, erinnert etwas an St-Martin-in-the-Fields am Londoner Trafalgar Square und zeigt eine charakteristische Bischofsmütze als Wetterfahne.

Auch Newports *Redwood Library,* 1748 durch P. Harrison errichtet, zeigt eine intensive Beziehung zu England und auf diesem Weg zu Italien. Vielleicht ist es Lord Burlingtons Chiswick House von 1725, an das sich der Architekt Harrison in freier Interpretation angelehnt hat. Dort hat Burlington den Gedanken des großen Palladio gehuldigt. Doch ist ebenso denkbar, daß Harrison sich direkt an der Villa Rotonda bei Vicenza orientiert hat. Bezeichnend sind neben dem schönen Säulenportikus die gelungen variierten Palladio-Fenster.

Leider eilen die meisten Touristen zielstrebig an all dem vorbei, um die ›Mansions‹ zu sehen, jene Ansammlung pompöser Herrenhäuser, die in der Mitte des 19. Jahrhunderts von reichen Amerikanern in der Frühzeit des industriellen Aufschwungs errichtet wurden. Ob ›The Elms‹, vielleicht das nobelste und graziöseste unter den schloßartigen Bauten, ob ›The Breakers‹ oder ›Chateau-sur-Mer‹, alle sind angefüllt mit wertvollen Einrichtungen, teils aus Europa importiert, teils von einheimischen Handwerkern in bemerkenswerter Vollkommenheit geschaffen. Wie auch immer wir solchen neureichen ›me too‹-Fürstensitzen begegnen, die in weiten und prächtigen Parks liegen oder auf die weite Meeresbucht blicken, heute, nach über hundert Jahren, hat vieles eine beinahe echte Patina angenommen. Vollends der Strom der Besucher, geleitet von distinguierten und livrierten Guides, unterscheidet sie nicht mehr

Landschaft vor der offenen See, mit gepflegten Rasenflächen und Golfplätzen, hat ein englisches Flair, zu dem auch die *Hammersmith Farm* paßt, 1887 von J.W. Auchincloss erbaut. Hier verlebte Jacqueline Bouvier einen wesentlichen Teil ihrer Kindheit im Hause ihres Stiefvaters und ihrer Mutter, Mrs. Hugh Auchincloss, und hier fand auch nach der Trauung in Newport mit John F. Kennedy aus dem nahen Hyannis Port die Hochzeitsfeier statt. Das Haus ist gelegentlich zu besichtigen. Am Ufer lag häufig John F. Kennedys Yacht ›Honey Fitz‹, und ein wenig mag man hier auch darüber nachdenken, warum Kennedy, der während seiner Präsidentschaft in den USA eher unauffällig wirkte, nach seiner Ermordung so deutlich aus dem Schatten der Geschichte heraustrat, in Europa fast mehr noch als in den Vereinigten Staaten.

Die ›Massachusetts‹ in Fall River

Von Newport führt uns die Straße 138 durch eine angenehme Parklandschaft nordwärts. Wir überqueren den Sund zum Festland und gelangen sehr rasch nach Fall River, das nichts Interessantes bietet, es sei denn für den Freund von Schiffen. Unter der Brücke, die nach Providence führt, in ›The Battleship Cove‹, liegen einige Veteranen der U.S. Navy aus dem Zweiten Weltkrieg vor Anker. Man möge mich nicht der unheilbaren Romantik beschuldigen, wenn ich der grauen Masse des Schlachtschiffes ›Massachusetts‹ Eleganz und Schönheit nicht absprechen kann. Es ist heute kaum noch möglich, einen dieser letzten ›Men of war‹ zu sehen. Ausgemustert und dem Luftkrieg nicht mehr gewachsen, wurden sie alle verschrottet, sofern sie nicht wie die ›Bismarck‹, die ›Hood‹ oder die ›Prince of Wales‹ im Gefecht untergingen.

Die ›Massachusetts‹ in Fall River gehört der letzten Serie der in den USA gebauten Schlachtschiffe an. Einige ihrer Schwesterschiffe liegen noch in Reserve und sind einsatzbereit. Wer nie ein solches Monstrum mit seiner teilweise 482 mm starken Panzerung sah, ist zunächst erstaunt, daß es nicht größer erscheint, gemessen an den heutigen Riesentankern. Mit 45000 ts Wasserverdrängung wirkt das Schiff sehr langgestreckt und schnittig, und das richtige Gefühl für die Dimensionen gewinnt man erst, wenn man vor den gewaltigen Drillingstürmen steht, die uns ihre 40,6 cm Rohre entgegenstrecken. Das Schiff kann ganz besichtigt werden; von den Maschinenräumen unter dem Panzerdeck bis zu dem vorderen Gefechtsstand führen endlose Treppen und Niedergänge. Über 200000 Pferdestärken brachten das 271 Meter lange Schiff auf eine Geschwindigkeit von 31 sm, das sind knapp 50 Stundenkilometer. Riesig sind die Hallen unter Deck, in denen die 2770 Mann der Besatzung wohnten, spartanisch selbst die Offizierskojen mit ihren doppelstöckigen Betten, riesige Speisesäle, die sich rings um den gepanzerten Unterbau der Drehtürme erstrecken, Bäckereien, weitläufige Küchen und tief unten im Schiffsbauch das technische Gewirr von zwölf Dampfkesseln und den zugehörigen Turbinen. Die ›Massachusetts‹ wurde 1938 auf Stapel gelegt, 1941 in Dienst gestellt und brachte bis zu ihrem heutigen Los als Touristenattraktion eine Odyssee durch alle Weltmeere hinter sich.

Die ganze Marineromantik verfliegt aber rasch, wenn man durch die winzige Panzerluke in die atemberaubende Enge einer der Türme der schweren Artillerie kriecht. Mehrere Stockwerke tief blickt man, wenn man die obere Bühne erreicht hat, hinab, sieht im Halbdunkel die ungeheuren Dimensionen der Geschützverschlüsse und ihre schwere Lademechanik. In der tropischen Hitze des Pazifik, der grauenhaften Beengtheit zwischen schweren, sich bewegenden Maschinenteilen und dem trommelfellsprengenden Lärm der Abschüsse muß das die reine Hölle gewesen sein. Gemeinsam mit meinem Sohn Christian versuche ich, durch die halbblind gewordene Optik der E-Langmeßbasis zu sehen, die die ganze Breite des Turmes durchläuft und mit deren Hilfe das Feuer nach Ausfall der zentralen Feuerleitstelle über Entfernungen von vierzig Kilometern geführt wurde. Selbst dieser Vorzugsplatz auf winzigen Drehschemeln ist ein Alptraum; beim Aufstehen stößt man an Kabelbündel und hat seine Not, nicht in einen ölglitschigen Schacht zu fallen.

Wer aber geglaubt hat, solcher Platzmangel sei nur den unteren Dienstgraden beschert, der gewinnt bessere Einsichten im vorderen Kommandostand, hoch über dem Wasser und mit kühner Perspektive auf die gewaltigen Artillerietürme und den elegant vorstoßenden Bug. Nautische Schiffsführung, Gefechtsführung, womöglich noch ein Admiral als Befehlshaber eines Flottenverbandes drängen sich im engen Raum zwischen Radars, Befehlsübermittlungsgeräten, Kompaß und Maschinentelegrafen, während aus dem oberen Artillerieleitstand die Lautsprecher dröhnen. Durch die Sehschlitze des Panzers fällt wie aus dem Visier eines Ritterhelmes der Blick auf die vorderen Türme, und der Gedanke, nach dem Schließen der tresorartigen Stahltür hier lebendig nicht mehr herauszukommen, macht uns Platzangst. Während Christian in dem aufsteigenden Gebirge der neben- und übereinander gestaffelten Mittelartillerie seine Erkundungen anstellt, sehe ich Michaela bedrückt einen Niedergang herabkommen. Ich kann ihren Gesichtsausdruck nur zu gut verstehen.

Am achteren Turm sind einige der 16-Zoll-Granaten ausgestellt, auch zerborstene Blindgänger, die man später im Rumpf des 1942 vor Oran beschossenen französischen Schlachtschiffes ›Jean Bart‹ fand. Französische Besucher werden sich vermutlich ungern durch diese Relikte an die Kämpfe zwischen Vichy-Frankreich und den Alliierten erinnern lassen. Neben der ›Massachusetts‹ liegt der Zerstörer ›Joseph P. Kennedy jr.‹ und das Unterseeboot ›Lionfish‹, auch sie können besichtigt werden – falls die Kraft dazu noch ausreicht.

Moby-Dick in New Bedford

Fall River hinter uns lassend, folgen wir nun der Interstate 195 bis New Bedford, dem Zentrum des Walfangs während des 19. Jahrhunderts. Hier in *New Bedford* beginnt auch Herman Melville seinen großen Roman ›Moby-Dick‹, von dem William Faulkner angemerkt hat, es sei das größte Buch der amerikanischen Literatur. Unbestreitbar ist, daß in diesem Buch der Küste der Neuengland-Staaten, den alten Fischerdörfern an der Narragansett Bay, der Buzzards Bay, deren tief ins Land ziehende Wasserflächen die Halbinsel Cape Cod nahezu abtrennen, ein literarisches Denkmal besonderer Art gesetzt worden ist. Dieses Buch ist durchtränkt mit dem salzigen Hauch der See, und wer am Meer und am Leben auf und in ihm interessiert ist, wird es großartig finden. Nun bietet das heutige New Bedford dem Auge nicht allzuviel. Das Whaling Museum unweit der Melville Mall enthält schöne Schiffsmodelle und alte Bilder, und auch die gegenüberliegende Kapelle Seamen's Bethel »for the moral improvement of sailors«, die auch in ›Moby-Dick‹ vorkommt, wird uns wenig sagen, zumal die Seeleute weit häufiger im ›Walfisch‹, im ›Netz‹ oder bei den ›Gekreuzten Harpunen‹ einkehrten. Doch sollten wir kurz vor Überqueren der Bucht die 195 verlassen und zur Downtown Historic Waterfront fahren, an der wir viele bunte Fischkutter liegen sehen, wie auch jenseits der natürlichen Hafenbucht in Fairhaven.

Aus der großen Zeit des Walfangs wird uns Melville selbst erzählen müssen, nachdem er mit dem Postschiff von New Bedford nach Nantucket Island übergesetzt war:

Nantucket! Wenn man eine Karte nimmt und es ansieht, merkt man in der Tat, daß es in der Welt einen Eckplatz ausfüllt. In einiger Entfernung von der Küste, steht es einsamer da als der Leuchtturm von Eddystone, ein Sandhügel ohne Hinterland, geformt wie ein Ellenbogen, Düne durch und durch. Mehr Sand gibt es da, als die Menschheit in zwanzig Jahren als Streusand verbrauchen kann. Spaßvögel behaupten, von selber wachse dort kein

Unkraut, es müsse erst angepflanzt werden, zu diesem Zweck würden Disteln aus Kanada eingeführt; wenn ein Ölfaß lecke, so müsse man sich in Übersee einen Zapfen dafür kommen lassen, denn in Nantucket würde ein Stück Holz durch die Straßen getragen werden wie in Rom ein Splitter vom Kreuz Christi; auf einer Tageswanderung bedeute ein Grashalm eine Oase, drei von ihnen bilden bereits eine Prärie und so ganz sei der Ort vom Meer umgürtet, umringt und eingefriedigt, so ganz und gar Insel, daß sich an Stühlen und Tischen kleine Muscheln ansetzen wie auf dem Rücken einer Seeschildkröte.

In Mystic Sea Port haben wir den letzten Walfänger, die ›Charles W. Morgan‹, gesehen und die kleinen Boote, mit denen man dem Wal direkt zu Leibe ging. Hierzu die Schilderung Melvilles:

Was aber die tigergelbe Crew von Ahab, dem Unergründlichen, zu hören bekam, während er mit schaumverklebten Lippen, finsterer Stirn und mordgierigen Augen auf seine Beute losfuhr, sei verschwiegen, denn wir sind Christen. Solche Worte aber sind nur für den gottlosen Hai in verwegener Woge.

Die Boote flogen dahin. Flasks Geschrei, vor ihnen schwämme ein Wal, wurde so wild, daß einige von seinen Leuten einen ängstlichen Blick über die Schulter warfen, obgleich das verboten war. Augen darf der Mann am Riemen nicht haben, geschweige denn einen drehbaren Kopf. Wenn es darauf ankommt, hat er nur Ohr und nur Arm zu sein.

Es war ein atemberaubender Anblick. Breite Wogen rollten wie Riesenkugeln auf dem Spielplatz des allgewaltigen Meeres brandend und brausend unter den acht Dollborden hin. Und dann der Augenblick, wenn eines der Boote auf dem messerscharfen Grat eines Brechers schwebte, als sollte es mitten durchgeschnitten werden, ehe es jäh hinuntersauste in die flutenden Mulden und Täler. Dazu das Geschrei der Bootsführer und Harpuniere, das Keuchen und Wüten der Pullenden und hinter allem die ›Pequod‹ elfenbeinglänzend, mit geschwellten Segeln ihren Booten nachtreibend, wie eine Möwe ihrer kreischenden Brut …

In der zunehmenden Düsternis der grauen Wolken, die übers Meer wehten, war das schaumige, weiße Wasser, das die Wale aufwirbelten, immer deutlicher sichtbar. Ihre Fontänen verschwammen nicht mehr; überall ringsum sahen wir jetzt sie aufsteigen, als lockere sich das Rudel auf ...

Die Männer hatten die drohende Gefahr, in die sie mit aller Macht hineinstießen, im Rücken. Ihre Augen hingen gespannt an dem Antlitz des Steuerers achtern. Hinter ihnen brauste es so ungeheuerlich, als wälzten sich fünfzig Elefanten im Wasser. ›Da ist der Buckel. Da! Da! Gib ihm!‹ flüsterte Starbuck.

Schwirrend sauste es durch die Luft – Quipeg hatte seine Harpune geschleudert. Achtern wurde das Boot hochgeworfen, während sein Bug hart aufschlug. Das Segel ging über, die Schot brach mit einem Knall. Ein kochender Dampfstrahl schoß neben uns hoch, unter uns wühlte und bebte es wie bei einem Erdstoß. Eine Woge schlug ins Boot, alles ging unter in Schaum und Gischt, Regen, Wal, Harpune, alles kochte durcheinander. Der Wal entkam, das Eisen hatte nur gestreift ...

Cape-Cod-Rundfahrt

Erneut der 195 folgend, gehen wir bei East Wareham auf die 28 über, die den schmalen Cape Cod Canal überquert. Der Westküste entlang gewinnen wir die Südspitze mit dem alten Städtchen *Falmouth,* dessen Aussehen und Lage so ungemein dem gleichnamigen englischen Ort an den wild gezackten Küsten Cornwalls ähnelt. Auch hier ist es wieder der Downtown District, dessen neuenglischer Charme sich mit weißen kolonialzeitlichen Häusern und gepflegten Grünanlagen vor der Weite der See entfaltet. Unweit liegt *Woods Hole Oceanographic Institute,* eines der berühmtesten Institute für die Erforschung des Meeres. Die großen Ozeane enthalten immer noch so viele Überraschungen und Geheimnisse, daß man mit Recht behauptet hat, ihre Erforschung sei viel interessanter als die des Mondes. In jüngster Zeit hat Woods Hole von sich reden gemacht durch Expeditionen mit dem Tauchboot ›Alvin‹ im Tiefseegraben unweit der Galapagos-Inseln. Was man dabei entdeckt hat, riesige Heißwasserschlote und Kamine, aus denen tief aus dem

Erdinnern Mineralstoffe und Erze ausgestoßen werden, Basaltgänge, in die das Meerwasser hineingezogen wird, um an anderer Stelle kochendheiß wieder auszutreten, eine Fauna, die mangels Sauerstoff anaerob von Schwefelwasserstoff lebt und ihrerseits wieder große Kolonien meterlanger Röhrenwürmer ernährt, all das gibt eine phantastische Vorstellung von den Geheimnissen des Meeres, von riesigen Kraken, deren Saugnapfwunden man an Pottwalen fand, ohne der Tiere je ansichtig zu werden – kurz, die Abenteuer Melvilles sind noch lange nicht zu Ende, sind nur technisierter und wissenschaftlicher geworden.

Von Woods Hole geht auch die Fähre nach Nantucket und *Martha's Vineyard.* Dieser Weingarten hat schon immer die Phantasie erregt und ist in Zusammenhang gebracht worden mit den Sagen um Eric den Roten, der ja auch ein Vinland auf seinen Fahrten entdeckt haben soll. Jemand, den ich darauf ansprach, hat mir geantwortet: Das Heilige Römische Reich sei weder heilig, noch römisch, noch ein wirkliches Reich gewesen, und ähnliches gelte auch für Martha's Vineyard. Die Insel habe nie einer Dame namens Martha gehört, noch wüchse dort Wein. Wahrscheinlich haben Seeleute, vielleicht Portugiesen, aus einer Laune oder Sehnsucht heraus, diesen Fabelnamen erfunden. Die Insel gilt den Bostonern als Traum- und Sommerinsel, ein Paradies für den Liebhaber frischer Fische und Muscheln, Reiten am Rand der Brandung und natürlich Segeln. Aus anderen Gründen lohnt die Überfahrt nicht.

Auf der Landstraße 28 folgen wir nun der Südküste Cape Cods. In *Hyannisport* liegt das Sommerhaus der Familie Kennedy an Ocean Street, doch ist der Ort wenig interessant, überlaufen mit jener Beflissenheit, die sich an große Namen hängt. Da ist das nahe *Chatham,* das die Erinnerung an William Pitt den Älteren, Earl of Chatham, wahrt, sehenswerter. Vom Leuchtturm aus hat man vor allem am späten Nachmittag einen schönen Ausblick auf die dunkel glänzende See und die immer noch farbenfrohen heimkehrenden Fischerboote. Von hier sind es 4200 Meilen nach

Rom, das exakt auf demselben Breitengrad liegt, dessen Sommerabende aber warm sind, während hier eine kühle atlantische Brise zum Pullover greifen läßt. Am nahen Fischhafen landen die Chathamer ihren Fisch an, täglich frisch, da die kleinen Boote nur für den küstennahen Fang geignet sind. Die vorzüglichen Restaurants sind daher auch stolz darauf, daß bei ihnen Fisch nie älter als sechs Stunden wird. Gegen vier Uhr nachmittags kommen die Boote zurück, verkauft wird an jeden, der cash zahlt: Seebarsch (bass), Goldmakrele (bluefish) und Thunfisch (tuna oder tunny). Auch die alte Windmühle wird bei gutem Wind gelegentlich in Betrieb gesetzt, um Korn zu mahlen.

Nordwärts von Chatham erreichen wir Orleans, das besonders schöne Strände hat: Nauset Beach, Skaket Beach sind die schönsten, der erste atlantikseitig gelegen und mit kühleren Wassertemperaturen, der andere an der Cape Cod Bay und wärmer. Nördlich schließt sich *Cape Cod National Seashore* an, ein Naturschutzgebiet zur Erhaltung der windgepeitschten Sand- und Dünenlandschaft, der kleinen Marschen und eiszeitlichen Gletscherteiche, letzte Zeugen der Entstehung dieser Halbinsel als Moränenzirkus, in den einzelne Gletscherschliffe eingebettet sind.

Der nördlichste Punkt, vom Rest der Halbinsel durch die Dünenwälle abgetrennt, ist *Provincetown.* In dieser Stadt lebte sommers bis 1967 der amerikanische Maler Edward Hopper, dessen realistische Bilder die verhaltene, verhangene Landschaft Cape Cods und New Yorks eingefangen haben. Hier erblickten die Pilgrims an Bord der ›Mayflower‹ zum ersten Mal amerikanischen Boden. Es war der 9. November 1620, das Wetter rauh, und einige der 127 Auswanderer erklärten, »daß sie nun an Land gingen und niemand gegenüber noch eine Verpflichtung fühlten«. Die 64 Tage an Bord dieses winzigen Schiffes hatten sie entnervt. Aber die Besonnenen, wie Bradford und Brewster, hielten nächtens Rat und entschieden sich zum Mayflower Compact, einem großen Dokument der amerikanischen Geschichte:

Im Namen Gottes, Amen. Wir, die Unterzeichneten, haben zur Ehre Gottes und zur Verbreitung des Glaubens eine Reise unternommen, um die erste Kolonie im nördlichen Teil von Virginia zu errichten. Mit diesem Pakt treten wir feierlich und einvernehmlich zusammen und schließen uns zu einem Staatskörper zusammen zum Zweck der besseren Ordnung ..., und in dieser Ordnung beschließen wir, richten wir ein und setzen fest diejenigen gerechten und gleichen Gesetze, Verordnungen, Erlasse, Verfahren und Ämter, die zur jeweiligen Zeit für das Gesamtwohl der Kolonie als die richtigsten und passendsten erscheinen, und denen wir allen gehörigen Gehorsam und Achtung versprechen. Anno Domini 1620.

Es ist faszinierend, wie diese Menschen, ohne zu wissen, welche Probleme sich ihnen entgegenstellen, ohne eine Ahnung, welche Gefahren ihnen von Eingeborenen drohen würden, zermürbt von einer langen Seereise in einem überladenen Schiff, nichts Wichtigeres zu tun wußten, als diesen Vertrag zu schließen, in dem sie »all due submission and obedience« versprachen. Bradford, ihr kluger Kopf, hatte erkannt, daß ohne diese Rechtsbasis, so theoretisch und gekünstelt sie in Anbetracht der Umstände auch aussehen mochte, die kleine Gemeinschaft auseinanderflattern und die einzelnen ihrer Umwelt zum Opfer fallen würden. Über einen Monat würde man noch benötigen, während die ›Mayflower‹ vor der Küste lag, bis man erkannt hatte, daß Cape Cod zur Siedlung ungeeignet war und das nahe Plymouth, von Captain Smith in seiner 1616 erschienenen ›Description of New England‹ bereits beschrieben, ein geeigneter Platz wäre. Das Pilgrim Monument, der Torre del Mangia in Siena nachgebaut, hält diese Erinnerung fest. Von dem einst von portugiesischen Seeleuten gegen 1570 gegründeten Fischernest, einem Stützpunkt der Neufundlandbank-Fischerei, fanden sich kaum noch Spuren.

Pilgrims-Erinnerungen in Plymouth

Wir fahren nun den Highway 6 zurück, überqueren bei Sandwich Bay den Cape Cod Canal und gewinnen die Nebenstraße 3 A, die der Cape Cod Bay an der Küste folgt. Die Küstenorte, Sagamore Beach etwa, sind nur Sommerbleiben, deren künstliches Dasein etwa an die der Adriaküste erinnert. Die Strände gehen meist flach ins Meer, sind angenehm zum Baden. Gelegentlich hebt sich das Gelände zu einzelnen markanten Felskliffs, auf denen sich uralte Häuser, den Winterstürmen trotzend, erhalten haben. Einige davon sind Stützpunkte des Hummerfangs, erkennbar an den hochgestapelten Fangkästen, mit denen die graugrünen Hummer in 5 bis 40 Faden Wassertiefe (1 Faden etwa 1,90 Meter), durch Köder angelockt, gefangen werden. Die kampflustigen Tiere verlieren bei ihren Paarungskämpfen häufig eine Schere, die ihnen aber wieder nachwächst, natürlich kleiner bleibt. Wie alle Schalentiere können sie nur wachsen, indem sie den Panzer abstreifen. Das geschieht im ersten Lebensjahr achtmal und verringert sich im vierten Jahr auf zweimal (bei den Hummerdamen findet der Panzerwechsel nur einmal statt, aber die kämpfen auch nicht soviel). Nach etwa fünf Jahren ist ein Hummer ein Pfund schwer und zum Fang geeignet. So besteht ein guter Teil des Geschäftes für den Hummerfischer im ständigen Sortieren der Tiere in seinen Fangkästen. Die Kleinen und auch die Großen läßt man laufen, die Großen, weil sie das Nachwuchsgeschäft besorgen sollen. Der größte Hummer, der vor den Küsten Massachusetts und Maines gefangen wurde, war 3 Fuß 5 Zoll lang, also etwas über einen Meter, und wog 42 Pound, etwas über 20 Kilogramm. Die ›lobsters‹ werden, lebend in Eis verpackt, verschickt und – horribile dictu – ebenso lebend in heißes Wasser geworfen, wo sie beim Garen die schöne rote Färbung annehmen, was mit ihrem Gehalt an dem blaugrünen Farbstoff Zooxanthin zusammenhängt, der beim Kochen zu dem feuerroten Astaxanthin zerfällt. Auch der Gehalt an seltenen Molybdänverbindungen, die als Atmungskatalysatoren gelten, sichert dem Hummer wie den Krabben und Scampis den Rang biologisch interessanter Nahrung – wenn nicht der Geschmack allein schon eine Verführung wäre.

Wenn wir die Küstenstraße beibehalten, haben wir auch das richtige Entrée für das alte Plymouth. Hinter einer Wegbiegung erscheint plötzlich *Plymouth Rock,* und wenige Schritte weiter wehen die Flaggen der ›Mayflower‹ im atlantischen Wind, der Union Jack und, seltsam genug, auch das White Ensign, die englische Kriegsflagge. Nur am Ufer weht auch das Star Spangled Banner Amerikas. Dieser Ort, angenehm unverbaut und einsam gelegen, weit außerhalb von Plymouth, ist beiden Nationen heilig. Das merkt man an Kleinigkeiten, der Weg zur ›Mayflower‹ ist als englischer Blumen- und Gewürzgarten gestaltet, bauernbunt und an die Dörfer am Avon und in den Cotswolds erinnernd. So erblicken wir auch jenes berühmte Schiff, eine zierliche, hochbordige Galeone durch einen Vorhang von Sonnenblumen und Rittersporn, die sich gemeinsam mit den gerefften weißen Segeln an den Rahen gegen einen tiefblauen Himmel absetzen. Das Schiff ist natürlich nicht die echte ›Mayflower‹, die längst vermodert ist, sondern eine Nachbildung, die 1955 in England angefertigt und 1957 mit einer jungen Mannschaft von Enthusiasten von Plymouth nach Plymouth über den Atlantik gesegelt wurde. Betritt man das Schiff, die engen Räume unter Deck, die winzigen Kajüten, die den Frauen und Kindern vorbehalten waren, die kleinen, dumpfen Laderäume, vollgestopft mit dem Nötigsten, um eine Siedlung an fremder Küste in Gang zu bringen, dann versteht man das Gefühl der Erleichterung, endlich den Fuß auf festes Land setzen zu können. Unweit der ›Mayflower‹ hat man ein einfaches Haus unter Kiefern errichtet, reetgedeckt, winzig und spartanisch, so mag die erste Notunterkunft ausgesehen haben, in der man den schrecklichen Winter des Jahres 1620 überdauerte.

Von den 127 Männern, Frauen und Kindern überlebten ihn nur fünfzig! Eine unbekannte Krankheit, vermutlich eine Darminfektion, verschlimmert durch den schlechten Allgemeinzustand, raffte die Menschen dahin. Und doch hat William Bradford in seinen Erinnerungen ›Of Plymouth Plantation‹ berichtet, daß im nächsten Frühling »the birds sang in the woods most pleasantly«. Ein freundlicher Indianer, der ihnen hilfreich zur Hand ging, lehrte sie Jagen und Fischen und Nützliches entdecken. Die Indianer kannten bereits den Anbau einer Art wilden Maiskorns, und die Pilgrims ahmten es fleißig nach. Im Oktober 1621 feierten die Überlebenden das erste Erntedankfest, und wir sollten beachten, daß sie dazu auch die freundlichen Wampanoag-Indianer einluden und mit deren Häuptling, dem Sachem Massasoit, einen Vertrag schlossen. Noch heute wird in Plymouth an den Freitagen des August die Erinnerung an jenes erste schwere Jahr wachgehalten. In einer nachdenklichen Prozession ziehen fünfzig Bürger Plymouths, ein jeder, Mann, Frau oder Kind, einen der Überlebenden darstellend, durch die Straßen zu einem Gedenkgottesdienst. Sieht man diese ernste und kleine Schar dahinziehen, gekleidet in ihre steifen elisabethanischen Gewänder, den schwarzen breitrandigen Kegelhut auf dem Kopf, die Frauen in schlichten langen Kleidern, holländisch anmutende weiße Kragen und Hauben tragend, dann wird uns eine Ahnung ankommen von dem Ernst und der Ernsthaftigkeit, mit der noch das heutige Amerika dieser Stunde gedenkt.

Unter den zahlreichen Erinnerungen an die Pilgrims in Plymouth sind nicht alle sehenswert. Plymouth Rock, der Felsen, an dem sie anlegten, ist heute mit einer etwas pathetischen, tempelartigen Konstruktion überbaut, da wird unser Interesse eher der *Plimoth Plantation* gelten, die in einiger Küstenferne als Freiluftmuseum angelegt wurde. Das Dorf bietet das Bild jener frühen Ansiedlung, wie sie gegen 1627 ausgesehen haben mag – mit einer Pfahlstockade, kleinen reetgedeckten Häusern, den Werkstätten der Zimmerleute, Schmiede, und mitten drinnen leben eine Anzahl ›Interpreters‹, die sich nicht als gesalbte Fremdenführer verstehen, sondern den alten Gewerken nachgehen, ihre Häuser instandhalten, kochen, backen und weben, wie es früher geschah. Etwas Ähnlichem werden wir wieder im alten Williamsburg in Virginia begegnen, und mögen wir auch wissen, daß diese Menschen dafür bezahlt werden, so ist doch in ihrem Tun ein inneres Engagement spürbar, und mancher von ihnen wird die Jahre hier in Plimoth Plantation nicht als Zeit eines Verlegenheitsjobs betrachten, sondern als den Versuch, mit den alten Handwerken auch ihre einfache Ethik, das Simple und Rechtschaffene zu begreifen – und ganz Amerika ist voll von Menschen, die eine solche Sehnsucht haben.

Nahebei ist ein indianisches Sommerlager, bewohnt von den Abkömmlingen der Wampanoag- und anderer Algonquin-Indianer. Sie fertigen Kanus und Töpferwaren an, räuchern Fisch, und das Nebeneinander von ›to be Pilgrims‹ und ›to be Indians‹ ist sehr reizvoll zu sehen.

Im alten Plymouth selbst haben sich einige frühere Häuser erhalten. Das Jabez Howland House in der Sandwich-Straße wurde 1667 erbaut, und das Sparrow House nahe dem Town Brook stammt von 1640. Das Harlow Old Fort House, South Street, wird noch in alten Kostümen bewirtschaftet – ich bin sicher, Plymouth ist keine Enttäuschung für unsere Reise gewesen.

Die Baumflora an der Ostküste

Die Flora der Neuenglandstaaten ist durch den jahrhundertelangen Raubbau an Holz nicht mehr die ursprüngliche. Schiffbau, Brennholzbedarf für die langen Winter und die noch heute lebendige Tradition, in Holz zu bauen, haben die riesigen Urwälder gelichtet, von denen die ersten Einwanderer noch berichten. Was nachwuchs, fiel der Industrialisierung zum Opfer. Erst in unserem Jahrhundert schwang das Pendel zurück. Holz ist als Konstruktionsmaterial wie als Brennstoff weniger gefragt, und so bilden sich entlang den Straßen allmählich wieder Wälder, wenig kultiviert durch des Menschen Hand. Doch besitzt Amerika hervorragende

Forstleute und Forstbiologen, etwa am Arnold Arboretum in Boston, zu vergleichen mit den Royal Botanic Gardens in Kew bei London. Wenn ich, ohne Fachmann zu sein, dem Leser für seine Fahrt an der Atlantikküste entlang dennoch etwas über Bäume erzählen möchte, so tue ich es eingedenk Darwins Ausspruch: »Wer reist, sollte Botaniker sein, denn Pflanzen sind die größte Zierde einer Landschaft.«

Unsere Reise führt uns durch ein großes Temperaturgefälle, was im Sommer weniger auffällt als im Winter oder den Übergangsjahreszeiten. Betrachtet man auf einer Spezialkarte die Temperaturzonen Amerikas und Europas, so erkennt man, daß Europa weit mehr von Westen nach Osten als von Norden nach Süden gegliedert ist. Subtropische Zonen ziehen sich vom Mittelmeerraum bis zur Westküste Schottlands hoch. Darum kann man das europäische Klima nicht einteilen in ein kaltes nordeuropäisches und ein warmes südeuropäisches, sondern weit eher in ein vom Golfstrom geprägtes westeuropäisches und ein von den Landmassen Asiens bestimmtes osteuropäisches Klima. Deutschland liegt nur mit seinen westlichen und südwestlichen Ausläufern, am Rhein und am Bodensee, direkt im Bereich des atlantischen Klimas. Und doch sind selbst Ostfriesland und Jütland weit mehr atlantisch geprägt als das wenige Kilometer weiter östlich gelegene Holstein.

Nordamerika dagegen zeigt eine klassische Staffelung von Norden nach Süden. Maine hat die kältesten Winter und Florida ist weitgehend tropisch. Die Linien gleicher Temperatur, Isothermen genannt, verlaufen fast parallel den Breitengraden, und die Zentralheizung Europas, der Golfstrom, dreht vor der amerikanischen Nordostküste nach Osten ab, Neuengland der Kälte preisgebend. Nur der Raum um Boston und Nova Scotia profitiert vom letzten Rest der aus dem Sargasso-Meer heraufströmenden Wärme, die sich mit dem eisigen Lorenzstrom vermischt und nebelreiche und feuchte Winter verursacht.

Auch erdgeschichtlich sind gewisse Unterschiede zu sehen, so hat das ›Atlantikum‹ genannte Klimaoptimum nach

der letzten Eiszeit in Amerika wesentlich länger gedauert – etwa von 5000 bis 2500 v. Chr. – und viele Formen der Flora hinterlassen, die in Europa schon bald wieder untergingen. Die besonders interessante Pflanzenwelt der amerikanischen Westküste können wir hier leider nicht berühren, sie allein ist schon eine Reise in die Sequoiaparks der Rocky Mountains, die Regenwälder im Olympic National Park des Staates Washington oder an die zerklüftete Küste Oregons wert. Aber auch die zahmere Ostküste bietet große Eindrücke – vor allem in Neuengland und dann wieder in Virginia und Carolina. Glanzstücke sind die Cypress Gardens im alten Charleston und die dünenreichen Küsten mit ihren von bärtigem Spanischen Moos überwucherten Bäumen.

Die meisten Bäume, denen wir in Amerika begegnen, sind uns geläufig, zeigen aber oft eine andere Ausprägung. Unter den Kiefern der Ostküste ragt die Weymouthskiefer heraus (Pinus strobus), bei uns darum auch Strobe genannt, die, wie viele Gewächse Amerikas, die Gewohnheiten der Menschen umkehrend, Europa zugewandert ist. Die Stroben Neuenglands werden bis zu 60 Meter hoch und vor der großen Ausplünderung gab es Exemplare mit drei Meter Durchmesser im Stamm. Schon Lord Weymouth war von ihren langen, in Büscheln hängenden blaugrünen Nadeln angetan. Viel kleiner ist die Virginische Kiefer (Pinus virginiana) und die Sumpfkiefer (Pinus palustris), die im Südosten wächst und bis zu 45 Zentimeter lange Nadeln hat. Wie bei uns mag die Kiefer keine guten Böden; Kargheit, Wind, exponierte Lagen sagen ihr zu und lassen prächtige wilde Exemplare vor allem an den felsigen Küsten entstehen.

Unter den Tannen des Nordostens, der Süden kennt sie wie in Europa kaum, ragt die Balsamtanne (Abies balsamea) hervor. Ihre tiefdunklen Nadeln werden zur Parfümierung von Seife benutzt, und der Stamm liefert den Kanadabalsam, den besten Glaskitt für optische Instrumente. Mancher wird im Osten der USA die Douglasie vermissen, die ja eine besondere Gattung darstellt und nur im Westen der Staaten vorkommt, von dort auch stammt.

Das eisige Klima an der Hudsonbay Kanadas hat die Hudsonfichten entstehen lassen, die zusammen mit den Schwarzfichten auch die Wälder des Ostens bevölkern. Die ganz großen Schönheiten, die Sitka- und die Brewersfichte sind aber nur im Nordwesten zu finden, dem Land urtümlicher Baumriesen, einem wahren Götterhimmel prächtiger Koniferen. Eine Besonderheit der amerikanischen Waldlandschaft sind die Hemlocktannen, deren Name ganz irreführend ist. Eigentlich heißen sie Tsugen und finden sich an beiden Küsten, wobei die kanadische und in Neuengland heimische Art (Tsuga canadensis) dichter benadelt ist und in ihrer graziösen dunklen Gestalt an unsere Eiben erinnert, die ja auch mehrstämmig wachsen.

Je mehr wir in den Süden eintreten, etwa ab Virginia, übernehmen andere Koniferen das Landschaftsbild. Da ist zunächst ein Zugereister, der eine furiose Karriere gemacht hat: die Metasequoia (M. glybtostroboides), die ein japanischer Biologe 1941 in China entdeckt hat und die schon 1953 in aller Welt, ungeachtet der mißlichen Zeitumstände, angepflanzt wurde. Die Metasequoia ähnelt in der Benadelung den Tannen, wirft aber ihre Nadeln, im Herbst schön verfärbt, wie die Lärche ab. Ihr Stamm erinnert an die Redwoods Kaliforniens, also die echten Sequoien mit ihrem intensiv roten und labyrinthisch verformten Rindenwerk. Im Deutschen nennt man sie darum auch Chinesisches Rotholz.

Eine der schönsten und edelsten Baumarten der Ostküste sind die Sumpfzypressen (Taxodium distichum), die sich vor allem in den feuchten Niederungen des Südostens finden. Sie sind ein Schmuckstück der schon genannten Cypress Gardens in Charleston, South Carolina, wo diese gewaltigen Riesen mit ihren gefurchten Stämmen im flachen Wasser stehen und ihre zauberhafte, zierliche Benadelung einen hellgrünen Lichtfilter bildet, unter dem sich eine unerhörte Pracht leuchtender Azaleen und Rhododendrons, im Wasser spiegelnd, entfaltet. Wie bei der Lärche zeigt die ebenfalls laubabwerfende Sumpfzypresse ein leuchtend helles Frühlingsgrün und wunderschöne Herbstfarben. Dabei sei angemerkt, daß einige Sumpfzypressen seit wenigen Jahren den kleinen Teich im Heidelberger Schloßgarten schmücken und recht stattliche Sequoien im Schloßgarten in Weinheim an der Bergstraße stehen.

Zu den etwas südlicheren Laubbäumen, die unsere Reise begleiten, gehört der Tulpenbaum (Liriodendron), dem Ahorn ähnelnd, doch ist der Mittellappen des Blattes wie abgeschnitten. Er wird häufig als Alleebaum gepflanzt, darum auch respektlos ›Yellow Poplar‹ genannt, gelbe Pappel. Dabei hat der Tulpenbaum eine recht vornehme Verwandtschaft in der Familie der Magnolien, mit denen er gelbe, tulpenförmige Blüten gemeinsam hat. Die echten Magnolien, laubabwerfend oder immergrün, sind die wahren Schau- und Schmuckbäume fast aller Herrensitze des Old South. In verschwenderischer Pracht entfalten sie ihre Blüten im Frühjahr, weiß, rosa und violett unterschattet, bevor das erste Blatt erscheint. Der Wind wirbelt Tausende von Blütenblättern über die Veranden, und nie hat es eine Mode gegeben, in der die Damen des Südens so erfolgreich mit der Schönheit der Natur konkurrieren konnten, wie die weitschwingenden Krinolinen vor dem unseligen Sezessionskrieg. Auch andere Vergleiche mit den Damen liegen nahe, da gibt es beispielsweise die Magnolia grandiflora, der Star der Familie, im Frühjahr förmlich explodierend und nach einer kühlen Nacht sehr unansehnlich mit bräunlich welken Blütenblättern.

Die kleineren Gartenbäume der Sorten Soulangiana mit violetter Blütenuntersicht und die zierlichen Sterne der Stellata werden gern zu Kompositionen gepflanzt, und man weiß nicht so recht, ob sie am Glanz der Großblütigen teilhaben oder diesen erst den richtigen Rahmen bescheidener Verbeugung geben. Von ganz anderer Art ist die immergrüne virginische Magnolie (M. sempervirens virginiana). Ihre sattgrünen, glänzenden Blätter bilden einen imposanten Baum, an dem die duftenden, elfenbeinfarbenen Einzelblüten fast den ganzen Sommer blühen. Dabei sind die meisten Magnolien eingeborene Kinder Amerikas, nur wenige Sorten sind aus China eingewandert. In Europa blühen sie am Gardasee und am Lago Maggiore. Eine große Frühjahrspracht bieten die Dogwoodbäume des Old South. Sie gehören zu den Hartriegelgewächsen (Cornus florida) und stellen mit ihrer weißen und rosa Blütenpracht jede Kirschenblüte in den Schatten. Zu den fremdartigen Gewächsen an der Ostküste gehört auch der amerikanische Sassafrasbaum, der mit dem echten Lorbeer verwandt ist. Der Sassafrasbaum ist leicht zu erkennen, da er sich nicht entscheiden kann, welche Blattform er bevorzugt. So gibt es ein-, zwei- und dreilappige Blätter. Aus ihm gewinnt man das fiebersenkende ätherische Sassafrasöl, das auch der Tabakfermentierung dient. Sehr verbreitet ist der Amberbaum (Liquidambar) mit spitzigen, dem Ahorn ähnlichen Blättern, die sich im Herbst bernsteinfarben zeigen, woher der Baum seinen englischen Namen hat. Er gehört zur Familie der Zaubernüsse.

Drei Laubbäume sind es, die einst mehr als heute das Gesicht Neuenglands prägten: die amerikanische Ulme, deren Zweige sich schon in Bodennähe stark ausbilden, so daß man früher die fatale Neigung hatte, Pferdediebe daran aufzuhängen, der Walnußbaum, Schmuck vieler einsam gelegener Farmen, und der Hickorybaum (Carya ovata), der mit der Walnuß zusammen die Familie der Walnußartigen bildet. Es gilt als umstritten, wer die schmackhafteren Nüsse hervorbringt. Die Hickories tragen die sogenannten Pecanüsse, sehr aromatisch und in der Form an eine längliche Walnuß erinnernd. Auch die Eichhörnchen scheinen dieser Ansicht zu sein, doch hat die Natur dem vorgebaut, indem sie den Hickories eine steif abstehende Borke gab, um die Nager abzuhalten. Walnuß und Hickory liefern ein sehr hartes und zähelastisches Holz, das zum Tischlern, für Skier und für Werkzeugstiele sehr geeignet ist, doch wer fährt noch mit Hickoryskiern?

Von der Papierbirke (Betula papyrifera) mit ihrem blendend weißen Stamm sprachen wir schon in New Hampshire. Unter den vielen Eichen Nordamerikas sind die Roteiche (Quercus rubra) und die Scharlacheiche (Quercus coccinea), wie schon der Name vermuten läßt, ihrer Herbstfarben wegen berühmt. Das Aufglühen dieser flammenden Eichen und der Ahorne, besonders des Zuckerahorns (Acer sacharinum), und das leuchtende Gelb der Buchen bilden den farblichen Hintergrund des Indian Summer. Nur in den Eichenwäldern des Limousin und der Dordogne habe ich ähnliche intensive Herbstfarben erlebt.

In Stadtnähe werden wir häufig auf die uns bekannten Robinien und Platanen stoßen. Auch in Amerika sind die Platanen oft verstümmelt, indem man im Herbst alle Zweige abschneidet, sie zu wahren Denkmälern der Behördenwillkür macht. Die Robinie wird gern als Locust Tree bezeichnet, da ihre Blätter offenbar den Heuschrecken besonders munden.

Zum Schluß noch ein Wort zu dem im Nordosten, unweit des Häusermeeres von New York, in den Bear Mountains wachsenden Rhododendron. Die klassische Parkwaldszenerie europäischer Anlagen ist den regenreichen Hängen am Fuß des Himalayamassivs entlehnt, zum Teil auch den Bergen der westlichen Rocky Mountains. Aber auch der Osten der USA hat mit dem Rhododendron maximum dazu beigetragen. Teils durch natürliche Kreuzung, teils durch die gärtnernde Hand des Menschen sind mit dem Genmaterial des Rhododendron arboreum, einer baumartigen Variante aus dem Himalaya, jene großblühenden Sorten entstanden, die in den lichten Wäldern des Nordostens im späten Frühjahr zu einer leuchtenden Pracht gedeihen, zu einem über weite Strecken sich hinziehenden violettblühenden Teppich unter schattenden Bäumen.

Der Unabhängigkeitskrieg und das alte Boston

The American Revolution

SPRACHE ist mehr als Mitteilung, sie enthüllt etwas über das Denken der Menschen. So stehen auch über diesem Kapitel zwei ganz verschiedene Begriffe: Revolution und Krieg. Die amerikanische Öffentlichkeit hat in dieser Auseinandersetzung nie einen Krieg gesehen, wenn sie auch tatsächlich dazu wurde. Zuallererst war es eine Revolution, die ein innerstaatliches Ereignis der britischen Krone hätte bleiben können, wie ja auch die Französische Revolution keine zwei Frankreich geschaffen hat. Über sehr lange und unsichere Zeitläufte war dann auch der Ausgang des Unternehmens ungewiß, und die Kolonisten der Neuen Welt waren in sich und untereinander sehr gespalten. Letztlich hat die Auseinandersetzung so viel eigenes Gewicht bekommen, daß sie, ihrer natürlichen Schwerkraft folgend, zum Bruch mit dem Mutterland führen mußte.

Wenn ich dieser Phase der amerikanischen Geschichte einen breiteren Raum widme, dann deshalb, weil ihre Kenntnis zum Verständnis des Wesens dieser Nation, aber auch ihrer Verhaltensweise in kritischen Augenblicken, vieles beisteuern kann, weit mehr etwa als die des Sezessionskriegs zwischen den Süd- und den Nordstaaten. Das Charakteristische spiegelt sich in besonderem Maße im Verhalten der Kombattanten und Zivilisten, sobald sich der unmittelbare Pulverdampf vom Schlachtfeld verzogen hatte. Da ist viel von menschlichen Bindungen zu spüren, Gemeinsamkeiten in der Lebensauffassung, und der Eifer des Kampfes war nie so verblendend, daß man nicht auch einmal bei einem Glas Sherry in einer Kampfpause nach friedlichen Lösungen hätte Ausschau halten können. Auch die auf britischer wie amerikanischer Seite stets eingehaltene Trennung zwischen politisch-ziviler und militärischer Verantwortlichkeit weist viele Parallelen auf, und bei den im folgenden eingestreuten Zitaten sollten wir die Sprache beachten, die man für den Gegner fand. Dieses von allem Anbeginn an Maßvolle, den letzten Faden nie völlig Zerreißende, läßt uns auch verstehen, warum in den zwei schrecklichen Kriegen unseres Jahrhunderts das Gemeinsame wieder zwanglos in den Vordergrund treten konnte – nicht zu verwechseln mit den Zweckallianzen mit anderen Staaten des Westens oder Ostens.

Der Abend des 19. April 1775 war klar und kalt. Auf der Straße von Boston nach Lexington marschierten etwa 800 Rotröcke Ihrer britischen Majestät, Georgs III. aus dem Hause Hannover. Sie hatten den Auftrag, illegale Waffenvorräte in Concord, der heutigen Hauptstadt des Staates New Hampshire, auszuheben. Aber zu gleicher Zeit waren zwei unerkannte Reiter aus Boston aufgebrochen. Paul Revere, der nicht nur als Patriot, sondern auch als Silberschmied hochgeschätzt war, eilte mit einem Freund nach Lexington, um die beiden radikalsten Geister des Widerstandes gegen die Krone, Samuel Adams und John Hancock, zu warnen. Als die Sonne am nächsten Morgen aufging, sahen sich die erstaunten Briten etwa siebzig ›Minutemen‹ – wir würden sagen Milizionären – gegenüber, die sie auf einer Wiese erwarteten. Der schottische Major Pitcairn war ein sehr beherrschter Mann, jedem Abenteuer abhold, aber er konnte seine sechs Kompanien leichter Infanterie nicht einem Risiko in der Flanke aussetzen und befahl, auszuschwärmen. Der Milizhauptmann Parker gab Order zum Rückzug. Niemand würde heute noch darüber reden, wenn nicht ein Heißsporn einen Schuß abgefeuert hätte – »the shot heard 'round the world« –, mit dem alles begann. Es war nur ein kleines Scharmützel, angefeuert von den Gästen einer nahen Taverne, aber auf dem Rückmarsch, nach der ergebnislosen Durchsuchung von Concord, hatten sich bereits Hunderte von Kolonisten zusammengerottet und blitzschnell ihre Taktik gefunden. Sie war ihnen aus den Indianerkriegen noch wohlvertraut: Weit verstreut im Gelände und in Partisanenmanier griffen sie an. An der alten North Bridge in Concord kamen die Briten in erste Bedrängnis und ihr Rückmarsch nach Boston war verlustreich und irritierend für eine reguläre Truppe, die nur gelernt hatte, in Reih' und Glied zu kämpfen und zu schießen.

Jede Revolution hat ihre Drahtzieher. In Boston war es vor allem Sam Adams. Ich kann bei seiner Geschichte nicht recht warm werden. Als die ersten Schüsse in Lexington fielen, sah man ihn auf der Flucht in einer Postkutsche, aber seine große Rolle hatte er schon als einer der Wortführer im ersten amerikanischen Kongreß in Philadelphia 1774 gespielt. Die Sache dieses First Continental Congress war ja mitnichten entschieden. Während die Radikalen betonten, daß »die unveränderlichen Rechte der Natur« den angemaßten Rechten der Krone entgegenstünden, versuchten die Konservativen, die Krone zum Einlenken zu bewegen. Sam Adams fiel die Rolle zu, die konservativen Bedenken ad absurdum zu führen. Bei Lexington hatte er ein halbes Jahr später den Erfolg, die Lunte ans Pulverfaß zu legen. Doch die Besonneneren im Kongreß hielten immer noch zu England. In der Olive Branch Petition vom 8. Juli 1775 schrieben sie an George III:

Attached to your Majesty's person, family and government with all the devotion that principle and affection can inspire, connected with Great Britain by the strongest ties that can unite societies, and deploring every event that tends in any degree to weaken them, we solemnly assure your Majesty, that we not only most ardently desire the former harmony between her and these colonies may be restored, but that a concord may be established between them upon so firm a basis, as to perpetuate its blessings uninterrupted by any future dissentions to succeeding generations in both countries.

Auch im englischen Parlament mahnte die Stimme der Vernunft. Sie hatte in dem großen William Pitt einen klugen und brillanten Verfechter, und seine Rede hat ein deutschsprachiger Drucker in Philadelphia übersetzt und gedruckt: «Des hoch-Edlen Grafen von Chatham Rede, gehalten im Hause der Lords, den 20. Jänner 1775«.

My Lords, die Maßregeln vom letzten Jahr, welche den gegenwärtigen gefährlichen Zustand von Amerika hervorgebracht haben, waren auf falsche Vorstellungen gegründet. Sie waren heftig, übereilt und rachsüchtig. Man sagte der Nation, daß es nur eine Rotte zu Boston wäre, die sich aller rechtmäßigen Regierung widersetzte, daß das geringste Anzeichen von Standhaftigkeit die Amerikaner zur Unterwürfigkeit bringen und wir, wenn wir nur über den Rubikon gingen, ohne Schwertstreich Sieger sein würden. Damit das Volk unter dem Einfluß solcher falscher Vorstellungen ihre Repräsentanten wählen möchte, wurde das Parlament aufgehoben. So sollte die Nation zu einem Werkzeug gemacht werden, um an jenem gekränkten, unglücklichen, verleumdeten Volke die Rache der Regierung auszuüben.

Aber auch William Pitt ›der Ältere‹, Earl of Chatham, konnte die Überschreitung des Rubikon nicht verhindern. Er starb verbittert drei Jahre später. Der Volksmund hat seine Meinung über Georg III., die Hannoveraner und ihre Ratgeber in die wenig schmeichelhaften Verse gefaßt:

George the First was always reckoned
Vile, but viler George the Second;
And what mortal ever heard
Any good of George the Third?
When from earth the Fourth descended
God be praised, the Georges ended.

Vorderhand hat jener dritte Georg erst einmal erklärt, »daß die Neuengland-Staaten in einem Zustand der Rebellion seien, und daß die Auseinandersetzung zeigen werde, ob sie England untertan oder selbständig seien«. Immerhin eine sehr nüchterne Feststellung, die das Bild des sonst als dümmlich geschilderten Königs aufhellt.

Im übrigen war es augenscheinlich geworden, daß der Erfolg jedes Widerstandes gegen Krone und Parlament davon abhing, eine feste Allianz zwischen Virginia und Massachusetts zu knüpfen. Denn beide Kolonien waren die führenden Kräfte des Widerstandes. Aber sie waren sehr verschieden in Charakter und Interessen, hatten außer ihrer englischen Vergangenheit wenig Gemeinsames. Virginia wurde von einer recht autokratischen Schicht von Grundbesitzern beherrscht, genau dem, was ein Engländer mit einer seltsamen Mischung von Respekt und Argwohn eine ›landed gentry‹ nennen würde, und Massachusetts war in der Hand einer mittelständischen, religiös motivierten Gesellschaft aus kleinen Farmern, Kaufleuten und einer bereits aus dem englischen Denken herausgewachsenen Anwaltschaft, die zu neuen rechtlichen Kategorien vorgestoßen war. Jede Mißstimmung zwischen diesen beiden Kolonien hätte der amerikanischen Sache den Todesstoß gegeben.

Die geistigen Anführer Neuenglands, die beiden Vettern John und Samuel Adams, waren sich dieser Gefahren bewußt. Mit jener Klugheit und jenem common sense, wie er den Angelsachsen eigen ist, verzichteten sie auf eine führende Rolle Neuenglands und ließen den stolzen und etwas hochfahrenden Virginiern den Vortritt. Aber sie setzten die Lunte an das Pulverfaß, als im April 1775 der englische General Thomas Gage den Entschluß faßte, wie wir schon erfahren haben, zwei der Aufrührer in Concord festzusetzen. Der Mißerfolg gab den Kolonisten Aufschwung. Captain Arnold stieß in einem kühnen Zug zum britischen Fort Ticonderoga zwischen Lake Champlain und Lake George vor und eroberte es zusammen mit Ethan Allen und seinen ›Green Mountain Boys‹ aus Vermont. Die Kanonen, die sie dabei in ihren Besitz brachten, waren ein erstes Arsenal, mit dem man hoffen konnte, die Briten aus Boston zu vertreiben.

Zunächst einmal war der First Continental Congress in Philadelphia begeistert, um dann rasch zu erkennen, daß die so völlig verstreuten Milizeinheiten der Kolonisten ohne einheitlichen Oberbefehl Gefahr liefen, von den starken und gut ausgebildeten englischen Truppen aufgerieben zu werden. Wer sollte nun den Oberbefehl haben? Die Neuengländer hatten beträchtliche Erfolge errungen, in Virginia herrschte noch tiefe Stille. Da hätte es nahegelegen, einen der Ihren zu wählen. Aber wieder waren John und Sam Adams zur Stelle, und, klug die Empfindlichkeit der Southerners in Virginia einschätzend, stimmten sie für den völlig unbekannten Obersten George Washington, »a fine figure and a most easy and agreeable adress« – einen Mann also, der eine gute Figur machte und umgänglich im Wesen war. Wie sollten sich diejenigen getäuscht haben, die geglaubt hatten, hier einen bequemen und beeinflußbaren Oberkommandierenden gefunden zu haben! Beginn und Ende der militärischen Karriere George Washingtons sind symptomatisch für diesen ungewöhnlichen Mann, dem später gern das Attribut einer gewissen Arroganz umgehängt wurde, sehr zu Unrecht, wie ich meine. In einem Brief vom 18. Juni 1775 schreibt er an seine Frau:

Meine Liebste! Ich habe mich niedergesetzt, um Dir etwas zu berichten, das mich außerordentlich bewegt. Meine Besorgnis wird noch sehr viel größer, wenn ich daran denke, welche Ängste es Dir sicher bereiten wird. Im Kongreß ist beschlossen worden, daß die ganze Armee, die zur Verteidigung der amerikanischen Sache entstanden ist, meiner Verantwortung unterstehen wird und daß ich unverzüglich nach Boston abreisen muß, um den Oberbefehl zu übernehmen. Du darfst mir glauben, meine liebe Patsy, wenn ich Dir auf das Ernsthafteste versichere, daß ich diesen Auftrag nicht gesucht, sondern alles in meiner Macht Stehende getan habe, um ihm zu entgehen; nicht nur aus mangelnder Bereitschaft, Dich und die Familie zu verlassen, sondern auch aus dem Bewußtsein heraus, daß dies eine Aufgabe ist, die meine Fähigkeiten übersteigt.

Am 3. Juli 1775 übernahm George Washington die Führung der Kontinentalarmee, die er ununterbrochen bis Kriegsende innehaben sollte. Doch bevor es dazu kam, war es bereits zu einem Zusammenstoß bei Bunker Hill unweit

Boston zwischen den Truppen der englischen Generale Howe, Clinton und Burgoyne und den Amerikanern unter Israel Putnam gekommen. Dieses erste größere Gefecht des Unabhängigkeitskrieges endete mit einem Sieg der Engländer, teuer bezahlt mit etwa der Hälfte ihrer Soldaten. Es belehrte die Engländer, welch eine wilde Energie und Entschlossenheit ihnen gegenüberstand. Der Schock saß tief, und nie wieder im weiteren Verlauf des Krieges haben die Briten es gewagt, alles auf eine Karte zu setzen, wie es dort geschah. General Burgoyne hat es vielleicht geahnt, als er in einem Brief an seine Familie in England schrieb: *Howes Truppen kämpfen auf den Anhöhen in sehr schlechtem Terrain gegen Gräben und Hindernisse an; links strömen die Feinde zu Tausenden auf die Landzunge, und in der Bucht davor liegen unsere Schiffe und bombardieren sie. Die Kirchtürme hinter uns und die Höhen unseres eigenen Lagers sind mit Zuschauern und Soldaten besetzt. Die umliegenden Hügel ebenso. Das Dröhnen der Kanonen, Mörser und das Gewehrfeuer und der krachende Einsturz brennender Kirchen und Schiffe auf der Werft und ganzer Straßenzüge füllen das Ohr. Der Sturm auf die Befestigungen der Anhöhe gäbe ein unbeschreibliches Bild, wäre nicht der Gedanke, daß eine Niederlage vielleicht den Verlust des britischen Empire in Amerika bedeuten könnte.*

Das Gefecht von Bunker Hill signalisierte auch dem Alten Europa das Voranschreiten ungewöhnlicher Dinge, und Goethe nimmt in ›Dichtung und Wahrheit‹ in einzelnen aufblitzenden Sätzen Partei: *Noch lebhafter aber war die Welt interessirt, als ein ganzes Volk sich zu befreien Mienen machte ... in dem entfernten Welttheil ... man wünschte den Amerikanern alles Glück, und die Namen Franklin und Washington fingen an, am politischen und kriegerischen Himmel zu glänzen und zu funkeln.* Trumbulls Gemälde ›The Battle at Bunker Hill near Boston‹, von dem ihm der Herzog Bernhard von Weimar nach Rückkehr von einer Amerika-Reise erzählt hatte, beschäftigte Goethe im Briefwechsel mit Schiller, und in ›Wilhelm Meisters Lehrjahre‹, reich an versteckten Anspielungen in eigener Sache, lesen wir: *Sie werden mich nicht lange mehr sehen, denn ich bin im Begriff, nach Amerika überzuschiffen.* Wer weiß, wer da mit welchen Gedanken umging, und wer hätte auch Schwierigkeiten, sich den Geheimen Rath gegen 1790 in einem Buggy zwischen New Hampshire und Virginia vorzustellen? In einem Brief vom 21. Juni 1827, während der Entstehungszeit der letzten Szenen von Faust II, schreibt Goethe:

Amerika, du hast es besser
Als unser Continent, das alte,
Hast keine verfallenen Schlösser
Und keine Basalte.
Dich stört nicht im Innern,
Zu lebendiger Zeit
Unnützes Erinnern
Und vergeblicher Streit.
Benutzt die Gegenwart mit Glück!
Und wenn nun Eure Kinder dichten
Bewahre sie ein gut Geschick
Vor Ritter-, Räuber- und Gespenstergeschichten.

Nun, zumindest die Räuber- und Gespenstergeschichten sind auch in Amerika heimisch geworden.

Doch kehren wir nach Bunker Hill zurück. Zunächst einmal entschied das britische Oberkommando, die Kolonien in die Neuengland-Staaten, die Mitte, also Virginia, sowie den Süden mit den beiden Carolina-Staaten aufzusplitten. Was nach einem großen Konzept aussah, getreu der alten Devise ›Divide et impera!‹, geriet den Engländern in Wirklichkeit zu einem Fiasko. Die riesigen Entfernungen, der Nachteil der Engländer, stets auf der äußeren Linie, der Küstenlinie, operieren zu müssen, dazu viele Halbherzigkeiten des englischen Oberkommandos gaben der von Washington mit unbeschreiblicher Mühe zusammengehaltenen, schlecht ausgerüsteten Continental Army eine Chance, wenn auch oft bedroht von Katastrophen und Augenblikken, in denen alles an einem seidenen Faden hing.

Im Jahre 1777 brach General John Burgoyne aus Kanada in den nördlichen Teil des Staates New York ein. Er wollte sich mit den Truppen Howes in der Hudsonbucht treffen

V

D. Morrill

Banjospieler

Gemälde 1862

»Wie seltsam, daß man im ganzen 19. Jahrhundert keine künstlerische Darstellung von Sklaven bei der Arbeit findet ... Der Neger, gutgelaunt und gehorsam, muß der Unterhaltung dienen, soweit er bildwürdig erscheint. Eine solche ›Negerhumoreske‹ erscheint aufs bizarrste in dem ›Banjospieler‹ des D. Morrill.« (Alfred Neumeyer)

Hartford, Connecticut, Wadsworth Atheneum (The Ella Gallup Sumner and Mary Catlin Sumner Collection) und damit Neuengland von den restlichen Kolonien abtrennen. Ob Howe diesen Plan mißverstanden hatte, oder aus welchen Gründen auch immer er es vorzog, einen spektakulären, aber strategisch bedeutungslosen Sieg bei Philadelphia zu erringen, ist nie geklärt worden. Burgoyne wartete vergebens auf die Südarmee Howes, sein Angriff blieb im oberen Hudsontal in zäher amerikanischer Abwehr stecken. Als seine Vorräte aufgebraucht waren, blieb ihm nur noch übrig, am 17. Oktober mit 7000 Mann vor dem amerikanischen General Horatio Gates bei Saratoga zu kapitulieren. Die Truppen Burgoynes bestanden aus britischen Linienregimentern und einer großen Zahl von deutschen Hilfstruppen, die von der britischen Krone unter oft wenig rühmlichen Umständen bei den deutschen Fürsten angeworben worden waren.

Interessanter als die Einzelheiten aus diesem Feldzug scheinen mir die Schicksale dieser Söldner. Die Unsitte, Landeskinder gegen Geld als Söldner zu verleihen, war damals gang und gäbe, und doch hat Friedrich der Große seinen Neffen, den Ansbacher Markgrafen, deshalb heftig getadelt:

Mein Herr Neffe! Ich gestehe Ew. Hochfürstlichen Durchlaucht, daß ich niemals an den gegenwärtigen Krieg in Amerika denke, ohne von der Gier einiger deutscher Fürsten unangenehm berührt zu sein, welche ihre Truppen einer sie nichts angehenden Sache opfern ... Ich nehme mir daher die Freiheit, Ihnen zu bemerken, daß wenn sie dieselben [Truppen] nach England gelangen lassen wollen, Sie durchaus nicht nöthig haben, sie durch meine Staaten passieren zu lassen, sondern daß sie dieselben einen kürzeren Weg zum Einschiffungshafen einschlagen lassen können!

Lassen wir einen Augenzeugen jener Söldner-Verschiffung erzählen. Am 20. Juli 1776 segelte das Ansbachische Detachment von Bremerhaven-Lehe ab »unter der Anteilnahme von viel Volks, dem anzusehen war, daß sie unsere Reise für nichts geringeres hielt, als man ehedem eine Reise in die Elysischen Felder anzusehen gewohnt war«. Diese fröhliche Kriegsstimmung sollte nicht lange vorhalten. Der begleitende Feldprediger namens Waldeck schildert uns auch den ersten Eindruck nach der Ankunft:

Den 20. Oktober 1776 wurden die Anker mit Anbruch des Tages gelichtet. Wir fuhren an einem sehr heiteren Tage zwischen reizenden Waldungen von Long Island und Jersey und unter der Beschützung vieler Kriegsschiffe um 9 Uhr in den Hafen von New York ... Den 21. ging ich in New York umher. Welch eine prächtige Stadt! Schöne Straßen, die meistenteils mit Bäumen bepflanzt sind, und die vortrefflichsten aus roten Backsteinen gebauten Häuser; überall sieht man die traurigen Verwüstungen des Krieges. Der schönste Teil der Stadt, nach der Wasserseite zu, war abgebrannt.

Die meisten dieser Söldner kamen aus dem Hessischen, und so bildete sich rasch bei Engländern wie Amerikanern die Bezeichnung ›Hessians‹ für alle deutschen Söldner heraus. Kehren wir in diesen Zusammenhang zurück zur Armee Burgoynes auf ihrem Marsch durch das Hudsontal. Friedrich Adolph Riedesel, Freiherr zu Eisenbach, befehligte auf diesem Zug einige Tausend Braunschweiger. Vom Lake Champlain schrieb er an seine Frau, sie möge doch mit den Kindern nachkommen, und wir mögen es glauben oder nicht, Frau von Riedesel brach mit drei Kindern, von denen das jüngste zehn Wochen alt war, tatsächlich auf. In ihren Tagebüchern heißt es:

Ich hatte also allen meinen Mut und alle meine Zärtlichkeit nötig, um nicht öfter meinem einzigen Wunsch zu entsagen, ihm zu folgen. Man stellte mir nicht nur die Gefahren der See vor, sondern sagte mir auch, daß wir besorgen müßten, von den Wilden gefressen zu werden; daß man sich in Amerika von Pferden und Katzen ernähre; und doch schreckte mich dies alles weit weniger als die Vorstellung, in ein Land zu kommen, wo ich die Sprache nicht verstand.

Als es am 19. September 1777 bei Freeman's Farm in der Nähe von Albany zum Gefecht kam, geriet sie mitten auf das Schlachtfeld, erlebte das Sterben und die Qualen der Verwundeten, um die sich kaum jemand kümmerte. Frau von Riedesel muß eine sehr beherzte Frau gewesen sein. In einer Kampfpause legte sie sich mit General Burgoyne an, der berüchtigt für seinen Champagnerverbrauch und einen Troß zweifelhafter Damen war. Burgoyne hatte alle Farmen in Brand stecken lassen, vielleicht weil er wußte, daß sie dem gegnerischen General Schuyler gehörten. Doch am 7. Oktober war alles vorbei, die Armee ging bei Saratoga in Gefangenschaft und das vorteilhafte Bild, das Frau von Riedesel von den Siegern zeichnet, verdient gelesen zu werden:

Endlich schickte mir mein Mann einen Boten und ließ mir sagen, daß ich zu ihm ins amerikanische Lager kommen solle ... Ich bekenne, daß ich mich fürchtete, zu den Feinden zu kommen. Als ich mich aber den Zelten näherte, kam mir ein schöner Mann entgegen, nahm die Kinder aus dem Wagen und half mir dann beim Aussteigen. ›Sie zittern!‹ sagte er zu mir, ›fürchten Sie sich nicht!‹ Er führte mich dann zu dem Zelt, in dem General Gates sich mit den gefangenen Generalen Burgoyne und Phillips befand. Alle Generale blieben bei Gates zum Essen. Derselbe Mann, der mich empfangen hatte, kam an mich heran und sagte: ›Es würde Sie vielleicht in Verlegenheit bringen hier zu speisen, kommen Sie zum Essen in mein Zelt.‹ Es war der amerikanische General Schuyler. Er traktierte mich mit trefflicher geräucherter Zunge, Beefsteak, Kartoffeln, guter Butter und Brot. Nie habe ich ein Mittagsmahl besser gefunden. Ich war nun ruhiger geworden, zumal ich wußte, daß mein Mann außer Gefahr war. Als wir gegessen hatten, bot mir Schuyler sein Haus in Albany zum Quartier an, und wir wurden von Frau Schuyler und ihren Töchtern nicht als Feinde, sondern aufs freundschaftlichste empfangen, obwohl Burgoyne doch ohne jede Not ihre prächtig möblierten Häuser hatte anstecken lassen. Sie handelten aber als Leute, die ihren eigenen Verlust bei dem Unglück anderer zu vergessen wissen. Auch war der General Burgoyne tief über ihren Edelmut beschämt und sagte zu General Schuyler: ›Mir, der ich Ihnen so viel Schaden getan habe, erweisen Sie mir so viel Güte!‹ ›Das ist das Schicksal des Krieges‹, erwiderte der brave Mann, ›lassen Sie uns davon nicht mehr reden.‹

Von den etwa 30000 deutschen Söldnern kehrten etwa 17000 nach Europa zurück, und 5000 entzogen sich dem Krieg und blieben in Amerika. 60 Pfund Sterling betrug der Preis für einen ausgerüsteten Füsilier – nach heutigem Geld knapp 10000 DM. Kein Wunder, daß der Ansbacher Markgraf das verachtete Vorbild für den Landesherrn in Schillers ›Kabale und Liebe‹ wurde, selbst von seiner englischen Mätresse geschmäht. Aber war den Potentaten unseres Jahrhunderts das Leben eines Soldaten mehr wert?

Das Fiasko von Saratoga hatte weitreichende Folgen. Die amerikanische Sache hatte in der Welt Ansehen gewonnen; Frankreich bot ein Bündnis an. Benjamin Franklin ging nach Paris an den Hof des sechzehnten Ludwig, und sein Charme und seine schlichte Art erweckten viel Sympathie, aber auch den Argwohn des französischen Außenministers Vergennes.

In der Zwischenzeit war der Krieg auch im Süden in Gang gekommen. Washington hatte erkannt, daß sein Gegner Howe daran interessiert sein müsse, New York als Schlüssel des Ganzen in der Hand zu halten. New York hatte damals 22000 Einwohner, und neben dem Seeweg über Montreal war es vor allem das Hudsontal, das tief in den amerikanischen Kontinent hineinführte. Die beiden Brüder Howe, General Sir William Howe und Admiral Lord Howe entschieden sich im März 1776 zur Evakuierung von Boston und segelten von Halifax nach New York, wo sie am 2. Juli ankamen. Washington hatte seine Truppen auf den Landweg nach Long Island und Manhattan geworfen, und das Ganze ähnelte einem Mühlespiel: Wenn man keine Steine mehr zum Setzen hat, so schiebt man sie hin und her.

Die ganze Hudsonbucht quoll über von den Segeln englischer Linienschiffe und Fregatten, die Engländer hatten sich auf Staten Island festgesetzt, die Kolonisten in Brooklyn. Nach einem taktischen Fehler Washingtons auf Long Island konnte er Brooklyn Heights nicht mehr halten und zog sich unter dramatischen Umständen über den East River zurück. Ein Pionierregiment aus Massachusetts Fishermen setzte die

Armee in der Nacht über den Fluß, während ein steifer Nordost die englische Flotte dem engen Fahrwasser fernhielt. Es war so etwas wie ein Dünkirchen für Washington, alles andere als ein Sieg, aber die Armee blieb erhalten. Auch in Manhattan konnte sich Washington nicht halten. Die britischen Kriegsschiffe, ihre Breitseiten feuernd, kreuzten bis zur Höhe der 34th Street auf und trieben ihn nordwärts bis zu Harlem Heights. Dort errichtete er in großer Eile das Fort Washington in Höhe der 180th Street, sowie Fort Lee jenseits des Hudson bei den ›Palisades‹ genannten Basaltklippen des Ufers, einem damals noch völlig unbebauten Gelände.

Doch die beiden Howe hatten in ihrer zögernden Taktik ihre Chancen nicht erkannt und ließen sich über die wahre amerikanische Stärke täuschen. Es kam zu einer kleinen Friedenskonferenz zwischen John Adams, Benjamin Franklin und Admiral Lord Howe, die am 11. September 1776 auf Staten Island stattfand. Ein Gemälde von J.W. Dunsmore zeigt die Konferenz in dem unverändert erhaltenen Haus (7455 Hylan Blvd). Lord Howe konnte behaupten, in einem englischen Haus Gastgeber zu sein, waren die Steine des 1680 entstandenen Gebäudes doch als Kielballast aus Schottland in die Neue Welt gekommen. Ob die Herren dabei Portwein oder Sherry tranken, wissen wir nicht, jedenfalls zeigt das Gemälde viele Flaschen auf dem Tisch und einen Truthahn, und das bedrückte Gesicht von Lord Howe läßt ahnen, daß Franklin ihm gerade erklärt hatte, ein Widerruf der Unabhängigkeitserklärung als erster Schritt zu Friedensverhandlungen komme nicht in Frage. Ärgerlich reagierte General Sir Howe und besetzte nach erbitterten Kämpfen die kahlen Hänge von Harlem Heights, die wir heute in der Umgebung der Cloisters nur noch als Hügel empfinden. Das Fort wurde von dem hessischen General Knyphausen erobert und hieß eine Zeitlang Fort Knyphausen. Eine Anekdote der Zeit erzählt, daß Knyphausen seine Hessen angewiesen hat, nicht auf den gegnerischen General von Steuben zu schießen.

Was nun begann, ist als der schreckliche Winter des Jahres 1776 in die amerikanische Geschichte eingegangen. Washington floh durch New Jersey und Pennsylvania und überquerte am 7. Dezember den vereisten Delaware-Fluß, zerstörte alle Boote, so daß der verfolgende Cornwallis den Winterfeldzug einstellte. Die amerikanische Sache war an einem Tiefpunkt angekommen, der Kongreß aus Philadelphia geflohen, die Armee nahe an einem Kollaps. Das elende Winterquartier sah eine von Typhus, Ruhr und Influenza geschwächte und dahinschmelzende Armee. 1776 waren nach Angaben des Surgeon General 1000 Mann gefallen, 1200 verwundet und 10000 an Krankheiten zugrundegegangen. Der nächste Winter sollte noch schlimmer werden.

Fast unabhängig von all diesen Ereignissen hatte sich im stillen eine amerikanische Marine gebildet und in kühnen Handstreichen den Krieg in europäische Gewässer getragen. Mit Kanonen bestückte Handelsschiffe waren vom Kongreß beauftragt, einen Kaperkrieg zu führen. Die ›Rattlesnake‹ – Klapperschlange – drang bis in die Ostsee ein, zahlreiche englische Schiffe kapernd. Später griffen die amerikanischen Fregatten ›Ranger‹, ›Bonhomme Richard‹ und ›Trumbull‹ englische Nordseehäfen an, und in einem Seegefecht bei Flamborough Head besiegte Commander Jones HMS ›Serapis‹ und schleppte den Gegner in den neutralen holländischen Hafen von Texel. Kriegsentscheidend war das freilich nicht, aber es zeigt, wie vielfältig die zunehmenden Schwierigkeiten der Engländer wurden. Auch die französische Flotte griff in den englischen Nachschubverkehr ein, eine späte, wenn auch süße Rache für den verlorenen Indian War, von dem noch die Rede sein wird.

Sieht man Saratoga als Wendepunkt des Krieges an, so darf man doch nicht übersehen, daß das Winterlager von Valley Forge, wie so mancher Winter auf europäischen Kriegsschauplätzen, der Continental Army kaum eine Chance ließ. Washington hatte den Ort gewählt, weil er den Engländern die Verbindung zwischen Norden und Süden abschnitt. Aber der Kongreß hatte die Armee im Stich gelassen. Der Krieg hatte inzwischen lange genug gedauert, um eine clevere Kaufmannschaft ihre Chancen wahrnehmen zu lassen, die Weizen lieber an die gut zahlenden Briten in New York verkauften als an den armen Kongreß. Und immer noch gab es eine Menge Loyalisten und Anhänger der britischen Krone, die die Armee als Rebellen betrachteten und ihr Vieh in Sicherheit brachten. Washington schrieb an den Kongreß: »Ich bin überzeugt, daß, wenn nicht ein unerwarteter Umschwung eintritt, nur noch drei Dinge eintreten können: Verhungern, Auflösung der Armee oder Marodieren um Verpflegung.« Mehrere Tausende starben, weitere Tausende desertierten, und von den im Frühling verbleibenden 6000 Mann hatten die Hälfte nur noch Lumpen an den Füßen. Das hat die Pennsylvania Legislative aber nicht gehindert, dem verbitterten Washington vorzuwerfen, er unternähme nichts, um die (bestens versorgten) Briten in Philadelphia anzugreifen. In dieser Not fand George Washington Unterstützung bei dem preußischen Generalmajor Baron von Steuben, der unter schwierigsten Umständen die Reste der Armee wieder sammelte, ausrüstete und unterwies. Bemerkenswert sind seine Aussagen über die Natur dieser Rebellen-Soldaten: *Der Genius dieser Nation ist von ganz anderer Natur als der von Preußen, Österreich oder Frankreich. Wir sagen zu einem Soldaten ›Tu dies‹ und er tut es, aber hier muß ich sagen ›dies ist der Grund, warum du dies tun mußt‹, und dann erst tut er es.* Baron von Steuben verstand es offenbar, mit den Siedlern umzugehen, denn nach Valley Forge wurde die Continental Army allmählich eine disziplinierte und taktisch erfahrene Armee.

Obwohl die englischen Truppen 1780 Philadelphia räumten, hatte ihr neuer Oberbefehlshaber Henry Clinton noch nicht aufgegeben. Er verlegte den Kriegsschauplatz in die Südstaaten und war darin durch englische Politiker bestärkt worden, die hofften, in diesen bislang mehr aristokratisch verwalteten Staaten Unterstützung durch die Loyalisten zu bekommen. Nachdem Clinton 1778 Savannah erobert hatte, drang er in South Carolina ein und eroberte am 12. Mai 1780

Charleston. Er selbst ging zu seinen Truppen in New York zurück, den örtlichen Befehl Lord Cornwallis überlassend, dem es aber nicht gelang, die Carolinas zu unterwerfen. Immer deutlicher wurde, daß die Briten nur noch im küstennahen Bereich und unter dem Schutz ihrer Flotte Erfolge hatten. Aber auch die Flotte hatte bei der Unterstützung von Cornwallis, der sich zuletzt in die Gegend von Yorktown am Ausgang der Chesapeake-Bucht zurückgezogen hatte, Ärger mit den Franzosen unter d'Estaing. So war die Chesapeake Bay seeseitig offen, als am 30. August 1781 eine französische Flotte mit 31 Kriegsschiffen in die Bucht einlief und Cornwallis in der Falle saß. Der französische Admiral de Grasse landete starke Truppen, die, zusammen mit Washingtons von New York herbeigeeilter Armee, Yorktown auch von Land einkreisten. Und wieder war es ein schlechter Zeitplan, der die Briten zu Verlierern machte. Clinton segelte mit seiner Hauptstreitmacht von New York herbei. Die Situation ähnelte dem Versuch beider Seiten, 1776 von Boston aus zuerst New York zu erreichen. Wieder war Washington auf der inneren Linie schneller, unterstützt von Lafayette. Am 19. Oktober kapitulierte Cornwallis und schrieb an Clinton: »I have the mortification to inform your Excellency that I have been forced to give up ... to the combined forces of America and France.« Es entbehrt nicht der Ironie, daß Clinton fünf Tage später vor Yorktown eintraf und gerade noch rechtzeitig die verdächtige Stille in der Bucht bemerkte, bevor er niedergeschlagen zurücksegelte. Die britischen Truppen marschierten korrekt in ihren roten Röcken in die Gefangenschaft. Ihre Militärkapelle intonierte »The world turned upside down« – das nun eine ganz neue Bedeutung gewonnen hatte. An der Spitze der dritten Kompanie eines Ansbachischen Jägerbataillons marschierte nachdenklich der junge Leutnant August Wilhelm Anton Gneisenau. Die preußische Geschichte sollte noch von ihm hören.

Der Friede von Versailles im September 1783 beendete den Krieg, der einer geworden war, obwohl er ursprünglich nur eine Rebellion hätte sein sollen. Im Dezember segelten die letzten englischen Truppen von Fort Clinton in Manhattan ab, das Fort hat sich im Battery Park erhalten. Der dankbare Kongreß gewährte jedem amerikanischen Soldaten stolze achtzig Dollar, mußte aber erkennen, daß er nicht liquid war und gab dann Schuldscheine aus. Aber mit dem Dank des Vaterlandes ist das so eine Sache. Ohne einen Penny in der Tasche, hungrig und bettelnd, zogen die Soldaten, die nun Veteranen waren, von Taverne zu Taverne, gelegentlich ließen sie auch ein Huhn mitgehen und die Schuldverschreibungen waren den städtischen Kaufleuten nicht mehr als ein paar Dollar für ein Andenken wert. Es war ein bitteres Nachhausekommen. ›Mustered out – a rest on the way home‹ ist der Titel eines nachdenklich machenden Gemäldes von Howard Pyle. Das mochte auch George Washington empfunden haben, und die Art, wie er sich zurückzog, spricht wiederum für diesen Mann.

Am 4. Dezember 1783 verabschiedete sich George Washington von seinen Offizieren in Fraunces Tavern, die wir in New York besuchten. Wie wir dort hörten, gab er im Long Room ein Abschiedsessen, hielt eine kurze Ansprache, bei der seine Stimme versagte, und gab jedem die Hand, seiner Tränen nicht achtend. Ein kleines Boot brachte ihn über den Hudson nach Paulus Hook, von wo aus er nach Annapolis ritt, um dem Kongreß seinen Abschied zu überreichen. Die Augenzeugen berichten von einer bewegenden Szene, wieder war Washington seiner Stimme nicht mächtig und zog wortlos sein Entlassungsgesuch aus der Brusttasche. Am anderen Morgen brach er allein zu Pferde auf, durchritt auf aufgeweichten Wegen halb Virginia. Am späten Abend des 24. Dezember traf ein einsamer Reiter durchnäßt und verschmutzt in Mount Vernon ein. Er hatte nur noch einen Wunsch, er wollte den Heiligen Abend mit seiner Frau, seinen Kindern und Enkeln verbringen.

Boston: Tea Party und Harvard

Knapp zehn Jahre nach Plymouth von englischen Puritanern gegründet, wurde der geschützte Hafenplatz an der Mündung des Charles River bald zu einem blühenden Gemeinwesen. Auch wenn heute die Stadt (ohne Vororte) etwa 600000 Einwohner umfaßt, so hat sie doch wie wenige Städte Amerikas ihren Charakter in einer unverwechselbaren Weise bewahrt. Das ist um so erstaunlicher, als der Zustrom von englischen Puritanern bald abgelöst wurde durch Iren und Italiener. So hat die Altstadt, einst ›Trimountain‹ geheißen nach den drei Hügeln auf der kleinen Insel, die durch das Boston Neck mit dem Festland verbunden ist, da und dort südländische Züge angenommen, etwa in der Salem Street, in der sich der Charme italienischen Straßenlebens angesiedelt hat mit Läden und Ständen voll Obst, Gemüse und Backwaren. Und doch sind Wesen und Hintergrund dieser amerikanischen Stadt, die in mancher Hinsicht die kultivierteste und geistvollste des Landes ist, unverändert englisch in seiner protestantisch-elitären Ausprägung. Boston erleben wir am besten, wenn wir dem Freedom Trail nachgehen, der bei der City Hall beginnt und in Form roter Fußstapfen auf dem Gehweg leicht zu verfolgen ist.

Dabei werden wir bald auf *Faneuil Hall* stoßen, 1742 noch unter britischer Flagge erbaut und eine Mischung von Rat- und Kaufhaus jener Zeit. Das Erdgeschoß dient heute noch Geschäften, während die Obergeschosse einst wie jetzt Versammlungsräume sind. Hier hat einer der badischen ›Achtundvierziger‹, Carl Schurz, kurz vor dem Amerikanischen Bürgerkrieg dazu aufgerufen, Abraham Lincoln die Stimme zu geben und der Sklaverei ein Ende zu setzen. Wenig später, bei Gettysburg, ist er als Chef des XI. Armeekorps, umgeben von den Pennsylvaniendeutschen, für eine Freiheit eingetreten, der 1848 nach der Niederlage von Rastatt der Erfolg versagt blieb, was erneut Zehntausende aus Baden und der Pfalz nach Amerika getrieben hat.

Das hübsche, 1713 erbaute *Old State House* in Court Street beherbergte den General Court, das koloniale Parlament der ersten schüchternen Selbstverwaltung der Massachusetts Bay Company. Unweit fand in State Street 1770 das Boston Massaker statt, bei dem britische Soldaten von der über die Stempelsteuer aufgebrachten Menge als ›Lobsterbacks‹ beschimpft wurden (wegen ihrer roten Röcke mit Hummerschwänzen verglichen), und in ihrer Unsicherheit in die Menge schossen und fünf Bostoner töteten.

Folgen wir dem rotfüßigen Pfad südwärts, so kommen wir zum *Old South Meeting House* von 1729. Meeting House war und ist im puritanischen Understatement ein Bethaus. Hier hat ein bedeutendes Ereignis der neueren Geschichte seinen Ausgang genommen. Am 16. Dezember 1773 verkleideten sich hier einige Kolonisten mit indianischen Gewändern, gingen zum alten Hafen hinunter und besorgten, was die Welt später die ›Boston Tea Party‹ nannte. Seit Jahren waren die Kolonisten durch die Stempelsteuer gereizt worden. Alle möglichen Dokumente bedurften eines ›Stamp‹, der natürlich Geld kostete und so aufreizende Inschriften trug wie ›Honi soit qui mal y pense‹. Nun hatte sich das Londoner Parlament im Interesse der East India Company etwas Neues ausgedacht. Das Geschäft mit indischem und chinesischem Tee stagnierte, da zunehmend andere Flaggen in diesen Handel eintraten. Da lag es nahe, durch die Townshend Acts 1773 der East India Company ein Monopol für das Empire zu geben, ein Monopol, das freilich nicht bedacht hatte, wie heilig der Tee den Engländern diesseits und jenseits des Atlantik ist. So stiegen an jenem Dezemberabend des Jahres 1773 eine Handvoll junger Burschen zur Atlantic Avenue hinunter und kletterten an Bord der ›Beaver‹, mit der die ersten versteuerten Teekisten angekommen waren. Der Tee wanderte über Bord, die geringen Wellen, die von den Teekisten ausgingen, sollten ein Weltreich ins Schwanken bringen. Eine Replik der ›Beaver‹ liegt immer noch an der Pier, schon wieder von den Herbststürmen zerzaust und fast ein Stück Vergangenheit.

Und nochmals, 1775, stand das Old South Meeting House im Zentrum des aufflammenden Widerstands. Der englische General Gage hatte Befehl zum Marsch auf Concord gegeben, von dem an anderer Stelle erzählt wird, und die Aufrührer gaben vom Kirchturm des Old South Laternensignale, die Paul Revere zu seinem berühmten Ritt veranlaßten, mit dem er John Hancock und Sam Adams knapp vor dem Eintreffen der Rotröcke zur Flucht verhalf.

Der alte *Hafen* von Boston war der Schauplatz mancher Ereignisse, die der Tea Party vorausliefen, den Stachel spitz und scharf machten, den die britische Krone den Neuengländern anzusetzen gedachte. Den stets unruhigen Samuel Adams und seinen Bruder dürfen wir uns hier vorstellen im Gespräch mit den von immer mehr Vorschriften eingeengten Kaufleuten Bostons. Samuel Adams war ein Kind dieser Stadt, finster und entschlossen und unter allen amerikanischen ›Revolutionären‹ vielleicht der einzige, der dieses Wort wirklich verdient, den politischen Agitatoren unserer Tage nicht unähnlich. Der britische Gouverneur in Virginia hatte ihn durchschaut und sprach bei einer Beratung in London »of this damned breed of Adamses«. Hier am Hafen wird Samuel Adams auch den Kaufmann John Hancock kennengelernt haben, der bald der Financier der ›Sons of Liberty‹ wurde und darum von den Zollbehörden argwöhnisch betrachtet. Eines Tages setzte man ihn fest, unter der Anklage, mit seinem Schoner ›Liberty‹ Madeira geschmuggelt zu haben. Die Hafenarbeiter und jene Typen, die in jedem Hafen der Welt herumstehen, wenn es Krakeel gibt, befreiten ihn und sein Schiff, machten soviel Lärm, daß die britischen Behörden den Rückzug in das alte Fort antraten. Zwei Regimenter aus Halifax wurden in Marsch gesetzt, prompt gab es Unruhen in Halifax, und der Council der Massachusetts Bay Company wurde nun vom Gouverneur ernannt und nicht mehr gewählt.

Den größten Ärger aber gab es mit dem ›Boston Port Act‹, mit dem die englische Regierung nach der Tea Party den Hafen schloß »until peace and obedience to the laws shall be restored«. Boston verödete wirtschaftlich, der Hafen lag voller Kriegsschiffe, und in kurzer Zeit war der britische Machtbereich auf das engere Stadtgebiet beschränkt. Das flache Land war in der Hand der Committees of Correspondence, die bald eine Convention wählten und lebhafte Unterstützung zumal aus Virginia fanden. The Old Dominion Virginia sandte Getreide, um die Blockade des Hafens unwirksam zu machen. Doch den weiteren Fortgang dieser Geschichte möchte ich dem verehrten Leser bei unserer Rundreise durch Virginia erzählen, wo sich beim Besuch von Raleigh's Tavern im alten Williamsburg dazu zwanglos Gelegenheit ergibt.

Eine ganz andere Geschichte führt uns nach Hamburg. Manchem Besucher Bostons mag schon aufgefallen sein, daß das Charles River Basin oberhalb der Verengung zwischen Boston und Charlestown Ähnlichkeit mit Hamburgs Binnen- und Außenalster hat. Diese ist beabsichtigt. Der Bostoner Bankier Storrow machte 1890 beim Hamburger Bankier Warburg einen Besuch und war von dem städtebaulichen Arrangement der aufgestauten Alster beeindruckt. Frederick Law Olmsted, der Architekt des New

Yorker Central Park, hat dann Bostons ›Alster‹ entworfen, doch fehlt ihr das liebevoll gewachsene Ambiente um Jungfernstieg und Harvestehuder Weg.

Bevor wir die Wasserfront des Boston Inner Harbor verlassen, sehen wir noch jenseits des Charles die ›Old Ironside‹ USS ›Constitution‹ mit ihren Rahen. Zurückgekehrt in die alte School Street und wieder auf dem Freedom Trail, stoßen wir auf den *Old Corner Bookstore* aus dem frühen 18. Jahrhundert. Heute haust hier der ›Boston Globe‹, eine renommierte Zeitung, deren Name uns daran erinnert, daß Bostonians ihre Stadt als ›Hub of the Universe‹, als Mittelpunkt des Universums betrachteten. Dieser Bookstore gehört zur geistigen Landschaft Neuenglands, einst traf sich hier die literarische Welt Bostons – Longfellow, Emerson und Hawthorne. Auf dem nahen *Old Granary Burying Ground* liegt John Hancock begraben, einer der ersten ›Sons of Liberty‹, von dem wir schon gehört haben. Gehen wir nun den Trail in den Norden Bostons hinauf, so kommen wir zur *Old North Church*, wo sich 1757 John Child in der Rolle des Schneiders von Ulm versucht hat, indem er vom Dach herabflog. Die heute *Christ Church* genannte und 1723 erbaute Kirche liegt inmitten kleiner städtischer Gärten und bewahrt in ihrer Umgebung die Atmosphäre des alten Boston. Indem wir uns nun anschicken ›across the Charles‹ in die geistige Landschaft Bostons, den Bereich von Harvard University aufzubrechen, betrachten wir noch eine Inschrift, die in Bostons *North Church* hängt und viel enthüllt über das puritanische Lebensgefühl, eine Inschrift, die man zwar übersetzen könnte, die dabei aber viel von ihrem besonderen Charakter verlieren würde (s. S. 208).

Der große Name von Boston ist *Harvard.* Sein Ursprung führt uns in die Shakespeare-Stadt Stratford-upon-Avon, die in die vielleicht schönste englische Landschaft mit sanft geschwungenen Hügeln und rauschenden Eichen- und Ulmenwäldern eingebettet ist. Wer Neuengland verstehen will, der muß dieses alte England ein wenig verstehen und kennen, seine schwarzweißen elisabethanischen Fachwerk-

GO PLACIDLY

AMID THE NOISE AND THE HASTE AND REMEMBER WHAT PEACE THERE MAY be in SILENCE.

As far as possible without surrender be on good terms with all persons. Speak your truth quietly and clearly, and listen to others, even the dull and ignorant; they too have their story. Avoid loud and aggressive persons, they are vexatious to the spirit. If you compare yourself to others you may become vain and bitter, for always there will be greater and lesser persons than yourself.

Enjoy your achievements as well as your plans. Keep interested in your career however humble; it is a real possession in the changing fortunes of time. Exercise caution in your business affairs, for the world is full of trickery. But let this not blind you to what virtue there is; many persons strive for high ideals, and everywhere life is full of heroism. Be yourself, especially do not feign affection. Neither be cynical about love; for in the face of all aridity and disenchantment it is as perennial as the grass. Take kindly the counsel of the years gracefully surrendering the things of youth.

Nurture the strength of spirit to shield you in sudden misfortune. But do not distress yourself with imaginings. Many fears are born of fatigue and loneliness. Beyond a wholesome discipline, be gentle with yourself. You are a child of the universe, no less than the trees and the stars: you have a right to be here. And whether or not it is clear to you, no doubt the universe is unfolding as it should.

Therefore be at peace with God, whatever you conceive Him to be; and whatever your labours and aspirations, in the noisy confusion of life, keep peace with your soul. With all its shams, drudgery and broken dreams, it is still a beautiful world. Be cheerful. Strive to be happy.

Text der Inschrift aus Bostons Old North Church

bauten in den kleinen Städten, seine reetgedeckten, geduckten Bauernhäuser in ihren bunten poetischen Gärten, auch die großen Herrensitze in ihren weiten Parks, deren unverwechselbares Lebensgefühl sich auch der Neuen Welt mitgeteilt hat. Nicht nur äußerlich. Engländern wird gelegentlich nachgesagt, sie seien völlig unromantisch, dafür nüchtern und besitzergreifend. Solches Urteil kann nur entstehen, wenn man übersieht, daß es Engländern nicht liegt, ihre Gefühle öffentlich zu zeigen. Sie zu haben, ist eine andere Sache, und dieses Innenleben muß es ja wohl gewesen sein, das diesem in vielen Kolonien in aller Welt verstreuten Volk immer die Kraft gegeben hat, sich nicht aufzugeben und nicht aufzugehen in neuer Umgebung. Neuengland steht dafür als Zeuge.

An Stratfords High Street steht das prächtige Harvard House, 1596 von Thomas Rogers errichtet. Sein Enkel, John Harvard, als Geistlicher nach Massachusetts ausgewandert, gab 1636 seine Bibliothek, sein Farmland und eine Summe Geldes für das gerade von den General Courts der Massachusetts Bay Company gegründete College, das bald seinen Namen annahm. Wie eng die Bindungen an das Mutterland waren, ersieht man auch an der Umbenennung der 1630 gegründeten Stadt Newtown, dem Sitz der Harvard University, in *Cambridge.* Auch da war wohl John Harvard nicht ganz unschuldig, denn er hatte sein Studium im Emmanuel College des englischen Cambridge begonnen. 1979 hat man den 350. Tag seines Studienbeginns in beiden Cambridges gefeiert, ein großer Tag einer immer noch gemeinsamen angelsächsischen Welt. Obwohl Harvard University beträchtlich über John Harvards vierhundert theologische Bücher hinausgewachsen ist und heute eine finanzielle Ausstattung von über einer Milliarde Dollar besitzt, unterscheidet es sich sehr stark von anderen amerikanischen Universitäten. Und ist Yale College, das wir in New Haven besucht haben, ein an die Gotik erinnerndes Ensemble von Bauten, so ist Harvard unverwechselbar georgianisch oder ›federal‹ in seinem Baustil.

Wir finden den Campus, indem wir Downtown Boston über die Longfellow Bridge verlassen und dann nach Westen entlang dem Ufer des Charles fahren (Highway 3 oder 2). An der Anderson Bridge halten wir uns rechts und gelangen sogleich in das Zentrum des ausgedehnten Campus. Flußnah liegen die typischen Studentenwohnhäuser, wahre

Schlösser in rotem Ziegelstein, sparsam eingefaßt mit weißen klassizistischen Gesimsen, geschmückten dreieckigen Giebelfeldern, und oft überragt von einem achteckigen Turmhelm, der unweigerlich an Inigo Jones und Christopher Wren erinnert. Sollte unser Interesse nun eingehender sein, so empfehle ich, sich einem der geführten Rundgänge anzuschließen, die am Information Center, 1350 Massachusetts Avenue, beginnen und täglich zwischen 9 und 17 Uhr (Sonntags 13 und 16 Uhr) stattfinden. Dauer etwa eine Stunde und kostenlos.

Sollten wir aber auf eigene Faust uns umsehen wollen, so finden wir im Zentrum *Harvard Yard*, ein recht geschlossen wirkendes Geviert mit Collegebauten und saftig grünen Rasen, an die sich die *Memorial Church und Hall* anschließen. Jenseits der Kirkland Street liegt der Komplex der *Law School*, die, wie alle englisch geprägten Universitäten, in der Form des Quadrangel angelegt ist. Östlich davon befinden sich die Trakte der Chemiker und Biologen, und wenn wir zur Kirkland Street zurückkehren, stoßen wir auf das *Busch-Reisinger Museum*, in dem wir etwas verwirrt vor dem Hauptportal des Freiburger Münsters stehen (natürlich einer Replik) und eine reiche Sammlung deutscher Maler des frühen 20. Jahrhunderts (u.a. Kokoschka und Klimt) finden werden. Die Zahl der Museen in Cambridge – meist naturwissenschaftlich orientiert – ist Legion. Die bemerkenswertesten Gebäude sind die *Massachusetts Hall* von 1720 und das von Walter Gropius 1950 erbaute *Graduate Center*.

Und doch wird dies alles in uns nicht jenen Eindruck lebendig machen, der nötig ist, um Harvard und seine Prinzipien zu verstehen. Auch die Hochschulen Amerikas leben in einer beständigen Krise. Sie ist aber weit weniger durch den massiven Eingriff des Staates ausgelöst worden, als durch allzu opportunistisches Eingehen auf die Zeitströmungen. Es gab eine Zeit, in der in manchen Colleges der amerikanischen Provinz ein sozialkritischer Kommentar zum Bilderalbum der Großmutter genügte, um einen Grundkursus in Social Science zu absolvieren. Das hat für

Harvard nie gegolten, hier ist neben dem Fachstudium immer darauf geachtet worden, daß Allgemeinbildung einen hohen Rang einnimmt. Was in den fünfziger Jahren an deutschen Universitäten unter dem Namen Studium Generale eingeführt wurde, in der Folge halb versank (aus Lustlosigkeit der Professoren und Studenten), um dann mit weltanschaulichen Einfärbungen wieder an die Oberfläche zu kommen, das ist in Harvard (wie auch in Yale, Princeton und anderen führenden amerikanischen Universitäten) ganz anders angegangen worden.

Die ersten vier Studienjahre wird nicht nur der B.A., der Bachelor of Arts – unserem Vordiplom entsprechend –, abgelegt, sondern eine intensive ›liberal arts education‹ betrieben. Ziel ist, den jungen Menschen zunächst einmal sich selbst, seine Welt, die Intentionen der von ihm gewählten Wissenschaft erkennen zu lehren. In diesem Findungsprozeß wird auch in unauffälliger Weise das unterschiedliche Bildungsniveau, nach Herkunft schwankend, ausgeglichen oder doch angenähert. Begriffe wie Chancengleichheit werden gar nicht erst in den Mund genommen und, wiewohl Harvard eine Eliteuniversität ist, rekrutieren sich seine Studenten keineswegs nur aus den upper classes. Von den rund 13000 Studenten kann ein großer Teil die hohen Kosten von etwa

8000 Dollar im Jahr nicht aufbringen, erhält also Stipendien, hat sie aber auch durch Leistung zu quittieren. Harvard ist eine staatsunabhängige Privatuniversität. Sie lebt nicht von den ›Gebühren‹ der Söhne und Töchter reicher Eltern, nicht von staatlich gewährten Zuschüssen, sondern von den Zinsen eines angesammelten Kapitals, das ihrem Board, dem Präsidenten von Harvard und seinen Professoren Unabhängigkeit garantiert.

Interessant ist der Auswahlmodus der jährlich etwa 15000 Bewerber, von denen nur knapp 2000 aufgenommen werden können. Man muß also die Begabung in einem individuell zugeschnittenen Prozeß aus College-Abschlußzeugnis, einem Test, Interviews der Gesamtpersönlichkeit, Lebenshintergrund und Empfehlungen ermitteln. Sicher mögen einige dieser Empfehlungen von einflußreichen Ölmagnaten stammen, doch die meisten sind ganz einfach Briefe früherer Lehrer, Geistlicher, am Lebensweg dieses jungen Menschen Interessierter, und warum sollte dies nichts wiegen gegenüber dem armseligen Klappern eines Computers? Jedenfalls ist die rein intellektuelle Qualifikation nicht das Ausschlaggebende, nicht allein Fleiß, Anpassungsvermögen und Eigenschaften dieser Art, die oft genug zum beschränkten Spezialistentum führen.

Harvard hat seine Studienpläne in den letzten Jahren revidiert. Jene schon erwähnten ersten vier Jahre haben ein Kernprogramm erhalten, das sogenannte Core Curriculum, das vorsieht, der englischen Sprache (!), Geschichte und Literatur, Sozialgeschichte und Philosophie wieder den ihnen gebührenden Platz einzuräumen, diese Fächer nicht nur einem Fachstudium zu überlassen. Das Core curriculum »soll den gebildeten Menschen befähigen, verantwortungsvolle Entscheidungen zu treffen«. Die alte und neue Nähe zum englischen Erziehungssystem ist unübersehbar, ebenso unübersehbar aber ist die Abkehr vom deutschen Universitätssystem, das bei der Einrichtung der Graduate School Harvards im 19. Jahrhundert Pate gestanden hat. Damit hat Harvard eine entschlossene Kehrtwendung vollzogen.

Enger an Fachwissen gebunden und diesem verpflichtet sind zwei andere Hochschulen zwischen Boston und Cambridge. Das berühmte *Massachusetts Institute of Technology*, kurz MIT genannt, liegt auf halbem Wege zwischen Boston und Harvard Campus am Charles River. 1861 in der Zeit der großen industriellen Expansion Amerikas gegründet, vereint es viele naturwissenschaftliche und technisch ausgerichtete Institute. Auch hier gibt es eine Führung, die vom Main Building, 77 Massachusetts Avenue, ausgeht. Eero Saarinen hat das *Kresge Auditorium* und die *Kresge Chapel* Mitte der fünfziger Jahre erbaut. Unweit hat in 105 Brattle Street der Dichter Henry Longfellow von 1837 bis 1882 gelebt. Das 1759 errichtete Haus hat eine elegante Inneneinrichtung, die noch auf Longfellow zurückgeht, der einer der Großen der amerikanischen Literatur des 19. Jahrhunderts war. *Harvard Business School* widmet sich der Volkswirtschaft und Betriebswirtschaft, hat ebenfalls weltweiten Ruf, vor allem durch seine Publikationen wie die ›Harvard Business Review‹, bei deren gelegentlicher Lektüre man freilich feststellen wird, welche Randlage Europa heute einnimmt.

Nach Norden bis Portsmouth

Wir verlassen Boston auf dem Highway 1, gewinnen bei Peabody die Interstate 95 auf unserer Fahrt nach Portsmouth. Wen es nochmals zur See zieht, der kann küstennah über die 1A und die 127 nach Salem, Marblehead und Rockport fahren. Diese Küste ist für die Bostonians, was die Connecticutküste für die New Yorker ist: Strand, Sonne, Fischen und Segeln. Das alte *Salem* ist im Ostindienhandel reich geworden, aber 1692 kam das Städtchen in den Ruf einiger Hexenverfolgungen. Das 1642 erbaute Witch House, 310 Essex Street, erinnert an den hier wohnenden Hexenrichter Jonathan Corwin, durch dessen Urteilsspruch viele Frauen in den Tod geschickt wurden. Wir können heute gar nicht mehr nachvollziehen, wie in jenen doch ansonsten schon recht aufgeklärten Jahren dieser mittelalterliche

Wahnsinn wieder aufkommen konnte. Das Ganze hatte begonnen in einer Atmosphäre sektiererischer Verirrungen. Eine Gruppe junger Mädchen hatte ein Buch gelesen, ›How to Discover the Possessed‹, und wie ein Buschfeuer erfaßte der ganze Unfug seriöse Leute. Wer dagegen sprach, machte sich verdächtig, und etwa zwanzig Opfer wurden hingerichtet, weil sie nicht zugeben wollten, eine Hexe zu sein. Ein halbes Hundert rettete sich durch ein Bekenntnis – hier ist der Unterschied zu den Hexenprozessen des Mittelalters. Ende 1692 war alles vorbei, denn ein energischer Gouverneur gebot Einhalt.

Salem besitzt schöne alte Holzhäuser, etwa das ›House of the Seven Gables‹, 54 Turner Street, Geburtshaus von Nathaniel Hawthorne (1804–1864), der hier seinen nach dem Namen des Hauses betitelten Roman geschrieben hat. Als im 18. Jahrhundert der Fernhandel über See blühte, ließen sich die reichen Kapitäne in Salem von Samuel McIntire hübsche Bauten hinstellen, so das Peirce-Nichols-House von 1782, 80 Federal Street, oder das Pingree House von 1804, 128 Essex Street. Wunderschön ist die jahrhundertealte Chestnut Street, von manchen als eine der schönsten Straßen Amerikas bezeichnet.

Im nahen *Marblehead* hat sich unter dem Schutz eines Landvorsprunges ein bezaubernder Yachthafen entwickelt. Sommers finden hier viele Regatten statt, vor allem in der letzten Juliwoche, Race Week genannt. Südlich ist *Devereaux Beach* eine angenehme Bleibe.

In einer Bucht der kleinen Halbinsel, deren Küsten wir bislang gefolgt sind, liegt *Rockport* mit dem ›Bearskin's Neck‹, dem Bärenhaut-Kap, mit vielen Fischrestaurants, Hummeraufzuchtteichen und dem unvermeidlichen Umtrieb moderner Künstler.

Ob wir nun auf der Interstate 95 oder auf der bereits erwähnten 1A nordwärts fahren, bei Newburyport queren wir den Merrimac, und wir sollten versuchen, zwischen Newburyport und Amesbury das an der alten Kettenbrücke gelegene *Beaumanoir House* zu finden. 1792 wurde hier an der Grenze von Massachusetts und New Hampshire dieses Gasthaus errichtet, das auch heute noch zum Übernachten und Speisen einlädt und mit seiner gepflegten, stilvollen Einrichtung, seinen wunderschönen kleinen Alkovenzimmern, von denen man einen weiten Ausblick auf den durch viele kleine Inseln zerteilten Merrimac hat, bezaubernd ist. Flußseitig zieht sich ein kleiner Hang hinunter, schöne alte Bäume gewähren Schatten, Boote liegen in kleinen Buchten, weißlackierte Bänke und Balustraden laden zum Verweilen, geben das Bild einer geruhsameren Zeit, die ihr Leben zu gestalten wußte. Von hier sind es nur ein paar Segelminuten zum Atlantik.

Die Old Boston Post Road nimmt uns weiter nordwärts. Die schönen Strände von *Hampton Beach* und die stilleren von *Rye Harbor* und *Wallis Sands* verbindet die 1A, vorbei an prächtigen Strandvillen und weiß gestrichenen Sommerhäusern. Hier wird uns bewußt, wie reich dieses Land ist, wie gelassen es in sich selbst ruht und wie fern die Probleme der übrigen Welt sind.

Als die ersten Siedler gegen 1630 *Portsmouth* gründeten, nannten sie den Platz Strawberry Banke nach den Unmengen köstlicher Walderdbeeren, die sie am Ufer des Piscataqua River gefunden hatten. Mit diesem Namen wird auch heute das historische Zentrum von Portsmouth bedacht, in dem man versucht, den Charme der noch vorhandenen kolonialen Häuser und ihrer Gärten zu erhalten. Viele Handwerker sind hier noch geschäftig, und dabei fällt uns ein, daß wir in manchen Städten Neuenglands in Möbelgeschäften und selbst in Kaufhäusern Mobiliar unserer Zeit sahen, modern und funktional und doch stets mit jenem Hauch klassizistischer Formschönheit, der manches Haus an diesen begnadeten Küsten auszeichnet.

New Hampshires und Vermonts Seen und Berge

IN Portsmouth trennen wir uns vom Atlantik. Seine Brandung und das Geschrei der Möwen, das Rauschen des Windes im Dünengras und das nächtliche Aufblitzen der Leuchtfeuer wird uns eine Weile fehlen. Der Highway 4 führt uns bis Rochester, dann nehmen wir den Highway 11 durch die einsame Landschaft zunächst hart an der Grenze zum Bundesstaat Maine. Die Vegetation erinnert daran, daß die Tundren des Nordens nicht mehr allzuweit sind. Dabei kann der Vergleich mit europäischen Breitengraden sehr in die Irre führen, denn ginge es nur nach den Breitengraden, so müßten wir uns in Neuengland eines italienischen Klimas erfreuen und New York hätte die Temperaturen Neapels, auf dessen Breitengrad es liegt. Tatsächlich können während des Sommers auch Temperaturen erheblich über 30 Grad Celsius auftauchen – New York ist berüchtigt ob seiner sommerlichen Schwüle, aber diese kann auch unerwartet rasch zu kühlem und regnerischem Wetter umschlagen, so daß die Wahl der Reisekleidung etwas problematisch ist. Vor allem im Frühjahr und Herbst, einer aus vielen Gründen bevorzugten Reisezeit, fegt mit atemberaubender Plötzlichkeit ein kalter Blizzard bei eisblauem Himmel die Ostküste herab, bringt die Fischer vor den Küsten von Maine und Massachusetts in Not und legt den Straßenverkehr in New York lahm. Bei einem solchen Blizzard in Downtown lag ich einmal der Länge nach auf dem Boden und hielt mich an einem Eisenpfosten fest, während rings um mich Menschen wie Blätter im Herbst über die Straße gewirbelt wurden und einer jener berittenen Cobs, die es zum Erstaunen des Touristen in Manhattan gibt, mit seinem Roß in volle Deckung ging, was ungemein komisch wirkte, weil Mann und Roß sich irgendwie trennen wollten, aber nicht konnten.

Lake Winnipesaukee

Allmählich wird die Landschaft hügeliger, und fast unerwartet stoßen wir bei Alton Bay auf die südlichste Bucht des Lake Winnipesaukee. Dieser größte See New Hampshires bildet mit einer Küstenlinie von 450 Kilometern eine ganz eigene weitverzweigte Landschaft voller stiller Buchten, waldumstanden und von reizvollen Mittelgebirgen umrahmt. Über 300 kleine und kleinste Inseln schwimmen im See, felsig und von eigenwilligen Kiefern und Birken bewachsen. Wer unverfälschte Natur liebt, dem wird hier das Herz höher schlagen, und wer sich aus seinen Kindertagen noch dazu die Erinnerung an Indianerbücher bewahrt hat, den wird es hier festhalten, um zu schwimmen oder ein Boot zu mieten und diese ideale Seelandschaft zu erkunden. Winnipesaukee ist unschwer als indianischer Name zu erkennen, zu deutsch heißt das: ›Lächeln des Großen Manitou‹ und wirft ein sympathisches Licht auf die einstigen Bewohner dieser schönen Gegend, die zum Stamme der Mohikaner gehörten, verwandt mit den Delawaren und mit diesen und den Narrangansett-Indianern an der Küste die Familie der Algonquins bildend. Das verwirrende an diesen Stammesnamen ist der Umstand, daß die Stämme mit dem Vordringen der Weißen immer weiter in den Westen Amerikas gedrängt wurden und ihre Namen in Flußbezeichnungen wie Mohawk und Delaware verewigt haben, die ihren letzten Siedlungsgebieten vor dem Untergang entsprechen und nicht ihrem ursprünglichen Stammesgebiet. Könnte man hier der Versuchung widerstehen, die Vorstellungen seiner Jugendlektüre hervorzurufen und ein Stück aus dem Wildtöterkapitel der Lederstrumpferzählungen von James Fenimore Cooper zu zitieren?

Die beiden zogen ein Kanu hervor, mit Sitzen, Rudern und allem Zubehör. Das Boot aus Baumrinde war keineswegs klein, aber verhältnismäßig leicht. Hurry nahm es ohne Mühe auf die Schultern. ›Geh voran, Natty‹, sagte March, ›und biege die Zweige auseinander, alles andere kann ich selbst tun.‹

Der junge Jäger gehorchte. Nach ungefähr zehn Minuten traten sie plötzlich in das glänzende Licht der Sonne, an einer niedrigen mit Kiessand bedeckten Stelle, die vom Wasser bespült wurde.

Vor ihnen lag ein großer See still und durchsichtig zwischen den Hügeln und Wäldern. Seine Länge betrug ungefähr elf Kilometer. Die Breite war verschieden. Das Ufer war unregelmäßig, mit Buchten und vielen vorspringenden niedrigen Landzungen. Der Charakter der Gegend war im ganzen gebirgig, die Berge traten auf neun Zehnteln des Ufers dicht an das Wasser heran. Über dem See lag eine feierliche Stille. Auf allen Seiten war nichts als Wasser, Himmel und Wald zu sehen. Die Hand des Menschen hatte noch nie diese Gegend berührt und entstellt.

›Es ist großartig‹, sagte Wildtöter, indem er sich auf seine Flinte lehnte und sich umsah. ›Kein Baum, soviel ich entdecken kann, wurde von der Hand einer Rothaut berührt. Alles blieb in Ordnung, wie der Herr es geschaffen hat‹.

Auch wir sollten nach den anstrengenden Tagen hier eine erholsame Pause einlegen. Das Wasser ist überraschend warm und lädt zum Baden, und wer mit einem Segel- oder Motorboot umgehen kann, findet mit etwas Glück in den kleinen Häfen eines zum Mieten.

Die großen Orte am See, etwa die hübsche Sommerfrische *Meredith*, bieten allen Komfort. Schöner und stimmungsvoller wohnt man in einem der einsamen Motels unmittelbar am Seeufer, vielleicht im Bayside Motel, unweit von Alton Bay am Westufer gelegen und über die Nebenstraße 11 D erreichbar. Ob in der leicht diesigen Stimmung des frühen Morgens, wenn die waldigen Ufer der nahen Bucht aus dem dampfenden See auftauchen, oder in den hitzeflimmernden Stunden des hohen Sonnenstandes, wenn alles träge und zufrieden auf den Planken der in den See hineingebauten Bootsstege döst oder in den Schatten der meist in malerischen Gruppen stehenden schneeweißen Papierbirken flüchtet, ob am Abend, wenn die Wasserflächen aufblitzen und die Segler wie dunkle Schatten darüber kreuzen – immer ist der See reizvoll und es fällt schwer, am Ende einer Reihe von Tagen die Familie wieder loszueisen.

In den nahen Restaurants um Alton Bay ißt man vorzüglich und preiswert und wieder fällt uns auf, wie gelassen und geduldig die Menschen dieser Gegend sind. Da ist keine Hast; mit unerschöpflicher Geduld wird den Kindern erklärt, welche Sorten von ›fries‹ es gibt – pommes frites –, wird lange diskutiert, ob die Frühstücksrühreier weich oder fest gebacken, mit oder ohne Schinken oder Speck sein sollen. Wie weit sind wir weg von den meist gereizten Kellnern Europas und ihrer nervös wedelnden Serviette! Ein Hummer mit Salaten, Brot und Butter kostet ganze sechs Dollar, nimmt man gleich zwei, macht es neun Dollar, und so starren uns von allen Tischen die feuerroten Maine-Hummer an, und das Geräusch der knackenden Scheren und Panzer bildet die wahrhaft kannibalische Begleitmusik.

Der See wird von dem Motorschiff ›Mount Washington‹ befahren, das auch in Alton Bay, Meredith und anderen Orten anlegt und tagsüber und in Vollmondnächten zu Rundfahrten einlädt.

Auch der Angler kommt hier auf seine Kosten. Man leiht eine Angel, nimmt auf der Gemeinde eine Lizenz und geht dem ›landlocked Salmon‹ nach, wie der Name sagt, einem ›landfest‹ gewordenen nahen Verwandten des atlantischen Lachses, der der Gardaseeforelle ähnelt. Dann gibt es die Seeforelle ›Lake Trout‹, hell gepunktet auf dunklem Grund, die bis zu zwanzig Pfund schwer werden kann. Weniger beliebt als Speisefisch sind offenbar die großmäuligen Barsche, ›bass‹ genannt, und die riesigen Hechte, ›northern pike‹. Der Stint, der früher auch die Elbmündung bevölkerte, findet sich in ganzen Schwärmen und zeigt uns, daß die Seen Neuenglands dem offenen Meer enger verbunden sind als die europäischen Seen.

Leider werden wir all diese Fische kaum auf einer Speisekarte finden. Es gibt keine Berufsfischer, und der Sportangler verzehrt seine gegrillte Beute mit stillem Vergnügen in den zahlreichen Ferienhäuschen, die malerisch zwischen flechtenbehangenen Uferfelsen und bemoosten Bäumen, und deren kleine Bootshäuser auf Pfählen schon halb im Wasser stehen. Kindern wird das Angeln und Fangen der kleinen Flußkrebse viel Spaß machen. Die handgroßen Tiere sind äußerst kampfeslustig und verstehen, mit ihren ungleichen Scheren herzhaft zu zwicken. Eine possierliche Bekanntschaft haben wir auch mit den Erdhörnchen gemacht, kleineren und graubraunen Verwandten unserer Eichhörnchen, die in Erdhöhlen leben und recht ungeniert sich dem Menschen nähern. ›Chip munk‹ nennt man sie hier, streng genommen ist es ein gestreiftes Backenhörnchen.

An der Straße nach Norden weist ein Schild auf einen Wanderweg nach dem *Mount Major*, und entgegen weitverbreiteter Meinung finden wir auf diesem Weg, der in etwa zwei Stunden auf den etwa 500 Meter hohen, waldreichen Berg führt, mehrere Gruppen von Wanderlustigen, ganz zünftig für ein ausgiebiges Picknick bepackt. Die hohe Luftfeuchtigkeit läßt ab etwa 300 Meter Höhe die Bäume gespenstisch in einer Art Regenwald verschwinden, ein Eldorado für Vögel, zahllose Erdhörnchen und das Stachelschwein, ›porcupine‹ genannt. Das Stachelschwein hat, man möge mir diese Bemerkung nachsehen, eine Eigenschaft mit dem Bewohner von New Hampshire gemein: Es hält sich vom Leibe, was ihm mißfällt, ist aber ansonsten von freundlich-stiller Gemütsart. Da fallen mir unvermeidbar die Nummernschilder der Autos in New Hampshire ein: »Live free or die«. Wer denkt da nicht an den alten Kampfruf der Dithmarscher Bauern »Lever dot als sklav«!

Aber auch andere Eigenschaften sind erwähnenswert. Eines Tages wollte ich von einer Telefonzelle am Waldrand nach Deutschland telefonieren. Der Operator, eine junge, aber sehr bestimmte Dame, nahm das Gespräch an, alert, und in zehn Sekunden war der Großvater am Apparat. Er hörte eine klare, helle Stimme: »This is the United States of America, please wait a moment.« Mit den großen Vereinigten Staaten konfrontiert zu sein, irritierte den Großvater, aber ich konnte noch nicht mit ihm sprechen. Der Operator erklärte mir, ich müsse sechs Dollar in Quarters einwerfen, und dank der Hilfe vieler Hände meiner Familie gelang es mir, 24 Quarters in den Schlitz des Automaten zu schaufeln. Das dauerte einige Zeit, und die junge Dame ahnte, daß die Stimme jenseits des Atlantik wohl besorgt sein möge und stellte für einige Sekunden durch, so daß der Großvater meine Stimme hören konnte. Endlich waren der Münzen genug: »It's enough«, und ich war ihr doppelt dankbar. Zehn Sekunden vor Ende der Sprechzeit kam die kühle Stimme wieder: »Now, please, say good-bye« – wie angenehm, verglichen mit dem abrupten Klack in Europa. So hat auch diese einsame Telefonzelle an einer Waldstraße Neuenglands etwas vom kühlen, aber nicht herzlosen Wesen dieses Landes enthüllt.

In den White Mountains

Vom Lake Winnipesaukee aufbrechend, erreichen wir über Laconia oder Meredith die Interstate 93 und folgen ihr mitten durch die Weißen Berge, dem gebirgigen Hauptstock New Hampshires mit dem Mount Washington (1917 Meter) als höchster Erhebung. Die Paßhöhe des waldreichen Gebirges erreicht in der Franconia Notch (notch = Enge) mit 650 m ihre höchste, engste und einsamste Stelle, umgeben vom Franconia Notch State Park. Die Interstate ist hinter Lincoln der bescheideneren Straße 3 gewichen. Hier mündet auch von rechts die Straße 112, die über 50 Kilometer durch den malerischen Kancamagus-Paß nach Conway am Ostabhang der Weißen Berge führt und eine der reizvollsten Routen durch die White Mountains darstellt.

Im allgemeinen sind die Berge und Wälder Nordamerikas nicht für den Wanderer erschlossen. Es gibt keine Wege und Stege und nur wenige Meter abseits der Straße gelangen wir in eine Art milden Urwald mit dichtem Unterholz, in dem man rasch jegliche Orientierung verliert. Dennoch wird mancher Amerikabesucher diese Wildnis gerne einmal durchwandern wollen. Hier im *Franconia Notch State Park* bietet sich eine ausgezeichnete Gelegenheit durch die angenehme Verbindung von unvermeidlicher Hotellerie, gebahnten Wegen und einigen Liften. So liegt am Nordrand des Parks das Notchway Motel mit wunderschönen Blicken in die Täler und auf die Berge der White Mountains, auch ein gutes Restaurant ist angeschlossen, doch empfiehlt sich telefonische Voranmeldung (823-5525), Franconia, N.H.03580.

Ganz nahe liegt der winzige *Echo Lake* und mitten durch den Nationalpark führt der *Appalachian Trail*, ein vom Appalachian Mountain Club, dem Deutschen Alpenverein vergleichbar, angelegter weiter Wanderweg, der das in seiner Ausdehnung gewaltige Gebirge der Appalachians von Maine bis Virginia durchquert. Der Pfad nutzt streckenweise ältere Jäger- und Indianerpfade, die sich ähnlich den Steigen des deutschen Mittelgebirges über die Zeiten erhalten haben. An exponierten Stellen stehen noch die jahrhundertealten Späherbäume der Indianer. Wenn der Wind die riesigen Koniferen bewegt, ist ihr Ächzen wie eine urtümliche, uns nicht mehr verständliche Sprache.

Der *Aerial Tramway* führt unweit der No. 3 auf die Cannon Mountains, im Winter ein beliebtes Skigebiet. Etwas südlicher hat die Verwitterung aus den Granitfelsen ein eigenartiges Gebilde herausgewaschen, das als ›Old Man of the Mountain‹ einem männlichen Profil ähnelt und ein Wahrzeichen New Hampshires ist. Auch sonst haben die eiszeitlichen Gletscher einige Erinnerungen hinterlassen, etwa die Granitbecken der ›Basins‹ oder die aus dem Fels gewaschene Klamm ›The Flume‹, die sich freilich nicht mit den Klamms der Kalkalpen Europas messen kann.

Vielleicht reizt uns auch ein Abstecher auf den *Mount Washington*. Obwohl von Osten her eine mautpflichtige Straße auf den weithin sichtbaren Berg zuführt, empfehle ich doch eher, über den Highway 3 zunächst nach Twin Mountains und dann über Fabyan House nach der Base Station zu fahren, wo uns die liebenswert altmodische, dampfbetriebene Cog Railway, eine Zahnstangenbahn, mit bis zu 37 Prozent Steigung auf die Höhe führt.

Bevor wir von hier mit dem Wagen zurückfahren, werfen wir vielleicht noch einen Blick auf die Hotelansammlung in *Bretton Woods.* Hier fand im Juli 1944 jene Währungs- und Finanzkonferenz statt, die das auch heute noch gültige monetäre System der westlichen Welt etablierte. Auch wenn der wenig rühmliche Henry Morgenthau jr. den Vorsitz führte, so sind doch so vernünftige Einrichtungen geschaffen worden wie der Weltwährungsfonds und die ihn verwaltende Weltbank, zu deren wichtigsten Kreditgebern inzwischen auch die Bundesrepublik Deutschland gehört – auch wenn dies den Intentionen Morgenthaus zuwiderlaufen mag.

Am Connecticut River

Wir wenden uns nun wieder nach Westen, erreichen über den Highway 302 den Connecticut River und folgen ihm südwärts durch eine Landschaft von sanftem Liebreiz, freundlich bewaldeten Bergen, reizvoll unterbrochen durch Felder und Wiesen, kleine Dörfer, deren Bewohner noch im alten Rhythmus des Jahres in ihren oft rostrot gestrichenen, schwer und behäbig in der Landschaft ruhenden Höfen wohnen, überragt von spitztürmigen Kirchen, deren klassizistische Vorhallen an südenglische Grafschaften erinnern könnten, wenn nicht ihr strahlendes Weiß im Auf und Ab eines unendlichen Meeres von Grün ihren amerikanischen Ursprung verraten würde. Manche der von Weidenknicks oder Steinwällen eingerahmten Felder und Wiesen erinnern an Landschaften der Holsteinischen Schweiz. Auch die schwarzweißen Holsteiner Kühe, vermischt mit braunen Hereford-Rindern bestärken diesen Eindruck – doch häufig drängt sich auch die Erinnerung an die schottischen Highlands und Wales auf: verhaltene Kargheit einer Landschaft,

VI

Edwin Romanzo Elmer (1850-1923)

Mourning Picture (Die Familie Elmer)

Gemälde zum Gedächtnis der verstorbenen Tochter, um 1889

Northampton, Massachusetts, Smith College Museum of Art.

die sich nach innen wendet, dem Eiligen, der nach großen Eindrücken sucht, verschlossen.

Die Menschen, die hier seit Generationen einen oft harten Kampf um ihre Existenz führen, zäh an calvinistisch-puritanischen Überzeugungen festhaltend, wirken in der Umgebung buntgewandeter Touristen wie fossile Reste eines Urvolks. Zu ihnen auf der Durchreise den inneren Zugang zu finden, ist ebenso schwierig, wie etwa einen Kontakt zu wallisischen Bergbauern zu bekommen, doch wird uns die Abkapselung und Verschlossenheit hier mehr auffallen, da sie völlig aus dem Rahmen amerikanischer Hallo-Mentalität fällt. Doch auch solche Oasen erfahren zunehmend Veränderung. Die Zurück-zur-Natur-Bewegung, die weite Kreise Amerikas erfaßt hat, die alten Ideen des Franzosen Rousseau und des Amerikaners Thoreau vom einsamen Leben in einer ungekünstelten Umgebung, haben viele Menschen aus den Städten nach Vermont getrieben. Mißtrauisch beäugt von den Alteingesessenen, entdecken die Zuwanderer schnell, daß zu solch paradiesischem Leben in der einfachen und unverbauten Natur auch eine Geisteshaltung gehört, in der sich Demut mit Härte paart. Die Strenge zumal des winterlichen Vermonts verlangt eine physische und geistige Statur, die die verweichlichten Träumer aus den Reihen der Stadtmüden – seien es nun reiche Romantiker oder verwirrte Hippies – nicht mitbringen. So gerinnt an vielen Stellen der romantische Traum rasch zur üblichen Konfektion auf müllreichen Campingplätzen.

Zuckmayers Farm

Da liegt es näher, von anderen Zuwanderern zu berichten, etwa von Carl Zuckmayer und seiner Frau Alice Herdan, die nach ihrer Emigration aus Deutschland und nach ersten, nicht immer glücklichen Erfahrungen mit amerikanischer Lebensart in New York und Hollywood beschlossen, in der Einsamkeit Vermonts die dunklen Stunden der Geschichte zu überleben. Von White River Junction, dem großen Verkehrsknotenpunkt unweit Lebanons, zweigt der Highway 4 nach Woodstock ab; von dort führt uns die Straße 12 zu dem kleinen Weiler *Barnard* unweit des Silbersees. Zuckmayer war bis in sein Alter ein großer Verehrer und Leser von Karl May, und ich bin mir nicht ganz sicher, ob die Erinnerung an den ›Schatz im Silbersee‹ ihn hier hat fündig werden lassen. Er selbst schildert die Suche in seinen Lebenserinnerungen ›Als wär's ein Stück von mir‹ anders:

Ich ging eines Sommertags einen vergrasten Waldpfad entlang, etwa drei Meilen von dem kleinen Ort Barnard entfernt, nur um herauszufinden, wo er mich hinführen würde; plötzlich öffnete sich der Wald, ich sah einen großen Teich, der von einem aus dem Waldgelände herabfließenden Bach gespeist wurde, und dahinter, in geringer Entfernung auf einem freien Hügel gelegen, ein einsames Farmhaus mit altersgrauem Schindeldach und geschindelten Außenwänden, dessen Form und Proportionen mich entzückten. Es war, mit einer großen, angebauten Scheune, einem abseits stehenden, schon etwas baufälligen Stallgebäude und einer auf Steinsockeln errichteten Kornscheuer, die an die Stadel oder ›Mazots‹ im Wallis erinnerte, völlig zweckbedingt und gerade dadurch von einer eigenartigen, absichtslosen Schönheit. Man sah auf den ersten Blick, daß es unbewohnt war, die meisten Fenster mit Holzläden verschlossen, die steinerne Türschwelle vermoost, kein bebautes Feld, kein Vieh weit und breit.

Aber auf dem offenen Rasenstück zwischen einigen Ulmen und Eschen vor dem Haus, an dem der schmale Weg vorbei und dann wieder hügelab durch den Wald führte, war ein alter Mann damit beschäftigt, das hoch emporgewucherte Gras mit einer Sense zu mähen.

Er schaute mich an, ich schaute ihn an. Dann sagten wir beide: ›How d'you do.‹ Denn hier war New-England, wo sich Fremde nicht mit ›Hello!‹, ›Hey‹ oder ›Howdy!‹ begrüßen.

›Haben Sie Durst?‹ fragte der Mann, da er wohl die Schweißtropfen auf meiner Stirn sah.

›Ja‹, sagte ich.

›Kommen Sie herein‹, sagte er, ›trinken Sie. Es ist das beste Quellwasser im ganzen Land.‹

Er öffnete eine Seitentür neben der Scheune, die direkt in die ebenerdige Küche führte. Das war ein riesiger, langgestreckter Raum, ich schätzte die Tragbalken der Decke auf mindestens zwanzig Meter und sah sofort, daß sie sehr alt sein müßten, noch mit der Hand behauen. Die Küche war völlig leer bis auf einen Holzstuhl und einen rußgeschwärzten Feuerherd, einen sogenannten Glenwood-Stove, der mit Holz oder Kohle geheizt werden kann. In der Ecke beim rückwärtigen Fenster kam ein gebogenes Bleirohr aus der Wand, aus dem ein starker, klarer Wasserstrahl floß, und in die Bohlen des Fußbodens war ein Faß eingelassen, in dem sich das Wasser wie in einem Becken sammelte und vermutlich durch ein anderes Rohr unter dem Boden wieder abströmte. Dies war, wie ich dann erfuhr, die einzige Wasserversorgung im Haus.

Er nahm eine große Porzellantasse, die an einem Haken neben dem Wasserrohr hing, spülte sie aus, ließ sie vollaufen und reichte sie mir. Dabei nahm sein Gesicht einen Ausdruck von Stolz an, wie wenn ein ›Encaveur‹, ein Weinbauer im Rhônetal oder im Waadtland, einen Besucher von seinem besten Jahrgang kosten ließe.

Ich trank – und ich glaubte ernstlich, glaube es heute noch, nie in meinem Leben ein so gutes, reines, erquickendes Wasser getrunken zu haben, erdkalt und waldesfrisch.

In diesem Haus, 1783 erbaut, hat Zuckmayer mit seiner Familie das Ende des Krieges erlebt, schrieb er ›Des Teufels General‹ in Erinnerung an seine Freundschaft mit Udet, und litt wie viele Emigranten an dem zermürbenden, zwiespältigen Gefühl, die Alliierten möchten bald den Sieg erringen, um dann bei jeder Nachricht von zerstörten deutschen Städten innerlich wund das Haupt zu beugen. Lassen Sie uns noch lesen, wie er Abschied von Vermont nimmt, und wie leer das Gefühl der Ankunft in Frankfurt war – viel zu rasch ist die Erinnerung an diese Jahre bei uns untergegangen:

Jetzt aber, vor dem Nachtflug über das Meer, kam ein Abschied, von dem ich nicht gewußt hatte, wie schwer und wie schmerzlich er sein werde. Ich konnte, zum letzten Wochenende, noch einmal nach Hause fahren. Nach Hause – das war die Farm. Es war Oktober. Die Wälder brannten in ihrer vollen, herbstlichen

Glut. Ich ging allein umher, ums Haus, um die Ställe, zum Teich hinüber – die Stille summte mir in den Ohren. Dort war ein Zaun aus ungeschälten jungen Birkenstämmen, dort ein anderer aus grobgesägten Holzpfeilern und Draht. Ich erinnerte mich an jeden Hammerschlag, mit dem ich sie zusammengehauen, an jeden Spatenstich, den ich in ihrer Umfriedung getan hatte. Dort ging der schmale, selbstgerodete Waldsteg hinauf, zum Hang, an dem ich Brennholz geschlagen hatte. Ich schloß die Augen, sog den abendlichen Würzgeruch der Wälder ein, in den sich immer ein leiser Duft von Holzrauch mischte, aus dem Kamin eines der einsamen Farmhäuser. Der Abend wurde kalt, ich heizte noch einmal meinen Herd und die Feuerstellen. Meine Augen tränten – ich konnte behaupten, daß es vom Rauch sei.

Und dann, nach der Ankunft in Europa: *Am gleichen Abend ging ich durch die Stadt Frankfurt – die erste große Stadt, die ich als Kind gesehen hatte. Ich hörte vorübergehende Leute deutsch sprechen, in ihrer heimatlichen Mundart, jedesmal zuckte ich zusammen. Ich ging durch die zerstörte Altstadt, stand auf den Trümmern des Römerbergs, wie in einem Alptraum, aus dem man nicht erwachen kann. Ich kannte in dieser Stadt, in der viele meiner Freunde gelebt hatten, keinen Menschen mehr, wußte keine Adresse, von den meisten nicht, ob sie noch lebten. Die Theater waren zerstört, ich wußte nicht, ob und wo man jetzt spielte, auch nicht, ob es da noch einen der mir bekannten Schauspieler und Regisseure gab. Ich ging über knirschenden Schutt und war allein.*

Die Green Mountains

Barnard liegt in den Green Mountains, jenem gewaltigen Wald- und Berggürtel, der ganz Vermont von Süden nach Norden durchzieht und das Vermonter Gegenstück zu den White Mountains New Hampshires ist. In den Green Mountains hat der ursprünglich französische Name ›Verts Monts‹, grüne Berge, seine englische Entsprechung gefunden. Korrekt wird darum auch Vermont mit dem Akzent auf der zweiten Silbe ausgesprochen.

Neben dem bäuerlichen Erbe mit seiner gelegentlich fast fremdenfeindlichen calvinistischen Verhärtung, neben stadtmüden, aber gesichtslosen Zuwanderern aller Zeiten, hat sich in Vermont ganz im stillen eine geistige Landschaft gebildet. In ihr ist vieles an europäischen Einflüssen aufgegangen, liberale Gedanken in ständiger Auseinandersetzung mit puritanischer Strenge, gelegentlicher Unduldsamkeit und allzu willfähriger Kommerzialität. In *Newfane* unweit der Grenze zu Massachusetts hat sich der schon erwähnte John Kenneth Galbraith niedergelassen und sein Haus zu einem Mittelpunkt des intellektuellen Amerika gemacht.

Die Kühle Vermonts, seine langen Winter des Nachdenkens, das gelassene Auf und Ab seiner grünen Hügel haben eine Vielzahl reizvoller Landsitze entstehen lassen, etwa bei Newfane das wunderschöne Windham County Courthouse in einem Park gewaltiger Bäume, oder das Marsh House in *Woodstock*, von dessen weißer Holzveranda im Kolonialstil sich der Blick in die milde Freundlichkeit des Ottauquecheetales öffnet. Einst Wohnhaus des Naturforschers George Perkins Marsh, ist das Haus heute eine nationale Gedenkstätte. Die weißen viktorianischen Korbmöbel unter den Arkaden, die die heiße Vermonter Sommersonne abhalten sollen, gemahnen mit ihrer strikten Rückenlehne auch an eine innere Haltung, die wir bei gebildeten Amerikanern, auch sehr jungen Menschen aus den Colleges, immer wieder und mit einem gewissen Erstaunen feststellen können.

Viele bekannte deutsche Namen finden sich in dieser Landschaft. Das kleine Städtchen *Hanover*, unweit von White River Junction am Connecticut gelegen, war das Exil des deutschen Rechtshistorikers und Soziologen Eugen Rosenstock-Huessy, der im Dartmouth College von Hanover ebenso lehrte wie der Altreichskanzler Brüning.

Dartmouth College hat die liebenswerte und bescheidene georgianische Anmut seiner kolonialzeitlichen Gebäude in unsere Tage gerettet. Es wurde 1769 von Earl Dartmouth, dem Kolonial-Staatssekretär Georgs III., gegründet. Da liegt die Vermutung nahe, daß diese Gründung der Verankerung englischer Lebensart in der noch jungen Kolonie dienen sollte – doch man kann sich täuschen. Das College war bestimmt »for the education und instruction of Youth of the Indian Tribes«, und so können wir nur vermuten, daß die Regierung jener englischen Georges aus dem Hause Hannover doch nicht ganz so unvermögend gewesen ist, wie sie später hingestellt wurde. Vielleicht war in jenem Ausläufer des Humanismus letztmalig die Unvoreingenommenheit der Antike gegenüber Rassenunterschieden erkennbar.

Hanover und das College sind praktisch eins. Eingebettet in Parks, erfreuen Gebäude von ungewöhnlicher, schlichter Anmut und Schönheit. Die Versuchung, an einem solchen Ort auf friedvollen Wegen geistigen Neigungen nachzugehen, in der Milde der Sommerabende und in der Stille des Winters den Reichtum und die Atmosphäre eines solchen Campus wahrzunehmen, aufzunehmen und zu verarbeiten, kann einen auch weit jenseits der Studentenjahre jäh anfallen. Das Theaterprogramm im Hopkins Center wird auch jene überzeugen, die meinen, Theater werde in der amerikanischen Provinz vernachlässigt. Die unauffällige Eleganz und Gediegenheit des Hanover Inn – als Hotel wie Restaurant gleichermaßen zu empfehlen – runden das Bild eines ungewöhnlichen Ortes.

In dieser Umgebung hat sich auch die Witwe des nach dem 20. Juli 1944 hingerichteten Grafen James von Moltke niedergelassen. Man könnte darüber nachsinnen, ob sich hier – und dieser Gedanke hat mich bis heute nicht verlassen – die Substanz englischer Gelassenheit mit den ihr gemäßen Tugenden des alten Preußen und jener amerikanischen Freundlichkeit vermählt haben, die häufiger als wir meinen in einem unbeirrten Glauben wurzelt.

Wenn wir unseren Wagen über die Hügel und durch die Täler Vermonts lenken, umgeben von den satten und dunklen Grüntönen des Sommers, an einem regnerischen Tag in den vom Atlantik heranjagenden Wolken auch den salzigen Atem des Meeres schmeckend, wird es uns schwer fallen, die Härte des Winters in dieser freundlichen Landschaft zu ahnen, auf die Rilkes Worte passen: »Das große Rauschen, das die alten Föhren des Berges erfüllt, scheint das Rauschen des Meeres zu sein und der Wind, der breite, mächtige Wind, bringt seinen Duft. Das Meer ist die Historie des Landes. Es hat keine andere Vergangenheit.« In der frostigen Stille des Winters, der ein halbes Jahr umfassen kann, liegen die Häuser und Farmen tiefgeduckt unter einer Schneelast, die die massiven hölzernen Dachkonstruktionen knacken läßt. Die Luft ist von eisiger Bläue, wenn der Blizzard aus dem nahen Kanada herabbraust, heulend und fauchend gewaltige Schneeverwehungen auftürmend. Ist der Schnee geschmolzen, dann explodiert der Frühling im April und Mai förmlich. Mit spürbarer Ungeduld drängt das Grün aus allen Knospen, stürmisch drängen die Blüten nach, in einem wahren Taumel von Tagen wird eine ganze Jahreszeit durchlaufen. Aber die eigentliche große Stunde des Jahres ist der Herbst, wenn im Indianersommer die Ahornwälder nach einer einzigen Frostnacht wie von einem Zauberstab berührt in ein berauschendes Rot getaucht sind. Das leuchtende Gelb, Orange und Braun der Buchen und der kanadischen Felseneiche mischen sich darunter, plötzlich ist ein Hauch von Herbst in der Landschaft, vom herben Geruch sterbender Blätter, Kartoffelfeuern auf den Feldern – in dieser Stunde ist alles ein letztes großes Atemholen von elementarer Schönheit. Aber auch in dieser herbstlichen Erfüllung, in der Ahnung des Todes, bewahren die Täler Vermonts Anmut, die Glut der Farben erwärmt besänftigend das Gefühl der Hilflosigkeit vor dem Winter, läßt die Menschen eins sein mit der Schöpfung.

Die Geschichte hat es den Vermontern nicht eben leicht gemacht. Grenzstaat zwischen dem britischen Canada und Amerika, geriet es nicht nur in die Auseinandersetzungen des Unabhängigkeitskrieges, sondern auch des Englisch-Amerikanischen Krieges von 1812–1814. Daß es der Schauplatz des Indian War zwischen Franzosen und Engländern war, wird niemand verwundern, staunen darf man allerdings, daß Vermont schon vor Ausbruch des Unabhängigkeitskrieges trotz der unendlichen Weite und dünnen Besiedlung ein Zankapfel zwischen New York und New Hampshire war. Die bereits sehr selbstbewußten New Yorker verlangten alles Land westlich des Connecticut, und der Sheriff von Albany hatte 400 Mann Milizen zusammengetrommelt, um die New-Hampshire-Provinzler eines Besseren zu belehren. Auch der englische General in New York sprach von »a few lawless vagabonds«, und wenn Amerika auch kurz vor dem Aufruhr gegen den englischen König war, in einer Sache, bei der es um Geld und Besitz ging, war er als Schiedsrichter noch immer gut genug. 1774 kam es zu regelrechten Scharmützeln zwischen den Yorkern und den Green Mountain Boys unter Ethan Allen, und auf Ethan Allen wurde eine Kopfprämie ausgesetzt. Glücklicherweise hatte inzwischen in Boston und Lexington der Unabhängigkeitskrieg begonnen, Ethan Allen durfte das britische Fort Ticonderoga am Lake Champlain erobern und die Green Mountain Boys wurden ohne viel Federlesens von Outlaws zu Heroes umdekoriert.

Doch kaum war der Unabhängigkeitskrieg in Gang, gab es erneuten Streit, und 1777 wurde Vermont unter dem Namen New Connecticut als unabhängiger Staat proklamiert. Natürlich haben dies die Engländer nicht respektiert, der amerikanische Kongreß aber genausowenig, und es dauerte bis 1790, um endlich Vermont in den Bund der dreizehn amerikanischen Gründungsstaaten aufzunehmen. Noch heute nennen die Vermonter ihr Land »the last stronghold of the Yankees«. In diesem Land haben sich eben puritanisches und calvinistisches Erbe nicht einfach addiert, sondern potenziert, und so verstehen wir auch besser, warum man sich hier gegen alles Neumodische und aus den Städten Anreisende mit stiller Zähigkeit wehrt. Bis heute mit Erfolg.

Von White River Junction, umgangssprachlich auch Spaghetti Junction genannt, folgen wir nun der Interstate 89, die uns über Montpelier nach Burlington am Lake Champlain führt. Nicht nur der Name der Hauptstadt Vermonts, Montpelier, sondern auch andere Städtchen wie Barre und Vergennes lassen erkennen, daß dieses Land ursprünglich französischer Siedlungsraum war – nahe ist die kanadische Grenze, Montreal und Quebec. Das Kapitol in *Montpelier* hat eine Vorhalle in den Formen des athenischen Theseions, doch wird die freundliche Reverenz vor den alten Griechen empfindlich durch die goldene Kuppel gestört. In dem benachbarten *Barre* liegen die gewaltigen Granitbrüche (Granite Quarries), aus deren grauen, glimmerglitzernden Steinen viele Gebäude Neuenglands gebaut sind.

Bei Waterbury zweigt die Straße zum Wintersportort *Stowe* in den Green Mountains ab. Obwohl die Berge um Stowe nur bedingt als alpin anzusprechen sind, eher an das Allgäu erinnern, hat sich an und auf ihnen die Skiindustrie angesiedelt. So gern man Häuser im Tiroler-, Salzburger- oder Walliser Stil haben mag, hier wirken sie deplaziert mit ihren Namen, die alle mit Enzian, Post oder Hof zusammengesetzt sind, wie auch mit dem abendlichen Schuhplattler. In den Wintersportgebieten Vermonts ist der alpenländische Einfluß fast penetrant. Clevere Skilehrer, deren gutturaler heimischer Akzent den Verschleifungen des amerikanischen Slang nicht lange standhält, haben ihre Chancen erkannt, einer zog den anderen nach, auch bedeutende Namen, wie der der Familie des österreichischen Barons Trapp, haben Anteil an einer Entwicklung, die man, wie manches Heimische, das uns auf Reisen auffällt, im ersten Augenblick ›anheimelnd‹ findet, um dann freilich rasch zu erkennen, daß es nur eine postkartenbunte Hülle ist.

So fein und bescheiden das alte Stowe mit seinem roten Ziegelrathaus und der kleinen klassizistischen Kirche auch ist, in dem Seitental, das sich zum Mount Mansfield (1339 m) hinaufzieht, pflanzt sich ein Swimmingpool, ein Parkplatz und ein Skilift an den anderen, um sommers wie winters die Gäste anzulocken. Die Lodge am Smugglers Notch und die den Trapps gehörende Trapp Family Lodge, sowie der Stowehof sind die gerühmten Herbergen mit ihrem leicht verfremdeten ›European touch‹.

Rund um den Mount Mansfield sind eine Reihe von Naturparks eingerichtet worden, die jenseits der Skilifte an der Stowe abgewandten Seite zu alpinen Wanderungen einladen, vorbei an kleinen grünen Bergseen, die verwunschen in dichten Wäldern liegen, oder entlang dem Waterbury Reservoir, das malerisch das ehemalige gewundene Tal des Little River ausfüllt. Zumal am *Smugglers Notch Park*, so genannt, weil 1812 im Britisch-Amerikanischen Krieg hier der Schmuggel nach Canada blühte, und im *Mount Mansfield State Forest* ist es gelungen, die durch Überjagung vom Aussterben bedrohten Tierarten Vermonts wieder zu vermehren. Entgegen der Meinung engagierter Umweltschützer und ihrer von grauer Melancholie durchzogenen Literatur – ich erinnere nur an das Schrecken verbreitende Buch ›The silent spring‹ von Rachel Carson –, leisten Regierung, Bundesstaaten und Private Außerordentliches für die Erhaltung der Natur. So haben sich nicht nur Biber (Beaver) und Luchs (Bobcat) zumal in den Landschaften Neuenglands stark vermehrt, sondern auch der hier fast ausgerottete schwarze Bär. Jahr für Jahr werden heute in Vermont etwa zweihundert Schwarzbären (Black Bear) erlegt, um den Bestand nicht zur Plage werden zu lassen. Das Rehwild ist so zahlreich, daß auf drei Vermonter eines kommt, und trotz des eher spärlichen Autoverkehrs findet man nicht selten ein getötetes Tier am Straßenrand. Auch der Elch (Elk) hat in Vermont Bestand, zumal am Rande der Seen, ganz zu schweigen von Waschbären (Raccoon) Stachelschweinen (Porcupine), Truthähnen (Turkey) und der mächtigen kanadischen Graugans (Canada Goose) in ihrer unverkennbaren Flugformation.

Lake Champlain

Durch das Tal des Winooski River gelangen wir nun nach *Burlington* am Lake Champlain, das auch das Ende der Reise durch Neuengland markiert. Der Ort ist nicht besonders hübsch, hat aber eine große Auswahl an Hotels, meist um den kleinen Flughafen gelegen. Doch möchte ich eher empfehlen, zum Seeufer zu fahren, um das Radisson-Hotel aufzusuchen, von dessen seeseitigen Zimmern man einen wunderschönen Blick auf die zu Recht gerühmten Sonnenuntergänge des Lake Champlain hat. Das Hotel besitzt ein hübsches Schwimmbad und zwei empfehlenswerte Restaurants. Obwohl dieses Haus eher der europäischen Luxusklasse zuzurechnen ist, sind die Preise erstaunlich günstig und immer wieder überrascht das Dinner in solchen Häusern. Korrekt gekleidete Kellner, liebenswürdige Begleitung an einen freien Tisch, eine höchst opulente Salatbar, Vorspeise, Steak, Nachtisch, Kaffee. Und die Kosten? Weniger als die Hälfte dessen, was wir in Europa bezahlen.

Solche Vorzüglichkeit würde auch heute noch den Namengeber des Hotels erfreuen, den Franzosen Radisson, der die Wildnis an den heutigen kanadisch-amerikanischen Grenzen erforschte. Auch eines anderen Namens gilt es hier zu gedenken. Burlington ist nach dem 3. Earl of Burlington benannt (1694-1753), der in der vielleicht glücklichsten Zeit Amerikas mithalf, den georgianischen Stil in die Neue Welt zu verpflanzen. Der Graf war ein bedeutender Amateurarchitekt, der dem palladianischen Stil in England zum Sieg verhalf, jener besonders gelungenen Verbindung des frühen italienischen Klassizismus Andrea Palladios mit den Lebens- und Weltvorstellungen des georgianischen Englands. Als Förderer des Malers Joshua Reynolds, eng verbunden mit dem großen englischen Innenarchitekten Robert Adam, hat er in London Chiswick House erbauen lassen und die unvergeßliche Burlington Arcade, heute leider herabgekommen zu einer kommerziellen Ladenstraße. Londons Westminster Abbey vereint in großer gedanklicher Dichte die Gräber Burlingtons, des Generals Wolfe, der den Franzosen das nahe Quebec abgejagt hat, in dessen Armee auch George Washington als englischer Offizier gedient hat, und des Grafen von Chatham, William Pitt des Älteren, der sich 1778 todkrank ins Parlament schleppte und das Auseinandergehen Englands und Amerikas mit Worten zu verhindern suchte, die noch heute in beiden Nationen unvergessen sind.

Von Burlington fährt die Autofähre nach Port Kent an der anderen Seite des Sees, schon im Staate New York gelegen. Doch empfehlen sich zuvor von Burlington aus zwei Abstecher. Der eine führt südlich nach dem nahen *Shelburne Museum,* in dem eine große Anzahl wiederaufgebauter oder rekonstruierter Häuser, Farmen, Stallungen zu sehen sind, alte Bahnhöfe mit messingblitzenden und nach Öl und Heißdampfzylindern riechenden Lokomotiven und als Glanzstück die an Land gezogene ›Ticonderoga‹, ein Schaufelraddampfer, der 1906 im nahen Shelburne Harbor erbaut wurde. Natürlich ist ein solcher Platz nicht frei von Rummel, Eis- und Popcornbuden. Wen es darum mehr in die Einsamkeit zieht, der mag von Burlington über den Highway 89 nordwärts fahren, um dann über den Highway 2 zu einem genußvollen Inselspringen über den Lake Champlain anzusetzen. Besonders bei abendlicher Beleuchtung sind die Inseln *Grand Isle, North Hero* und *Isle La Motte* sehr hübsch. Auf der letztgenannten liegen die Reste des alten französischen Forts Ste.-Anne, und hier schulde ich dem verehrten Leser eine kurze Erklärung zu den Namen Champlain und de la Motte.

In unserem historischen Streifzug durch die Kolonisation Amerikas war schon von den französischen Gründungen in Quebec und Montreal die Rede. Samuel de Champlain, der Beauftragte des französischen Königs Heinrich IV., begann gegen 1610 mit der Erforschung des später nach ihm benannten Sees, indem er mit einigen hundert verbündeten Huronen aus Montreal aufbrach und den heute Richelieu River genannten Irokesenfluß hinauffuhr. Er berichtete von riesigen düsteren Tannenwäldern, schwierig zu umgehenden Stromschnellen und der zunehmenden Furcht der Huronen, in das Stammesgebiet der Irokesen hineinzugeraten. Dann tat sich vor ihnen die Weite des Sees auf, Inseln waren auf der Wasserfläche verstreut, und ein Gefühl der Unsicherheit beschlich die Franzosen in ihren zerbrechlichen Kanus. Sehr bald bemerkte Champlain, daß die Irokesen wesentlich tüchtiger waren als die vielredenden Huronen, und in der Gegend des heutigen Forts Ticonderoga kam es zu einer blutigen Auseinandersetzung zwischen den indianischen Stämmen. Sie sollte am Anfang jener 150 Jahre andauernden Kämpfe zwischen den Indianern und letztlich den Engländern und Franzosen um das obere Hudsontal und die Landverbindung zwischen Canada und New York stehen.

Samuel de Champlain wurde an der französischen Atlantikküste zwischen Bordeaux und La Rochelle geboren, lebte, wie man annimmt, zwischen 1567 und 1635 und machte seine erste Reise durch Kanada im März 1603. Die Beschreibung dieser Reise unter dem Titel ›Des sauvages, ou voyage de Samuel de Champlain de Brouage, fait en la France Nouvelle, l'an 1603‹ läßt vermuten, daß der große Eindruck für die Franzosen der Kontakt mit den Sauvages, den Wilden, war. Die Library of Congress bewahrt eine von Champlain gezeichnete Karte der Nouvelle-France, auf der wir eine erstaunlich genaue Darstellung des St. Lorenzstromes, des Ontario- und Eriesees finden. Dagegen ist das Landesinnere gegen den Süden zu stark verzeichnet in den Proportionen, und der Champlain-See, den er offenbar selbst so genannt und mit Stolz in seine Karte eingetragen hatte, ist noch nicht als Teil der großen Geländefalte in den Süden, ins Hudsontal, erkannt. Hübsch sind die Vignetten der Meeresbewohner: Walfisch, Kabeljau, Seehund, Robbe, Seeaal, Krabben, Hummer, aber auch der seltene Stör, erscheinen in und um die Flußmündungen. Interessant sind die Vignetten von Weintrauben und Eßkastanien, Pflaumen und Johannisbeeren am Rand der Karte; war es nur eine Erinnerung an das alte sagenhafte Vinland oder hatte Champlain tatsächlich die Weinrebe hier gefunden?

Es sollte bis zum Regierungsantritt Ludwigs XIV. dauern, bis die unentschlossene französische Kolonialpolitik ein festes Ziel hatte. L'Acadie, wie die Pelzhändler etwas euphemistisch ihr nur vage kontrolliertes Gebiet nannten, gefiel dem selbstherrlichen Minister Colbert und seinem großen Herrn, dem Sonnenkönig, gar nicht. Die Coureurs de Bois, die Waldläufer oder Trapper, wurden entmachtet, ein Netz von Seigneurien entlang des St. Lorenzstromes geschaffen, und der Bischof von Montreal, de Laval-Montmorency, begann mit der eifrigen Bekehrung der Indianer durch Jesuitenmissionare. Damit endet auch der calvinistische Hugenotteneinfluß in Francocanada, und der französische Kapitän Pierre de St. Paul, Sieur de la Motte, erbaute das Fort Ste.-Anne auf der noch heute nach ihm genannten Insel des Lake Champlain. Amüsant ist die Lösung des Frauenproblems. Für die Engländer war das mitnichten ein Problem, sie hatten ihre Frauen auf der ›Mayflower‹ und anderen Schiffen mitgenommen. Bei den Franzosen wurde der Nachschub organisiert, und wir ahnen schnell, worauf das hinauslief. Es gab drei Gruppen von Weiblichkeit, und sie waren durch die feinsten Sitten der Zeit geschieden: Die Demoiselles stammten aus guter Familie und fanden einen Offizier oder Beamten, die Paysannes waren stabil gebaute Landmädchen und wurden wieder Farmersfrauen, und dann gab es noch die ›Filles du roi‹, die der Kampfmoral der Truppe dienten. So hatte alles seine Ordnung und Seine Eminenz de Laval-Montmorency bat seine Jesuiten um Nachsicht, man war ja in Arkadien.

1666 segelten die Franzosen mit 300 Schiffen den Champlain und den Lake George, damals ›Lac du St.-Sacrement‹, südwärts, versuchten auch nach Westen bis nach Arkansas vorzustoßen, um in einer großen Zeremonie in Sault-Ste.-Marie 1671 mit vierzehn indianischen Stämmen eine Art Condominium-Status abzuschließen. Auch nach dem Norden griff man und versuchte, die englische Hudson Bay Company in ihren Handelsstationen im Süden der riesigen Hudsonbucht (nicht zu verwechseln mit der New Yorker Hudson Bay) anzugreifen. Die Gründung der Hudson Bay Company durch Pfalzgraf Ruprecht bei Rhein ist eine interessante Episode der Neuen Welt, und sie nimmt gewissermaßen ihren Ursprung im Englischen Bau des alten Schlosses zu Heidelberg.

Die Geschichte dieses Pfälzer Prinzen, seines Bruders, Vaters und Neffen stellt eine so ungewöhnlich enge Verknüpfung deutscher, englischer und amerikanischer Geschichte dar, daß es erlaubt sein mag, einen Moment dabei zu verweilen. Der Pfälzer Kurfürst Friedrich V. hatte ja mit der Heirat Elisabeths, einer Stuartprinzessin, geglaubt, in der Sache der protestantischen Reichsfürsten einem kühnen Gedanken folgen zu können. Seine Wahl zum König von Böhmen, sein kurzer Glanz und jäher Fall nach der verlorenen Schlacht am Weißen Berg 1620 zwangen auch seine Söhne, die Prinzen Ruprecht und Karl Ludwig, zur Flucht zu ihrem Onkel, Karl I. von England. Vor allem Ruprecht gewann bald hohes Ansehen als Admiral der englischen Flotte und gründete im Auftrag seines Souveräns 1660 die Hudson Bay Company, die wirtschaftlich vielleicht erfolgreichste Gesellschaft der Neuen Welt. Rupert the Cavalier, wie ihn die englische Geschichtsschreibung nennt, war ein bemerkenswerter Seemann, Offizier und Frauenliebling. Vor allem die letztgenannte Qualität führt uns van Dyck vor Augen in seinem berühmten Bild der beiden Brüder im Pariser Louvre. Im Zedernsaal der englischen Burg Warwick hängt ein Gemälde seines Bruders Karl Ludwig, der nach den Wirren des Dreißigjährigen Krieges wieder auf dem Heidelberger Schloß residieren sollte. Die Zeitgenossen haben die beiden Brüder geliebt, ihre Offenheit und ihren Charme, der mehr wog als ihre chronische Geldknappheit. Karl Ludwigs Tochter war die unvergeßliche Liselotte von der Pfalz, deren Heirat mit dem Bruder Ludwigs XIV., Philipp von Orléans, zum Pfälzisch-Orléanschen Erbfolgekrieg (1688-1697) und damit zu jener letzten großen Heimsuchung der Kurpfalz führte, als Ludwig XIV. nach dem Tode ihres Vaters die ihm verweigerte Pfalz brandschatzte. Die Auswanderungswelle aus dem gepeinigten Land, geduldet von den Fürsten und initiiert von William Penn, der gerade hier viele Siedler für die Neue Welt werben konnte, ist ein unvergessener Teil der frühen amerikanischen Geschichte.

Es ist nicht überliefert, daß die Pfälzer Liselotte und William Penn einander begegnet sind, sie hätten sich gut verstanden, offen und unbekümmert wie sie beide waren. Liselotte hat auch ihre nahen Verwandten herb kritisiert, etwa wenn sie 1716 schrieb, daß der Kurfürst Jan Wellem in Düsseldorf »eine solche Schuldenlast hinterlassen und das Sprichwort nicht observiert hat, daß man muß sich strecken nach der Decken«. Schon 1709 redet sie ihm ins Gewissen und vernimmt, »der Kurfürst habe sich resolviert, seine Unterthanen besser zu traktieren«. Sarkastisch fügt sie hinzu: »Erfahren sie's, so nach Pensilvania gereist sein, werden sie vielleicht wiederkommen.« Schließlich geht ihr Pfälzer Temperament völlig durch und sie schreibt, »daß Kurpfalz sich so von den Pfaffen regieren läßt und seine guten pfälzischen Unterthanen so plagt ... nun hat der Kurfürst bei mir ganz ausgekocht«! Auch der Nachfolger, der Kurfürst Karl Philipp, gefällt ihr nicht: »Das viele Saufen und die Pfaffen müssen ihm das Hirn verdreht haben und sein eigen Interesse nicht erkennen machen, seinen Unterthanen lauter böses statt gutes anzutun. Jetzt sind wieder 75 Familien aus der Pfalz nach Orléans gegangen, um ins Mississipi zu reisen.« Offenbar nahmen auch Pfälzer an der französischen Besiedelung um New Orleans teil.

So spannt sich ein unsichtbarer Bogen von den eisigen Gewässern der Hudson Bay über London und Heidelberg bis nach Pennsylvanien. Daß dann die Schwester der Pfälzer Prinzen, die hannoversche Kurfürstin Sophie – deren Briefwechsel mit ihrer Nichte Liselotte in Paris ein erfrischendes Zeitdokument ist und zwei ungewöhnliche Frauengestalten an der Schwelle der Neuzeit zeigt – ihren Sohn als Georg I. auf dem englischen Thron sehen sollte, der wiederum dem Bundesstaat Georgia seinen Namen gab, rundet das Bild der pfälzisch-amerikanischen Beziehungen ab.

Nach soviel Historie zieht es uns nun aber unwiderstehlich auf die Fähre nach *Port Kent.* Die Autofähre verkehrt etwa alle Stunden vom Kai unweit des Radisson-Hotels. Die etwa halbstündige Fahrt erlaubt, zumal in der Morgenfrühe, die Stille und Weite des im Dunst liegenden, fast hundert Meilen langen Gewässers zu erleben. Fast die Hälfte des gewaltigen geologischen Grabens, der von Montreal und dem St. Lorenzstrom abzweigt und südlich entlang dem 73. Grad westlicher Länge auf New York zuläuft, wird von den Seen Champlain und George gefüllt. Westlich begleiten sie das unregelmäßig gefältelte Adirondack-Massiv und östlich die Hauptkette der Green Mountains. Die Seen entwässern über den Richelieu River nach Norden, doch entspringt in den Adirondacks unweit des Mount Marcy der Hudson, durchläuft die schon von Cooper erwähnten Wasserfälle bei Glens Falls, um dann, mit dem in der Nähe von Albany zuströmenden Mohawk vereint, das besonders schöne und malerische Hudsontal zu füllen.

Langsam versinken die östlichen Gestade im milchigen Dunst, sonor brummt der Diesel im Bauch der Fähre. An der Reeling stehen Radwanderer, die Gepäckträger sind aufgetürmt mit blauen und roten Rucksäcken. Biking ist ein beliebter Sport trotz der weiten Entfernungen, vielleicht auch wegen der Entfernungen und Menschenleere, die überall zu campieren gestattet.

Einzelne Seeforellen springen aus der spiegelglatten Wasserfläche, melancholische Kreise hinterlassend. Doch die schönsten Bewohner des Sees sind die vielen kleinen Inseln. Blauschwarze Kiefern breiten ihre bizarren, windzerzausten Äste über kleine Sandbuchten. Das hellere Grün der Fichten und schlanken Hemlocktannen setzt senkrechte Akzente, und im blassen Ultramarin des Wassers liegen braune Boote, auch einzelne Kanus. Gelegentlich steigt aus dem sich hebenden silbrigen Dunst eine schmale Rauchsäule auf, doch ist es kein verräterisches Zeichen nomadisierender Indianer; eher steht zu vermuten, daß sich in einem der verborgenen Blockhäuser jemand seinen Morgenkaffee kocht und die erste Fischbeute des jungen Tages genüßlich bereitet. Die Neigung der Angelsachsen zu deftigem Frühstück können wir nicht übergangslos teilen. Es ist die Gewohnheit von Menschen, die einst als Seeleute, Fischer oder Farmer viel in der frischen und rauhen Luft waren. Mögen sie inzwischen auch Freude an dickgekochter Orangenmarmelade mit aromatischen Schalenstücken haben, so ist doch immer noch die morgendliche Sehnsucht groß nach dem knusprig gebackenen Bacon, der unter der Gabel bricht, und dem gebratenen Fisch.

Die Westufer des Champlain gehören zum Staat New York. Fichtenbestanden sind auch ihnen einige Inseln vorgelagert, auf denen verborgene Sommerhäuser liegen und Bootsanleger daran erinnern, daß der Champlain sehr fischreich ist. Im Winter ist ›Icefishing‹ hier ein großer Sport, wie mir ein Kollege erzählte, der lange hier ein Haus besaß. In die dicke Eisdecke des Sees werden ein oder zwei Löcher geschlagen und darüber eine kleine Hütte mit einem Benzinöfchen erbaut. Gut verpackt in Pelzen, die Whiskyflasche griffbereit, wird gefischt, und die Beute ist der Salm (Salmon), die Bachforelle (Brook Trout), die hier bis fünf Pfund schwer wird, sowie die braune Forelle (Brown Trout), die im vorigen Jahrhundert aus Deutschland eingeführt wurde und bis zu zehn Pfund wiegt. König ist die Seeforelle (Lake Trout), die sommers in größeren Tiefen lebt und schwer zu fangen ist. Im Winter kommt sie aber dicht unter das Eis, manchmal bis zu zwanzig Pfund schwer. Der Rekord liegt bei 34 Pfund, und Kenner behaupten, daß die Qualität ihres Fleisches mit der Größe nicht abnimmt. Der Massenfisch aber ist der Stint, Smelt genannt, der auch als Köder für die Edelfische dient.

Port Kent, der Landeplatz der Fähre, besteht nur aus fünf Häusern und die Straße windet sich durch dichten Wald zur *Ausable Chasm* hoch. Chasm hat dieselbe Bedeutung wie das Wort Klamm in den Alpen, und Ausable ist der alte französische Name des Flüßchens, das sich durch diese Klamm ergießt. Au sable heißt ›zum Sand‹, und es fällt den Amerikanern schwer, O-sa' bel käsm auszusprechen. Ungeachtet dessen ist die Klamm eine Sehenswürdigkeit ersten Ranges. Das Adirondack-Massiv war vor etwa 500 Millionen Jahren, also während des Kambriums, von einem nördlichen Meer umspült, das bis in das heutige Hudsontal hineinreichte. Aus diesem Meer, aus unerfindlichen Gründen ›Potsdam Sea‹ genannt, lagerte sich der Sandstein ab, der in den Eiszeiten vom Schmelzwasser zersägt wurde und die heutige Klamm bildet. Die Klamm wird aber nicht nur den Geologen interessieren. Sie ist vor allem eine sehr malerische Szenerie, in deren Felsgruppierungen, Sandbänken, stäubenden Wasserfällen wir eine jener Landschaften erkennen, zu denen unweigerlich der spähende Blick des Indianers gehört. Die Rothäute, die ja nicht wegen ihrer Hautfarbe, sondern wegen ihrer Kriegsbemalung mit roten Ockerfarben so genannt wurden, liebten Stellen, von denen sie annahmen, daß sich ihre Naturgottheiten dort wohlfühlten. So dürfen wir auch von der Ausable Chasm annehmen, daß ihre Schluchten und geheimen Felshöhlen einst kultische Bedeutung hatten. Nichts davon ist überliefert.

Vom Parkplatz am Eingangsgebäude gelangen wir hinab in die Schlucht, sehen die Nebel des *Horseshoe Fall* und wandern dann auf einem gesicherten Steig eine halbe Stunde durch die phantastische Formenwelt der von Eis und Wasser ausgewaschenen Felsformationen. Sehr schön und photographisch reizvoll sind die plötzlichen Wendungen der Klamm, düstere graugrün bemooste Felskulissen wechseln mit besonnten Partien voll von warmem, gelbgrünem Leuchten. Die schrägen Strahlen der Sonne zeichnen graphische Lichtbündel in den stiebenden Wasserdunst der Fälle, aus dem sich gespenstisch einzelne Bäume auf Felsbalkonen erheben. Vom Table Rock führt uns ein Boot durch die Stromschnellen der Sentinels und der Rapids, und wenn man sich ganz vorne am Bug des schlanken Fahrzeugs einen Platz sichert und die Spritzdecke über den Knien hat, ist's ein großes Vergnügen, durch die tosenden Schnellen zu fahren, scharf an den Klippen und Felswänden vorbei, bis der am Heck stehende Steuerer mit seinem Stackruder das Boot in die Breite eines Felskessels hineintreiben läßt. Der Kessel ist umgeben von auftreppenden kleinen Plattformen, bizarr bewachsen mit weit überhängenden Bäumen, unter denen man unwillkürlich ein indianisches Lagerfeuer und einige Spitzzelte erwartet. Auch hier ist mir wieder Fenimore Cooper mit seinem ›Letzten Mohikaner‹ eingefallen:

Der Fluß war hier zwischen hohen Felsen gebettet, und das Kanu lag geschützt unter einem Felsvorsprung. Der Scout wies Heyward und seine ängstlichen Begleiter an, im vorderen Ende des Kanus Platz zu nehmen. Er selbst stellte sich aufrecht und fest an das hintere Ende, gerade als handele es sich um ein Fahrzeug fester Bauart. Die Indianer bahnten sich vorsichtig einen Weg zurück durch das Wasser, während der Scout sein Ruder gegen einen Felsen stemmte und mit einem kräftigen Stoß das zerbrechliche Fahrzeug in die Mitte des reißenden Wassers stieß. Es folgte ein harter und verzweifelter Kampf mit der schnellen Strömung ... mehrere Male glaubten sie zu kentern, doch plötzlich waren sie am Fuße der Glens Falls, deren Rauschen zu hören war.‹ Der Wasserfall war früher weiter unten‹ erklärte Falkenauge, ›und ich würde sagen, damals war er so schön wie kein anderer am Hudson. Aber hohes Alter schadet dem Aussehen, eine Erfahrung, die diese reizenden Damen noch nicht gemacht haben!‹

Den Hudson abwärts

LANDSCHAFTLICHE Schönheit, alte amerikanische Geschichte aus den Tagen des Indianerkrieges zwischen Engländern und Franzosen, wie sie uns durch die Lederstrumpferzählungen nähergebracht wird, unberührte Waldgebirge, wie die Adirondacks und Catskills, und viele stille Seen geben dem Hudsontal sein Gepräge am Oberlauf. Auch wenn die Geographen protestieren, so gehören der Champlain-See und der Lake George dazu, bilden mit dem Hudson jene geologische Talsenke, die seit altersher den Indianern und dann den Kolonialmächten dazu gedient hat, nach Norden und Süden vorzudringen. Die Konflikte, die daraus entstanden, waren unvermeidbar, bezogen die indianischen Stämme ein und führten letztlich mit zu deren Aussterben.

Der Unterlauf des Hudson durchbricht die südlichsten Ausläufer der Appalachians, gewinnt dabei besondere Schönheit als Fluß- und Berglandschaft, die von vielen mit dem Durchbruch des Rheines durch das rheinische Schiefergebirge verglichen wird. In der Tat, die Ähnlichkeit der Bilder ist oft frappierend, und auch der andere Vergleich ist richtig: Rhein und Hudson sind Wasserstraßen, die einen hohen geschichtlichen Rang beanspruchen. Lassen wir es Henry Brown formulieren: *The Lordly Hudson is one of the most magnificent and important rivers on earth. The scenic beauty of its Highlands rivals to that of the Rhine. Its waters are the very heart's blood of the commerce that built the world's greatest metropolis. It was the highway that opened the West to settlement.*

Der Hudson entspringt als kleines silbernes Bächlein unweit des McIntire Gipfels in etwa 1600 Meter Höhe mitten in den einsamen Adirondacks. Erst 1840 wurde die Quelle entdeckt. Sein Oberlauf ist ein Gewirr von kleinen gebirgigen Zuflüssen, winzigen Bergseen inmitten schwarzgrüner Tannenwälder und erst bei Glens Falls, das zu allem Überfluß eine gewisse Ähnlichkeit mit Schaffhausen hat, gewinnt der junge Hudson, grünschäumend in seinen munteren Wasserfällen, Kraft und kartographierbare Beständigkeit.

Seine Gebirgsheimat, die Adirondacks, sind kein Teil des Appalachischen Gebirges, das den Nordosten der USA durchzieht. Sie sind geologisch viel älter, von den Eiszeiten verschliffen, eigentlich nur noch der Rest eines Gebirges. Der Adirondack Park ist ein riesiges Naturschutzgebiet von der Größe Massachusetts. Erst in den dreißiger Jahren des letzten Jahrhunderts erforscht und bereits 1892 unter Schutz gestellt, hat diese Berglandschaft Ursprünglichkeit bewahren können, knapp dreihundert Kilometer von Manhattan entfernt. Die Wälder sind sehr wildreich an Luchsen und Coyoten, und selbst der schwarze Bär ist nicht selten, mit Gewichten bis zu 250 Kilogramm. Für den Fremden am zugänglichsten ist das Gebiet der Saranac-Seen und des Lake Placid mit dem gleichnamigen Städtchen. In Lake Placid wurden 1932 und 1980 die Olympischen Winterspiele ausgetragen. Doch hat man hier in weiser Einsicht ›olympische‹ Auswüchse vermieden, ist ganz unamerikanisch bescheiden geblieben.

Wieder zum Lake Champlain zurückgekehrt, führt uns die Straße 22 und später die 9N südwärts entlang den Ausläufern des schier endlosen Sees. Bei *Port Henry* hat man das Gefühl, nun sei er zuende, doch weit gefehlt, er hat uns nur genarrt, und einige Meilen weiter blinkt er uns wieder zu. Dann taucht das alte Fort *Ticonderoga* auf, ewiger Streitpunkt zwischen den Franzosen, die es gründeten und ›Fort Carillon‹ nannten, und den Briten, die es ›Ticonderoga‹ umtauften, bis es ihnen die Amerikaner unter Ethan Allen abnahmen. Da seine Geschichte mit der des am südlichen Ende des Lake George gelegenen Forts William Henry nahezu identisch ist, soll sie dort erzählt werden.

Während der Lake Champlain sich noch in den Süden verirrt, beginnt parallel zu seinem schmalen Ausläufer der *Lake George*, dessen kristallklare Wasser den Jesuiten zur Taufe der Indianer gedient hatten und den sie darum ›Lac-du-Saint-Sacrement‹ genannt haben. An seinem Westufer reiht sich eine Sommerfrische an die andere, und auch seine Südspitze um das schon genannte Fort William Henry ist im Sommer eine beliebte und darum auch unruhige Bleibe. Der See wird von einem alten Raddampfer befahren, dampfbetrieben natürlich, und der Captain liebt es, auf einer Dampforgel allerlei Melodien vorzuführen, nicht jedermanns Geschmack, aber wir haben an solchen Plätzen der amerikanischen Walt Disney World Reverenz zu erweisen.

An der Dampferlände erblicken wir den Lake George in seiner Längsausdehnung. Schier endlos dehnt er sich, vielleicht der schönste See Nordamerikas, mit seinen vorspringenden Halbinseln und tiefen Buchten. Zahllose Segler beleben die blaue Wasserfläche, Badebuchten am Ufer und darüber flache, waldbestandene Hügel. Die Inseln – Diamond Isle, Canoe Isle, Sagamore Isle – sind ein Eldorado für Segler und Motorbootfahrer, und die stillen Buchten Paradise Bay und Silver Bay ein Genuß der Abende, wenn der Touristenstrom verebbt ist, und die über den Adirondacks untergehende Sonne die Wasser aufgleißen läßt. Auch das alte und wiederaufgebaute Fort William Henry sollte man am besten außerhalb des Rummels aufsuchen. Vielleicht am frühen Morgen, Amerikaner sind keine Frühaufsteher!

Fort Henry und die Weltpolitik

Über den äußeren Remparts erhebt sich heute wieder das aus Holz erbaute Fort, der strategisch bedeutsamste Punkt in den langen Auseinandersetzungen zwischen Engländern, Franzosen und Indianern während des ›Indian War‹. 1755 durch General Johnson erbaut, war es das Ergebnis einer ersten blutigen Auseinandersetzung zwischen den rivalisierenden Mächten. General Johnson wurde von den Mohawk unterstützt, die Franzosen standen unter dem Kommando des Barons von Dieskau. Der mohikanische Häuptling, ›King Hendrick‹ genannt, fiel, und die Überlebenden tauschten ihre Musketen gegen Äxte und Sägen und bauten das Fort als quadratische kleine Festung mit vorspringenden Bastionen an den Ecken.

Die erste Kraftprobe stand dem Fort 1757 bevor. Ungefähr 1500 Franzosen mit ihren Bundesgenossen, den Huronen, stießen nach Süden vor. Wir schreiben das Jahr der Schlacht von Leuthen, in der Friedrich der Große Maria Theresia besiegte. Der Pulverdampf des Siebenjährigen Krieges verhüllt aber den Kampf zweier weit bedeutsamerer Mächte. Friedrich II. war durch die Konvention von Westminster mit der britischen Krone verbunden, und Frankreich mit Maria Theresia verbündet. Doch galt das eigentliche Interesse der beiden großen Kolonialmächte kaum der schlesischen Frage. Es galt, die zentraleuropäischen Mächte zu neutralisieren, und Frankreich wie England hegten – vornehmlich mit Finanzhilfen – die Hoffnung, den jeweils anderen derart in die Auseinandersetzungen des Siebenjährigen Krieges hineinziehen zu können, daß ihm selbst freie Hand in der übrigen und offenbar weit interessanteren Welt blieb. So eroberte Robert Clive 1757 Bengalen, besiegte den Nabob und schaltete die Franzosen endgültig aus, und im Tal des Hudson bahnte sich eine Entscheidung zwischen der britischen und der französischen Krone an, die England zur vorherrschenden Macht auf dem amerikanischen Kontinent machte.

Mit der eindeutigen englischen Dominanz begannen sich Selbstverständnis und Weltsicht dieses Kontinents zu wandeln, der französische Einfluß, romanische Art und katholischer Glaube wichen dem angelsächsischen. Kein Zweifel freilich, daß dadurch auch viel Farbigkeit des Lebens verlorenging; das bunte Strickmuster europäischer Kultur gelang nicht mehr und erst mit der Einwanderung vielfältiger Völkerscharen, der Iren, Deutschen, Italiener und Polen, kam es zur Auflockerung. Da dies aber tröpfchenweise geschah, ging das kulturelle Mitbringsel der Einwanderer, meist einfacherer Menschen, im Angelsächsischen unter. Das ist, in Verbindung mit der assimilierenden Kraft der englischen Sprache, der Hauptgrund, warum Amerika so uniform wirkt, fern der Farbigkeit der europäischen Regionen. Erst ganz allmählich, und seit dem Ende des Zweiten Weltkrieges stürmischer, entwickelt Amerika geistige Landschaften auch fern der alten Kristallisationspunkte um Boston, New York und dem alten Süden.

1757 war dies alles noch völlig offen, die Ungezwungenheit romanischer Art im Umgang mit den Eingeborenen, auch bei den Spaniern wahrzunehmen, hatte ihre einnehmende Wirkung auf die Indianer nicht verfehlt. Doch der Sieur de Rigaud de Vaudreuil hatte mit seinem Winterfeldzug gegen Fort William Henry kein Glück. Die erbärmliche Kälte zwang zu Biwakfeuern, die den Engländern jede Bewegung des Gegners signalisierten. Dennoch entging das Fort bei einer Artilleriebeschießung nur mit Not dem Untergang, erst ein heftiger Schneefall setzte den Bränden ein Ende, und die Franzosen zogen sich nach Fort Carillon zurück. Im Sommer 1757 aber erschien der Marquis de Montcalm, einer der brillantesten französischen Heerführer, mit einer für jene Gegend riesigen Armee von achttausend Mann, verstärkt durch einige Tausend Indianer und Francokanadier. In Coopers Lederstrumpferzählungen werden die Sorgen in Fort William Henry geschildert:

Als in dem Fort am südlichen Rande des Bergrückens zwischen dem Hudson und den Seen die Nachricht einlief, man habe den französischen Befehlshaber Montcalm über den Champlain-See mit einer Armee, so zahlreich wie die Blätter an den Bäumen, vorrücken sehen, wurde diese Nachricht mit Widerwillen aufgenommen. Die Meldung war an einem Sommerabend von einem indianischen Läufer übermittelt worden. Er überbrachte sogleich das dringende Gesuch von Munro [dem englischen Befehlshaber in Fort William Henry], der die Befestigung am Ufer des Heiligen

Sees befehligte, man solle ihm rasch und ausreichend Verstärkungen senden. Die treuen Untertanen der britischen Krone hatten die Forts ›William Henry‹ und ›Edward‹ genannt, jedes nach einem beliebten Prinzen des Herrscherhauses. Munro, der altgediente Schotte, hielt das Fort Henry mit einem Regiment regulärer Truppen und schwachen Kräften aus der Provinz ... Das Fort Edward dagegen stand unter dem Kommando von General Webb. Er war Befehlshaber über die königliche Armee in den nördlichen Provinzen, einem Heer von fünftausend Mann. Durch das Zusammenlegen der verschiedenen Abteilungen hätte Webb nahezu die doppelte Anzahl von Soldaten den Franzosen entgegenstellen können.

Doch Webb war unentschlossen und schickte ein Detachment von nur 1500 Mann, begleitet von jenen beiden Töchtern Munros, Alice und Cora, deren Abenteuer das Kapitel des ›Letzten Mohikaners‹ so reizvoll füllen.

Als der dumpfe Ton der abrückenden Soldaten verhallt und der letzte Nachzügler schon nicht mehr zu sehen war, beobachtete man Anstalten zu einem weiteren Aufbruch ... sanfte Frauenstimmen näherten sich, und ein junger Mann in Offiziersuniform geleitete zwei Damen zu ihren Pferden. Die Art ihrer Kleidung ließ erkennen, daß sie auf einen beschwerlichen Ritt in die Wälder vorbereitet waren. Die jüngere von ihnen, obwohl beide noch jung waren, ließ ihren grünen Hutschleier vom Morgenwind zur Seite wehen und gestattete dem Betrachter einen flüchtigen Blick auf ihr blendend weißes Gesicht, das goldblonde Haar und die hellblauen Augen. Sie dankte mit liebenswürdigem Lächeln dem jungen Mann, der ihr in den Sattel half. Die andere Dame war achtsamer, ihr Gesicht vor den neugierigen Blicken zu verhüllen. Sie war von ebenso anmutiger Gestalt wie ihre Begleiterin, nur etwas voller und reifer als jene.

Doch das Unheil nahm seinen Lauf. Montcalm begann die Belagerung mit 32 schweren Kanonen. Nach sechs Tagen war das hölzerne Fort mit seinen Erdwällen so zusammengeschossen, daß Munro mit Rücksicht auf die vielen Frauen und Kinder in der Umwallung kapitulieren mußte. Montcalm bot freien Abzug nach Fort Edward, aber ohne Waffen. Auf diese lange Kolonne von hilflosen Männern und Frauen stürzten sich dann in den Wäldern die skalphungrigen Huronen und verübten ein fürchterliches Gemetzel. Manche lasten dies Montcalm an, andere glauben einfach, daß Montcalm die Kontrolle über die Indianer verloren hatte, die nicht verstehen konnten, daß sie ihre Beute – die Skalps – einfach ziehen lassen sollten.

Das Massaker von Fort William Henry ist eine der wesentlichen Quellen für den Haß der weißen Siedler auf die Indianer. Wenn wir auch heute im ruhigen Rückblick Motive bewerten können – damals war es eine Sache auf Leben und Tod. Wir sollten auch nicht vergessen, daß gerade die jüngere ethnologische Forschung, selbst bei aller Förderung des Verständnisses, Charaktereigenschaften der Indianer aufgedeckt hat, die immer elementar zwischen ihnen und den Kolonisten stehen mußten. Da hat die in Deutschland und auch in Frankreich so favorisierte freundliche-romantische Vorstellung von dem Naturmenschen in seiner edlen Einfalt wenig Bestand. Was schon Champlain entnervt hat, die unsinnige sadistische Grausamkeit der Indianer gegenüber ihren besiegten Feinden, die Vermengung abscheulicher Quälereien mit abartigen Neigungen, wie sie einige Stämme pflegten, mußte die weißen Siedler aufbringen. Dagegen hilft auch nicht jene naturrechtliche Philosophie, die den roten Männern das Recht an Amerika zuspricht. Die weißen Siedler waren selbst die ausgebeuteten Opfer ihrer Fürsten in Europa; Kampf hieß eine Chance zum Überleben, und überleben wollten sie alle. Schon der Entdecker des Lake George, der Jesuitenpater Isaac Jogues, machte seine Erfahrungen mit den Mohawks, als er 1642 von ihnen gefangen wurde. Sie quälten und verstümmelten ihn, trennten ihm mit Muschelschalen Fuß- und Handteile ab und töteten seinen Gefährten Le Poule. 1643 mit Hilfe des holländischen Gouverneurs von Albany befreit, kehrte er 1645 zurück und versuchte erneut, die Mohawks in ihrem Tal zu bekehren. Allein und unbewaffnet betrat er ihr Dorf Os-er-nay-non, am Mohawk River gelegen, und wurde heimtückisch von hinten mit einem Tomahawk erschlagen.

Manches von diesen Grausamkeiten zieht auch durch Coopers ›Lederstrumpf‹. Liest man das Buch heute nochmals, erkennt man in dem verzweifelten Kampf der Weißen, die beiden jungen Frauen den Indianern zu entreißen, auch andere Züge. Einige Szenen sind recht deutlich in ihrer Sprache.

Die Trümmer und grasüberwachsenen Hügel von Fort William Henry lagen bis 1932 unberührt. Dann wurde auch Amerika von einer archäologischen Welle überschwemmt, fast genau hundert Jahre, nachdem Cooper 1826 den Schauplatz seiner Romanhandlung besucht und heftigen Widerstand in der Gesellschaft gefunden hatte, da er sich weigerte, die Indianer nur als hinterlistige und stupide Waldläufer zu zeichnen. Die zarte Liebesgeschichte des jungen Häuptlingssohnes Uncas mit Cora Munro hat man ihm nicht verziehen, und wo die Wahrheit liegt, bleibt wie so oft im Dunkeln, die Verallgemeinerung tötete auch die Ausnahme.

Was ist von all dem heute noch zu sehen? Die Archäologen haben Unmengen von Gegenständen jener Zeit ausgegraben. Sie sind in dem Museum im Fort ausgestellt, und wenn Eisenteile nach einigen hundert Jahren aus der Erde gegraben werden, so haftet ihnen etwas fast Antikes an, der Hauch der Geschichte ist, chemisch gesehen, Eisenoxid.

Machen wir darum einen Rundgang durch das Fort, seine vielen Räume und über die mit den alten Kanonen bestückten Wälle und Bastionen, über denen der Union Jack ebenso weht wie das blaue goldgestickte Lilienbanner der Krone Frankreichs. Montcalm hatte die englischen Kanonen nach der Kapitulation am 10. August 1757 in den See werfen lassen, dort hat man die meisten wieder herausgefischt. Fast alle sind zerborsten, und eine Tafel an der Nordostbastion erzählt uns, wie in der Nervosität der Belagerung die meisten Geschütze durch Rohrkrepierer unbrauchbar wurden und die Mannschaften in den Tod rissen.

Über sechs Tonnen Eisenschrott von Granatsplittern und Brandkugeln haben die Archäologen ausgegraben. Einige Sicherheit vor dem Kugelregen gab es nur in den unteren

Räumen des Forts, die aus Backsteinen erbaut waren und noch original erhalten sind. Im nachgebauten Hospital sieht man den Feldchirurgen, wie er eine Kugel aus einem Bein entfernt. Es gab kaum Opium zur Betäubung, ein Schluck Rum tat es, und mancher nahm eine Bleikugel zwischen die Zähne, um den Schmerz zu verbeißen, Hunderte solcher Kugeln mit Zahnspuren hat man gefunden. Tief führt der gemauerte Gang hinab ins Pulvermagazin, alte Pulverfässer und Mörsergranaten hat man dort entdeckt und alte Ledersäcke, die man naß hielt, um den Eingang vor Funkenflug zu schützen. Unter dem Innenhof liegt ein kleiner Raum, in dem man die Skelette einiger dort hastig bestatteter Verteidiger fand, und im benachbarten Wald fand man über zweitausend Grabstätten. Pocken, Diphtherie, Typhus waren die Seuchen, die im Sommer 1756 fast täglich fünf Opfer forderten. Diese Einzelheiten mögen uns zeigen, daß dies kein Platz farbenfroher Romantik war, auch wenn die heute wie einst überall herummarschierenden Rotröcke mit ihren schwarzen Dreispitzen, Trommelwirbel und abgefeuerten Musketen eine solche Romantik beschwören mögen. Schaut man durch die Scharten der Bastionen auf den heute friedlichen Lake George, kann man den Ausschnitt so wählen, daß nur Wasser, bewaldete Berge, ziehende Wolken und das vom Alter genarbte Kanonenrohr zu sehen sind. Über uns knattern die Fahnen Frankreichs und Englands, und wer es nicht besser weiß, kann meinen, dies sei ein Ort friedlicher Eintracht unter den Nationen. Unten aber am Kai orgelt des Captains Dampfpfeife ›Au clair de la lune‹ – Montcalm hat offenbar eine Nachhut dagelassen.

Der Sieg von Saratoga

Die Interstate 87 oder der Highway 9 führt uns weiter südwärts, bis wir bei *Glens Falls* den jungen Hudson queren. Manches wird uns hier an den Oberrhein an der deutsch-schweizerischen Grenze erinnern. Diese Stimmung hat Henry Augustus Ferguson 1882 in einem hübschen Ölbild festgehalten, das heute in der Crandall Library in New York hängt. Wasserfälle, überbrückt von einer jener ›covered bridges‹, wie wir sie noch heute in Neuengland häufig sehen können (und dabei fällt uns natürlich auch die alte Holzbrücke bei Säckingen am Rhein wieder ein), Häuser, die auf die Uferfelsen gesetzt sind, und Unmengen von Baumstämmen, die von den Adirondacks herabgeschwommen kommen und über die Fälle stürzen, um dann zu Flößen gebündelt zu werden. Glens Falls besitzt, kaum zu glauben, in der Hyde Collection eine bedeutende Galerie mit Bildern von Rembrandt, Rubens, Picasso und Renoir, doch wird uns hier die Landschaft stärker ansprechen, zumal wenn wir uns entscheiden, nicht die schnelle Interstate 87 ›New York Thruway‹, sondern den Highway 4 und später die Straße 32 direkt am Hudson entlangzufahren.

Dabei geraten wir mitten in das Schlachtfeld von *Saratoga*, auf dem 1777 die amerikanischen Truppen ihren ersten entscheidenden Erfolg über die englischen Truppen unter General Burgoyne errangen. Das weite Feld zwischen Schuylerville und Stillwater birgt viele Erinnerungsstätten an die Schlacht und die englische Kapitulation, die wir in der Schilderung Frau von Riedesels an anderer Stelle schon kennengelernt haben. Hier steht auch das seltsame ›Monument to a Leg‹, das an die Taten eines Offiziers erinnert, der trotz einer schweren Beinverwundung einen entscheidenden Angriff anführte. Sein Stiefel und seine Schulterstücke als Generalmajor sind zu sehen – sein Name wird mit Schweigen bedeckt. Der mysteriöse Offizier ist Benedict Arnold, der als Held von Saratoga gefeiert, aber später bei der Verteidigung von West Point zum Verräter wurde, man könnte von einem amerikanischen Marschall Pétain sprechen. Die Armee, die hier zwischen dem 7. und dem 13. Oktober 1777 den Sieg errang, die Engländer von Bemis Heights zurückdrängend und schließlich einkreisend, war eine zusammengewürfelte Schar von Kolonisten, uneinheitlich bewaffnet, nur die Offiziere in Uniform – aber auch die Engländer und ihre braunschweigischen Hilfstruppen waren abgewirtschaftet und ohne Nachschub, wie eine Bemerkung unserer Kronzeugin verrät: *Das größte Elend und die äußerste Unordnung herrschten in der Armee. Die Kommissärs hatten vergessen, Lebensmittel unter die Truppen zu verteilen; es war Vieh genug da, aber es wurde kein Stück geschlachtet. Mehr als 30 Offiziere kamen zu mir, die es vor Hunger nicht länger aushalten konnten. Ich ließ ihnen Kaffee und Tee machen, und verteilte unter sie allen Vorrat, womit meine Kutsche immer gefüllt war; denn wir hatten einen Koch, der, obgleich er ein Erzschelm war, doch zu allem Rat wußte und oft des nachts kleine Flüsse passierte, um den Landleuten Hammel, Hühner und Schweine zu stehlen, die er sich nachher von uns gut bezahlen ließ.* Dann schimpfte sie den armen General Burgoyne heftig aus und zwang ihn, sich bei seinen Offizieren zu entschuldigen. So ganz martialisch kann es also auf diesem Schlachtfeld nun auch wieder nicht zugegangen sein. Die braunschweigischen Truppen blieben nach der Niederlage noch fünf Jahre in Gefangenschaft, da ihr freundlicher Landesvater, der Herzog von Braunschweig-Wolfenbüttel, es für klüger hielt, die Leihcourtage weiter zu beziehen, statt die Leute nach Hause zu lassen. Da waren die Amerikaner klüger, und der Kongreß verbreitete folgendes Plakat in den Lagern: »Im Kongreß, den 14. August 1776 ... ist daher beschlossen, daß unsere Vereinigten Staaten alle Ausländer, die die Armee Seiner Britannischen Majestät in Amerika verlassen, aufnehmen und sie als Bürger dieser Staaten anerkennen werden, wenn sie es wünschen. Außerdem will der Kongreß einer jeden solchen Person 50 Morgen Land zum vollkommenen Eigentum übertragen für ihn und seine Erben ... Auf Anordnung des Kongresses John Hancock, Präsident.« Was gab es da noch zu wählen?

Ein Stück Industriegeschichte am Mohawk

Albany und das östlich des Hudson gelegene *Rensselaer* gehören zu den ältesten Städten des Tales. Bereits 1614 haben die Holländer Albany, damals Fort Nassau, als Handelsposten mit den Indianern gegründet, dem sich bald Fort Oranien zugesellte und mit Wallonen besiedelt wurde. 1630 erbaute Kiliaen van Rensselaer seine Farm am Fluß, die ihren Namen über die Zeitläufte erhalten hat. Seit 1797 ist Albany die Hauptstadt des Staates New York, dessen derzeitiger Gouverneur Nelson A. Rockefeller den Ehrgeiz entwickelt hat, sie zu einer prächtigen Kapitale zu machen, die stolz und unabhängig neben dem stets geldhungrigen New York bestehen kann. Dieser Ehrgeiz hat zur Empire State Plaza geführt, einem pompösen Regierungssitz, der in einem etwas merkwürdigen Kontrast zu der ansonsten eher trostlosen Stadt steht.

Im Südosten Albanys steht ›The Pastures‹, ein schönes georgianisches Herrenhaus, in dem einst General Philip Schuyler lebte und wo sich die an anderer Stelle geschilderte Begegnung Schuylers und Burgoynes in Gegenwart von Frau von Riedesel zugetragen hat. Die Umgebung allerdings ist alles andere als eine idyllische Weide, die der Name des Hauses erwarten lassen könnte. In der South Pearl Street liegt Cherry Hill, alter Besitz der van Rensselaers, wie auch das nahe Ten Broeck Mansion mit schönen alten holländischen Möbeln. Die First Church of Albany besitzt noch eine alte, 1656 in Holland geschnitzte Kanzel, die zu Schiff nach dem damals Beverwyck genannten Albany reiste.

Im nahen *Troy* soll Uncle Sam zur Welt gekommen sein. Jedenfalls erzählt die immer geschwätzige Fama, daß während des Englisch-Amerikanischen Krieges von 1812 ein Fleischlieferant für die US-Armee sein gepökeltes Fleisch in Behältern ablieferte, die mit US gezeichnet waren. Irgendein Spaßvogel hat dann Uncle Sam daraus gemacht. Westlich von Albany liegt *Schenectady*, besser gesagt: General Electric Company, eine der großen amerikanischen Weltfirmen, einst der Gewinnung, Verteilung und Anwendung von Elektrizität dienend, heute mit ihren hochschulartigen Laboratorien und Instituten diesen Rahmen sprengend.

Die General Electric Company ist halb so alt wie die Vereinigten Staaten und feierte 1978 ihr erstes Jahrhundert,

Amerika sein zweites. Eng verbunden mit dem Namen Thomas Alva Edison war die Entstehungsgeschichte auch die Geschichte der Elektrizität in den USA. Das alte Laboratorium von Edison, einst in Menlo Park in New Jersey gelegen, wurde später nach Dearborn, Michigan, verpflanzt. Es hat die faszinierende Atmosphäre aller dieser alten Laboratorien, gleich ob sie in der Smithsonian Institution in Washington oder im Deutschen Museum in München wiederaufgebaut wurden. Unendlich karge, handwerkliche Mittel lassen zumal die junge Generation kaum mehr verstehen, wie mit solchen altväterlichen, umständlichen Maschinchen und messingblinkenden Gerätschaften, Funkeninduktoren, Leidener Flaschen und dergleichen Entdeckungen gemacht werden konnten, die die Welt von Grund auf veränderten.

Das Museum in Greenfield Village, Dearborn, Michigan zeigt auch die ersten Dynamomaschinen, wir würden heute sagen Generatoren, die den Strom erzeugten, der in Edisons Glühlampen, zuerst in der Kohlefadenlampe, doch bald in Metallfadenlampen, Amerika erhellen sollte. Das Problem dieses Kontinents waren die riesigen Entfernungen. So war die Versorgung durch zentrale Kraftwerke schwierig und die ›Long-waisted Mary Ann‹, wie ein kleiner 8-kW-Dynamo liebevoll genannt wurde, war mit auf dem Weg der Pioniere in den Westen, angetrieben von kleinen Dampfkesseln, dann bald von den ersten Petroleummotoren, deren Bedarf – lange vor der Motorisierung des Straßenverkehrs – die ersten Bohrtürme in den Himmel wachsen ließen. Schon 1895 liefen die ersten 90 Tonnen schweren Elektrolokomotiven in den Great Plains. Vorher mußte für die Bahn mehr Kohle in diese entlegenen Zonen transportiert werden, als Güter bewegt werden konnten. Dann kamen die Curtiss-Wasserturbinen hinzu, mit denen die großen Wasserkräfte des Landes zur Stromerzeugung genutzt werden konnten.

In den vierziger Jahren begann nach demselben Prinzip der Wettlauf um die Turbinen- und Strahltriebwerke. Fast gleichzeitig waren Frank Whittle und Professor Messerschmitt erfolgreich gewesen. 1939 flog die erste Strahltriebwerkmaschine in Deutschland, 1941 in England und 1942 baute General Electric mit der GE I-A das erste amerikanische Strahltriebwerk, Urvater zahlloser Weiterentwicklungen. Es kann nicht überraschen, daß aus der ursprünglich für militärische Zwecke entwickelten TF 39 die zivile CF 6 wurde, deren gewaltiger Schub unsere Boeing 747 oder DC 10 über den Atlantik getragen hat und inzwischen auch den Airbus 300 durch Europa trägt.

1928 flimmerte das erste Fernsehen durch Amerika. Die Entwicklung der Röhrentechnik in der Folge der Entdekkungen des bei General Electric in Schenectady tätigen Nobelpreisträgers Irving Langmuir stieß die Tür zur heutigen Nachrichtentechnik auf. Was wundert uns noch, daß in dem General Electric Research and Development Center am Ufer des waldreich sich dahinschlängelnden Mohawk auch die Raumfahrt, die Atomtechnik und vieles andere seinen Platz gefunden hat.

Indianer und europäische Träume

Der nördlich von Albany in den Hudson mündende Mohawk bewahrt an seinem Lauf manche Erinnerungen an die Mohawks, die hier ihren Hauptsitz hatten. Das Tal wurde darum lange von den Weißen gemieden, bis auf einige Missionare, die in Auriesville zu Tode gemartert wurden. Noch im Unabhängigkeitskrieg überfielen die Mohawks das Städtchen Cherry Valley mit siebenhundert Kriegern und massakrierten alle Einwohner. Später haben sich dort vor allem Pfälzer angesiedelt, wie manche Namen festhalten: Palatine Bridge oder New Paltz südlicher am Hudson.

Das Bemühen um den roten Mann, wir haben davon schon bei Fort William Henry gesprochen, kam nie zu einer ruhigen Entwicklung, noch das Urteil über die Indianer aus der Sicht der Zeitgenossen. Als die Engländer 1710 vier Häuptlinge der Mohawks nach London einluden, um ihnen die Pracht des Britischen Empire vor Augen zu führen, hatten sie von den Franzosen gelernt, die recht unbefangen um die Gunst der Eingeborenen warben. John Verelst hat einen dieser Häuptlinge aus dem Mohawktal, Etow Oh Koam, gemalt und der heute in der Library of Congress befindliche Nachstich trägt die Unterschrift: »King of the River Nation«. In Wahrheit war es wohl eher ein Medizinmann oder Sachem, dessen Kopfhaut mit allerlei seltsamen magischen Tätowierungen geschmückt war, seine Füße stecken in über die Füße gebundenen Mokassins aus weichem Leder, und verachtet liegt der Tomahawk am Boden. Unser Häuptling hat sich bereits eine Art englischen Offiziersdegen umgehängt und drückt auch damit ein gewandeltes Selbstverständnis aus.

Das eigentliche Interesse der Zeit galt den Indianern aber aus einem ganz anderen Grund: Rousseaus ›Zurück zur Natur‹ und die folgerichtig sich anhängenden naturrechtlichen Philosophien, John Lockes Gedanken ›An essay concerning human understanding‹ aus dem Jahre 1690 und Alexander Popes ›Essay on Man‹, alle beschäftigen sich intensiv mit den ›Sauvages‹, die ihnen ein großartiges Studienobjekt dünken zur Frage, wie denn in einer unverbildeten Natur Gott und Menschen sich eingerichtet hätten. Der Jesuit Chauchetière, er sollte später von den Huronen getötet werden, schreibt: *Nous voyons dans les sauvages les beaux restes de la nature humaine qui sont entièrement corrompus dans les peuples policés ... Enfin tous les Français qui ont fréquentés les sauvages estiment que la vie se passe plus doucement parmi eux que parmi nous.* Chauchetière will sagen, daß wir in den Wilden die schönen Überreste der menschlichen Natur zu sehen haben, völlig verdorben in den gebildeten Völkern, und daß alle Franzosen, die Umgang mit den Wilden gehabt haben, überzeugt sind, daß das Leben sich unter ihnen freundlicher abspielt als unter uns. Auch Pope verklärt das Leben der Eingeborenen: *Seht diesen armen Indianer, dessen nicht unterwiesene Seele seinen Gott in den Wolken sieht oder im Rauschen des Windes hört. Die hochmütige Wissenschaft begreift nicht, daß sich seine Seele so hoch wie die Sonne oder die Milchstraße erhebt. Kein Dämon quält ihn und kein goldgieriger Christ. Zu existieren genügt ihm und seinen Bedürfnissen: er begehrt nicht Engelsflügel, noch das Feuer der Seraphim, aber er glaubt, daß sein treuer Hund im selben Himmel zugelassen ist, um ihm dort Gesellschaft zu leisten.*

Man kann nicht leugnen, solche Gedanken sympathisch zu finden. Dennoch bleibt die unsichere Frage, ob nicht die Denker des 17. und 18. Jahrhunderts die Eingeborenen zu sehr idealisiert haben, vielleicht, weil sie in ihnen den Beweis für ihre naturphilosophischen Theorien suchten und finden wollten. Wie verklärt manches gesehen wurde, zeigt das hübsche, aber auch pathetische Gemälde einer indianischen Witwe – eine Witwe von griechisch-klassischer Schönheit, obwohl doch jeder sehen mußte, daß indianische Frauen mit ihren hervorstehenden Backenknochen europäischem Schönheitsideal fern standen. Sie sitzt unter einem blitzzersplitterten Baum, an dem die Häuptlingsinsignien des Verstorbenen hängen, sinnt einem abziehenden Gewitter nach, verklärt vom Licht der wieder durch die Wolken brechenden Sonne. Der Maler Joseph Wright begründet diese Sicht aus den indianischen Trauerriten. So war die Witwe gehalten, über eine lange Zeit jeder menschlichen Gesellschaft zu entfliehen, sie durfte ihr langes Haar nicht mehr pflegen, und auch die Wahl des Begräbnisplatzes war darauf abgestellt, ihren Schmerz zu erhöhen: der tote Ehemann wurde nämlich unter seinem Bett bestattet. Kein Wunder, daß die Witwe in die Berge floh und traumverloren dem Sonnenuntergang zuschaute.

So ist das Bild des Indianers über die Zeiten im Ungewissen geblieben; teils verklärt, teils verzeichnet, fällt es uns heute schwer, ein ausgewogenes Urteil zu finden. Die so völlig anderen Wertvorstellungen und Lebensziele haben von Anfang an das Verständnis erschwert, und, sehr im Gegensatz zum anpassungsfähigen Neger, ist der Indianer unbeugsam geblieben. Solche Unbeugsamkeit wird je nach Standort als Widerstandskraft oder als Anpassungsunfähigkeit gesehen. Kein Wunder auch, daß ein Teil der heute anpassungsverweigernden Gesellschaft in Amerika sich den

Indianern innerlich nahe fühlt und stärker den Kontakt sucht.

Auf unserem Weg südwärts folgen wir nun der Interstate 87 ›New York Thruway‹ bis wir hinter *Hannacroix* wieder auf die 9W abzweigen. Hier liegt für den an amerikanischer Frühgeschichte Interessierten *Bronck House*, eine der Farmen des alten Hudsontales, das als Green Country in den Pionierzeiten lebhaft bewirtschaftet war. Der südlicher gelegene Ort *Catskill* hatte seine großen Tage in der Prohibitionszeit, als man den törichten Versuch unternahm, die USA aus moralischen Gründen ›trocken zu legen‹. Hier wurde eine Art Calvados schwarz gebrannt – Applejack genannt – und von Gangstern nach New York ›exportiert‹. Das geschah nächtlich auf dem Hudson und hatte den poetischen Namen ›moonshining‹. Das Prohibitionsgesetz wurde 1933 unter Präsident Roosevelt wieder aufgehoben.

Immer der 9W folgend, erreichen wir *Saugerties*, einen der späten Schauplätze von James Fenimore Coopers Lederstrumpferzählungen. Der altgewordene Lederstrumpf lebt hier einige Jahre unter dem Namen Natty Bumppo, kann sich mit den neumodischen Gesetzen nicht abfinden, streitet sich mit dem Landrichter Marmaduke, und macht seinem Herzen Luft: *›Übrigens hat der Kongreß‹, fuhr Richter Marmaduke fort, ›mehrere Gesetze erlassen, die das Jagen und Fischen in den Flüssen und Seen und auf den Bergen nur noch zu bestimmten Zeiten erlauben. Auch während der Säugezeit darf nicht mehr gejagt werden.‹ Natty Bumppo hörte aufmerksam zu. Als der Richter geendet hatte, erwiderte er höhnisch lachend: ›Sie können ja Ihre Gesetze machen, Richter, aber wo werden Sie Leute finden, die Ihnen die Berge während des langen Sommers oder die Seen während der Nacht bewachen? Wild ist Wild, und wer es findet, kann es schießen. Nur ein unverständiger Gelbschnabel wird ein Weibchen während der Säugezeit schießen, denn das Fleisch ist zäh und hart.‹ ›Die Hirsche sind nicht mehr in solchem Maße vorhanden, wie im letzten Kriege‹ warf Major Hartmann ein, mächtige Rauchwolken ausstoßend, ›aber die Welt ist auch nicht für die Hirsche, sondern für die Menschen geschaffen.‹*

Werden da etwa im Dezember 1793 bereits die gleichen Themen bewegt, die heute viele Menschen beunruhigen, die Frage, wie der Mensch sich in der Natur einzurichten habe?

Unweit Saugerties liegt am Ostufer des Hudson jene nördlichste Stelle, die Henry Hudson mit seiner ›Halve Maen‹ am 16. September 1609 erreichte, bevor er die Sinnlosigkeit einsah, auf diesem Weg die Passage nach Indien erzwingen zu wollen.

Abstecher in eigener Sache

Als wir uns Kingston im Hudsontal näherten, beschlossen wir, einen kleinen Abstecher nach Westen zum Ashokan Reservoir zu machen. Obwohl das Folgende eine sehr persönliche Geschichte ist, kann sie dem Leser doch Einblick in den schnellen Strukturwandel Amerikas geben, eine Ahnung von der raschen Schichtenfolge des Lebens in diesem Land, in dessen Weite der Mensch kaum eine dünne Humusdecke seines Wirkens hinterläßt. Bereits beim Durchfahren des Hudsontales, wie auch vorher großer Teile Neuenglands, ist uns aufgefallen, wie wenig dieses riesige Land landwirtschaftlich genutzt wird. Kaum sieht man Vieh auf den Weiden, und nur höchst selten erlebt man eine bewirtschaftete Farm. Dabei muß dieser Landstrich noch bis zum Ende des vergangenen Jahrhunderts große agrarische Bedeutung gehabt haben. Die starken Rodungsspuren, dazwischen Reste ursprünglicher Wälder, verfallene Gatter für das Vieh, von der Sonne ausgeblichene oder, je nach Holzart, schwarz verbrannte hölzerne Farmhäuser künden von dieser reichen landwirtschaftlichen Vergangenheit. Vergangenheit – denn der Anbau von Feldfrüchten oder die Viehhaltung haben, von Ausnahmen in Neuengland abgesehen, keine wirtschaftliche Basis mehr, seitdem durch die Erschließung der riesigen Ebenen des Mississippi- und Ohio-Beckens Landwirtschaft zu einem schon fast industriell anmutenden Erwerbszweig wurde, der großen Kapitaleinsatz erfordert. So dienen die Häuser an unserem Wege nur noch als Domizil einer Handel und Gewerbe nachgehenden Bevölkerung, sind gewissermaßen eine riesige suburbane Zone um die Städte des Hudsontales. Die Natur hat ihre Chance erkannt, und sanft, aber unaufhaltsam überzieht sie alles mit ihrem Grün. Junge Wälder wachsen wieder nach, Wild stellt sich wieder ein und manche Farmruine modert vor sich hin, elegisches Sinnbild des ewigen Wandels.

Mitten in dieser Landschaft und malerisch am Fuße der Catskill Mountains, eines Landschaftsschutzgebietes, liegt das *Ashokan Reservoir*. Zu Beginn des Jahrhunderts aufgestaut, ist das technische Bauwerk längst zum natürlichen See geworden. Unweit seinem südlichen Gestade liegt ein winziger Ort, der in der Frühzeit des 18. Jahrhunderts von einem entfernten Vorfahren von mir gegründet worden war. Vage hatte ich diese Geschichte aus der Schilderung meines Vaters noch in Erinnerung, war durch mühsames Suchen im Hamburger Amerikahaus nicht weitergekommen und hatte dann durch die liebenswürdige Hilfe des State Department in Albany einen Hinweis bekommen, aber auch eine Vorstellung von Behörden, die selbst bei einer solch nebensächlichen, allenfalls lästigen Angelegenheit höflich und freundlich bemüht sind.

Diesen Ort wollten wir nun sehen, und sehen heißt zunächst einmal: finden. Wir fuhren schon eine gute Stunde auf schmalen Sträßchen durch eine parkartige Landschaft, ohne ein Ortsschild zu entdecken. Hin und wieder ein Haus, von einem winzigen Holzkirchlein läutete eine Glocke, denn es war Sonntagmorgen, aber es ließen sich nur wenige Menschen sehen und die waren meistens recht alt. Alte Scheunen versanken moosgrün und efeuüberwachsen unter riesigen Bäumen. Ein paradiesischer alter Mühlenteich lag plötzlich vor uns, Mühle und Wasserrad schon schwarz vermodert, ein unerwartet großer Biber fühlte sich in seiner Sonntagsruhe gestört und eilte über das granitene Steinwehr in seinen Bau. Im grünen Dämmerlicht des lichten Haines standen einzelne helle Statuen und ließen vermuten, daß nach dem Müller noch ein Freund der Schönen Künste hier gelebt haben mußte, bevor alles zurückfiel in den Schoß der Natur. Wirbelnde Blätter, flirrendes Licht auf dem windgerippten Teich, welkende Seerosen, und wieder fiel mir Henry David Thoreau ein, wenn er von seinem geliebten Teich erzählt:

Als ich das Auge über die Fläche gleiten ließ, sah ich in einiger Entfernung hier und dort ein schwaches Aufleuchten, als ob sich einige Wasserläuferinsekten, welche dem Froste entronnen waren, dort versammelt hätten, oder als ob jetzt die Oberfläche in ihrer Glätte verraten wollte, wo vom Grunde eine Quelle heraufwalle. Leise ruderte ich zu einer jener Stellen und sah mich zu meiner Überraschung von Myriaden kleiner, ungefähr fünf Zoll langer Barsche von warmer Bronzefarbe im grünen Wasser umschwärmt, welche hier ihr Spiel trieben, zur Oberfläche emporstiegen, dort Wellchen machten und manchmal Bläschen zurückließen. In solch durchsichtigem, scheinbar grundlosem, die Wolken widerspiegelndem Wasser war es mir, als schwebte ich in einem Ballon durch die Luft, und das Schwimmen der Fische mit den gleich Segeln ausgebreiteten Flossen kam mir vor wie eine Art Fliegen und Flattern, als wären sie ein dichter Schwarm von Vögeln, die gerade unter mir zur Rechten und Linken vorüberzogen. Es gab viele solcher Trupps im Teiche, welche augenscheinlich die kurze Zeit ausnützen wollten, ehe der Winter seine eisigen Jalousien über ihr Oberlicht zog.

Nach der Kirche unterhielten wir uns mit den alten Leuten im Garten des Pfarrhauses. Sie erinnerten mich an die Bewohner mancher französischer Dörfer im Zentralmassiv, im Guérétois oder auf dem Plateau de Millevaches. Übriggebliebene Menschen, verlassen von den Jüngeren, die längst in die Städte gezogen waren. Die müden Hände vollbringen nicht mehr viel gegen den sanften Druck der Natur, und wer weiß, daß die Zukunft ohne ihn stattfinden wird, der hat auch kein großes Interesse an den Aufregungen der Gegenwart. Aber die Alten in Krumville können sich noch gut erinnern an ein anderes Amerika, an ein intaktes Dorf mit prosperierenden Farmen, und wie die Bewohner Angst hatten, daß der steigende Stausee sie verschlingen würde. Die Kirche, der sie angehören, war übrigens von echt amerikanischer Art. Die alten Leute hatten sich einen Pastor gesucht, der mit den etablierten Kirchen nichts mehr zu tun haben wollte, und sie hatten gemeinsam so etwas wie eine eigene Kirche gegründet, gelassen in sich selbst ruhend, das Leben außerhalb des Tales mit Skepsis betrachtend. Die Familie des Pfarrers betreute die Hinfälligen und am Sonntag saßen alle unter der großen Robinie des Pfarrgartens, hielten ihren Klönschnack, um dann gemeinsam und in sichtlicher Fröhlichkeit zu tafeln.

Als wir wegfuhren, entdeckten wir neben einer Fohlenweide auch das grüne Ortsschild – es war ebenso verborgen wie unnütz.

Damit könnte diese Geschichte zu Ende sein. Mitnichten. Sie führte zu der völlig unerwarteten Entdeckung, daß sich die Spuren meiner Vorfahren väterlicherseits, Spuren, die sich in der Eifel und am Niederrhein gegen 1743 verlieren, in Amerika viel weiter zurückverfolgen lassen. Die Meinung, Amerika sei ein geschichtsloses Land, dem oberflächlichen Hier und Heute zugewandt, bekam einen weiteren Knacks. Gut ein Jahr nach meiner letzten Reise erhielt ich einen Brief aus jenem stillen Tal. Eine freundliche alte Dame hatte sich die Mühe gemacht, einmal in alten Kirchenbüchern zu stöbern, und so stieß sie auf einen William Floris Krum, der sich schon 1679 in Kings County, New York, angesiedelt hatte. Er war aus dem Niederrheinischen über Holland nach New York gekommen und nannte sich wohl in der alten Heimat Wilhelm Florian. Schon 1689 wurde sein Sohn Guysbert in Kingston ansässig und nahm sich Land in Krums Vly (Valley), wie der Ort zunächst hieß. Das Land war noch mit dichten Wäldern bedeckt und der heutige Esopus River war noch nicht zum Ashokan-Reservoir aufgestaut. In diesen dunklen Wäldern lebten die Shokans, ein Indianerstamm der Delawarenfamilie, ihr Name bedeutet soviel wie Zusammenfluß eines kleinen und eines großen Stromes. Die nahen Catskills waren sehr wildreich, vor allem der Luchs wurde gejagt und sein Name – wildcat oder bobcat – hat sich den Bergen vererbt. Kill kommt übrigens nicht von ›to kill‹ – töten, erjagen, sondern vom schottischen ›kil‹ = Fluß. Die Europäer blieben den Wäldern fern, sie waren ihnen nicht nur wegen der Indianer, sondern auch wegen der unheimlichen Laute der nächtlich jagenden Luchse nicht geheuer. Nur in den Flußtälern entstanden erste Blockhäuser, und die Shokans brachten ihre Pelzbeute auf stillen Waldpfaden von den Catskills zum Hudson. Die alte Farm von Rensselaer war ihr Ziel, und sie sollten noch lange Zeit die eigentlichen Herren des Landes bleiben. Erst 1709 vergab Königin Anne die ersten Landpatente durch ihren Gouverneur Viscount Cornbury. Aber bereits 1775, zur Zeit des Unabhängigkeitskrieges, soll es über hundert Krums im Esopus-Tal gegeben haben, allein dreißig dienten in der Armee Washingtons.

Anlaß zu einer Auswanderungswelle aus Holland, dem Niederrheingebiet, aber auch der alten Pfalz nach 1690 hatte die Ablösung der protestantischen durch die katholische Linie der Wittelsbacher in der Kurpfalz gegeben. Ihr bekanntester Vertreter ist der Kurfürst Jan Wellem, der es trotz mancher Beteuerungen nicht unterlassen konnte, den katholischen Glauben, wenn auch nicht mit Gewalt, so doch mit allerlei Schikanen wiedereinzuführen. So kam es zu einem Exodus aus der Pfalz. Auch die französischen Hugenotten, damals erst seit kurzem in der Pfalz ansässig und nun zum zweiten Mal gebranntes Kind, zauderten nicht und schlossen sich an. Die Auswanderung erfolgte sicher über holländische Häfen, der Weg führte fast zwangsläufig ins Hudsontal, verhältnismäßig leicht erreichbar und durch die vorhandenen holländischen Ansiedlungen irgendwie vertraut. Eine alte Flurkarte des Ulster County aus dem vergangenen Jahrhundert zeigt noch die Dominanz holländischer, deutscher und französischer Namen, und das benachbarte Orange County hat nichts mit Orangen, sondern mit dem Haus Oranien zu tun. So hat eine alte Dame in Amerika, der meine Adresse durch den freundlichen County Clerk vermittelt worden war, mich belehrt und beschämt über europäische Vorurteile.

In den Bergen der Catskills

Die Catskills, von denen wir eingangs sprachen, sind ein stilles und bescheidenes Mittelgebirge, die Ausflugslandschaft der New Yorker sommers wie winters, sofern sie nicht vorziehen, die Strände Long Islands zu bevölkern. Die Catskills gehören aber auch zum Quellgebiet dreier wichtiger Flüsse. Hudson, Delaware und Mohawk werden aus diesen Bergen über zahlreiche Nebenflüsse gespeist. Der Wasserreichtum hat den Bau von Stauseen gefördert, deren indianische Namen ein Alter vortäuschen, das nicht vorhanden ist. So bedeutet Ashokan auf indianisch ›Trinkwasser‹ und der Onteora Trail, der nördlich des Ashokan in die Berge führt (State Road 28), nennt sich nach dem alten indianischen Namen dieser Landschaft ›Land in den Wolken‹. Vor allem im Winter sind die Catskills ein New York nahes Wintersportgebiet, wo auch das bei uns unbekannte ›Tobogganing‹ mit indianischen Schneeschuhen geübt wird, eine Art von Schneelaufwettbewerb. Liegt dann der Nebel im Hudsontal, und nur noch die Kuppen der Catskills ragen sonnenbeschienen heraus, so verstehen wir den alten Indianernamen besser, begreifen, warum sie im Winter hier oben gelebt haben in Wäldern, unter deren Schneelast noch der rostrote Hauch des Indian Summer zu sehen war, hoffend, daß der große Manitou die Wärme und das Wild zurückkehren lasse. Die schneereichen Winter Nordamerikas waren dem roten Mann nicht freundlich. Da kein Ackerbau betrieben wurde, gab es auch kaum Wintervorräte, bis auf das getrocknete Fleisch, ›Pemmikan‹ genannt, und wenn die letzte Büffeljagd im Herbst unergiebig gewesen war, bedeutete dies sicheren Hunger und den Tod der Schwachen des Stammes. Die Kälte, die oft vierzig Grad unter Null erreicht und die heulenden Blizzards, die enorme Schneeverwehungen hervorriefen, taten ein Übriges. In den Tälern und an den windabgewandten Hängen wurden die dünnen Büffelfellhütten zugeweht, und auf den Höhen erstarte man vor Eiseskälte. Auch heute noch ist der Staat New York gefürchtet wegen seiner unberechenbaren Winter, die einsame Farmer zu Gefangenen im Schnee machen, und wehe dem, der nicht rechtzeitig für Vorräte an Nahrung und Heizöl gesorgt hat. Lesen wir eine Schilderung aus dem vergangenen Jahrhundert, die von Werner Egli stammt:

Kreischendes Heulen erfüllte die Luft. Ein wuchtiger Sturmstoß warf Bens Pferd noch einmal herum, und das Tier versuchte vergeblich, gegen den Wind anzugehen. Eis und Schnee prasselten wie Nadeln gegen Ben und schienen ihm die Haut auf dem Gesicht zu verbrennen. Er klammerte sich im Sattel fest und es wurde so dunkel, daß er nicht mehr die Ohren des Tieres sehen konnte. Irgendwie gelang es ihm im Sattel zu bleiben, aber er spürte, wie ihn die Kräfte verließen. Jeder Atemzug bereitete ihm tief in der Brust stechende Schmerzen. Seine Nasenlöcher froren zu. Dann legte sich Eis über seine Augen und er versuchte vergeblich, sie mit der Hand zu schützen. Der Wind trieb ihm jetzt fingerlange Eisnadeln ins Gesicht. Das Pferd wurde plötzlich langsamer und es war etwas heller geworden. Der Heulton wurde dumpfer und der Wind trieb einen weißen Schneeteppich den Hang hinunter.

Freuen wir uns darum des warmen Indianersommers in den Catskills, schauen wir den Wildgänsen zu, die in großen charakteristischen Flugformationen vom Norden in die Seen und Reservoire einfallen, um nach der Rast mit gewaltigem Flügelrauschen wiederaufzusteigen, grauweiße Graphik zahlloser Schwingen gegen den dunklen jenseitigen Berghang, vom Wind durchzitterte, spiegelnde Wasserflächen, und alles gebettet in das leuchtende Rot und Gelb des Ahorns, der Ulmen und Buchen, durchwoben vom Efeu, dem hier niemand wehrt. Wir verstehen nun, warum die Amerikaner ihr Land so sehr lieben, sie mögen weniger davon reden als in Europa, warum sie dieses Land nach Jahrhunderten reiner Ausplünderung wieder stärker pflegen und hegen, sind erstaunt über ihre Disziplin beim Camping und Picknicken, wie sie den Rastplatz verlassen und Umweltschutz aus eigener Initiative betreiben, ohne nach dem öffentlichen Büttel zu rufen. In den kleinen Städten hat sich auch weit stärker als bei uns das Gefühl der Gemeinsamkeit im Denken und Handeln erhalten, ist Nachbarschaftshilfe eine Sache, über die man nicht redet, weil sie uralte Tradition hat, gleichsam mit der Muttermilch aufgenommen. Hier werden wir auch den Unterschied zum noch ›europäischen‹ New York erfahren, die Geruhsamkeit, die um das Dreieck von Kirche, Drugstore und Gasoline Station angesiedelt ist, von Europäern oft als flach und geistlos verschrien, was aber, zumindest für die Atlantikstaaten der USA, unzutreffend ist. Amerika teilt hier ein wenig das Schicksal Frankreichs, das auch ganz anders ist als das stets von sich redende und immer mit sich selbst beschäftigte Paris.

Viel über die Natur eines Landes, eines Volkes kann man auch aus seinem Verhältnis zum Tod und zu seinen Toten erfahren. In Europa finden wir, wenn der Leser mir diese schreckliche Vereinfachung nachsehen wolle, das große Pathos der Heldengedenksteine und oft die Rührseligkeit auf den Friedhöfen. In Amerika habe ich kein einziges Monument für die Toten des Ersten oder Zweiten Weltkriegs gesehen, die Friedhöfe sind ungewöhnlich schlicht. Da ist dann schnell das Urteil zur Hand: der Amerikaner jage dem Dollar nach, der Tote sei eben tot und allzuviel Trauer mache geschäftsuntüchtig. Ein solches Urteil ist falsch, es wäre eine, wenn auch nur aus Unkenntnis, böswillige Unterstellung. Fährt man durch Neuengland, die Staaten New York, Virginia, aber auch durch Stadtteile wie Queens, sieht man sehr stille Friedhöfe, nur grüner Rasen deckt die Toten, schlichte helle Grabsteine stehen altersgebeugt. Manchmal um eine Kirche gruppiert, häufig auch schon fast im Waldesdunkel, sind die bemoosten Inschriften kaum mehr leserlich. Man liebt dieses Zurückfallen in die Natur, versucht nicht, den Hinterbliebenen vorzuschreiben, in welcher Form des Steines sich ihre Trauer auszudrücken habe. Auch die Erinnerung an die Toten der Kriege ist gänzlich unpathetisch, wendet sich nach innen. Vielleicht gerade darum sind manche Friedhöfe, still und ungeschützt am Rande der Ortschaften, bewegende Zeugen menschlicher Zurückhaltung. Erst im Westen der USA, in den neureichen Städten Kaliforniens, losgelöst von den Wurzeln amerikanischen Denkens, hat sich der Unfug absonderlicher Bestattungskulte entwickelt, so verschieden von dem efeuüberwachsenen Sleepy Hollow Burying Ground unweit Irvingtons am Hudson, besucht wegen des Grabes von Washington Irving. Longfellow hat den Grabstein mit einer Widmung versehen:

Here lies the gentle humorist, who died
In the bright Indian Summer of his fame.
A simple stone with but a date and name
Marks his secluded resting place beside
The river that he loved and glorified.

Derselbe verträumte Friedhof birgt aber auch die Gedenksteine zweier Toten, vermutlich Vater und Sohn, die jedes Träumen jäh unterbrechen:

In memory of	*In memory of*
...	...
died May 11 1917	*died June 7 1944*
Bapaume France	*St. Lo France*
kgl. preuss. Leutnant	*Captain US. Army*

Auf der anderen Flußseite liegt zwischen Hyde Park und Staatsburg der *Margaret Lewis Norrie State Park* mit seinem riesigen Yachthafen, einem Eldorado für die vielen Segler und Bootsfahrer auf dem Hudson, der wie kaum ein anderes Gewässer der Welt gestattet, wochenlang mit dem Boot unterwegs zu sein, über den Champlain Canal diesen See und weiter die großen kanadischen Seen zu erreichen, aber gleichermaßen nach Süden über den Long Island Sound in atlantische Gestade einzudringen. Was – um ein Modewort zu benutzen – ›Freizeitwert‹ ist, wird uns eingeengten Europäern erst hier klar, angesichts der Weite, der Bequemlichkeiten und der großzügigen Handhabung durch die Behörden.

Südlich von Norrie State Park liegt der riesige Besitz von Frederick Vanderbilt, 1895 von Stanford White erbaut, von dem wir schon am Gramercy Park in Manhattan sprachen.

Im nahen *Hyde Park* liegt der Wohnsitz des Präsidenten Franklin Delano Roosevelt, heute als National Historic Site zu besichtigen. Roosevelt und seine Frau Eleanor, die den Ruf einer gelegentlich etwas schrillen WASP hatte, sind im nahen Park bestattet. WASP heißt White Anglo Saxon Protestant. Von den einen mit Stolz, von den anderen mit Abneigung ausgesprochen, hat es einen giftigen Hintersinn. Wasp heißt nämlich im englischen auch Wespe, und bei aller Hochachtung vor den Puritanern muß zumindest eine Wespe schon an Bord der ›Mayflower‹ mit ins Land gekommen sein.

Nun queren wir den Hudson auf einer mautpflichtigen Brücke und gelangen nach *Poughkeepsie*, wo sich das altrenommierte Vassar College für Mädchen befindet. Obwohl heute auch Jungen zugelassen sind, ist es immer noch eine Stätte der Exklusivität und damit des Hochmuts. Böse Zungen haben behauptet, man habe es ganz nahe an West Point gegründet, um den kleinen Grenzverkehr zu erleichtern, was ungemein glaubwürdig wirkt, wenn man weiß, daß die West-Point-Kadetten die jungen Damen zum Debütantinnenball ins New Yorker Waldorf Astoria führen und mit eisern männlichen Mienen vorgeben, sie nicht zu kennen.

Von Malern und Wein am Hudson

Von Kingston wenden wir uns östlich, bis wir erneut die 9W am Ufer des Hudson erreichen, der wir bis zur Brücke nach Poughkeepsie folgen wollen. Langsam nehmen die beiden Ufer des Hudson bergigen Charakter an; sie waren einst Siedlungsgebiet vor allem der Rheinpfälzer, was sich noch heute in vielen Ortsnamen ausdrückt. So liegt etwas weiter landeinwärts im Westen *New Paltz,* in dem sowohl Pfälzer wie französische Hugenotten aus der Pfalz den Weinbau einführten, wovon die noch heute bestehende Hudson Valley Winery kündet. Dabei ist schon der Name New Paltz, diese verballhornte, halbanglisierte Mischung von ›Pfalz‹ und dem französischen ›Palatinat‹ verräterisch.

Was aber den Wein angeht, so ist er auf dem besten Weg, eine Leidenschaft Amerikas zu werden. Fast zwanzig Millionen Hektoliter wurden 1979 erzeugt, das entspricht fast der spanischen Weinernte. Doch ist der Weinbau nicht so neu, wie oft angenommen wird. Seine Tradition geht bis ins 18. Jahrhundert zurück, als französische und deutsche Winzer einwanderten. Später sind dann noch italienische, spanische und selbst schweizerische Anbaumethoden angewandt worden, nicht zu seinem Schaden. Natürlich ist Kalifornien das Hauptanbaugebiet, doch wächst auch Wein im Hudsontal, das auch hierin dem Rheintal nahe steht. Die Weinbaufakultät von Davis in Kalifornien hat inzwischen internationalen Rang, und wenn in einem so technisierten Land wie den USA auch alles in Edelstahl und Email glänzt und funkelt, die Lagerfässer werden hier manchmal noch in alter Weise aus slowenischer Eiche oder Eiche aus dem Limousin angefertigt. Die großen Lagen wachsen im Napa Valley und Sonoma Valley, aber die Rebsorten gehören dem alten Europa an: Sauvignon, Riesling, Gewürztraminer. Der französisch-italienische Pinot gedeiht in Kalifornien nicht so gut, dafür hat man eine eigene Rebsorte gezüchtet, den Zinfandel. Er liefert einen Rotwein von der Art des Beaujolais. Unter all diesen Weinen, weißen wie roten, sind große Weine zu finden, die sich nicht scheuen, sich selbst in Paris der Konkurrenz zu stellen. Das Gros der Weine stellen freilich die kalifornischen Landweine, weiß oder rot, die überall in den USA ausgeschenkt werden und trocken und angenehm sind.

Zwischen Poughkeepsie und Croton-on-Hudson folgt nun der landschaftlich schönste Teil des Hudsontales, vergleichbar dem Rhein zwischen Bingen und Koblenz. Bei Wappingers Falls, das seinen Namen von einem ausgestorbenen Indianerstamm und nicht etwa von einem eingewanderten Bajuwaren hat, verlassen wir den Highway 9 und folgen der flußnahen Nebenstraße 9D. Die Straße, wenig befahren, senkt sich überraschend schnell zum Talboden und bei diesem raschen Hineinstoßen in die Enge des Tales, flankiert von bewaldeten Bergen, erinnert alles an rheinische Formen mit oft verblüffenden Ähnlichkeiten. Die Bahn eilt hart am Ufer entlang, einzelne Buhnen sind herausgebaut, schmucke Passagierdampfer fahren flußaufwärts, und allenfalls die Segler bringen uns zu Bewußtsein, daß wir nicht am Rhein sind. Östlich erhebt sich gewaltig dräuend der *Storm King*, der Charakterberg des Hudson. Obwohl nur etwa 450 Meter hoch, wirkt er, steil zum Ufer abfallend und nur den Gleisen Platz lassend, wie ein Bruder der Loreley. Die Züge huschen in die Tunnels hinein und heraus, und wenn ein Wetter im Anzug ist, hüllt der Storm King sein Haupt rasch in Wolken, wie es Samuel Colman in seinem prachtvollen Bild ›Storm King on the Hudson‹ 1866 gemalt hat. Es ist nur zu beklagen, daß Heinrich Heine diesen Berg nie besungen hat, aber ein unbekannter Amerikaner hat es getan:

When the Storm King smites his thunderous gong
Thy hills reply from many a bellowing wave;
And when with smiles the sun o'erlooks their brow,
He sees no stream more beautiful than thou.

Heine hätte das sicher besser gesagt, die Amerikaner nennen dies ›Hudson River Lore‹, und zumindest hat das fischschwänzige Mädchen Loreley dabei listig im Hintergrund gelächelt.

Kein Wunder, bei diesen Reizen der Natur, daß sich am Hudson eine regelrechte Schule der Landschaftsmalerei etablierte, die große Bedeutung für die amerikanische Kunst erlangt hat: die Hudson River School of Painting. Natürlich hatte die Malerei schon mit der Kolonisation ihren Einzug ins Hudsontal gehalten, waren es doch die Holländer mit ihrer großen Maltradition, die hier zuerst siedelten. Doch blieb die Malerei in jener Frühzeit aufs Porträt beschränkt, das Ausdruck des sozialen Prestiges wurde und dementsprechend die Bedeutung des Dargestellten herausstreichen sollte. Washington Irving hat die Eitelkeit der Auftraggeber und ihrer ›Patroon painters‹ in der in den Catskills spielenden Erzählung ›Rip van Winkle‹ karikiert. Das Hudsontal war in jenen Porträts nur Staffage, freilich eine schöne, und so haben sich schon recht frühe mittelbare Ansichten davon erhalten, bevor die Hudson River School sie unmittelbar festhielt.

Der aus England stammende Thomas Cole und der in New Jersey geborene Asher Brown Durand wurden in den vierziger Jahren des vorigen Jahrhunderts die Protagonisten dieser Schule. Sie ließen sich in den Catskills nieder und scharten eine Handvoll Gleichgesinnter um sich, die sich, wie sie, ganz der Landschaftsmalerei verschrieben hatten und im Hudsontal die Sujets für ihre ›Landscapes‹ suchten. Neben den genannten Protagonisten wurden Albert Bierstadt und Frederic E. Church die bekanntesten Mitglieder dieser Gruppe, der unter anderen Thomas H. Hotchkiss, John W. Casilear und John F. Kensett angehörten. Dazu gesellten sich einige Amateurmaler mit liebenswert naiver Note. In ihren malerischen Auffassungen ließen sich die Hudson-Künstler vor allem von den englischen Landschaftern, von Courbet, teilweise auch von der Düsseldorfer Schule beeinflussen, mit der sie der Deutsche Albert Bierstadt bekannt gemacht hatte. Philosophie und Dichtung, die Werke Emersons, Thoreaus, Washington Irvings, Coopers und anderer, vertieften ihre Naturschau, wie sie denn selbst auch in Briefen und Versen ihre Liebe zur Natur darlegten. Cole hat die Schönheit des Hudson, den der Entdecker und Namensgeber ›Great River of the Mountains‹ nannte, in einem Gedicht gefeiert:

Friends of my heart, lovers of nature's works,
Let me transport you to those wild, blue mountains
That rear their summits near the Hudson's wave.
Though not the loftiest that begirt the land,
They yet sublimely rise, and on their heights
Your souls may have a sweet foretaste of heaven ...

Das Metropolitan Museum in New York, die National Gallery of Art in Washington, die Abby Aldrich Rockefeller Collection in Williamsburg, das Shelburne Museum in Burlington und viele andere Sammlungen bewahren die Bilder

der Hudsontal-Maler. Es sind Ansichten des Lake George, der White Mountains, der Catskills und des Flusses, voller wundervoller Tiefenwirkung und romantischem Schmelz. Bierstadt, der sich 1866 in Irvington am Hudson niederließ, liebte besonders den großartigen Blick ins Tal von Fort Putnam aus und hat ihn in mehreren eindrucksvollen Kompositionen festgehalten. Der 1830 in Solingen geborene Maler, der in New Bedford aufwuchs, dann aber wieder in Düsseldorf bei Lessing und Achenbach studierte, ist später aus der Hudson School herausgewachsen und wurde als großer Landschafter des Westens, der Sierra Nevada und der Rocky Mountains bekannt.

Dem frühvollendeten Thomas Cole (1801-1848) werden wir in Washingtons National Gallery begegnen. Erst seit 1971 hängt dort sein vierteiliger Zyklus ›The Voyage of Life‹ mit den Teilen: Kindheit, Jugend, Mannestum und Alter. Auf den ersten Blick mögen diese Gemälde allzu dramatisch erscheinen, gleichsam in wagnerischer Theatralik gebadet. Längeres Betrachten aber offenbart ihren verschwenderischen Reichtum an Ideen, ihre Brillanz der Technik. Die Plastizität der Landschaft, die herrlichen Lichteffekte der Nähen und Fernen, die stille Schönheit des Wassers, die Delikatesse der Blumendetails, das alles fügt sich zu einer unwiderstehlichen Harmonie, die Elemente der europäischen und der amerikanischen Malerei einschließt.

Alte Forts in den Bärenbergen

Hier, am Fuße der Hudson Highlands, sollten wir eine Rast einlegen und die wechselnden Stimmungen des Tales aufnehmen. Etwas südlicher und West Point am jenseitigen Ufer fast gegenüber, liegt auf der Höhe *Boscobel*, eines der schönsten Beispiele des Federal Style und gegen 1805 nach Plänen von Robert Adam erbaut. 1960 sollte es abgerissen werden, doch kaufte es eine Gruppe von Bürgern auf, die für die Erhaltung des Landschaftscharakters eintrat und baute es einige Meilen nördlich wieder auf.

In dem hier recht eng gewordenen Hudsontal hängt an den jenseitigen Bergen West Point mit Fort Putnam, und unversehens überspannt eine altmodische Hängebrücke den Fluß, die Bear Mountain Bridge. Sie führt uns mit schönen Blicken talauf- und abwärts zum Westufer in die *Bear Mountains*. Über diese Brücke verläuft auch der Appalachian Trail, der uns von den White Mountains New Hampshires bis zum Shenandoah Valley Virginias begleiten wird. Diese strategisch bedeutsame Stelle in dem dramatisch verengten Flußtal war ein Angelpunkt in den Kämpfen des Amerikanischen Unabhängigkeitskrieges. Während aus dem Süden die Flotte des englischen Admirals Howe immer wieder versuchte, hier den Durchgang durch heftige Kanonaden zu erzwingen, versuchte der englische General Burgoyne, aus Kanada vorstoßend, das Hudsontal von Norden aufzurollen. Wie Burgoyne in Saratoga scheiterte, haben wir schon gehört, und hier zwischen den Bear Mountains und ihren Forts Montgomery und Clinton sowie West Point mit dem Fort Putnam und einem zweiten Fort namens Clinton haben wir uns das seltsame Bild einer langen Reihe schwerfälliger britischer Linienschiffe und Fregatten vorzustellen, wie sie mit sparsam gesetzten Segeln und im Qualm ihrer Breitseiten versuchten, die Kanonen der amerikanischen Forts niederzukämpfen. Es ist ihnen nicht gelungen, in schwierigen Gewässern ist Landartillerie immer im Vorteil. Schon am 6. Oktober 1777 kämpften Rotröcke und Amerikaner um die Forts Clinton und Montgomery, da wo heute die Brücke den Hudson quert, und es ist entsetzlich verwirrend: Die amerikanischen Generäle hießen George und James Clinton und der englische General hieß Henry Clinton und eigentlich müßte man das Ganze ›Clinton's Battle‹ nennen. Aber um ein Haar wäre West Point doch in englische Hand gefallen. Unter den Siegern von Saratoga hatte sich inzwischen eine Rivalität eingestellt. General Gates hatte in seinem offiziellen Bericht Benedict Arnold schlecht wegkommen lassen. Der empfindlich getroffene Arnold begann darüber nachzudenken, ob er auf der richtigen Seite kämpfe.

Am 25. September 1780 sah er seine Chance und ging zu Henry Clinton über, kurz nachdem man seinen unglücklichen Agenten, den Major André, erwischt und gehenkt hatte.

Wir aber wollen hier nicht urteilen, sondern lieber in der Cafeteria des alten *Fort Clinton* einen Drink nehmen. Die Kanonen unten im Hof sind auch nicht mehr die Besten und gefüllt mit alten Colabüchsen. Hinter uns liegen die Bärenberge, eine angenehme Wald- und Berglandschaft, durchwachsen mit riesigen Rhododendronbüschen, die im Mai wunderschöne Lilas und Violetts zwischen die Bäume zaubern. Von Fort Clinton zweigt auch eine sehr schöne Straße ab, die hoch über dem Hudson nach *West Point* führt, Storm King Highway genannt. Auf dem unerwartet großen Gelände auf der Höhe des Plateaus liegt die 1802 gegründete Militärakademie, die uns in manchen Dingen recht preußisch vorkommen wird, zumal, wenn wir den Paraden im Mai und September beiwohnen sollten, die ein öffentliches Ereignis sind (Parade Schedule, Information Officer, West Point, N.Y.). Auch einige Gebäude sind zur Besichtigung freigegeben wie die Cadet Chapel, die Bibliothek und das Museum. Interessanter aber sind die Ausblicke hinunter ins Hudsontal, vor allem von dem Aussichtspunkt des oberen Fort Clinton, unweit des altrenommierten Hotels Thayer. An dieser Stelle hatte man 1776 eine schwere Eisenkette durch den Hudson gezogen, um alle britischen Schiffe aufzuhalten. Einige der 150 Kilo schweren Kettenglieder sind im Museum ausgestellt. Erklimmt man die Höhe, steht man in den verfallenen Ruinen und Felspartien des *Fort Putnam*, von den Malern geliebt, das den Blick freigibt auf das West Point Plateau, auf dem bereits 1794 eine erste Offiziersschule der Continental Army gegründet wurde. Nach Norden schweift der Blick tief ins Hudsontal und östlich jenseits des Flusses schwingt die sanftere Hügellandschaft des Hill Country, zerteilt durch den Indian Brook. Unaussprechlich ist der indianische Name dieser Berge: Wequehachte, an deren Südrand der Baron von Steuben bei Verplanks 1776 seinen Exerzierplatz hatte, um aus den Kolonisten eine reguläre Armee zu machen. Ob das auf West Point und die preußisch-blaue Tunika seiner Kadetten abgefärbt hat?

Sleepy Hollow Country

Wir kehren nun wieder über die Bear Mountain Bridge ans Ostufer zurück und folgen der 9 südwärts. In *Croton-on-Hudson* steht das Van Cortlandt Mansion im Dutch-English Style des 17. Jahrhunderts. Dabei kann das Wort ›Mansion‹ mißverstanden werden. Dies war eigentlich ein großer Gutshof, erbaut 1693, mit reichen Ländereien, und im Juni werden alte Handwerke wie Spinnen, Weben und Färben von Hanf und Baumwolle wieder vorgeführt. Ein solches Gut war natürlich auch eine Bleibe an den unsicheren Straßen, und Benjamin Franklin, der Marquis de Lafayette und Baron von Steuben waren hier häufige Gäste. Es ist schade, daß sich nichts von ihren Tischgesprächen erhalten hat. Da gab es brisante Themen, und in der Phantasie hört man die leicht mokante Stimme Lafayettes: »Mein lieber Baron, was sagen Sie zu der Nachricht, daß man seiner Excellenz Washington angetragen hat, König von Amerika zu werden?« In der Tat hatten einige Offiziere Washington diesen Vorschlag gemacht, unzufrieden mit der Lethargie des Kongresses, politischen Haarspaltereien und mangelnder Unterstützung der Truppe. George Washington war nicht der Mann solcher Ideen, Pflichttreue und Nüchternheit haben ihn abgehalten. Baron von Steuben wird aber nicht gescheut haben, dem Marquis de Lafayette zu erwidern: »Mon chèr Marquis, sind die Gerüchte zutreffend, daß Ihr Souverän Louis XVI. bereit ist, die Amerikaner gegen den britischen König Georg III. zu unterstützen? Ich habe gehört, daß seine französische Majestät durch die freundliche Vermittlung des Dichters Beaumarchais Munition und Kleidung an den Continental Congress geschickt hat?« Diese Frage mag den Marquis in gewisse Schwierigkeiten gebracht haben. Er war, im Gegensatz zu Steuben, Offizier seines Königs. Die amerikanische Freiheitsbewegung hatte ihn aber tief bewegt – wir werden ihn wenig später und nach dem Sturm auf die Bastille als ersten Kommandanten der Pariser Bürgerwehr, der Nationalgarde, sehen. Aber der Marquis wird Diplomat genug gewesen sein, um zu antworten: »Chèr Baron, meine Gefühle sind eine Sache, die Wirklichkeit eine andere. Fällt es Ihnen nicht auf, daß seine Majestät sich nicht direkt engagiert? Beaumarchais ist Ihnen als unverfänglicher Mann bekannt, er hat das Textbuch zu einer Oper geschrieben, äh, wie hieß sie doch gleich. Ich glaube ›Hochzeit des Figaro‹ oder so ähnlich, von einem gewissen Mozart. Ein kluger Herr, unser König.«

Von unseren beiden imaginären Gesprächspartnern ist von Lafayette die größere Wirkung ausgegangen. Er war Politiker, der die Zeichen der Zeit verstand. Steuben war mehr der Techniker und Drillmeister einer Armee, mit einem dunklen Gefühl, wohin das alles lief.

Nun eilt die Straße durch *Ossining* mit dem berüchtigten Zuchthaus Sing-Sing. Der Hudson ist in der Haverstraw Bay zur fast vier Kilometer breiten Wasseerstraße geworden, und bei Tarrytown überspannt die Tappan Zee Bridge die *Tappan Zee.* Seltsamer Name, halb indianisch und halb holländisch. Westlich des Hudson wohnten die Tappan-Indianer und östlich die Manhattos. Auf Long Island endlich lebten die Montauks. Sie sollen die hübschesten Frauen gehabt haben, wurden darum nächtlich von Piratenkanus heimgesucht, wie die Sage erzählt.

Bei *Tarrytown* beginnt die Suburbia New Yorks. Es ist eine schöne Wohngegend, wohlhabend, mit angenehmen hellen Häusern in freundlichen Gärten und Parks. Spitztürmige Kirchen mit weißem Säulenportikus gemahnen uns an den Beginn unserer Reise in Connecticut. Und in der Tat, ganz Westchester County zwischen dem Hudson und Long Island Sound ist, neben Queens und Staten Island, eine Augenweide. Baumgesäumte Alleen, verschwenderische Lawns, die sich zum Hudson herabsenken, verträumte alte Parks mit Herrenhäusern, die, gleich welchen verrückten

Stilen zuzuordnen, derart in Efeu, Rhododendron und wildem Wein versinken, daß sie jeder Kritik entzogen sind, lassen die Ufer des Hudson zu jenem ›Sleepy Hollow Country‹ werden, das uns verrät, daß auch der New Yorker letztlich die Stille liebt – sein ›verschlafenes Nest‹, wie der Name sagt. Die Westchesterites sind deshalb auch gegen alle Veränderungen. Schon die Vanderbilts haben das vor einem Jahrhundert zu spüren bekommen, als man in ihnen Neureiche sah, Besitzer eines Fährbootes, die sich den Titel Commodore zugelegt hatten.

Nördlich von Tarrytown steht *Philipsburg Manor*, ein sehenswertes Herrenhaus aus dem Jahre 1683, und wenn wir bedenken wollen, daß auch in Europa nur wenige noch erhaltene Gebäude wirklich älter sind, dann wird uns die Neue Welt nicht mehr so ganz neu vorkommen, eher vertraut und liebenswert.

Bald durchqueren wir *Irvington*, benannt nach Washington Irving, über dessen Grab in Tarrytown nahe der holländischen Kirche von 1699 wir schon sprachen. In der Nähe lebten und leben viele New Yorker bekannten Namens. Die Atmosphäre ist ein wenig wie in Newports Mansions, doch ist es eine ältere Generation, die sich hier niedergelassen hatte. Manche Weggenossen Washingtons, die Schuylers, die Hamiltons, haben sich in der Folgegeneration hier festgesetzt, inzwischen verschwägert, und wieder erstaunt es, wie eng, wie menschlich nah einander alle diese Familien gestanden haben müssen, eigentlich ohne Parallele in der Geschichte anderer Völker. Wandern wir darum durch Sunnyside Lane mit Irvings Cottage, die uns hinunterführt zum silbern blinkenden Hudson, unendlich still, wohltuend und zu dem scheuen Humor Irvings passend. Auch Albert Bierstadt und Cyrus Field lebten hier, ländliches Pendant zu New Yorks Gramercy Park.

Wir sollten nun über die mautpflichtige Tappan Zee Bridge fahren, die Breite des hier golfartigen Hudsons spürend, um westlich des Flusses an den Palisades entlangzufahren. Der Palisades Parkway hat einige Abzweigungen, die hinunterführen ans Flußufer. Hinter uns die bizarren Felsformationen der Palisades, die in der Tat wie Palisaden den Hudson einzäunen, erscheint die Flußlandschaft wenige Meilen vor New York sehr einsam, sie wird zur Zeit der Tappans auch nicht anders ausgesehen haben. Am südlichen Horizont schwingt die George Washington Bridge elegant über den Fluß, fern in der Sonne schimmert unwirklich Manhattan und jenseits des Flusses erinnert Yonkers daran, daß es einst von den Yonkheers, den jungen Herren der holländischen Einwanderer, gegründet wurde.

Wenn unser Ziel New York ist, kehren wir über die George Washington Bridge nach Manhattan zurück. Falls wir aber durch New Jersey nach Virginia wollen, so müssen wir uns durch die Spaghettiknäuel westlich der Brücke hindurchwinden, um den New Jersey Turnpike zu gewinnen, den wir aus dem unteren Manhattan auch durch den Hollandtunnel und den Jersey Turnpike Exit erreichen können.

Durch New Jersey

DER Knäuel von Highways, Interstates und Turnpikes, der unweit von Fort Lee und der George Washington Bridge die Zuwege nach dem Süden öffnet, kann uns in Verlegenheit bringen, so daß es uns nicht verdrießen darf, wenn wir plötzlich auf dem Highway 4 sind, der unweit der Kreuzung mit der Landstraße 10 zum Steuben House, dem Wohnhaus des Barons von Steuben führt, fast am Hackensack River gelegen. Steuben, der aus der Armee Friedrichs des Großen in die Dienste Washingtons getreten war, hatte ganz in der Nähe, im oberen Manhattan und an den Palisades, einige scharfe Rencontres mit dem hessischen General von Knyphausen gehabt, der auf englischer Seite focht. Beide waren in derselben Kadettenanstalt erzogen worden und schärften ihren Truppen ein, Herren mit einem besonders prächtigen Dreispitz nicht zu töten, sondern nur gefangenzunehmen, was uns vor Augen führt, daß das Kriegshandwerk damals ein Beruf wie jeder andere war, kleinere Gefälligkeiten nicht ausschloß und man nie so genau wußte, auf welcher Seite man sich wieder traf. Friedrich Wilhelm von Steuben, 1730 in Magdeburg geboren, quittierte 1764 als Rittmeister die preußische Armee, trat in die Dienste des Fürsten von Hohenzollern, um 1777 seine Erfahrung der amerikanischen Aufständischenarmee anzubieten. Unter Washington zum Generalinspekteur ernannt, waren die Verbindungen zu Preußen offenbar nie ganz abgerissen. 1785 schloß Friedrich der Große mit dem Kongreß einen Freundschafts- und Handelsvertrag. 1794 starb von Steuben in Amerika, sein 1781 von Charles W. Peale gemaltes Porträt – wir werden es in Philadelphia noch sehen – zeigt einen Mann mit ruhigen, leicht skeptischen Zügen und einer hohen preußischen Auszeichnung auf dem amerikanischen Generalsrock.

Der schnellste Weg in den Süden ist der New Jersey Turnpike 95, der den Hackensack River quert, bevor er durch die großen Wohngebiete von *Newark* und *Elizabeth* führt. Während sich zur Rechten der dritte große New Yorker Flughafen, Newark Airport, erstreckt, erblicken wir zur Linken die Newark Bay mit dem Masten- und Krangewirr der großen Ozeanhäfen Port of Elizabeth und Port of Newark. Fern schon über den Wassern der Bay erscheint die Silhouette von Jersey City, grau und unfreundlich. Der petrolige Dunst der großen Raffinerien ist die Quittung für unser bequemes Autofahren, aber noch an eine andere Quittung gilt es zu denken: Newark, eine im Grunde alte und organisch gewachsene Stadt, ist seit vielen Jahren zu einem Symbol der Verelendung und der Rassenkämpfe geworden. Dem Exodus der Weißen folgte der Einzug der Schwarzen auf dem Fuße, Aufruhr, Morde, Brandstiftungen hielten die Region in Atem. Heute leben hier etwa 60 Prozent Neger und 10 Prozent Puertoricaner bei einer Arbeitslosenquote von über 30 Prozent. Das Problem ist kaum noch lösbar und führt uns vor Augen, daß auch die schönste Gesetzgebung in der Sache der Gleichstellung nicht am Unwillen und der Trägheit des größeren Bevölkerungsanteils vorbeikommt. Im übrigen muß man kein Mathematiker sein, um sich auszurechnen, wann bei den sehr unterschiedlichen Geburtenraten das Gesetz der Majorisierung gegen die weißen Amerikaner steht. Der Stadtrat von Newark hat dem offiziellen Sternenbanner eine zweite Flagge hinzugefügt: schwarz, rot und grün sind ihre Farben. Die erste erklärt sich von selbst, rot steht für das vergossene Blut und grün bedeutet die gesuchte Erinnerung an die alten Träume Afrikas.

Wer aus Manhattan direkt in den Süden aufbrechen möchte, dem sei eher empfohlen, vom Battery Park durch den gleichnamigen Tunnel nach Brooklyn zu fahren, um auf dem Queens Expressway 278 die Verrazano-Narrows Bridge zu erreichen, die in kühnem Schwung und mit weiten Ausblicken auf die Lower Hudson Bay und die Meerenge der Narrows nach Richmond führt. An der zweiten Ausfahrt wenden wir uns nach links und folgen dem ufernahen Hylan Boulevard bis zur Südspitze von Staten Island, gewinnen Einblick in die Schokoladenseite New Yorks. Dem Reisenden wird häufig in Amerika eine sehr unbequeme Entscheidung abverlangt: soll er nur die Schönheit suchen oder soll er auch die dunklen Schattenseiten aufsuchen, die Unlösbarkeit vieler Probleme erkennen. Ich kann nur empfehlen, beide Seiten der amerikanischen Münze zu betrachten und überlasse dem Leser also die Wahl: Newark oder Staten Island.

Unweit des Hylan Boulevard liegt die Richmond Reservation aus holländischer Zeit, und ganz am Ende des Boulevards können wir das Conference House besuchen, von denen schon in New York die Rede war. Von hier führt auf kurzem Weg der Highway 440 über die Outerbridge und den Arthur Kill nach dem New Jersey Turnpike 95. Wer etwas mehr Zeit aufwenden kann und der eintönigen Strecke nach Philadelphia entgehen will, kann auch über die der 95 fast parallelen Highways 1 oder 130 fahren, die mautfrei, aber verkehrsreicher sind. Zumal die uns schon aus Neuengland vertraute Staatsstraße 1 gibt Gelegenheit, die Universität Princeton, das alte Trenton und den Delaware-Fluß kennenzulernen, der eine große Rolle in der amerikanischen Geschichte gespielt hat.

Einstein in Princeton

Im Jahre 1746 wurde Princeton College als erste Hochschule New Jerseys gegründet. Elf Jahre später verlegte sie ihren Sitz von Newark nach dem heutigen Ort *Princeton*, einem kleinen Nest im Grünen. Sicher hing dieser Umzug mit der großen religiösen Erneuerungsbewegung des Puritanismus zusammen, die in den vierziger Jahren des 18. Jahrhunderts die englischen Kolonien durchlief. ›The Awakening‹, wie diese Bewegung genannt wurde, hatte das Connecticuttal in hellen Aufruhr versetzt. Jonathan Edwards Wanderpredigten gegen die anglikanische High Church, die auf stärkeren Einfluß in den Kolonien drängte, Predigten, von denen die Zeitgenossen berichten, »that all New England shook to the boots«, John Lockes berühmtes ›Essay on Human Understanding‹ hatten Signale gesetzt, anknüpfend an eben jene Auseinandersetzungen, die ein Jahrhundert früher die Puritaner und andere Calvinisten in die Neue Welt getrieben hatten. Da dies alles zusammenfiel mit den politischen Pressionen des englischen Parlaments gegen die aufmüpfigen Kolonisten, enthüllt es auch eine religiöse Wurzel des amerikanischen Unabhängigkeitskampfes. 1757 erbaute man in Princeton Nassau Hall und ernannte Jonathan Edwards zum Collegepräsidenten und manches von diesem nonkonformistischen Geist ist Princeton bis heute geblieben.

An dieser Hochschule lebte und lehrte in seinen späten Jahren der große Albert Einstein. 1879 in Ulm geboren, ging dieser etwas menschenscheue und sich an seinen eigenen Skurrilitäten sichtlich erfreuende Mann 1933 nach Princeton, verließ seine Professur am Berliner Kaiser-Wilhelm-Institut in richtiger Einschätzung kommender Dinge. Die Formulierung der allgemeinen Relativitätstheorie 1916 brachte ihm 1921 den Nobelpreis für Physik und ist eine bahnbrechende, umstürzende Erkenntnis der Menschheit geworden, sagt sie doch nichts anderes, als daß die körperliche Masse m und die Energie E nach der berühmten Formel $E = mc^2$ in Relation stehen, verbunden durch das Quadrat der Lichtgeschwindigkeit c. Diese zunächst so trocken und theoretisch klingende Weisheit wurde 1945 in Hiroshima zur schreckenerregenden Wirklichkeit, als sich die Masse von ein paar Pfund Plutonium in die Energie eines rasenden Feuerballs umwandelte. Auch die späteren Erkenntnisse Einsteins über die ständige Ausdehnung des Weltalls und die Relativität von Zeit und Raum sind so atemberaubend und normaler Vorstellung entzogen, daß man unwillkürlich immer wieder auf Photographien die Physiognomie dieses Mannes studiert, der wie kein anderer in die Geheimnisse der Schöpfung geschaut hat und privat keine größere Wonne kannte, als in einem kleinen Orchester mehr schlecht als recht auf der Geige zu kratzen und im Sommer stets eine Eiswaffel auf dem Weg ins Institut zu lutschen. Einstein war Jude, das Hitler-Reich hat seinen Namen totgeschwiegen, versuchte krampfhaft mit einer ›deutschen Physik‹ seine Lehren umzubiegen. Hat man geahnt, daß die kühne Perzeption des Weltalls zu einer fruchtbaren Begegnung von Theologie und Naturwissenschaft führen würde, fast zwangsläufig aus der Einsicht in die fundamentalen, das Größte wie das Kleinste umfassenden Bauprinzipien der Natur auch die Frage nach ihrem Schöpfer sich neu stellen und fassen würde? 1955 starb Albert Einstein in Princeton, 112 Mercer Road; sein Werk war ihm aus den Händen geglitten, das Atom zu einem politischen Axiom geworden, was seine späten Jahre überschattet hat, zusätzlich vergiftet durch McCarthys Hexenjagd auf Intellektuelle und den unrühmlichen Prozeß gegen Robert Oppenheimer 1954. Neben Albert Einstein lebten hier in den bedrückenden dreißiger Jahren noch viele andere Deutsche. Thomas Mann hatte 1938 eine Gastprofessur in Princeton angetreten. Katja Mann erzählt in ihren ›Ungeschriebenen Memoiren‹: »Albert Einstein war auch in Princeton. Wir waren beinahe Nachbarn und haben ihn oft gesehen. Er war sehr sympathisch und nicht besonders anregend. Einstein hatte eigentlich etwas Kindliches im Wesen ... ein lieber Mensch; und er war ja doch ein sehr stark einseitiges Genie.« Welch liebenswerte Subjektivität! Die Arbeitsräume Einsteins im ›Institute of Advanced Studies‹ in Princeton sind zu besichtigen; Studenten führen kostenlos. Wie alle Universitätsstädte, hat auch Princeton angenehme Hotels und Restaurants. Niemand wird dem Städtchen seine Bedeutung in der Geistesgeschichte, auch der deutschen, ansehen.

PHILADELPHIA
& READING
224

VII

Joseph Pickett (1848-1918)

Manchester Valley

Gemälde 1914/18

»Im Lande calvinistisch-puritanischer Kunstfeindschaft und praktisch-ökonomischen Denkens hat sich seit dem 18. Jahrhundert eine Laienkunst entwickelt, die dem Hauptstrom akademisch geschulter Malerei erst seine volle Resonanz verlieh. Lange bevor Amerika sich selbst in seiner Kunst entdeckt hatte, war der Drang zum darstellenden Ausdruck und zur Nachahmung der Wirklichkeit auf breitester Basis entwickelt worden. Das Eisenbahnbild des Schreiners und Inhabers eines Kolonialwarenladens Pickett ist eines der zahlreichen Nachzügler zur ›Populärmalerei‹ in Amerika, die um 1860 zurückging, aber doch immer wieder erstaunliche Werke bis zum gegenwärtigen Augenblick hervorbringt. Segelschiff, Dampfer, Eisenbahn und Flugzeug zeigen thematisch den Zeitenwandel an, aber der Stil bleibt unwandelbar. Im Grunde steht die ›naive‹ Malerei außerhalb der Geschichte.« (Alfred Neumeyer)

New York, The Museum of Modern Art
(Geschenk von Abby Aldrich Rockefeller)

Wir nähern uns nun dem Delaware River, der zugleich die Grenze zwischen New Jersey und Pennsylvania darstellt. Es ist an anderer Stelle schon gesagt worden, daß dieser Fluß im Umkreis der Catskills entspringt. Sein Name leitet sich von der englischen Siedlungsprovinz Delaware ab, ihrerseits nach dem ersten Lord Proprietor De la Warr benannt. Der heutige Staat Delaware entspricht dieser Kolonialprovinz, hat seinen Namen der Bay und dem Fluß gegeben und letztlich den an seinem Oberlauf wohnenden Indianern, den Delawaren, was sich in Verkennung der Wahrheit ganz indianisch anhört.

Aber auch eine geographisch-geologische Grenze begegnet uns am Delaware unweit Trenton. Die östliche Küstenebene, Coastal oder Atlantic Plain genannt, zersägt von tief ins Land reichenden meerartigen Buchten wie der Delaware und Chesapeake Bay, geht hier an der Fall Line in das Vorland der Appalachen über. Noch immer heißt dieses Gebirgsvorland Piedmont wie das italienische Piemont, ›Pedemontium‹ – am Fuß der Berge. Aber auch in Amerika sind heute große Sprachschöpfer zugange, die Piedmont als ›Rolling Plain of the Atlantic Gulf Division‹ bezeichnen, so wie man den Mündungsraum des Hudson mit der monströsen Bezeichnung ›New York-Newark-Jersey City Standard Consolidated Area‹ versehen hat.

Piedmont verläuft als landschaftlicher und völlig unpolitischer Begriff etwa hundert bis zweihundert Meilen von der Küste entfernt bis nach Georgia hinunter. Während die Küstenebene mit ihren bis zur Fall Line schiffbaren Flüssen die Anlage großer Städte begünstigt hat, ist Piedmont ländlicher geblieben, klimatisch angenehmer als die im Sommer feuchtwarmen und im Winter zu Nebel neigenden Plains.

Die kleine Stadt *Trenton* am Ufer des Delaware, auf die wir nun zufahren, ist von William Trent gegründet worden. Eigentlich hat er 1719 nur ganz unschuldig ein Wohnhaus in der Nähe eines holländischen Handelspostens von 1679 erbaut (15 Market Street), um das sich das bald nach ihm benannte Städtchen dann kristallisierte. Die große Stunde Trentons kam im Unabhängigkeitskrieg, denn es lag an einem wichtigen Flußübergang zwischen den feindlichen Brüdern – dem Second Continental Congress in Philadelphia und dem englischen General Howe in New York. Kein Wunder, daß die Engländer eine starke Garnison in Trenton unterhielten, meistens hessische Söldner, die der Landgraf von Hessen-Kassel an die britische Krone verdungen hatte. Ihre Kasernen, die Old Barracks in der South Willow Street, dienten noch 1943 als Truppenunterkunft und sind heute als Museum zu besichtigen. Im Dezember 1776 standen die Hessians, wie man sie nannte, unter dem Kommando des Obersten Johannes Rall und wähnten Washingtons Armee, schlecht ausgerüstet und ohne Nachschub, in halber Auflösung. Aber in der Weihnachtsnacht führte Washington ein Regiment der Maryland-Miliz zehn Meilen nördlich von Trenton über den vereisten Delaware und griff die Garnison von Trenton überraschend an. Über tausend Hessen gerieten in Gefangenschaft – sie konnten sich mit den Siegern ganz gut auf deutsch verständigen. Auch Washingtons Regiment stand unter dem Kommando eines Obersten Rall, der aus der Rheinpfalz eingewandert und ein Vetter des Johannes Rall war!

›Washingtons Überquerung des Delaware‹ ist der Titel eines Bildes von Emanuel Leutze, das jedem amerikanischen Schulkind bekannt ist. Das Original im Metropolitan Museum in New York zeigt uns Washington in einem Boot stehend, das mühsam seinen Weg durch die Eisschollen des Delaware sucht, gerudert von einer Gruppe aus Soldaten, Trappern, einer Frau, einem Farbigen, geschart um das Sternenbanner, das erst dreizehn Sterne zählt. Die Einigkeit unter den Ständen und Hautfarben, dieses Gefühl von Verbundenheit und Aufeinander-Angewiesen-Sein, es hat auch in Amerika kaum über den Friedensschluß hinausgereicht.

Die Geschichte dieses Gemäldes zu verfolgen, gibt uns Gelegenheit, die engen künstlerischen Beziehungen Deutschlands zu Amerika im 19. Jahrhundert zu erkennen, entbehrt auch nicht mancher Pointe. Emanuel Leutze wurde 1816 in Schwäbisch Gmünd geboren und starb 1868 in Washington D.C. 1825 mit seinen Eltern nach Philadelphia ausgewandert, ging er 1845 nach Düsseldorf, um mit einer ganzen Reihe von Amerikanern und Deutschamerikanern an der auf der Höhe ihrer Blüte stehenden Malakademie unter Schadow zu studieren. Dort entstand auch 1850 die erste Version von ›Washington crossing the Delaware‹ – sie wurde 1942 in der Bremer Kunsthalle durch britische Bomben zerstört. Die zweite Version, fast unverändert, entstand 1851 ebenfalls in Düsseldorf und kam 1897 durch eine Stiftung von John S. Kennedy – Großvater von John F. Kennedy – in das Metropolitan Museum New Yorks. Die dritte Version ist in amerikanischem Privatbesitz und wanderte 1976 wieder über den großen Teich als Glanzstück der Düsseldorfer Ausstellung ›The Hudson and the Rhine‹. Leutze hat solche Szenen im Boot geliebt, noch heute zeigt das Neusser Clemens-Sels-Museum sein bacchantisches Bild des eine Rheinfahrt unternehmenden ›Neusser Gesangsvereins‹ von 1854. Verblüffend ist es zu sehen, wie verschieden Leutze die Menschen diesseits und jenseits des Atlantik dargestellt hat: Hier die sangesfrohe Unbekümmertheit, die Männer irgendwie weltfremd, erst im Zutrunk von einer Art weinseligem Format, die jungen Frauen mit biedermeierlichem Schäfchenblick – dort ein ganz anderer Menschentyp: wagemutig, entschlossen, und mag auch der Aufbau des Gemäldes pathetisch sein, so wirken die Gestalten, besonders die Frau am Bootsrand, völlig modern, unsentimental. Das ist keine Zufallslaune. Leutze klagte in Düsseldorf, keine geeigneten Modelle zu finden.

Nachdem wir noch einen Blick auf das State House von 1792 geworfen, Raumfahrt-Interessierte auch das ›Intermediate Space Transit Planetarium‹ besucht haben, führt uns die Straße 13 nach Überquerung des Delaware nach Philadelphia, und da wir nun den Staat Pennsylvania betreten haben, ist es nur angemessen, zunächst bei William Penn im

Pennsbury Manor Besuch zu machen, das auf halber Strecke zur Linken liegt. Von Levittown führt die Straße hinab zum Delaware und zu Penns gegen 1680 bewohntem Landsitz. Später verfallen und in diesem Jahrhundert renoviert und mit Gegenständen aus jener Zeit ausgestattet, trägt es einen Hauch von Renaissance an die Ufer des Delaware.

Am Rande Pennsylvaniens

William Penn – Versuch einer neuen Weltordnung

AM 14. Oktober 1644 wurde dem englischen Admiral Sir William Penn in London ein Sohn geboren, dessen Lebensweg schon bald die vorgezeichnete Bahn verließ, hineinführte in die Glaubenskämpfe zwischen der etablierten englischen Hochkirche und der Quäkersekte und letztlich zur Gründung eines der ungewöhnlichsten Staatswesen im Rahmen der englischen Kolonien an der amerikanischen Ostküste führte: Pennsylvania.

Im Jahre 1669 ins Gefängnis geworfen, schrieb er eine grundlegende Arbeit über seine und seiner Glaubensfreunde Abneigung gegenüber den herrschenden geistlichen und weltlichen Überzeugungen. Obwohl William Penn großen Einfluß auf seine Zeitgenossen ausgeübt hat, ist doch recht wenig über diesen Mann wirklich bekannt, und wer etwas vom Wesen Amerikas verstehen will, tut gut daran, seinen geistigen Spuren wenigstens einige Schritte zu folgen. Sehr im Gegensatz zu den Puritanern, deren Wesen nicht in einer einzigen Person beispielhaft zu fassen ist, war Penn nicht nur der geistige Anführer, sondern auch der weltliche Vollzieher der Ideen des Quäkertums, die bis zum heutigen Tage Pennsylvanien und die Stadt Philadelphia mitbestimmen. Es ist kein Zufall, daß der First National Congress in dieser Stadt Zuflucht fand – es ist aber ebenso unbestritten, daß die Bürger Philadelphias im amerikanischen Volksmund, mehr noch als die Neuengländer, in dem je nach Standort teils bestaunten, teils mit Belustigung wahrgenommenen Ruf stehen, besonders tugendfest zu sein.

Bei dem Versuch, etwas mehr über William Penn zu erfahren, fand sich sein 1669 – also mit 25 Jahren – im Gefängnis geschriebene Werk ›No Cross – No Crown‹ etwa ›Ohne Kreuz keine Krone‹, als vergilbte Lederschwarte in der Hamburger Universitätsbibliothek. Schon der Untertitel ›Gegen den Respekt vor Hüten und Titeln‹ zeigt, daß es nicht um eine sehr theoretische theologische Sache ging, sondern um praktische Konsequenzen gegen den intoleranten und hochmütigen Zeitgeist. In enger Anlehnung an die Gedanken der Waldenser wettert Penn gegen die heidnischen Grausamkeiten der Pfarrer, Kardinäle, Legaten, Erzbischöfe und mönchischen Inquisitoren, aber auch der weltlichen Herrscher, die von ihnen einen Nutzen hatten. Er hält daran fest, »daß wahre Würde von Gott kommt, sich in der unbeirrten Suche nach Tugend zeigt, und daß die Früchte solcher Tugend gleichermaßen Gott wie Welt zugute kommen«. An dieser Stelle hatte mit spitzer Feder – so spitz wie nur die Feder eines Theologen sein kann – vor einigen hundert Jahren jemand an den Rand geschrieben: »This description is false. We are obliged by God's commandments to honour and pay respect to our superiors without any respect of their virtue or vice.« Die kritische Marginale will sagen, daß wir unseren Oberen in jedem Fall Gehorsam und Respekt schulden, ob sie nun gerecht oder lasterhaft seien. So hat sich der alte Streit auf den vergilbten Seiten über die Jahrhunderte erhalten, ein Streit, der nur am Rande ein theologischer ist und war, einer, der ganz handfest mithalf, zur raschen Ablösung des Neuen Kontinents von der Alten Welt zu führen. Es entbehrt darum nicht einer gewissen Ironie, wenn 1661 der Rat der Freien und Hansestadt Hamburg, gedrängt offenbar von der etablierten Geistlichkeit, ein Pamphlet drucken ließ mit dem weitausholenden Titel: »Quäcker Greuel, das ist abscheuliche, auffrürische, verdamliche Irthumb der neuen Schwermer, welche genennet werden Quäcker … Auf Anordnung eines Edlen Raths der

Stadt Hamburg in Druck gegeben Anno 1661«. Welcher Kontrast: hier die apodiktische Verdammung, dort, jenseits des Kanals und des Atlantik, die kluge Einbringung einer moralischen Kraft in den Staat. Freundlicher reagierten die Indianer, die Penn einen Wampun-Gürtel schenkten, heute in der Historical Society von Philadelphia, in dessen Stickerei ein roter und ein weißer Mann sich schlicht bei der Hand nehmen.

Die Statue William Penns auf dem Dach der City Hall in Philadelphia wirft noch heute ihren Schatten auf die Stadt und bestätigt Emersons berühmten Ausspruch, wonach »jede Institution der verlängerte Schatten eines Menschen sei«. Doch bis dahin war es noch weit. Zunächst einmal verprügelte William Penn sen. seinen Sprößling, weil er einem anglikanischen Pfarrer eine Nase gedreht hatte. Der Admiral war ein Freund Karls II., hatte diesem Jamaica erobert und gewann das Ohr seines Monarchen für die Auswanderung der Quäker nach Amerika. Eben war das Cromwellsche Intermezzo in England zu Ende gegangen, Karl wieder in die Rechte seines hingerichteten Vaters eingesetzt, und immer noch geisterte die Furcht vor den aufrührerischen Sekten durch Whitehall. Da mag dem König auch der Gedanke gekommen sein, trotz der Abneigung des Erzbischofs, den Quäkern seine Gunst zu gewähren. Viele unter ihnen – vor allem aus dem allmählich aufsteigenden Mittelstand – waren von der Rigorosität der puritanischen Verwaltung Cromwells abgestoßen worden und hatten sich dem Quäkertum zugewandt. So war des Königs Handeln auch bestimmt von der Politik. Als Admiral Penn starb, vererbte er, versöhnt, sein Vermögen seinem Sohn, der sich auf die Reise durch Europa machte, um für seine Idee, einen amerikanischen Staat auf der Basis von Toleranz, Demokratie und Zusammenarbeit zu werben. Viele Tausend folgten ihm, und am 14. März 1681 erhielt er die königliche Charter, verstand es auch, trotz seiner eher bürgerlichen Moralvorstellungen, sich immer Achtung und Wohlwollen seines Monarchen zu erhalten. 1682 entwarf er den Rasterplan für

Philadelphia; korrekt und etwas trocken, ist er nicht eben glückliches Vorbild für viele amerikanische Städtepläne geworden.

Mit der Zuwanderung englischer und wallisischer Quäker, Pfälzer und rheinischer Mennoniten kam die ursprünglich schwedische Kolonie Neu-Schweden rasch zu einem neuen Gesicht. Franz Daniel Pastorius kam mit einer großen Zahl von Leinewebern aus Krefeld und gründete Germantown 1683. Andere Siedler, die Penns Ruf gefolgt waren, gehörten den Pietisten an, manche von ihnen der strengen Sekte der Amischen, den Mährischen Brüdern oder den Herrnhuter Brüdern aus dem Badischen. Sie haben sich in einer noch weitgehend bäuerlich-ländlichen Umgebung im Südosten Pennsylvaniens, etwa um Lancaster, als Siedlungsrest mit eigenständigen Sitten und Gebräuchen erhalten. Ihre Sprache ist ein altes Pfälzer Idiom, das Pennsylfaanische, oft etwas irreführend als Pennsylvania Dutch bezeichnet. Die Amish fahren noch heute kein Auto, bevorzugen ihre hochrädrigen pferdebespannten Karren, ignorieren die hochtechnisierte, fortschrittsgläubige Industriegesellschaft um sich herum. Von manchen belächelt, werden sie heute wieder ernster genommen, nachdenklich betrachtet von jüngeren Gruppierungen, die auch wieder das einfache Leben suchen, aber oft nicht finden können. Der Wahlspruch der Amish steht im Römerbrief 12,2: »Und stellet euch nicht dieser Welt gleich, sondern verändert euch durch Erneuerung eures Sinnes, auf daß ihr prüfen möget, welches da sei der gute, der wohlgefällige und der vollkommene Wille Gottes.«

Es ist heute faszinierend, die ursprünglichen Gründungsideen Neuenglands und Pennsylvaniens zu vergleichen und die Ergebnisse zu bewerten. Kaum je in der Geschichte sind Staatengebilde aus rein theoretischen Denkansätzen heraus entwickelt worden, haben moralische Grundsätze, etwa in der Gestalt der ›Gesetze‹ des alt und weiser gewordenen Plato, Form und Politik von Staaten bestimmt, Staaten, die freilich zunächst das Glück hatten, sich unter dem militärischen Schirm der britischen Krone zu entwickeln und sich dank der technischen Überlegenheit an ihren Grenzen in das Gebiet der Indianer ausdehnen zu können.

Dabei waren die Puritaner davon ausgegangen, daß die Natur des Menschen von Grund auf schlecht sei und daß es strenger Gesetze bedürfe, um sie zu bessern oder doch wenigstens von Verbrechen fern zu halten. Schon die ›Mayflower‹-Pilgrims unterschieden zwischen den ›Saints‹ und den ›Strangers‹, offenbar gab es da Unterschiede an Schlechtigkeit. Entsprechend stark war der Arm der Kirche in Neuengland, und der Staat war ihr natürlicher Beschützer. Ganz anders sah William Penn die Aufgabe des Staates. Er war für ihn das Schutzschild, hinter dem sich eine völlige Freiheit der Religionen und Glaubensbekenntnisse entfalten konnte. Penn selbst war ein lebenslustiger Mann, kein Sauertopf, liebte Essen und Trinken, gab gern große Feste, ähnlich den anderen Lord Proprietors wie etwa Lord Baltimore, der unweit an der Chesapeake Bay saß. Doch gegen 1698 lief eine Welle der Kriminalität durch Pennsylvania. Wir dürfen nicht vergessen, daß unter den zahllosen europäischen Auswanderern nicht nur Flüchtlinge vor der Willkürherrschaft der Fürsten waren, sondern sicher auch Abenteurernaturen, denen an Arbeit und Ordnung kaum gelegen war. Kriminelle Elemente und Desperados sollten in den kommenden Jahrhunderten noch eine große Rolle in Amerika spielen, insbesondere, als mit den Goldfunden die Versuchung raschen Zugreifens besonders jene heimsuchte, die an den Mühen und Plagen des Farmerlebens keinen Geschmack gefunden hatten. Diese Ambivalenz von moralisch hochstehenden Ideen und ihrer teilweisen Verwirklichung, aber auch kaum verhüllter Kriminalität ist Amerika bis heute geblieben.

Penns Nachfolger griffen hart durch, so hart, daß der britische Privy Council, der Kronrat in London, die Gesetze als unmenschlich zurückwies und abmilderte. In Neuengland dagegen war man mit der Zeit nachsichtiger und duldsamer geworden, und gegen Ende des 17. Jahrhunderts waren die Neuenglandstaaten und Pennsylvania einem gleichen Grad von Liberalität und Toleranz nahegekommen, ein hübsches Beispiel für die Möglichkeiten und Grenzen, die in der menschlichen Natur begründet liegen. Doch darf man nicht vergessen, daß diese Experimente sich in außerordentlich dünn besiedelten Gebieten vollzogen. Gegen 1700 besaß Neuengland etwa 130000 Einwohner, davon allein Massachusetts 80000. New York kam auf stolze 30000, New Jersey auf 15000 und Pennsylvania auf 20000 Einwohner. Etwas volkreicher war Virginia mit 55000, die Carolina-Staaten hatten zusammen unter 10000, nur auf den westindischen Inseln lebten über 100000 Menschen, die meisten Negersklaven.

So sind Boston und Philadelphia zu zwei Ausprägungen amerikanischer Vorstellungen von Freiheit geworden, und die Diskussion, welcher Form der Vorzug zu geben sei, ist bis heute nicht abgeklungen, immer noch steht der Geist der Adams', Cabots und Lowells in seiner strengen Ausrichtung auf verantwortliche Erziehung des Menschen im Gegensatz zu den auf persönliche Elite ausgerichteten Zielen, wie sie Philadelphia geprägt haben. Das hat schon sehr früh ein bemerkenswert unterschiedliches Erziehungssystem nach sich gezogen. Gründeten die Puritaner sehr bald Harvard, so zögerten die Quäker über siebzig Jahre, bis sie die Universität von Pennsylvanien ins Leben riefen. Das Ethos Bostons verlangte von herausragenden Familien die bedingungslose Mitverantwortung für das öffentliche Wohl, eine Auffassung, die Harvard noch heute kennzeichnet. Das Ethos der führenden Schichten Philadelphias zielte mehr auf sich selbst; der Erwerb von Ansehen, auch Reichtum, allenfalls von persönlicher Brillanz im öffentlichen Leben, wie es sich in der Person von Benjamin Franklin vielleicht am deutlichsten abzeichnet, schuf eine Klasse von Selfmademen, denen gewisse Züge des Parvenus nicht fehlten. Liest man Franklins literarisches Vermächtnis ›Poor Richard's Almanack‹, so sind die utilitaristischen Gedanken eine einzige Anleitung, Karriere zu machen.

So haben die beiden Kolonien Neuengland und Pennsylvania, die unter so verschiedenen Konstellationen gegründet wurden, zwar jede ihre eigene Oligarchie führender Familien entwickelt, aber nie ein gemeinsames Konzept, wie denn Freiheit zu verwalten sei. Der Noblesse-oblige-Gedanke der Puritaner, ins Bürgerliche abgewandelt, hat zwar das bereits erwähnte WASP-Establishment geschaffen, aber schon bald, spätestens in der Mitte des 19. Jahrhunderts, hatte der weichere Gedankenfluß Virginias nur noch die Solidarität von Besitz und Einfluß in den sich formierenden konföderierten Staaten übriggelassen. Auch dies will gesehen werden, wenn man die Ursachen des Sezessionskrieges erkennen will. Das intolerante Verantwortungsgefühl der Puritaner und die tolerante Verantwortungslustlosigkeit der Quäker sind zwei tiefe Wurzeln amerikanischen Denkens, zwei verschiedene Optionen amerikanischer Kultur, die in ihren periodischen Schwebungen mehr Einfluß auf die Weltgeschichte haben, als Ereignisse, die Schlagzeilen machen.

Dabei war die Stadt Philadelphia eigentlich mehr zufällig zu der Ehre gekommen, Ort der Unabhängigkeitserklärung zu sein. Sie war gegen 1770 bereits die zweitgrößte britische Stadt nach London, kaum hundert Jahre nach William Penn zu großem Reichtum, aber auch zu einer recht versnobten Gesellschaft gekommen, die ausgesprochen britannophil war. Das müßte überraschen nach soviel liberalem Beginn, und doch war die Zeit zwischen Queen Annes Regierung (1702-1714) und den Wirren der Unabhängigkeit geprägt durch zwei diametral entgegengesetzte Stömungen. Zum einen war die junge Kolonie immer noch in hartem Kampf mit den indianischen Stämmen, der Friede von Utrecht 1713 hatte die ›Queen Anne's War‹ genannte Auseinandersetzung mit Spaniern und Franzosen beendet und England Neufundland und Neuschottland zugesprochen. Zum anderen hatte sich bereits beträchtlicher Reichtum durch den Pelzhandel und das Tabakgeschäft entwickelt. Vor allem in Virginia und dem südlichen Pennsylvanien entstanden sehr rasch die alten Gegensätze von Reich und Arm, dem alten Europa sehr vertraut und in Amerika nur in der Phase der ersten harten Jahre vergessen.

Von Gottlieb Mittelberger, der 1738 mit vierhundert Pfälzern in Rotterdam in See stach, sind uns die Plagen des Anfangs geschildert worden: fauliges Wasser an Bord, verwurmtes Salzfleisch, Läuse, die sich so vermehrten, daß man sie mit dem Messer von der Haut kratzen konnte, Mütter, die sich mit ihren toten Kindern vor Verzweiflung über Bord stürzten. Als man nach vier Monaten endlich Anker warf, waren noch ganze hundert Menschen an Bord! Auch an Land gab es kaum Hilfe durch irgendwelche Organisationen. »Hilf dir selbst, so hilft dir Gott«, war die gängige Parole der Zeit, und nur wenige, wie Lord Granville zusammen mit dem Bischof Zinzendorf der Mährischen Brüder, versuchten dem Elend beizukommen. Zwanzig Hektar Boden wurde den Ansiedlern kostenlos überlassen – aber was bedeutete dies schon in einem Land, in dem Grund und Boden ein Überflußgut war. Und doch war der Lebenswille der Menschen unerhört. Wir, die wir den Neubeginn aus Schutt und Asche 1945 erlebt haben, werden nicht erstaunt sein, wenn wir hören, daß schon 1715 die Eisenerzverhüttung am Rappahannock in Gang gekommen war. Fast immer waren diese ersten industriellen Gründungen ein Gemeinschaftswerk, begonnen von einem Ortsansässigen, der die Verhältnisse und Bedürfnisse kannte, und einem Anführer der Neuankömmlinge, der ihr Vertrauen hatte. Hier war es der Gouverneur Spotswood und Baron Graffenried, die sich zusammentaten. Auch George Washingtons Vater, Augustine, gründete 1732 am Potomac ein kleines Hochofenwerk. 1750 wurde bereits Eisen nach England exportiert, was die britischen Hüttenbesitzer zu unterbinden trachteten. Das Parlament verbot den Kolonisten die Weiterverarbeitung des Roheisens, und aus diesen Behinderungen erwuchs langsam ein Widerstand gegenüber allen Versuchen der englischen Krone, die Entwicklung der Kolonie nach den Bedürfnissen des Mutterlandes zu gängeln.

In dieser frühen Phase der Industrialisierung entstanden, wie zu erwarten, bald große Vermögen. Im Gegensatz zu Neuengland, wo das gesellschaftliche Klima mehr mittelständisch blieb, zeigte man im Süden gern seine Wohlhabenheit, wuchsen die Häuser in den Städten wie Philadelphia erst zwei- dann dreistöckig, wich der Holzbau dem Steinhaus. Bereits 1770 hatte die Stadt eine öffentliche Wasserversorgung und Straßenbeleuchtung, wonach wir im damaligen Europa lange hätten suchen können. Kein Wunder, daß das Wort ›colonial‹, das den europäischen Briten etwas Bescheidenes dünkte, nach Schweiß und einfachem Leben roch, allmählich seine Bedeutung wandelte. Vollends die Oberschicht entwickelte einen neuen Stolz, sandte ihre Kinder zur Erziehung auf teuere englische Schulen und Universitäten, widmete sich der Pferdezucht, und rasch entstand das Bild des etwas großspurigen Southerners, eitel, empfindlich, aber auch galant und mit ausgeprägtem Gefühl für Schönheit, vor allem die Schönheit der Frauen. Die zehn reichsten Familien Philadelphias – The Big Ten – ließen ihre Exklusivität zu beachtlichen Formen blühen. Ihr Jahresball, die berühmte Assembly, war elitär beschränkt auf Familien, die vor 1749 ansässig geworden waren. Das konnte den ›Zugereisten‹ nicht gefallen, und einer unter ihnen, der reiche Bankier Stotesbury, drohte, seine Gelder in einem anderen Staat anzulegen, wenn man ihn und seine Töchter, um die es ja wohl entscheidend ging, nicht einladen würde. Er durfte kommen,die prachtvoll herausstaffierten Damen fanden einen leeren Ballsaal.

Wir aber finden heute eine höchst lebendige und nach einer Phase der Vernachlässigung wieder sehr attraktive Stadt. Amerikanische Städte unterliegen in ihrem Zustand erheblichen Schwankungen. Gewiß, auch in Europa könnte man feststellen, daß etwa Paris eine zeitlang recht grau war, bis es durch de Gaulles Bemühungen in einen neuen Glanz umschlug. Auch das alte, neblig trübe London ist nach Ersatz vieler qualmender Kamine durch Ölheizungen eine geradezu farbenfrohe Stadt geworden. Aber das Auf und Ab amerikanischer Städte hat einen ganz anderen Grund. Die Mobilität der Amerikaner in allen Schichten läßt sie sehr rasch auf allerlei Trends reagieren. Die Älteren suchen heute die Wärme Floridas, die Jüngeren die große Freiheit an der Westküste. Sehr schnell wandern Neger und Puertoricaner in Stadtviertel ein, die nicht mehr ›in‹ sind, wie wir es schon in Newark sahen. Begünstigt wird diese Neigung durch die im allgemeinen geringe Bindung des Amerikaners an seinen Arbeitsplatz, das Job-Denken und die Leichtigkeit, mit der Grundbesitz ver- und gekauft werden kann. Häuser sind viel billiger als bei uns, die Bankzinsen waren lange gering, und die Kontaktfreudigkeit vor allem amerikanischer Frauen macht das Eingewöhnen sehr leicht, zumal irgendein Countryclub stets in der Nähe ist, eine gesellschaftliche Drehscheibe bildet und im übrigen wie ein Ei dem anderen gleicht.

Philadelphia und sein Kongreß

Nach vielleicht allzuviel Hintergrund-Darstellung wird der Leser ungeduldig über den allmählich breiter werdenden Delaware blicken, um die Stadt Philadelphia endlich zu sehen, deren griechischer Name, zu deutsch Bruderliebe, die hochfliegenden Gedanken des ausgehenden Humanismus mit den religiösen Ideen William Penns verbindet.

Im Hotel in Downtown angekommen, fand ich im Badezimmer einen freundlichen Hinweis: »Brotherly Love is leaving the towels here when you leave.« Amerika hat also seine praktische Begabung, große Gedanken in den Alltag zu übertragen, in den dreihundert Jahren seiner Geschichte nicht verloren. Insoweit war ich beruhigt.

Philadelphia hat eine ideale Lage zwischen zwei Gewässern. Im Osten ragen ihre Piers in den schon leicht nach Salz schmeckenden Delaware River, und im Westen schmiegt sie sich an den parkgesäumten Schuylkill River, der in elegantem Bogen sich nähert und wieder entfernt, als ob er ahnen würde, daß der Delaware die größere Show sei. Zwischen den Flüssen sind die wesentlichen Straßen, Market Street,

Chestnut Street und Walnut Street, wie Saiten aufgespannt und geben eine höchst einfache Orientierung. Das historische Philadelphia bildet ein Raster aus diesen genannten Straßen und den quer verlaufenden 2. bis 6. Straßen, ein Raster, in dem sich nahezu alle interessanten Gebäude befinden, so daß man Philadelphia bequem in zwei Tagen erleben kann.

Das eigentliche Erlebnis wird die *Independence Hall* sein, die sich in der Chestnut Street zwischen 5. und 6. Straße erhebt. Hier hat sich am 4. Juli 1776 das bedeutsamste Ereignis der amerikanischen Geschichte abgespielt, die Erklärung der Unabhängigkeit der Vereinigten Staaten von der britischen Krone. Diese Räume haben für den Amerikaner dieselbe Bedeutung wie die Erinnerung an den Bastillesturm 1789 für die Franzosen. Doch haben die Geschichtsschreiber ein wenig geschwindelt, wie sie es gerne tun, um nationale Höhepunkte von späteren Zweifeln frei zu halten. Die Unterzeichnung der Declaration of Independence hat sich nicht so einstimmig und feierlich zugetragen, wie es das berühmte Gemälde von John Trumbull zeigt.

Der ruhigen Gelassenheit des Bildes stand die turbulente Stimmung der Tage des 3. und 4. Juli 1776 gegenüber, an denen erbittert um das Werk gerungen wurde, vor allem um zwei Sätze, mit denen Thomas Jefferson, der geistige Vater der Erklärung, nach einhelliger Meinung der Versammlung zu weit gegangen war. Jefferson sprach einen scharfen Tadel über das Volk von Großbritannien aus, sowie eine Verdammung der Sklaverei. Es spricht für die moralische Qualität der Anwesenden, daß sie das erste abschlugen, und für ihre praktische Klugheit, daß sie in der herrschenden Unruhe sich nicht auch noch das Sklavenproblem aufladen wollten.

Doch hatten sich diejenigen in der Versammlung getäuscht, die gedacht hatten, damit das leidige Thema auf alle Zeiten vom Tisch zu haben. Daß in jenen Julitagen viele Abgeordnete eilig und ohne Unterschrift den Saal verließen, weil sie in der Stille nochmals bedenken wollten, in was sie sich da einließen, darf man ihnen nicht verdenken. Sehr im

Gegensatz zu den Trompetenstößen der Französischen Revolution waren hier nüchterne und kühle Männer zugange, und wir haben an anderer Stelle schon gelesen, welche Mühe es Sam Adams und John Hancock gemacht hat, für das nötige Feuer des Aufruhrs zu sorgen. Das gerade in Europa gern beschworene Bild des sich wie ein Mann erhebenden Volkes, der levée en masse, trifft für Amerika nicht zu. Etwa ein Drittel der Kolonisten standen als Tories oder Loyalists zur Krone, etwa 75000 wanderten, unter bitteren Umständen zumal, nach Kanada aus, und etwa 30000 fochten in britischen Regimentern, eine um so erstaunlichere Zahl, wenn man hört, daß Washington nie mehr als 25000 Mann unter den Fahnen hatte. Daß es aber unter all diesen Umständen dennoch zu einem Erfolg der amerikanischen Sache kam, hat viele Gründe. Die Entfernung zu Europa, die politische und militärische Ungeschicklichkeit der Briten mögen hierzu beigetragen haben. Entscheidender aber war das in den Jahren des Kampfes allmählich wachsende Gefühl der Selbstsicherheit und Gemeinsamkeit, wie es auch in den Einigungskämpfen anderer Völker zu beobachten ist. Das Besondere aber, das Einmalige an der Amerikanischen Revolution, ist ihr Mangel an hochtönendem Pathos, das schlicht ersetzt wurde durch gesunden Menschenverstand, und das ruhige und ausgleichende, ganz in sich selbst Genügsamkeit findende Selbstvertrauen ihrer Anführer, unter denen Washington die herausragende, zunächst militärische und dann auch politische Begabung war.

Die Independence Hall steht inmitten eines von hohen Baumgruppen umgebenen Platzes. Durch Niederlegen der häßlichen Bebauung in der Nähe hat man ihr wie den anderen historischen Gebäuden Philadelphias Freiraum und angemessenen Abstand vom Heute gegeben. Der so entstandene *Historical Park* ist zumal im Frühjahr, wenn die Azaleen, Rhododendron und weißen Dogwoodbäume blühen, überragt von den leuchtend gelb-grün ausschlagenden virginischen Eichen, eine das Auge erfreuende Anlage, die man stundenlang durchwandern kann, kaum vom Verkehr gestört. Der ohnehin schwache Verkehr der querenden Straßen verschwindet samt der altmodischen Straßenbahn hinter grünen Vorhängen, und die Fußgängerpfade führen durch die englisch anmutenden Rasenflächen, benutzen alte Remiseneingänge, so daß der Eindruck der modernen Stadt wohltuend abgeschirmt ist.

Die Independence Hall hat erst spät ihren heutigen Namen erhalten. Das einfache rote Backsteingebäude mit dem großen, getreppten Glockenturm wurde 1732 als Pennsylvania State House erbaut und diente zusammen mit den etwas jüngeren flankierenden Gebäuden der Kronkolonie Pennsylvanien als Verwaltungs- und Gerichtsgebäude. Dann kam der Aufbruch in die Unabhängigkeit, doch schon gegen 1800 waren die großen Tage des State House vorbei, und Philadelphia mußte seine Rolle als Hauptstadt an das neugegründete Washington murrend abgeben. Die Inneneinrichtung wurde in schlechtem und verfälschendem Stil zu einer nationalen Gedenkstätte umgeformt, und es hat bis in unsere Tage gedauert, bis diese Räume nach alten Ansichten wieder in den Zustand versetzt wurden, in dem sie gegen 1770 waren.

Betritt man den Ostflügel, so gelangt man in den Assembly Room, den Sitz der mit bescheidener Selbstverantwortung ausgestatteten Kolonie Pennsylvania. Es ist ein sehr schöner kleiner Saal, dessen harmonische Wandtäfelung einen zurückhaltenden Georgian Style zeigt und in einem bescheidenen Grauton gehalten ist. Auf dem Dielenboden stehen zwanglos Tische, umstellt von den auch heute noch beliebten Philadelphia Windsor Chairs. Der Präsidentensessel ist original, und über ihm ist unverändert das Wappen William Penns mit den drei Kugeln zu sehen. Penn hatte am 5. Januar 1681 geschrieben: »God bless and make it (Pennsylvania) the seed of a nation.« Am 4. Juli 1776 wurden Penns fast seherische Worte in diesem Saal Wirklichkeit. Das Licht des Frühlingsmorgen dringt keck durch die französischen Fenster in diesen Raum, der mit seinen grünen und wollenen Tischdecken eher wie eine englische Studierstube aussieht, in der wohlerzogene und perückentragende Kronjuristen ihrer Arbeit nachgehen. Dieser Eindruck ist auch sicher der richtige, wenn wir uns in die Zeit um 1770 zurückversetzen wollen, als der Zweite Kontinentale Kongreß sich an diesen Tischen traf, um zunächst maßvolle, dann heftigere Schritte gegen die britische Krone zu beraten. Am 4. Juli 1776 wurde hier die Declaration of Independence verkündet und später im Hof vor versammeltem Volk verlesen. Es ist in seinem Charakter kein übermütiger Raum, nichts Imperiales haftet ihm an, weder britisch noch amerikanisch gefärbte große politische Geste, es ist eher ein Raum, der Wärme ausstrahlt und in dem Charakterfestigkeit und klares Denken einen guten Stand haben.

In dem nun anhebenden Ringen der American Revolution diente das State House als Sitz des Kongresses, der unversehens und ohne rechte Vorbereitung in die Rolle einer amtierenden Regierung geraten war. Kurioserweise hatten die Vereinigten Staaten in dieser ersten Phase ihrer staatlichen Existenz keinen Präsidenten, noch sonst eine Art Staatsoberhaupt. Der Präsident des Kongresses stand nur diesem vor, und wenn das ganze nicht auseinanderfiel, so war es die überragende Gestalt Washingtons, der zunehmend Aufgaben übernahm, die eigentlich der Regierung zukamen.

Als endlich im heißen Sommer des Jahres 1787 der Verfassungskonvent (Constitutional Convention) zusammentrat, war es ganz natürlich, daß George Washington den Vorsitz erhielt. Drei Monate lang übte er dieses Amt von jenem hochlehnigen Sessel im Assembly Room aus, taktvoll und zurückhaltend, wortkarg, aber von beredter Gegenwart. Am Montag, den 17. September 1787, wurde die Verfassung verkündet. Die Worte des inzwischen 81jährigen Benjamin Franklin mögen für die Ausgewogenheit und Integrität jener ungewöhnlichen Versammlung stehen, in der sich Mut und Weisheit paarten, seltener Glücksfall der Geschichte – dieser bescheidene Raum war ihr Zeuge:

I confess that there are several parts of this Constitution which I do not at present approve, but I am not sure I shall never approve them; for, having lived long, I have experienced many instances of being obliged by better information or fuller consideration to change opinions, even on important subjects, which I once thought right, but found to be otherwise. It is therefore that the older I grow the more apt I am to doubt my own judgement and to pay respect to the judgement of others . . .

Ich bekenne, daß in dieser Verfassung einige Teile sind, welche ich im Augenblick nicht gut heiße, aber ich bin nicht sicher, ob ich sie nicht doch noch gutheißen kann; denn, in einem langen Leben habe ich manche Augenblicke erfahren, in denen ich durch bessere Information oder tieferes Nachdenken gezwungen war, Ansichten zu ändern, selbst bei bedeutenden Vorgängen, die ich einst richtig fand, dann aber meinen Irrtum erkannte. Daher bin ich um so mehr geneigt, mein eigenes Urteil anzuzweifeln je älter ich werde und auf das Urteil anderer zu hören . . .

So traf sich am 6. Dezember 1790 der Erste Kongreß der Vereinigten Staaten – wenn man so will der Dritte Kontinentale Kongreß – in der westlich ans State House angrenzenden Congress Hall. Das ursprünglich als County Court House gedachte Gebäude nahm in drangvoller Enge im Erdgeschoß das House of Representatives und im Obergeschoß den Senate auf. Östlich des State House tagte der Supreme Court.

Nach der Wahl George Washingtons zum ersten Präsidenten stand auch die Frage nach dem Amtssitz an. Für Washington gab es keinen Zweifel, daß sein Wohnsitz Mount Vernon blieb. Lediglich zur Wahrung der Geschäfte mietete er in Anbetracht des Interimscharakters von Philadelphia ein Haus in der Market Street, das es nicht mehr gibt. Als 1793 ein verheerendes Gelbfieber die Bevölkerung dezimierte, zog er nach Germantown und wohnte im Deshler-Morris House, das die Zeiten mit der alten Einrichtung überstanden hat und damit das erste erhaltene ›Weiße Haus‹ der Vereinigten Staaten ist.

Doch kehren wir in das Pennsylvania State House zurück. Jenseits der pfeilergetragenen Torhalle findet sich der alte Gerichtssaal der britischen Kronkolonie, der Pennsylvanien lange als oberstes Berufungsgericht gedient hat. Die Anordnung der Gerichtstribüne und der hellbraunen Zeugen- und Zuhörerbänke unter dem königlichen Wappen geben dem Ganzen etwas unverkennbar Englisches. William Penns früherer Sekretär James Logan war hier lange als Chief Justice tätig, aber wir dürfen uns den Oberrichter Pennsylvaniens nicht als eine Art hemdsärmeligen Vorläufer gewisser Judges in Cowboyfilmen vorstellen. Logan war ein Mann, der Griechisch und Hebräisch, Spanisch und Französisch sprach, vom damals selbstverständlichen Latein ganz abgesehen. Sein hübsches Haus in Germantown hat sich erhalten.

Steigen wir nun die Treppe zum Obergeschoß hinauf. Überraschend groß wirken die Empfangs- und Beratungsräume in diesem äußerlich eher bescheidenen Gebäude. Manches wird später, beim Besuch des kolonialen Williamsburg und seines Capitols, den Vergleich herausfordern zum virginischen Status mit einem königlichen Gouverneur. In der langen Banketthalle hängen neben prachtvollen irischen Kristalleuchtern allerlei alte Landkarten an den Wänden, die uns die begrenzten Kenntnisse des 17. und 18. Jahrhunderts vor Augen führen. Nur langsam schiebt sich der Vorhang, der den Rest des Kontinents verhüllt, nach Westen, immer noch sind die Meere voll abenteuerlichen Getiers. Etwas überraschend sind die Kolossalgemälde britischer Majestäten, die uns teils streng, teils huldvoll ansehen. Das ist den Teilnehmern am Zweiten Kontinentalen Kongreß auch nicht anders gegangen. Die Stadt Philadelphia bewirtete sie hier nach dem obligaten Toast auf Ihre Majestäten, und erst ganz allmählich ging man zu nationalen Trinksprüchen über.

Verlassen wir das State House nach der Nordseite, so liegt vor uns *Independence Mall,* eine breite, moderne Anlage mit einem Meer von Magnolien und Dogwoods, die den Pavillon mit der *Liberty Bell* einrahmen. Das Bild, das gedankliche Bild, einer weit über die Lande nach Freiheit rufenden Glocke ist den Amerikanern fast heilig. So ist diese Glocke, die einst im Turm des State House hing und viele Jahrzehnte nach der Unabhängigkeitserklärung vom Turm stürzte und zerbarst, auch stets umlagert, und die Glockenbronze ist ganz blank gegriffen von den vielen kleinen und großen Händen. Die 1753 gegossene Glocke trägt am oberen Rand die Inschrift: »Proclaim Liberty throughout all the Land unto all the inhabitants Thereof«. Eine wahrhaft prophetische Inschrift, wie man meinen könnte. Doch ist die Wirklichkeit oft vertrackter und reicht in uralte Zeiten zurück. Als William Penn 1701 seine königliche Charter für Pennsylvanien erhielt, war der zitierte Spruch seine Losung zur Kolonisation, und als man 1751 die Glocke in London bestellte, brachte der Gießer – nicht ahnend, was er da tat – den Spruch in der Gußform an. Aber auch Penn hatte nur ein weit älteres Wort aus Leviticus, dem 3. Buch Moses, 25.9, gewählt. Gottvater spricht dort mit Moses auf dem Berg Sinai und gebietet ihm »da sollst du die Posaune blasen lassen durch all euer Land«. So hat sich der Gedanke der jüdischen Freiheit nach der ägyptischen Knechtschaft übertragen auf den europäischen Exodus nach Amerika zur Zeit William Penns und letztlich auf die Trennung von diesem Europa.

Südlich der Independence Mall und des State House steht ein Versicherungsgebäude, *Penn Mutual Tower,* von dessen Aussichtsplattform man einen guten Ausblick auf das historische Philadelphia hat. Östlich vom State House, fast unmittelbar benachbart, liegt das schöne alte Domizil der *American Philosophical Society.* Von Benjamin Franklin 1743 gegründet, also noch zur britischen Zeit, bewahrt es persönliche Erinnerungen an Franklin, von dem die vielleicht nicht ganz unwahre Fama erzählt wird, daß er als mittelloser Siebzehnjähriger in Philadelphia eintraf und sich sein Brot auf der Straße erbetteln mußte, bis er eine Lehrstelle bei einem Drucker fand, eine schicksalhafte Fügung, die ihn in Kontakt brachte mit der Unruhe und dem Aufbruch der Zeit. Franklins nickname ›Poor Richard‹ (und nickname ist im Englischen nicht nur Spitzname, sondern auch Kosename) stammt von dem Jahrbuch ›Poor Richard – An Almanack for the Year of Christ 1733‹, zwischen dessen sonst ganz nüchternen astronomischen und chronologischen Fakten Franklin seine sehr persönliche Philosophie kundtat – im politischen Philadelphia wohlverstanden.

Franklin war ein Allroundman. Die Philosophical Society bewahrt eine Elektrobatterie, die er gegen 1740 aus Glasflaschen und Leclanchéelementen sehr geschickt gebaut hatte. Als Politiker, Schriftsteller, Physiker, Techniker und Diplomat in Paris – von den Franzosen geliebt, Royalisten wie Jakobinern – war er Promotor einer neuen Zeit, vielleicht auch ihr Produkt. Zu seinen Erfindungen gehört bekanntlich der Blitzableiter, der den naturwissenschaftlich stets neugierigen Goethe in einem Brief anmerken läßt: »Doctor Franklins Erfindung, dem Gewitter seine Blitze zu nehmen«. Praktisch gesonnen, gründete Franklin mit amerikanischem Sinn für business 1752 eine Fire Insurance Company, die immer noch besteht und deren Versicherungsmarken, vier über Kreuz verschränkte Hände, an alten Gebäuden Philadelphias noch zu sehen sind. Aus den Räumen seiner Akademie hat man einen schönen Blick auf Independence Hall.

Nun streifen wir nordwärts, um hinter dem Liberty Bell Pavillon auf das *Free Quaker Meeting House* zu stoßen, einst von jener Gruppe der Quäker erbaut, die den Freiheitskampf gegen England unterstützten, während die meisten in Penns Tradition als Pazifisten neutral blieben. Heute ist dieser Unterschied wieder verwischt, und die sympathische und kluge junge Frau, die dieses Haus erklärte, ist eine Fundgrube der Erkenntnis über das alte Philadelphia. Die Art, wie hier ein Häuflein Menschen in den Bänken des alten Kirchengestühls sitzt und miteinander redet, ist in Europa kaum zu finden.

Dann führt uns der Weg weiter nach Elfreth's Alley, wozu ein Stadtplan unumgänglich ist. Dabei kommen wir an *Christ Church Cemetery* vorbei, dem alten Friedhof der 1724 erbauten Kirche. Es ist einer der ganz wenigen völlig unveränderten Orte der alten kolonialen Stadt. Die Grabmäler sind meist vornüber gesunken, es herrscht jene freundliche Melancholie, wie wir sie schon in Neuengland bemerkt haben. Hier ruht neben anderen Unterzeichnern der Unabhängigkeitserklärung Benjamin Franklin an der Seite seiner Frau Deborah.

Elfreth's Alley, von der Second Street aus zugänglich, ist eine liebenswerte Erinnerung an eine ansonsten untergegangene Zeit. Wer den Schnoor im alten Bremen kennt oder Oevelgönne, wird hier eine amerikanische Entsprechung finden. Gegen 1700 entstanden, hatten sich in den kleinen schiefwinkligen Häusern an der kopfsteingepflasterten Straße Handwerker, Lotsen und Kapitäne nahe dem Hafen angesiedelt. Auch heute wohnen wieder Menschen hinter den blumengeschmückten und efeuüberwachsenen Häusern. Im Mantua Makers House von 1762 saß bei unserem Besuch eine rührende Oma im langen, blauweißen Baumwollkleid, mit Spitzenhäubchen, bot dieses und jenes feil, und weil das Licht so schön durch die Gardinen schien, fragte ich sie, ob ich sie photographieren dürfe. Errötend stand sie auf, versteckte schamhaft ihre altmodische Nickelbrille und zeigte ein tapferes Lächeln. Die Art wie sie's tat, zeigte mir wieder einmal, wie wenig kommerziell diese Dinge gesehen werden.

Nun geht es zum Delaware hinunter, und zunächst stellt sich da blankes Erschrecken ein. Wo einst die schöne Wasserfront Philadelphias lag, in vielen Kupferstichen hoch gerühmt, ist heute gähnende Leere, heruntergekommene, mit Feuerleitern behangene Häßlichkeit. Die Interstate 95, ansonsten eine angenehme Einrichtung, wurde an der Front Street entlanggeführt, hat die Stadt vom Wasser getrennt und alles mit Beton verbarrikadiert. Doch soll man nicht zu schnell aufgeben. In Höhe der Market Street fand sich eine Überführung, die das Gedröhne des Verkehrs querte, und plötzlich war da Stille, die Weite des nach Tang riechenden Delaware und die Masten einiger alter Segler, die unwillkürlich anzogen.

An der Stelle, *Penn's Landing,* die kurz nach 1600 Anlaß zur Stadtgründung gab, hat man 1960 in Erkenntnis städtebaulicher Sünden eine hübsche Anlage aus grauem Maine-Granit erbaut, die sehenswert ist. In die in sorgfältiger Steinmetzarbeit gehauenen Quadern sind Bronzeplatten mit Plänen Philadelphias eingelassen, und unter den Rampen finden sich die Ansichten der Wasserfront, wie sie 1753 und 1876 ausgesehen hat. An diesem Kai ist auch der alten und engen Beziehungen zwischen Bremen und Philadelphia zu gedenken. 1783 war erstmals ein Segler einer bremischen Gesellschaft hier gelandet, man schrieb das Jahr des Versailler Friedens, in dem England die Unabhängigkeit Amerikas anerkannt hatte. Schon bald begannen Verhandlungen zwischen der Union und den drei deutschen Hansestädten um den Abschluß eines Handelsvertrages, und 1794 ernannte George Washington den Kaufmann Friedrich Jakob Winckelmann zum ersten nordamerikanischen Konsul in Bremen. Die besondere Beziehung Amerikas zu Bremen hat die Auswandererjahre und die Belastungen des Ersten und Zweiten Weltkrieges überdauert, und es mutet fast symbolisch an, daß der erste Dampfer der 1847 mit amerikanischem Kapital und unter Beteiligung der meisten deutschen Bundesstaaten gegründeten ›Ocean Steam Navigation Company‹ von einer Bremer Werft unter dem Namen ›Washington‹ vom Stapel lief. Es war eine sehr bemerkenswerte Fracht, die auf diesen Schiffen den Ozean querte. Auf der Amerikaroute waren es Auswanderer, zwischen 1832 und 1852 über 350000 Menschen, die eine zu eng gewordene Welt verließen. Auf der Heimfahrt nahm man Tabak und Baumwolle, Zucker, Kaffee, Holz und Rum mit, aber immer noch stand dieser Handel im Schatten von Cromwells Navigationsakte von 1651, die formell erst 1849 aufgehoben wurde. So sehr sich das England der Restauration auch bemühte, Cromwell zu vergessen – die Navigationsakte, die einer Flaggendiskriminierung im Überseehandel gleichkam, blieb bestehen und hat gleichermaßen die Entwicklung des deutschen wie amerikanischen Handels behindert. Es bedurfte noch einiger Jahrzehnte nach der Unabhängigkeit, bis langsam die Vorrechte, aber auch der technische Vorsprung der Engländer aufgeholt werden konnten. Noch heute sind darum Hapag oder Norddeutscher Lloyd große Namen in den Häfen der amerikanischen Ostküste und überall an den Kais stauen sich Hunderte von Containern mit diesen Aufschriften.

Unweit reckt ein alter schwarzrumpfiger Segler, die ›Moshulu‹ seine Rahen in den Himmel, unzufrieden mit der Zeit, die ihn zum Restaurantschiff degradiert hat. Gehen wir flußabwärts, so kommen wir zu einem kleinen Hafenbekken, in dem neben allerlei Yachten eine Rarität für den Liebhaber alter Schiffe vor Anker gegangen ist. Es ist der gepanzerte Kreuzer ›Olympia‹, 1895 gebaut, der unter Commodore Dewey legendären Ruf in der Seeschlacht bei den Philippinen erwarb und noch bis 1921 als Ausbildungsschiff diente. Dieses Schiff zu besichtigen, das sich mit weißem Rumpf und hellbraunen Aufbauten vor der Kulisse Philadelphias im Hafenwasser spiegelt, wird vor allem den befriedigen, der die Welt Jules Vernes liebt. Dieses Schiff ist der Versuch, den stürmischen Fortschritt der Technik mit den alten Vorstellungen teils aristokratischer, teil bürgerlicher Lebensgewohnheiten zu verbinden. Betritt man über das danebenliegende Unterseeboot aus dem Zweiten Weltkrieg den Veteranen, so gelangt man im Vorschiff schier in einen alten und gemütlichen Rathauskeller. Um eine Säule drapiert sich geschnitztes Eichenholzgeranke, es geht sehr gotisch zu, und die Kabinen der Decksoffiziere – wer würde hier schon wagen, von Kojen zu reden? – sind kleine Schmuckstücke in edlen Hölzern, mit angenehmen Betten und schmucken Wardrobs. Schweift man weiter, so entdeckt man die Dampfmaschine, die vor Messing glänzt, und deren bewegliche Teile feuerrot gestrichen sind. Die Kapitänskajüte ist ganz oldfashioned. Der schwarze Boy hat gerade das Silber zum Tee gedeckt, und auch in der Offiziersmesse wird formvollendet aufgetischt, der Messesteward serviert sicher elegant mit einer Hand auf dem Rücken.

Und doch steckte schon dieses altmodische Schiff voll tödlicher Waffen. Die Kanonen in den vorderen und achteren Zwillingstürmen, aber auch die Kasemattgeschütze verraten eine ausgetüftelte Technik. Urkomisch wirken die üppigen Lederkanapees neben den Geschützverschlüssen, die wohl bei dem Signal »Klar Schiff zum Gefecht« – die Trompete hängt noch an der Wand – eilig auf die Seite gerückt wurden, damit die Spitzendeckchen nicht vom Pulverdampf geschwärzt wurden. In dieses Genrebild paßt auch der berühmte Ausspruch vom Commodore Dewey, der angesichts der spanischen Flotte in der Bucht von Manila seinem Artillerieoffizier zurief »You may fire when you are ready, Gridley«, seitdem ein geflügeltes Wort in Amerika. Gridley scheint aber sein Geschäft verstanden zu haben, denn trotz der Kanapees war nach zwei Stunden die spanische Flotte gewesen. Doch die Erinnerung an diesen Krieg, der, wie ähnliche Kriege europäischer Staaten jener Zeit, ein reiner Ausdehnungskrieg um Handelsmärkte war, zur Eroberung der Philippinen, Puerto Rico und Cuba führte, weckt heute in Amerika eher ungute Gefühle. Alle Eroberungen dieses Amerikanisch-Spanischen Krieges, samt der Zwangsverkäufe an die USA, sind früher oder später zu Unruheherden geworden, gerieten in fremde Einflußbereiche und ließen die Monroedoktrin in einem einseitigen Licht erscheinen.

Auch sonst war USS ›Olympia‹ immer dabei, wenn es um heikle Missionen ging: Mäßigung der Türken beim Rückzug der Griechen aus Smyrna, Landung amerikanischer Truppen in Murmansk im Juni 1918, aber das eigentlich Faszinierende an diesem alten Schiff ist die Verbindung der erwachenden Technik mit älteren Vorstellungen und in die Zukunft drängenden Gedanken, eben das, was an Jules Verne so bestrickend ist.

Nahebei liegt die Barkentine ›Gazela Primeiro‹; 1883 erbaut, diente sie den Portugiesen zum Fischfang auf den Neufundlandbänken. Es ist ein urgemütliches Schiff, und wie überall auf der Welt hat sich eine Seele von Mensch gefunden, ein solches Schiff zu warten und zu pflegen, ein

Lebenskünstler, mit dem ich zwei Stunden verplaudert und es nicht bereut habe, während unten im Schiffsbauch der uralte Diesel der Mannheimer Motorenwerke summte, um Strom für den Kaffee zu machen.

Aus dieser sehr maritimen Umgebung, einige hundert Meter von der hochragenden *Benjamin Franklin Bridge* entfernt, erblicken wir auch den weiten Seehafen von Philadelphia, der, zusammen mit Baltimore, für die Mittelatlantikstaaten den Atlantik öffnet. William Penn hatte einen guten Blick!

Wenn wir nun wieder dem Festland zustreben, so finden wir zwischen Walnut und Spruce Street *Society Hill,* dessen Name vielleicht etwas Falsches signalisiert. Es ist einer der alten Stadtteile aus Penns Tagen, lange Zeit herabgekommen und zur 200-Jahr-Feier wieder zu altem Glanz erweckt. Der Name kommt von der Free Society of Traders, die sich hier niedergelassen hatten, und wie Elfreth's Alley ist es das südliche Gegenstück in der alten Wasserfront Philadelphias. Die ›A Man full of Trouble Tavern‹ in der Spruce Street trägt zwar ihren alten Namen, doch spülten hier eher die Farbigen in den vergangenen Jahrhunderten ihren Trouble herunter, bevor man das kolonialzeitliche Ambiente wiederherstellte. Die Renovierung ist eigentlich eine Revitalisierung geworden, rasch wurde erkannt, wie angenehm das Wohnen in diesen stillen Straßen mit ihren schattigen Quergängen ist, und zweimal ist mir hier eine Kutsche begegnet, keine für den Fremdenverkehr, wie sie an der Independence Hall stehen, sondern als ein sehr fortschrittliches Verkehrsmittel.

In der Spruce Street steht das *Pennsylvania Hospital,* und wie bei so vielem in Philadelphia, ist auch hier Benjamin Franklin einer der Gründer von 1743. Man traut kaum seinen Augen, wenn man den Gründungsspruch auf der Bronzeplatte liest: »George the Second happily reigning (for he sought the happiness of his people), Philadelphia flourishing (for its inhabitants were publick-spirited) ... this building was piously founded for the relief of the sick and miserable …« Man sieht förmlich die Benevolenz des Königs, huldvoll winkend, aber man sieht auch, wie wenig man hier das Bilderstürmen geschätzt hat.

Carpenters' Hall liegt zwischen Chestnut und Walnut Street. 1770 als Zunfthaus der Zimmerleute erbaut, tagte hier 1774 der eilig zusammengerufene First National Congress, bevor er in die Independence Hall umzog. Bescheiden und brav wie das Gebäude wirkt, mit verschämtem klassizistischem Zierrat, ist es doch die Keimzelle des freien Amerika geworden. Später hat die bereits 1732 erbaute und mit einer gewissen Pathetik umgebene Independence Hall der Carpenters' Hall die Show gestohlen. Doch wer jenen Tagen nahe sein will, in denen aus Raleigh's Tavern in Williamsburg der Ruf kam, sich zu einem Continental Congress zusammenzufinden, der wird hier das Echtere finden, die Bescheidenheit und das Aufrichtige, das hier 55 Männer zusammenführte in der Absicht, einem Weltreich und seinem König mitzuteilen, daß es Grenzen der Bevormundung gibt. Im Obergeschoß verwahrt die immer noch existente Zunft eine reiche Bibliothek, in der sich Handwerksbücher mit philosophischen und staatsrechtlichen Bänden mischen. Wenn Papier den Zeitgeist festhalten kann, dann ist es hier der Geist von 1774. Hier hatten auch die Brüder Adams aus Boston ihre großen rhetorischen Auftritte. John genoß ungeachtet dessen die Gastfreundschaft der reichen Familien Philadelphias und konnte sich nicht genugtun an »the very best of Claret, Madeira and Burgundy, Melons, fine beyond description«. Bruder Samuel liebte es dagegen, in Gesellschaft mit der Attitude römischer Tugend nach Brot und Milch zu verlangen. In Wahrheit hatte seine eigene Säure ihm den Magen zerfressen.

Das Bild dieser Männer, unter denen sich viele Konservative befanden, die man nach englischer Tradition Tories nannte, zeichnet vielleicht am besten der politische Gegner William Pitt, Earl of Chatham, in der Rolle des britischen Oppositionsführers. Am 21. Januar 1775 berichten die Londoner Zeitungen, daß der Earl, »looking like an old Roman

Senator, rising with the dignity of age, yet speaking with the fire of youth«, im House of Lords eine Rede gehalten hatte, die zu den großen Ereignissen der englischen Parlamentsgeschichte zählt, eine Tradition gegründet hat, von der wir nur fragen können, wo sie geblieben ist. »What is our right to persist in such cruel and vindicative measures against that loyal and respectable people? And how have Americans behaved under such provocations? With unexampled patience, with unparalleled wisdom. The Continental Congress for sagacity, moderation, manly spirit and honour!«

In der bescheidenen, fast armen Carpenters' Hall ist zum erstenmal in der jüngeren Geschichte der Menschheit die Frage nach ›libertas et imperium‹ gestellt worden, die Frage, ob die Freiheit oder der Zwang zu Herrschen höher stehe. Für einen Augenblick der Geschichte fühlte man den Atem des perikleischen Zeitalters.

Gar nicht weit von Carpenters' Hall haben sich zwei Banken erhalten, sonst gewiß nicht Stätten kultureller Tradition, aber hier, verknüpft mit der frühen amerikanischen Geschichte, durch ihre Bauform und heutigen Inhalte bemerkenswert. 1791 hatte Alexander Hamilton als Schatzkanzler eine Zentralbank errichtet, der Bank von England vergleichbar, mit der Absicht, die unübersehbar gewordene Finanzwirtschaft des jungen Staates, die enormen Kriegsschulden in den Griff zu bekommen. Der Kongreß stand dem Vorhaben mißtrauisch gegenüber, er befürchtete, eine solche Zentralinstitution, über etwas so Wesentliches wie Geld gesetzt, könne den föderalistischen Charakter Amerikas in Gefahr bringen. Die Bank erhielt nur eine Genehmigung, eine Charter, für zwanzig Jahre. Der Kern der Aufgabe bestand darin, eine einheitliche Währung zu schaffen, denn noch war der Dollar nicht geboren, und eine Vielfalt europäischer Währungen zirkulierte.

Das Bankgebäude der *First Bank of the United States* liegt in der 3. Straße und ist ein ungewöhnlich schönes Beispiel des Greek-Revival-Stiles. Ein eleganter hellenistischer

Säulenportikus mit dreieckigem Giebelfeld führt in einen eher spätklassizistischen zweistöckigen Bau von noblen Proportionen. 1811 bereits entschlief die Bank, »she died graciously«, sagten die Zeitgenossen, und unklar bleibt, wer nun die Währung hütete, Münzen schlug und Banknoten druckte. Es ist kaum zu glauben, aber einige Jahre ging das ohne jede Institution, und wir können nur vermuten, daß die Inflationsrate beneidenswert gering war, so daß die Notenpresse schlafen konnte.

Aber schon beim Ausbruch des Englisch-Amerikanischen Krieges, 1812, erscholl der Ruf nach neuen Banknoten, wen wundert's? So wurde an Chestnut Street, einen Block neben der Independence Hall, die *Second Bank of the United States* gegründet. Wiederum umstritten, schleppte sie sich bis 1841 dahin, und erst spät entwickelte sich das heutige System der Federal Reserve. 1832 kam es zu einem regelrechten ›Banking War‹ aus der verworrenen Situation privater Initiativen, staatlicher Notwendigkeiten, dem Gegeneinander von Zentralisten und Föderalisten (die sich zur besseren Tarnung auch noch Federalists und Anti-federalists nannten), und in Umrissen zeichnet sich schon der Gegensatz der Nord- und Südstaaten ab.

So steht auch die Second Bank heute wie ein griechischer Torso an der Chestnut Street. Die Kanneluren des ionischen Portikus aus römischem Marmor sind schon halb verwittert und gebrochen, was den Eindruck von Schicksalsbeladenheit betont. Der schneeweiße Architrav leuchtet in den blauen pennsylvanischen Himmel, und darunter führt uns eine schwere Bronzetür in einen besonderen Tresor. Keine Geldsäcke und Notenbündel liegen hier, sondern eine ungewöhnliche Sammlung von Gemälden bedeutender Persönlichkeiten aus der Frühzeit Amerikas, Menschen, deren Handlungen oder Werken wir auf unserer Reise schon wiederholt begegnet sind. Da die meisten Gemälde von Charles Willson Peale (1741-1827) gemalt wurden, einem ebenso virtuosen wie wahrheitsgetreuen Porträtisten, der in Philadelphia lebte, ergibt sich die seltene Möglichkeit, hier die

Charaktere der Gründer Amerikas studieren zu können. Aus dem Abstand von zwei Jahrhunderten betrachtet, gewinnen manche durch Wärme und Sympathie, andere aber erscheinen als Kinder einer sehr auf Wirkung bedachten Zeit, nur mühsam von demokratischer Tünche überdeckt. Charles Thomson (1729-1824) zum Beispiel, als irischer Waisenjunge nach Amerika verschlagen, ein Mann, von dem die Indianer sagten »the Man that tells the truth ...«, ein Mann, von dem wir sagen könnten, er habe ein weises und gütiges Gesicht. Und gleich daneben Patrick Henry (1736-1799), der stolze Virginier, der den letzten britischen Gouverneur in Williamsburg herausgefordert, der seinen Wahlspruch »Give me liberty or give me death« am 20.3. 1775 in der Virginia Assembly der britischen Krone entgegengeschleudert hatte, war er ganz so mutig, wie er tat? Sein Gesicht hat ernste Züge, aber die Bedachtheit auf Wirkung ist unübersehbar. Auch ein Indianer ist in dieser amerikanischen Ahnengalerie zu sehen, Häuptling Thayendanegea, ›Joseph Brant‹ genannt (1742-1807), der noch in englischer Zeit von Sir William Johnson adoptiert und in Connecticut erzogen worden war. Er gehörte zu den Irokesen der sechs Nationen und begann im Unabhängigkeitskrieg den Staat New York zu terrorisieren, in der Hoffnung, ein britischer Sieg würde den Zug nach dem Westen stoppen. Er konnte keinen Frieden mit den USA finden und zog sein Volk nach Kanada zurück, wo er starb. Wir erkennen bei dieser Gelegenheit, daß die englische Politik, die Indianer gegen den Kongreß zu mobilisieren, viel zu den späteren harten Maßnahmen beigetragen hat.

Angenehm berührt, wie offen die Amerikaner ihre eigenen Heroen auch in ihren Schwächen darstellen: Andrew Jackson zum Beispiel, den siebten Präsidenten, dessen Ruf zwischen Tyrann und Demokrat schwankt. Auch er ist als vierzehnjähriger Vollwaise zugewandert, mittellos, selfeducated, Milizkapitän, Rechtsanwalt und ewig mit dem Supreme Court im Handgemenge. 1832 verweigerte er der Second Bank die Lizenzerneuerung und schleuderte seinen

Bannstrahl gegen diese »Hydra of Corruption«, die er haßte, weil sie seiner Eitelkeit im Wege stand. Ein auch in den Bildern sichtbarer Abstand trennt diesen Emporkömmling von den anderen, den Bildern der beiden Adams, John Hancocks, Benjamin Franklins, Thomas Jeffersons, Richard Henry Lees und Alexander Hamiltons. Aber Amerika hat immer auch kleinere Talente ertragen und manche nach oben getragen, war's in Europa anders?

Auch das moderne Philadelphia ist im Gegensatz zu manch anderer amerikanischen Stadt sehenswert. Sicher gibt es häßliche Stadtteile, Slums, aber im Ganzen ist es an Grünanlagen und schönen Gebäuden reich, eine angenehme Wohnstadt mit einem ausgesprochen geistigen Klima.

Unter den Einkaufsstraßen ist vor allem *Chestnut Street* einen Besuch wert. Hier liegen die großen Kaufhäuser wie Wannamaker, die viel gepflegter sind als Entsprechendes bei uns. Das gilt für das oft luxuriöse Angebot ebenso wie für das dezente Publikum und die höfliche und zuvorkommende Bedienung. Zumal in der Herrenabteilung finden sich jene sicher nicht allzu üppig bezahlten, aber korrekt gekleideten Herren mit untadeligen Manieren, die einen Einkauf zum Vergnügen machen. Hier entdeckt man auch, daß es inzwischen so etwas wie einen schwarzen Mittelstand gibt, der die Lebensformen seiner Umgebung akzeptiert hat.

Im Schnittpunkt von Broad und Market Street liegt das Gebiet der *City Hall,* ein wahres Gebirge im Stil französischer Neo-Renaissance, auf dessen höchster Zinne William Penn gelassen mit Perücke und breitem Hut auf das Gewühl hinabschaut. Nördlich hiervon, immer noch an Broad Street, besuchen wir die *Academy of the Fine Arts,* die sich besonders der amerikanischen Malerei, Graphik und Plastik widmet. Hier fesselt aus bestimmten Gründen besonders ein Bild von Benjamin West (1738–1820) mit dem beziehungsreichen Titel ›Penn's Treaty with the Indians‹. Vor dem Hintergrund einer waldreichen Flußlandschaft, wie wir sie später in Jamestown noch erleben werden, verhandelt William Penn, umgeben von soliden Quäkern im Dreispitz, mit einigen in Haltung und Gebärde fast antikisch wirkenden Indianern. Wir können nur schwer abschätzen, ob West die Indianer idealisiert hat oder ob in jener frühen Zeit die ›Wilden‹ den Adel des frei Geborenen in Haltung und Geste kundtaten. Hier wird das damals noch nicht hoffnungslose Verhältnis zwischen Weißen und Indianern, auch der Eindruck des frühen Amerika auf Europa sichtbar. Benjamin Wests Lebensweg mag uns darum anschaulich machen, wie offen und unvoreingenommen in der Mitte des 18. Jahrhunderts Menschen miteinander umgingen.

Benjamin West wurde in Springfield Township in Pennsylvanien als Sohn eines Zinngießers geboren. Gönner in Philadelphia sandten den jungen Mann nach Rom, wo er die Malerei der Großen der Zeit kennenlernen sollte.

Die römischen Ästheten hatten keine Vorstellungen davon, daß Philadelphia eine große und reiche Stadt sei – aber, daß Benjamin West Indianer kannte, war die Sensation eines römischen Sommers. Die Gesellschaft war entzückt, ganze Kavalkaden herrschaftlicher Equipagen eilten statt auf den Korso zum Petersplatz, ihre Insassen wollten dabei sein, wenn Benjamin West face-en-face mit dem Apollo Belvedere stünde. West tat ihnen den Gefallen. »My God«, rief der Quäker vor dem ganzen Hofstaat der Kardinäle und Prälaten – selbst der Papst hatte sich unter sie gemischt – »wie ähnlich sieht er einem Krieger der Mohikaner!«

Die Connoisseurs gerieten in helles Entzücken, diese Bemerkung band die Alte und die Neue Welt zusammen, identifizierte das geliebte antike Rom mit der Unschuld des neuentdeckten Naturmenschen. Aber auch West erlag verschiedenen Täuschungen. Die Angebeteten des italienischen Malerpantheons, so entdeckte er bald, malten unter einem dünnen Schleier christlicher Geschichten antike Mythologeme voller aristokratischen Lebens und sinnlicher Gewalt. Die Freunde in Philadelphia aber haßten die Verehrung der Jungfrau Maria um so mehr, wenn sich in Marias Bild irdische Sinnlichkeit mischte.

In dieser Phase der Verwirrung und auf der Suche nach Orientierung lernt West Johann Joachim Winckelmann kennen, gleich ihm Protestant und Sohn eines bescheidenen Handwerkers, aber von höchstem Ansehen in der römischen Künstlerkolonie und in hohen Ämtern. Winckelmanns Bemühen, die antike Kunst zu deuten, seine Synthese eines formalen Schönheitskanons mit einer dahinter stehenden Weltsicht hatte tiefen Einfluß auf Benjamin West, den Winckelmanns Schüler Raphael Mengs noch verstärkte. So gewann West sein Selbstvertrauen zurück, erlebte den gewaltigen Einfluß Roms und den Aufbruch in die Zeit des Klassizismus. Seine großartige Beschreibung der Venus von Medici zeigt, daß tugendhafter Sinn, häusliche feine Sitte, eine ruhige Haltung und die anmutige Bewegung der Frauen es ihm angetan hatten – und so hat Johann Joachim Winckelmann seinen Einzug auch im Philadelphia der Quäker gehalten.

In jener Zeit, in der die sensuelle Malweise Watteaus, Bouchers und Fragonards zu triumphieren begann, die sinnliche Betörung der Kunst Frankreichs entzückte, reifte Wests ›School of Virtue‹, eine amerikanische Variante des Klassizismus, und bald nannte man ihn in London ›den amerikanischen Mengs‹. 1763 ging er selbst nach London, wurde dort berühmt und ein Vertrauter König Georgs III. Das im deutschen Humanismus erzogene Königspaar fand seltsamerweise Gefallen an Wests bürgerlich-antikischem Bildungsideal, und langsam, eigentlich erst seit der Mitte dieses Jahrhunderts, tauchen die englischen Hannoveraner aus dem Ghetto der Vorurteile auf, wird deutlich, daß ihr schwaches und scheinbar unsicheres Taktieren gegenüber dem amerikanischen Aufruhr vielleicht tiefere und uneingestandene Quellen hatte.

Wests Schüler, Charles Willson Peale, 1766 von einigen Gentlemen aus Annapolis ebenfalls nach Europa gesandt, wurde dann der Maler des Aufbruchs in die amerikanische Unabhängigkeit. Seine berühmten Bilder in der Second Bank of America in Philadelphia haben wir bereits gesehen.

Von der Kreuzung Arch Street / Sixth Street führt, diagonal und die alte gewachsene Struktur gebieterisch durchtrennend, der Benjamin Franklin Parkway nach Nordwesten in den Fairmount Park. Zunächst erreichen wir *Logan Circle,* von dessen bronzener Tier- und Fabelwelt sich ein schöner Blick zurück auf das sich auftürmende Gebirge des modernen Philadelphia gewinnen läßt. Durch ein Teleobjektiv herangeholt, hat man den Eindruck, daß William Penn nur mühsam seinen erhöhten Stand verteidigen kann.

Am Westrand des Platzes liegt das *Franklin Institute* mit interessanten Sammlungen naturwissenschaftlichen und technischen Inhalts. Dann umgibt uns der *Fairmount Park* mit seinen weiten Grünflächen und einem hübschen Baumbestand. Faire Mount hieß der kleine Hügel in einer Schleife des Schuylkill, auf dem sich Penn einst ein Haus bauen wollte. Seine Liebe zu Bäumen und Wald hat diesem Staat ja den Namen gegeben: Penn's Sylvania – Penns Wald. Heute steht auf Fairmount das *Philadelphia Museum of Art.* In gelungenem Greek-Revival-Stil erbaut, bietet es Kunstwerke hohen Ranges und einen schönen Ausblick auf die waldreichen Auwälder des mäandernden Schuylkill. Auch jenseits des Flusses pflanzt sich der Park fort, dort liegen die Institute und der Campus der *Pennsylvania State University.*

Dann zweigt das Wissahickon Creek Tal nach Osten ab. Dieser Bach mit seinen Stromschnellen und unveränderten Wäldern ist eine stadtnahe, großartige Erholungslandschaft und endet mit dem Chestnut Hill, der uns erneut zeigt, wie alt und eng verwachsen in Penns Stadt Bäume und Namen sind. Am Ostrand des Parks liegt das alte *Germantown,* das Penn 1683 Franz Daniel Pastorius überlassen hat, der sich hier mit 13 Leineweberfamilien aus Krefeld ansiedelte. Lange blieb Germantown eine fast rein deutsche Gemeinde, eine der ersten mit einem frühindustriellen Kleingewerbe, dann wurde es von Philadelphia verschluckt, was ihm nicht bekommen ist. Von manchen Reisenden geschmäht, sollte man aber nicht übersehen, daß es immer noch vieles aus Pastorius' Zeit zu sehen gibt.

Germantown erreicht man am besten mit dem Wagen über die Germantown Avenue, die der 5. Straße, Ecke Columbia Avenue, entspringt und als eine alte Landstraße sich wenig um die spätere rechteckige Stadteinteilung schert. Man kann aber auch mit einer Straßenbahn aus dem Stadtzentrum direkt nach Germantown fahren. Das alte, unter Bäumen liegende Rittenhouse Cottage an einer einstigen Papiermühle und die Old Germantown Academy, 1760 erbaut, erinnern an eine Zeit, in der hier eines der geistigen Zentren des Landes war. Auch George Washington hat seinen Adoptivsohn in dieses Internat geschickt, das noch heute als Privatschule blüht. Rings um den 1703 erbauten Marktplatz hat sich die alte Atmosphäre erhalten, und der Upper-Burying Ground ist voller schiefer Grabsteine mit deutschen Namen. Hier in Germantown liegt auch das an anderer Stelle besprochene Deshler-Morris House, Washingtons Wohn- und Amtssitz während seiner ersten Amtsperiode als Präsident der Vereinigten Staaten.

Fährt man die Germantown Avenue weiter, die nun Germantown Pike heißt, so gelangt man nach *Valley Forge,* in dem die halb verhungerte und erfrorene Armee Washingtons den schrecklichen Winter 1777/78 verbrachte, während die Briten in Philadelphia saßen und sich angenehm unterhalten ließen. In der Washington Memorial Chapel ist ein rundes, bunt verglastes Kirchenfenster zu sehen. Es ist der seltene Versuch, alte Sakralformen mit neuen Inhalten zu füllen, hier mit der Gestalt Washingtons als kniendem Beter und einem Engel mit dem Wappenschild der USA. Oft wendet man sich von solchen Darstellungen mit Grausen ab, wird Kitsch ja auch durch einen ehrwürdigen Ort nicht zur Kunst, doch hier haben wir es mit einem qualitätvollen Werk zu tun. Die Chapel wirkt übrigens erzbritisch, und das ist immer wieder das Erstaunliche an der American Revolution. Ebenso erstaunlich ist, daß die Landschaft nördlich von Philadelphia ›King of Prussia County‹ heißt, das muß zu manchen Zeiten einige Verlegenheit bereitet haben, doch hat nie jemand einen Grund zur Änderung gesehen.

Mag es zum Abschied von Philadelphia, das mehr als Washington eine wärmeverbreitende, liebenswerte Stadt ist, erlaubt sein, nochmals an den Anfang zurückzukommen. Bei aller Würdigung der Persönlichkeit Penns darf nicht übersehen werden, daß die erste Stadtgründung durch die Schweden erfolgte. Bereits 1677 erbauten sie ihre Kirche Gloria Dei, heute *Old Swedes Church* genannt, unweit des Delaware, an dem sie südlich vom heutigen Stadtkern gesiedelt hatten. Die erste Holzkirche hatte noch Schießscharten, war wohl ein Blockhaus mit einem Turm, und 1698 wurde die heute noch stehende Kirche aus Ziegeln erbaut. Sehr schmalbrüstig erhebt sich das Kirchenschiff zwischen kleinen und steil gedeckten Seitenschiffen. Das Innere der auch heute benutzten Kirche zeigt an der Orgelempore zwei Cherubim, die einst an Bord einer hochbordigen schwedischen Galleone über den Atlantik gereist waren. Blondlockig, pausbäckig und mit weit aufgerissenen leuchtendblauen Augen schauen sie sehr schwedisch aus. Zwischen ihnen stehen die Worte: *Thet follket som i mortret wandrar seer ett stort lins och öfwer them som boo i morso lande stin det klartio . .*

Das altertümliche Schwedisch teilt uns mit, daß das Volk, das im Finstern wandert, ein großes Licht sieht, und wir dürfen vermuten, daß die Erbauer dieser alten Kirche über das Finstere und das Licht sehr klare geographische Vorstellungen hatten. Damit wird erneut sichtbar, daß Amerika in seinen vielen landsmannschaftlichen Ausprägungen die Alpträume und Schrecken der Zeit in eine große und allgemeine menschliche Sehnsucht umzuformen versuchte.

Die Amischen

Wer der eigenen Geschichte nahe sein will, an der Frage interessiert ist, wie man in Deutschland im frühen 19. Jahrhundert gelebt hat, der mag das alte Siedlungsgebiet der Mennoniten und Amischen in Westpennsylvania aufsuchen. Zwischen Strasburg, Lancaster und Ephrata hat sich hier eine Landschaft sanft rollender Hügel erhalten, auf deren weiten Getreidefeldern der Wind die Muster des wogenden Meeres zeichnet. Die kleinen Städtchen muten in amerikanischer Umgebung leicht verfremdet an; lustige kleine Buggies, winzige gedeckte Holzwagen mit sperrigen großen Rädern beleben das Bild. Die Männer tragen große Strohhüte, wie sie noch heute von den Winzern in der Pfalz und im Elsaß bei der Ernte bevorzugt werden, und ärmellose, meist schwarze Westen, die man bei uns noch bei Zimmerleuten sieht, wenn sie in ihrer Berufstracht ein Richtfest begehen. Auch die Frauen und Mädchen unterscheiden sich merklich vom American look. Trägerkleider in gedämpften, erdnahen Farben, geflochtene Zöpfe und Hauben fangen unseren Blick.

Die Amischen, die hier leben, altmodisch mit ihren sorgsam gestriegelten Rössern die Felder bestellen, der Elektrizität und oft dem Motor abgeschworen haben, sind im ersten Viertel des 19. Jahrhunderts zugewandert – auch sie verbunden mit dem Namen William Penns. Die Geschichte ihrer Herkunft ist nicht so eindeutig, wie es gelegentlich geschildert wird. Viele kamen unzweifelhaft aus dem pfälzischen und elsässischen Raum, doch manchen war Süddeutschland nur Durchgangsland. Die Spuren weisen häufig in die deutschsprachige Schweiz und auf die Glaubens- und Richtungskämpfe zwischen den schweizerischen Protestanten. Der eidgenössische Reformator Zwingli in Zürich war ja von zwei Seiten bedrängt; der Einfluß des strengen Calvinismus aus Genf und des im besonderen Maße deutschen Luthertums gab Anlaß zur Gründung zahlreicher Sekten, von denen die Mennoniten etwas mehr von Calvin beeinflußt waren und darum innerlich den Puritanern in Neuengland nahestanden, während die Amischen sich weitgehend aller geistlichen Autorität entzogen.

Es berührt ganz eigenartig, zu sehen, wie die Abwendung von der als Joch empfundenen Haltung der katholischen Kirche nun wieder zu einer weitgestreuten Saat von Sekten geführt hat, die ihrerseits nicht kooperieren konnten und dennoch über weite geographische Räume und unter dem

Druck sehr konformistischer Gesellschaften ihre Eigenart nicht verloren haben. Während die um 1685 aus Frankreich in die Kurpfalz vertriebenen Hugenotten, sofern sie nicht dem Potsdamer Toleranzedikt folgten und sich im friderizianischen Preußen niederließen – Potsdam war zeitweilig eine fast französisch geprägte Stadt, was das Bild des angeblich preußischen Untertanenstaats erheblich in Zweifel ziehen läßt –, zogen andere Gruppen zusammen mit den Pfälzern in den Staat New York, gründeten New Paltz im Hudsontal, stehen aber auch am Anfang der amerikanischen Methodistenkirche und der Pietistenbewegung, wie die Kaiserslauterner Barbara Heck und Philipp Embury (Imburg). Wie sich hier französische Hugenotten und Pfälzer Protestanten vereinigten, so verbanden sich Schweizer Mennoniten und Amische, genannt nach dem aus Bern stammenden Jakob Amann, mit Pfälzer Auswanderern und suchten in Lancaster County eine neue Heimat. Es wird auch gern Pennsylvania Dutch Country genannt, wobei Dutch hier für Deutsch steht und nicht für Holländisch. Das paßte dem Pfälzer Landesvater gar nicht. Am 21. Juni 1752 erließ die Pfälzische Regierung in Mannheim ein Edikt, in dem der Graf von Efferen sehr heftig die Untertanen vor der Auswanderung warnt.

Sieht man einen dieser Amischen, wie er mit seinem Buggy und einer fröhlichen Fuhre von Kindern die Staatsstraße 30 zu queren sucht, lustig mit der Peitsche knallend und seine glänzenden Braunen ermunternd, mutig zwischen die dröhnenden Fernlaster hineinzutraben, so versteht man, daß diese Menschen auf anderem Grund stehen als ihre Zeitgenossen und wohl wir alle. Demut ist hier bewußtes Einüben in die Unabänderlichkeiten der Schöpfung, und daraus wächst Gelassenheit, aber auch Schicksalsgemeinschaft. Brennt einem Amischen sein Holzhaus ab, so gibt es keine Versicherung und das Feilschen um Zweitwert. Am anderen Morgen erscheinen ganz einfach die Nachbarn mit Beil und Säge, mit Fuhrwerken voll Vierkantholz und Dielen, und dann sieht man viele emsige Handwerker, immer mit

Hut und schwarzer Weste, wie sie in kurzer Zeit ein neues Haus aufbauen, mittags erscheinen die Frauen und Kinder mit dampfenden Töpfen, und so recht eigentlich scheint es mehr ein willkommener, als ein bedauerter Anlaß zum Miteinander zu sein. Ihre Gottesdienste feiern die Amischen in ihren Häusern reihum, es gibt keinen Pfarrer, keine Kirchenbehörde, keine bürokratische Ordnung. Irgendeiner predigt, man singt die alten deutschen Kirchenlieder im ›Ausbund‹, und der restliche Sonntag gehört einer schlichten Geselligkeit inmitten einer großen Kinderschar, die sich in dieses einfache Leben durch Nachahmung einübt.

Beeindruckend, wie hier die Väter mit ihren Kindern umgehen. Besonders die Söhne, aber auch die Töchter, nehmen an der Feldarbeit teil. Da sieht man einen Farmer, wie er den Mähdrescher fährt, auf seinem Schoß sitzt der Jüngste und quietscht vor Vergnügen. Hinten, wo die gepackten Strohballen aus der Presse kommen, stehen die etwas Älteren und stapeln die Ballen auf den Anhänger. Das ist keine Fronarbeit mißbrauchter jugendlicher Arbeitskraft, sondern fröhliche Zusammenarbeit. Vielleicht gibt es trotzdem auch hier Generationsprobleme. Aber keine, die in zerstörerischen Haß umschlagen – Gott, Mensch und Welt, das ist noch eine Einheit.

Das haben natürlich ›die anderen‹ auch bemerkt, und so ergießt sich heute ein verheerender Strom von Touristen in die Stille dieser Landschaft. Trübe Makler haben ihre Chancen erkannt, alle möglichen Nachahmer siedeln sich an, die Bodenpreise klettern, Spekulation breitet sich aus, Touristenparks wie ›Dutch Wonderland‹ entstehen, und auch die Amischen selbst entgehen nicht immer den Gefahren der Zeit. Was soll man davon halten, wenn an der Kreuzung der Straßen 462 und 30 die ›Amish Homestead‹ sich anbietet, ein alter Bauernhof, auf dem eine Amischfamilie nach alter Art lebt und sich zur täglichen Besichtigung feilbietet?

So liegt eine leise Wehmut über diesem Land, und wenn man auch die religiösen Vorstellungen der Menschen nicht zur Gänze teilen kann, manches an und in ihrem Leben bewegt uns heute wieder. Der unbedingte Fortschrittsglaube ist erloschen, und nachdenklich beobachtet man, wie die Amischen die Kraft kleiner Bäche nutzen, um über kunstvolle, aber einfache mechanische Vorrichtungen wie Wasserräder, Exzenter, Seilzüge und Kolbenpumpen, aus altmodischen Brunnenstuben das Trinkwasser in Hochbehälter zu füllen, aus denen es ihren Häusern mit natürlichem Gefälle zufließt. Eine Energiekrise wird hier nicht stattfinden und der gesetzliche Zwang, die Buggies mit einer batteriegespeisten Warnblinkanlage zu versehen, mutet wie ein Anachronismus an.

Die Kraft, die von diesen Menschen ausging, hat auch schon frühere Generationen beschäftigt, lange bevor die Sehnsucht nach dem einfachen Leben in Amerika und Europa ausbrach. Kein Geringerer als Thomas Mann hat die Lebensgeschichte eines dieser Menschen in einer Nebenfigur seines ›Dr. Faustus‹ beschrieben, die Geschichte des 1691 in Eberbach unweit Heidelberg geborenen und 1720 nach Amerika ausgewanderten Johann Conrad Beißel:

Um die Mitte des achtzehnten Jahrhunderts hatte in seiner Heimat Pennsylvania eine deutsche Gemeinde frommer Sektierer, Wiedertäufer nach ihrem Ritus, geblüht. Ihre führenden, geistlich angesehensten Mitglieder hatten als Cölibatäre gelebt und waren dafür mit dem Namen der ›Einsamen Brüder und Schwestern‹ geehrt worden. Die Mehrzahl hatte mit dem Stande der Ehe eine exemplarisch reine und gottselige, arbeitsam streng geregelte und diätetisch gesunde Lebensweise voller Verzicht und Züchtigkeit zu verbinden gewußt. Ihrer Siedlungen waren zwei gewesen: die eine mit Namen Ephrata in Lancaster County, die andere in Franklin County, Snowhill genannt; und alle hatten in Ehrfurcht aufgeblickt zu ihrem Oberhaupt, Hirten und geistlichen Vater, dem Begründer der Sekte, einem Mann namens Beißel, in dessen Charakter sich innige Gottergebenheit mit den Eigenschaften eines Seelenführers und Menschenbeherrschers, schwärmerische Religiosität mit einer kurz angebundenen Energie vereinigt hatten.

Johann Conrad Beißel war von sehr armen Eltern aus Eberbach in der Pfalz gebürtig und früh verwaist. Er hatte das Bäckerge-

werbe erlernt und als wandernder Handwerksbursche mit Pietisten und Anhängern der baptistischen Brüderschaft Beziehungen angeknüpft, die schlummernde Neigungen, den Hang zu sonderlichem Wahrheitsdienst und freier Gottesüberzeugung in ihm geweckt hatten. Hierdurch einer Sphäre gefährlich nahe gebracht, die bei ihm zulande als ketzerisch galt, hatte der Dreißigjährige beschlossen, die Unduldsamkeit der alten Erde zu fliehen, und war nach Amerika ausgewandert, wo er an verschiedenen Orten, in Germantown und Conestoga, eine Weile das Handwerk eines Webers geübt hatte. Dann aber war ein neuer Schub religiöser Ergriffenheit über ihn gekommen, und er war dem inneren Rufe gefolgt, in der Wildnis als Klausner ein völlig einsames, karges und nur auf Gott bedachtes Leben zu führen. Wie es nun aber geht, daß gerade Menschenflucht wohl den Flüchtling ins Menschliche verflicht, so hatte er sich bald von einer Schar bewundernder Gefolgsleute und Nachahmer seiner Absonderung umgeben gesehen, und statt der Welt ledig zu werden, war er unversehens und im Handumdrehen zum Haupt einer Gemeinde geworden, die sich rasch zu einer selbständigen Sekte, der ›Wiedertäufer des Siebenten Tages‹, entwickelt hatte, und der er um so bedingungsloser gebot, als er seines Wissens Führerschaft niemals angestrebt hatte, sondern wider Wunsch und Absicht dazu berufen worden war.

Die Klostergründung Ephrata von 1732 wurde sehr bald ein Zentrum der Landwirtschaft. Bäckereien, Webereien, Töpferei, Getreide-, Öl-, Säge- und Papiermühlen entstanden – fast wie es der Tradition mittelalterlicher Klöster entsprach. Auch eine der ersten Druckereien der Neuen Welt war in Ephrata, 1776 wurden hier die ersten Texte der Unabhängigkeitserklärung gedruckt. Die Klostergebäude sind zum großen Teil erhalten und zur National Site erklärt worden. Manchmal finden im Sommer Singspiele statt, doch das Kloster, eher eine Stätte der Gemeinschaft, in der Ledige wie Verheiratete zusammenkamen, bestand nur bis 1934. Aber immer noch spielen die Buben der Amischen in ihren Trägerhosen und breitrandigen dunklen Hüten das Spiel ihrer Väter: drei, vier Knirpse ziehen eine Deichsel und einer führt den Pflug und knallt mit der Peitsche.

Durch Delaware nach Maryland

Das Liechtenstein Amerikas

INDEM wir von Philadelphia aus die Interstate 95 nach dem Süden nehmen, haben wir bereits nach wenigen Augenblikken die Grenze zwischen Pennsylvanien und Delaware überschritten. Der Staat Delaware ist der kleinste Bundesstaat der USA, man hat ihn das Liechtenstein Amerikas genannt. Die Ähnlichkeit ist wirklich frappierend. Liechtenstein wie Delaware zeichnen sich durch den Sitz großer Industriekonzerne aus, haben ein vorteilhaftes Steuersystem – ansonsten aber sind sie kleine, recht ländlich altmodisch anmutende Regionen. Nur die Du Pont de Nemours Company macht eine Ausnahme, und mit diesem Riesenkonzern der chemischen Industrie müssen wir uns später näher befassen, da er für die industrielle Geschichte Amerikas exemplarisch ist.

Nachdem bereits 1631 die Holländer in Zwaanendael, dem heutigen Lewes, an der Westküste der Delaware Bay gelandet, aber schon im folgenden Jahr von den Algonquinindianern allesamt erschlagen worden waren, dauerte es nur sieben Jahre, bis am 29. März 1638 schwedische und finnische Einwanderer mit der ›Kalimar Nyckl‹ unweit Wilmington landeten. Sie bauten das Fort Cristina, benannt nach ihrer Königin, der stolzen und schwierigen Tochter Gustav Adolfs. Das Fort lag an der Einmündung des Brandywine Creek in den Cristina River, der dem Delaware zufließt. Heute steht an der 7. Straße in Wilmington ein modernes Denkmal, aber die Schweden haben mit der Old

Swedes Church von 1698 wenigstens etwas Authentisches hinterlassen. Beinahe wären sie auch dazu nicht gekommen, denn die Holländer unter dem einbeinigen Peter Stuyvesant jagten ihnen 1655 nach einigem Hin und Her die Siedlung wieder ab. Aber schon war der Herzog von York unterwegs, um wiederum den Holländern 1664 New Sweden wegzunehmen. Hier war offenbar ein großer Konkurrenzkampf ausgebrochen. Was war so begehrenswert? Vermutlich waren die großen Mündungstrichter der Delaware-, Hudson- und Chesapeake-Bucht einfach Verlockungen für jeden Seemann, der auf winzigem Schiff und wochenlanger Überfahrt der atlantischen Dünung müde war. Dahinter aber stand die entschlossene Siedlungspolitik der englischen Krone, die nach dem Sieg über die Große Armada dem Bevölkerungsdruck in England und Schottland ein Ventil geben wollte.

Das restliche Delaware bietet wenig Interessantes. Die Hauptstadt *Dover* birgt einige schöne georgianische Häuser, die es freilich auch anderswo gibt, und romantische Seelen fahren nach *Rehoboth Beach*. Seit einigen hundert Jahren werden dort immer noch nach Nordoststürmen ausgerechnet Penny-Münzen aus der Zeit Georgs III. an Land gespült. Die ganze Küste hier ist ein einziger Schiffsfriedhof. Bei *Delmar* am Highway 13 findet sich an der Grenze zu Maryland einer jener legendären Grenzsteine der Mason-Dixon-Line, 1768 gesetzt und mit dem Wappen der Penns und des Barons De la Warr geschmückt. Es ist kaum zu verstehen, daß alle diese Steine aus Portland-Kalkstein aus England importiert wurden. So hat die Zähigkeit englischen Rechts noch spät die amerikanischen Bundesstaaten in zwei Lager geteilt. An der Straße 9 östlich von Smyrna liegt *Allee House*; 1753 von der Hugenottenfamilie Allée im bezaubernden Queen Anne Style erbaut, wo es ein sehenswertes Ensemble guter Möbel aus der Zeit gibt.

Die Familie Du Pont

Über Delaware sprechen, heißt aber auch, einer anderen französischen Familie zu gedenken, die Staat und Stadt ihren Stempel aufgeprägt hat: 1799 reiste Pierre-Samuel Du Pont aus dem französischen Städtchen Nemours über den Atlantik. Er war bürgerlicher Abstammung, nahm als Abgeordneter des Troisième Etat an den Beratungen der Generalstaaten teil, was ihn nicht davor schützen konnte, in den Tagen des Terrors Robespierres ins Gefängnis geworfen zu werden. Er war ein Anhänger der Lehre der Physiokraten. Es war ja die Zeit, wo allerlei volkswirtschaftliche Theorien umgingen. Noch zur königlichen Ära hatten die Merkantilisten geherrscht, die dem Handel unter staatlicher Aufsicht alle Chancen einräumten. Die Physiokraten dagegen sahen im Reichtum des Bodens, im Ackerbau, allen Segen, und so versuchte auch Pierre-Samuel Du Pont mit Ackerbau sein Glück, doch der Erfolg blieb aus. Sein Sohn Eleuthère-Irénée hat den Mißerfolg richtig analysiert und wandte sich entschlossen der Industrialisierung zu. War er einer der Glücklichen, denen Fortuna mit verbundenen Augen zur Seite stand, oder war es eine jener seltenen Mischungen von Talent, Fleiß und glücklicher Hand, die seinen Weg bestimmten?

Irénée Du Pont betrat in fast symbolischer Weise am Neujahrstag des Jahres 1800 amerikanischen Boden. Im Paris des Jahres 1771 geboren, hatte er noch die Tyrannei Ludwigs XVI., aber auch die nicht minder bedrückende Herrschaft der Jakobiner erlebt. Sein Vater war als Generalinspekteur des Handels ganz kurz vor Ausbruch der Großen Revolution mit Benjamin Franklin in Paris zusammengekommen und hatte mitgeholfen, den Frieden von Versailles 1783 zwischen England und Amerika zustandezubringen. Die Revolution brachte ihn um ein Haar auf die Guillotine, und rasch begriff Pierre-Samuel, daß nur eine Form der Tyrannei die andere abgelöst hatte. Seine Kinder und Enkel konnte er mit dem kleinen Gut Bois-des-Fossés südlich von

Paris nicht ernähren, und die Gespräche mit seinem Freund Franklin hatten seine Augen für die Weite und die Möglichkeiten Amerikas geöffnet.

Der junge Eleuthère-Irénée indessen entdeckte seine naturwissenschaftlichen Neigungen. Er wurde Schüler des großen französischen Chemikers Antoine Lavoisier, dessen Bild wir im Metropolitan Museum New Yorks bereits begegnet sind. Jacques-Louis David hat ihn 1788 gemalt, inmitten der Apparaturen, die sein Hauptwerk andeuten: die Entdeckung der Gewichtszunahme der Materie bei Verbrennungsvorgängen und die Kraft der sich dabei ausdehnenden Gase. Für den Menschen des Mittelalters war eine Verbrennung eines Stückes Holz ein Vorgang, der sichtlich in seiner praktischen Auflösung in Rauch und Qualm endete. Die Asche wog weit weniger als das Holz. Lavoisier begann die Verbrennungsgase zu wägen und siehe da, in Wirklichkeit war der Vorgang mit einer Gewichtszunahme verbunden. Mit dieser Entdeckung begann die Chemie in ihr wägendes Zeitalter einzutreten. Handfest, wie der Zeitgeist war, erkannte Lavoisier aber auch die Bedeutung der Gasgesetze für die Wirkung des Schießpulvers, und er wurde Superintendent der königlichen Pulverfabriken, bis Robespierre erklärte, die Republik benötige keine Gelehrten mehr, und ihn auf die Guillotine schickte.

Sein Schüler hatte indessen genug gelernt – vom Pulver wie von der Weite Amerikas –, so daß er nach seiner Landung die Ideen seines Vaters umstieß, der von einer transatlantischen Compagnie de Navigation träumte und dafür bereits Anteile an Lafayette, Beaumarchais und Rousseau verkauft hatte. Doch bald waren die drei ahnungslosen Erleuchteten Anteilseigner einer Pulvermühle. Ist das nicht eine ehrenwerte Gesellschaft, wird mancher fragen, und wo blieben denn die großen Ideale? Der Soldat Lafayette, der Dichter Beaumarchais, der in Wahrheit Pierre Augustin Caron hieß und dessen vorrevolutionäre Dichtungen den Aufschwung des Bürgerstandes, verkörpert im Barbier Figaro, wie das Zerbröckeln der Adelswelt des Ancien Régime zum

Gegenstand hatten, und dann der stille Philosoph Rousseau, der im fernen Genf seine Träume von einer Rückkehr zur Natur verkündete – sie alle waren also am Geschäft mit Amerika interessiert.

Irénée Du Pont sah die Lage des Neuen Kontinents sehr nüchtern. Er erkannte den unbegrenzten Markt für nahezu alle Güter. Er sah auch, worin der wahre Zwist zwischen den amerikanischen Kolonien und England bestand. Es ging ganz einfach um den Versuch des Mutterlandes, einen riesigen neuen Markt für die heimische englische Industrie zu monopolisieren. Der Leser mag mich nun der Doppelzüngigkeit beschuldigen. An anderer Stelle habe ich versucht, die geistigen, philosophischen und religiösen Strömungen deutlich zu machen, die das noch zerbrechliche Schiff der dreizehn Gründungskolonien in immer größere Fernen zu Großbritannien trieben. Aber wie so oft im Leben des Einzelnen wie ganzer Völker, bedeuten neue Ideen und neue materielle Möglichkeiten keinen Gegensatz, sondern sind oft schicksalhaft verkettet. Du Pont jedenfalls ergriff die Chance just in dem Augenblick, da die unabhängig gewordenen Kolonien sich anschickten, über das düstere Waldgebirge der Allegany hinauszugreifen und den Westen des riesigen Kontinents zu besiedeln. Das aber bedeutete Pulver im Kampf mit den Indianern, zur Jagd und zur ersten Ausnutzung der Bodenschätze in den Eisen- und Kohlebergwerken. Fast hundert Jahre war die Firma Du Pont de Nemours eine Pulverfabrik, erst gegen Ende des letzten Jahrhunderts wandte man sich der Chemie insgesamt zu.

1941 fiel Du Pont die Aufgabe zu, die erste Fabrik zur Trennung der Uranisotope in Oakridge zu bauen. Die Verantwortlichen müssen geahnt haben, in was sie sich da einließen und haben sich zunächst geweigert. Als sie endlich einwilligten, taten sie es zu den Selbstkosten, zuzüglich einem Dollar symbolischen Gewinns, wie es heißt. Ob die Geschichte wahr ist, ist schwer zu ergründen.

Im Jahre 1978 hatte E. I. Du Pont de Nemours ein Kapital von weltweit 14714 Millionen Dollar, das sind etwa 30 Milliarden Mark. Die Sprengstoffe sind fast an den Rand geraten durch eine breite Palette von Waschmitteln, Arzneimitteln, Kunststoffen, synthetischen Fasern, Grundchemikalien und Pflanzenschutzmitteln. Immer noch steht im Hagley Museum zwei Kilometer nördlich von Wilmington die alte Pulvermühle am Brandywine Creek, zwei symmetrische Feldsteingebäude und zwischen ihnen ein altmodisches Wasserrad, umrauscht von den wieder nachgewachsenen Wäldern.

Zehn Kilometer nordwestlich von Wilmington haben die Du Ponts vielleicht etwas Bleibenderes hinterlassen. Henry Francis Du Pont hatte in Winterthur im vergangenen Jahrhundert einen Wohnsitz erbaut, von dem, wie von manch anderer Großindustriellen-Residenz, wenig genug zu berichten wäre, wenn er nicht die mehr als hundert Räume mit einer einzigartigen Sammlung von Möbeln und Einrichtungsgegenständen der Zeit zwischen 1640 und 1840 bestückt hätte. In diesen Räumen vereinen sich französischer Sinn für Repräsentation, die lässige Großzügigkeit südstaatlicher Herrensitze und erlesene Schönheit des Mobiliars zu einem sehenswerten Ganzen.

Marylands katholische Anfänge

Die bizarre Geographie von Maryland, an beiden Ufern der Chesapeake Bay gelegen, bei Ocean City an die atlantische Küste vordringend und entlang der pennsylvanischen Grenze tief nach Virginia vorstoßend, ist das Spiegelbild eines Staates, der noch heute eine Ausnahmestellung in den USA einnimmt. Es ist gewissermaßen die katholische Variante englischer Kolonisation in der Neuen Welt, wie Neuengland oder Pennsylvania die protestantische ist.

Sir George Calvert aus einer alten Familie in Yorkshire erhielt nach einem Fehlstart in Neufundland vom englischen König Karl I. ein Stück von Virginia bis zur Einmündung des Potomac in die Chesapeake Bay. Kurz zuvor hatte sich Sir George entschlossen, zum katholischen Glauben überzutreten. Der König, der ihn persönlich mochte, machte ihn kurzerhand zum Lord Baltimore, einem Titel aus der katholisch-irischen Peerage. Lord Baltimore gab seiner neuen Provinz den Namen Maryland, vielleicht zur Ehre der Jungfrau Maria, vielleicht als Huldigung für die Gemahlin Karls I., Henrietta-Maria von Frankreich, die Meinungen sind da geteilt. Wie dem auch sei, Maryland füllte sich mit katholischen Einwanderern, teilweise aus Irland, aber auch mit manchen Katholiken aus England selbst, die sich trotz der religiösen Wirren in der Zeit nach Heinrich VIII. dort halten konnten. Natürlich mischten sich auch Protestanten darunter, und bald kam es zum ersten Streit. Einige Jesuiten, die schon mit den ersten Schiffen, der ›Ark‹ und der ›Dove‹, gelandet waren, beanspruchten Steuerfreiheit und wollten kirchlich-kanonische Gerichte einsetzen. Lord Baltimore versuchte vergebens, sie zu überzeugen, daß solche Gedanken hier falsch am Platze seien, und schließlich mußte der Papst angerufen werden. Interessanterweise gab Urban VIII., der Barberinipapst, Lord Baltimore recht und rief die Jesuiten zurück, so wie er auch mitten im Dreißigjährigen Krieg den Puritaner John Milton 1638 in Rom empfing. Noch immer ist Amerika, trotz einer inzwischen kräftig gewachsenen katholischen Kirche, für den Vatikan ein schwieriges Terrain und sind die Eskapaden amerikanischer Bischöfe in Rom gefürchtet. Aber diese besondere Form der Katholizität hat auch ein Klima geschaffen, das den Ideen William Penns von der friedlichen Nachbarschaft der Glaubensbekenntnisse nahekommt. Und immer noch ist der Erzbischof von Baltimore der Primas der katholischen Kirche der USA, manche sagen auch, daß noch heute Katholiken die führende Schicht in Maryland darstellen.

Interessant ist das Eindringen feudaler Ordnungen in die königliche Provinz Maryland. Neben den üblichen ›landed estates‹ des unteren Adels entwickelten sich in Maryland ›manors‹ in den alten Formen Europas. Eine ›landed estate‹ würde man noch heute etwa in Schleswig-Holstein mit Herrenhaus übersetzen, ein ›manor‹ aber ist ein Schloß, und dem Schloßherrn kam die Gerichtsbarkeit zu. Über sechzig solcher Schlösser entstanden in Maryland, einige von ihnen, wie Brooke Place und Cornwalleys' Crosse sind immer noch bewohnt. Die Macht des eingewanderten Adels fand aber sehr bald ihre Grenzen in einer völlig veränderten Umgebung. Die mitgebrachten Servants hatten Verträge, die sie zwangen, meist sieben Jahre ihrem Herrn zu dienen, um die Kosten der Überfahrt zu begleichen. Dann waren sie unabhängig, und in der zweiten Generation spielte der Anteil der Diener kaum noch eine Rolle – ein kluges Arrangement, den Geist englischen evolutionären Denkens spiegelnd.

Die Nordgrenze Marylands gegen Pennsylvania folgt exakt dem 39. Breitengrad, 42 Minuten und 26 Sekunden. Diese Grenze gilt als Trennungslinie des amerikanischen Südens vom Norden. Meist wird sie Mason-Dixon-Line genannt: eine geschichtsträchtige Linie! Zwischen 1763 und 1767 haben die beiden braven Landmesser Charles Mason und Jeremy Dixon sich in unwirtlichem Gelände abgequält, sie zu ziehen und mit Grenzsteinen zu versehen, beargwöhnt von den Indianern, die bereits begriffen hatten, daß Männer mit einem Theodoliten nichts Gutes bedeuteten. Die Steine trugen auf der Nordseite das Wappen William Penns, drei Kugeln in einem schwarzen Band, und auf der Südseite das Wappen Lord Baltimores, zwei überkreuz stehende schwarz-weisse Rautenfelder und zwei goldene Andreaskreuze. Eigentlich waren die beiden Landmesser hundert Jahre zu spät zugange. Den Besitz, den es abzustecken galt, hatte Karl I. 1632 an Baron Calvert und Karl II. 1681 an William Penn vergeben – aber wir wissen ja, wenn es um Land geht, sind die Menschen immer genau. Doch gerieten Mason und Dixon bald in Schwierigkeiten. Der Westen der USA war noch nicht entdeckt und das Allegheny-Gebirge die praktische Grenze Großbritanniens, und so stehen noch heute einige der Grenzsteine auf den Höhen des Gebirges, sind mehr als Steine und Zeugnisse feudalen Denkens, sind eine in Amerika noch immer tief empfundene geistige Trennungslinie zwischen den Yankees und den Dixies.

Die Chesapeake Bay mit Annapolis

Auf unserer Reiseroute in den Süden könnten wir nun der Interstate 95 durch Baltimore nach Washington folgen. Doch empfiehlt sich auf der Hinfahrt – zurück mögen wir die Schnellstraße nehmen – von Wilmington über die Highways 40, 13 und 301 die zwischen der Delaware- und der Chesapeake Bay gelegene Halbinsel zu queren, um dann über die imponierende Brücke nach Annapolis hinüberzufahren, der Hauptstadt des Staates Maryland. Das reiche maritime Ambiente von Annapolis ist einen Besuch wert. Dann würde ich vorschlagen, über den Highway 50 die Ringautobahn um Washington anzusteuern, um nach Alexandria zu gelangen, dem idealen Ausgangspunkt zu Fahrten nach Mount Vernon und an den Potomac. Nach ein, zwei Tagen können wir dann entscheiden, ob auch Washington von Alexandria aus besucht werden soll, oder ob es angenehmer ist, nach Georgetown zu wechseln, um stadtnäher die Hauptstadt zu erleben. Der weitere Weg nach dem Süden führt uns von Alexandria oder Washington aus wieder auf die Interstate 95 in Richtung Richmond und Williamsburg.

Nach dem Verlassen des hügeligen Wilmington fahren wir durch außerordentlich schöne Wohngebiete. Meile um Meile erstrecken sich angenehme Vorstädte, viel Grün, ein Meer von Azaleen und Rhododendron. Wohlstand ist in Amerika nicht eine Sache einer kleinen Minderheit, sondern breitgestreut, und die Atmosphäre jener hellfarbenen, meist einstöckigen Luxusbungalows hinter ihren gepflegten Vorgärten und vor entsprechenden Swimmingpools ist keineswegs nur den Filmlandschaften Hollywoods vorbehalten, sie ist Wirklichkeit.

Dann wird es einsamer, wir queren verschiedene Seitenarme der Chesapeake Bay, Heideflächen breiten sich aus, bis kurz vor der Bay die typischen Anzeichen des Wassers sich mehren und Unmengen von Booten aller Arten in den Lagunen vor sich hindümpeln. Die sich weit über hundert

Meilen ins Land ziehende gewaltige Meeresbucht ist ein ideales Segelrevier. Die Indianer nannten sie ›Mutter der Wasser‹, und 1608 versuchte Captain John Smith vergebens, die Küstenlinie zu erforschen. Kein Wunder, die zerfranste Küste der Bucht ist 25000 Meilen lang! Zahllos sind die Bootswerften, Marinas und Yachtclubs, das Fischen ist eine große Leidenschaft der Baymen. Austern, Krabben, Shrimps, Pfahlmuscheln, Meerschildkröten (terrapin) und alle möglichen Seefische sind ihre Beute. Alles dies strebt bei Annapolis einem Höhepunkt zu, einer Stadt mit ausgesprochenem Charme.

Im Jahre 1649 gegründet, hat Annapolis, genannt nach der damaligen Thronfolgerin Princess Anne, viel von einer alten englischen Hafenstadt bewahrt. Auf Schritt und Tritt begegnen uns die Namen der Georges, und die alten Titel der Gloucester, Kent und Sussex haben in manchem Straßennamen überlebt. Auf dem kleinen Hügel über der Stadt thront das *Maryland State House*, das Kapitol des Staates Maryland, in dem der Friede von Versailles 1783 ratifiziert wurde, mit dem England die Unabhängigkeit Amerikas anerkannte. Den Hügel hinab winkelt sich die alte Stadt mit ihren engen Gassen, um am Hafen in das farbenprächtige Bild einer bunten Armada von Seglern und Motorschiffen überzugehen. Immer noch gilt hier, trotz aller Kunststoffe, daß ein gediegenes Boot aus Mahagoni und Teak zu bestehen habe, sorgfältig in Kraweelbauweise hergestellt und mit in der Sonne blitzenden Messingbeschlägen. Klein wie die Stadt ist und eigensinnig, hat sie auch ihren eigenen Maryland Whisky hochgehalten, der nach alter schottischer Tradition aus Roggen und nicht wie der südlichere Bourbon aus Mais gebrannt ist.

Annapolis bewahrt schöne alte Häuser wie das *Hammond-Harwood House* von 1774, dessen hübscher ionischer Säulenportikus an den Palazzo Barbaran in Vicenza erinnert, aber die Königin der Stadt ist die *Naval Academy*, die man über Tor 3 besichtigen kann, besonders das modellreiche Academy Museum. Ende Mai, Anfang Juni ist Commissioning

Week, dann quillt Annapolis über von älteren und heimwehkranken Seeoffizieren aller Dienstgrade, das Hiltonhotel am Hafen ist überfüllt, und unter Böllerschüssen läuft eine Regatta nach der anderen. Fährt man über die kleine Drehbrücke ans südliche Ufer des hier in den Severn River mündenden Spa Creek, die beide im Hafenbecken in der Chesapeake Bay aufgehen, so blickt man voll hinein in das bunte Bootsgewimmel vor der aufgetreppten Stadt mit der großen Kuppel ihres Kapitols. Es lohnt sich, auch dem Spa Creek und dem College Creek auf kleinen Sträßchen zu folgen. Entlang den sich windenden malerischen Flüssen liegen schöne Häuser, eingebettet in die leichten Hänge des Ufers, umgeben von prächtigem altem Baumbestand, die sich der Wasserfront mit einem Bootsanleger öffnen, denn das Boot ist hier das eigentliche Verkehrsmittel wie in Venedig. Und selbst noch im Restaurant fühlt man sich dem Meer verbunden beim Lesen der Speisekarte, im ›Maryland Inn‹ oder in ›Middleton Tavern‹ oder im ›Harbour House‹, und wenn man Glück hat, wird auch eine echte Schildkrötensuppe serviert mit gewürfeltem turtlemeat aus der Chesapeake Bay.

Washington, D.C.

Pläne für eine Marmorstadt

UNGEACHTET bunter Illustrierten-Bilder und mancher Fernsehaufnahmen vor der obligaten Kulisse des Weißen Hauses ist die Stadt Washington weit mehr eine Urbs incognita geblieben als das uns aus vielen Gründen vertrautere New York. Kritiker konnten sich nicht versagen, darauf hinzuweisen, daß dem blendenden Weiß vieler Regierungsgebäude das überwiegende Schwarz seiner Bewohner entgegenstehe. Aber wieso steht es entgegen? Ist es nicht allzu natürlich, daß nach der Sklavenbefreiung die Befreiten Schutz suchten unter dem Schirm derer, die zu ihrer Befreiung aufgerufen hatten? Noch heute ist Washington ein beliebter Vorname unter den Farbigen – gesuchte Gedankenverbindung oder eine Art von Fetisch? Doch tritt diese Frage dem Besucher Washingtons weit weniger entgegen als man es nach der Meinungsmache mancher Journalisten erwarten sollte. Vielleicht wird es zuerst einmal zweckmäßig sein, die skurrile und typisch amerikanische Geschichte dieser Bundeshauptstadt zu erzählen, nicht in Zahlen, eher in Anekdoten.

Die ganze Geschichte beginnt 1783 in Philadelphia. Der First National Congress konnte – wie so oft – seine Soldaten nicht entlohnen, und die wütenden und nicht zimperlichen Schützen jagten den Kongreß aus Philadelphia, bis er im nahen Princeton und dessen Nassau Hall für kurze Zeit eine Bleibe fand. So etwas hat Volksvertreter zu keinen Zeiten

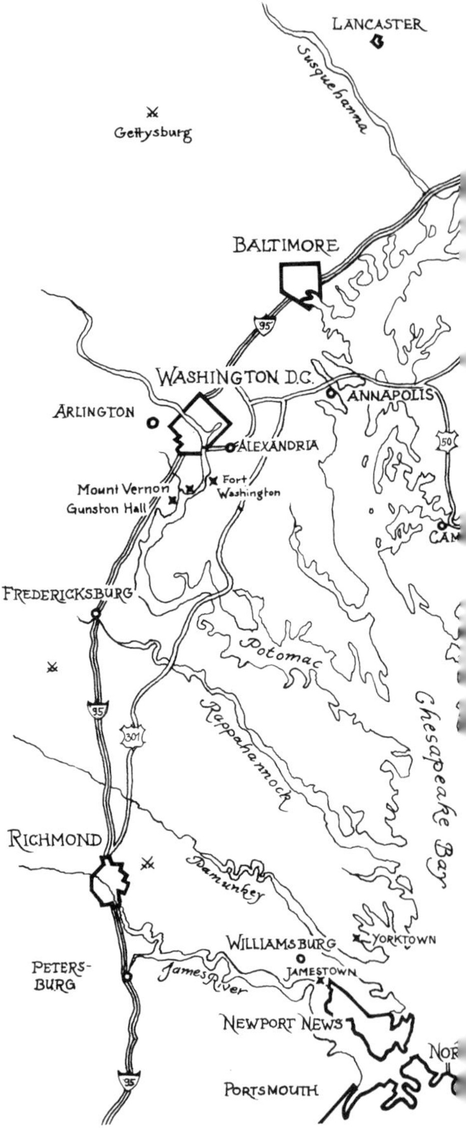

LANCASTER
Susquehanna
Gettysburg
BALTIMORE
95
WASHINGTON D.C.
ANNAPOLIS
ARLINGTON
ALEXANDRIA
50
Mount Vernon
Fort Washington
Gunston Hall
FREDERICKSBURG
Potomac
95
301
Rappahannock
Chesapeake Bay
RICHMOND
Pamunkey
WILLIAMSBURG
YORKTOWN
PETERSBURG
James River
JAMESTOWN
NEWPORT NEWS
95
PORTSMOUTH

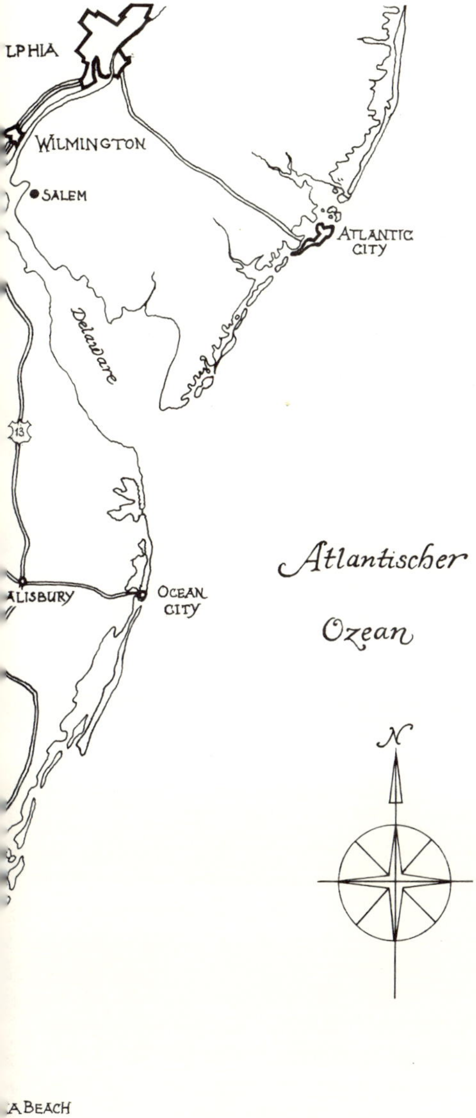
LPHIA
WILMINGTON
SALEM
ATLANTIC CITY
Delaware
13
ALISBURY
OCEAN CITY
Atlantischer Ozean
N
A BEACH

erfreut, und so suchte man nach einer Dauerlösung. Und wieder spielte der alte Gegensatz zwischen dem leicht feudalen Süden und dem mehr idealistischen Neuengland eine Rolle, erweckte Eifersucht, und wie das in der Politik so ist, zum Schluß kam ein Kompromiß zustande. Der Süden akzeptierte Schuldverschreibungen und der Norden willigte ein, eine Kapitale an den Ufern des Potomac mitten in der Wildnis zu bauen. 1791 wurden hundert Quadratmeilen abgesteckt und zum District of Columbia, dem weitgehend exterritorialen Bundesdistrikt erklärt. Die alten Städtchen Alexandria und Georgetown fielen mit hinein, das eine in seinen Jugendjahren von George Washington kartographiert, und das andere hieß auch noch Georgetown, honi soit qui mal y pense ...

Washington, der dann amtierende Präsident, war es auch, der den aus Frankreich stammenden Pionieroffizier Major Pierre L'Enfant mit dem ersten Entwurf betraute. Pierre L'Enfant sind wir in New York schon begegnet – er war ein unternehmender Geist, voller Ideen, mehr Künstler als Soldat, und in Gelddingen großzügig und ahnungslos. Dabei hätte er gewarnt sein können, denn die Stadt New York hatte ihm für den Wiederaufbau der City Hall ganze lumpige 750 Dollar gewährt. Aber der Ehrgeiz riß Pierre-Charles L'Enfant mit sich fort, und so entwarf er in wenigen Tagen einen kühnen Plan für eine in Marmor glänzende Hauptstadt, den Nabel einer Neuen Welt. Washington war zwar angetan, aber das Unternehmen ließ sich langsam an. Der Kongreß hatte durchblicken lassen, daß er 3000 Dollar bewilligen würde für einige kühne Strichzeichnungen, aber L'Enfant begehrte voll Stolz 95000. So ist die Akte ›L'Enfant gegen United States‹ die erste Akte am neuen Washingtoner Gerichtshof geworden, und nach zehnjährigem Prozeß erzwang er ganze 1394 Dollar und 20 Cents. Er starb verarmt, sein Gönner Washington war schon lange tot, und erst spät hat man seine sterblichen Reste aus dem Armengrab geholt und in Arlington bestattet. Aber seine Pläne hat man, noch später, wieder ausgegraben und in die

Tat umgesetzt, und so ist Washington eigentlich erst gegen Ende des vergangenen Jahrhunderts zu jener marmorgeschmückten, großzügigen Stadt geworden, die heute von allen Besuchern bewundert wird. Posthum können wir nur bejahen, daß L'Enfant wirklich ein genialer Städteplaner war, aber auch die große Begabung Washingtons anerkennen, der einen untrüglichen Blick für Talente hatte – gleich auf welchem Gebiet. War L'Enfant der Plänemacher, so war Benjamin Henry Latrobe der große Architekt des Greek-Revival-Stils, der vor allem das Kapitol und das Weiße Haus geformt hat. Latrobe war vom Präsidenten Jefferson berufen worden, der ja selbst Architekt war, und, wie wir an anderer Stelle noch lesen werden, entscheidenden Einfluß auf die Annahme des palladianisch-klassizistischen Stils in den USA hatte.

Von Lausbubengeschichten zum Sonderstatus

Im Jahre 1793 hatte Washington den Grundstein für das Capitol gelegt, 1800 zog in das nur teilweise fertiggestellte Gebäude ein murrender Kongreß ein. Eine Meile abseits stand das Präsidentenpalais, aus rohen Steinen gemauert, mitten in sumpfigen Wiesen. Am 3. Juni 1800 bezogen es President and Mrs. John Adams. Sie kamen aus Baltimore und irrten mit ihrer Kutsche zwei Stunden in der Dämmerung zwischen Bäumen und Morast umher, weil sie die Hauptstadt nicht finden konnten. Abigail Adams brachte aber rasch eine weibliche Ordnung in das Ganze und hing resolut die Wäsche im East Room zum Trocknen auf. Das Idyll dauerte indessen nicht lange. Mit dem Ausbruch des Amerikanisch-Englischen Krieges 1812 geschah das Unvorstellbare: Die Briten waren wieder in Washington! Am 24. August 1814 warfen sie Pechfackeln ins Kapitol, und die amtierende First Lady konnte gerade noch das berühmte Bild Washingtons von Gilbert Stuart aus dem Rahmen nehmen und vor den heranmarschierenden britischen Rotröcken fliehen. Viel Schaden entstand nicht, denn ein gewaltiger Regen löschte die Flammen. Nach der Rückkehr wurde das rauchgeschwärzte bescheidene Palais weiß verputzt, es heißt von da an ›White House‹. Als viel später der Prince of Wales einmal als Gast hier nächtigte, ließ ihn Präsident Buchanan unter den indignierten Blicken Washingtons schlafen, den man wieder in seinen Rahmen zurückgebracht hatte. Mit Washington hatte die britische Krone immer ihre Last gehabt.

1842 besuchte Charles Dickens Washington, D.C. – vernichtend ist sein Urteil: »the Headquarters of tobacco-tinctured saliva« – der ganze beleidigte Unmut des Empire tut sich hier kund. Überhaupt hat die Londoner Gesellschaft selten eine Chance ausgelassen, sich an den hemdsärmeligen Sitten der Vettern jenseits des Atlantik zu reiben. Als der Unionsgeneral Butler seine in der Tat üble Anweisung gab, »die Frauen New Orleans wie Straßenmädchen zu behandeln, falls sie nicht aufhören sollten, seine Soldaten zu beleidigen«, erklärte die britische Aristokratie der Londoner U.S. Vertretung den Krieg. Der Premierminister spuckte symbolisch auf den amerikanischen Botschafter, was im feinen London etwas heißen will. Auch sonst war das Leben in Washington reichlich unkonventionell, und immer noch weidete das Vieh da, wo heute die Mall sich erstreckt. Senator Henry Clay aus Kentucky wurde von einer Ziege durch die Pfützen gejagt und konnte nur mit einem kühnen Sprung die Treppe des Kapitols erreichen, und Präsident James Monroe erregte das Interesse seiner Dinnergäste, als er in altamerikanischer Art mit dem Messer statt der Gabel aß und seine Frau damit in errötende Verlegenheit brachte. Zahllos sind die Stories aus jenen Tagen, Lausbubengeschichten aus den Kindertagen eines Weltreiches, die aus der Feder Mark Twains stammen könnten. Präsident John Quincy Adams badete in unschuldiger Nacktheit im Potomac – in Ermangelung eines Badezimmers – und wurde dabei von der ersten amerikanischen Reporterin Ann Royall überrascht, die ihre Chance erkannte und den Präsidenten erst an seine Kleider ließ, nachdem er ihr ein Interview über das neue Steuerrecht gegeben hatte (heute würde er nicht mehr so billig bei diesem Thema wegkommen).

Gegen 1850 gab es in Washington noch einen Sklavenmarkt in Robey's Market an der 6. Straße. Aus dem Kapitol konnten die Abgeordneten zusehen, wie jeden Morgen die Sklaven in Ketten von den Händlern herbeigeführt wurden. Das konnte nicht gutgehen. Mr. and Mrs. Lincoln, die in den Augen echter Southerner einfach ›impossible‹ waren, begannen 1861 ihre Ära, und dann sah der Sezessionskrieg eine lahmgelegte Stadt mit halbfertigen Bauten, Militärlagern, Lazaretten und dem nicht immer erfreulichen Troß der Etappe. Auch das ging vorbei, und am Abend des 13. April 1865 besuchte Lincoln zur Feier des Sieges eine Vorstellung von ›Our American Cousin‹ in Ford's Theater, das noch immer 511,10th Street steht. Am anderen Morgen hatte Washington schwarz geflaggt.

Dann begann der große Einzug der Neger aus den Südstaaten, und bald gab es im reichen Washington das ganz arme, farbige. Und wie das so ist, ganz fix waren da auch Leute aus nördlicheren Gegenden, die ihrer schwarzen Wählerschaft alles mögliche versprachen und dann nicht hielten. Unruhe züngelte auf und Washington erhielt einen rechtlichen Sonderstatus, der seinen Einwohnern, weißen wie schwarzen, das Wahlrecht nahm, die Stadt gewissermaßen zu einem unvermeidbaren Annex der Regierung machte. Seit 1975 dürfen die Washingtonians wieder wählen, doch immer noch kontrolliert der Kongreß den Stadtsäckel und hat ein absolutes Vetorecht.

Erst ab 1871 begann in der Ära der aufblühenden Industrie und der nun reichlich fließenden Geldmittel der Ausbau Washingtons zu seiner heutigen Größe und Schönheit. In knapp vier Jahren wurden über 60000 Bäume gepflanzt, Hunderte von Kilometern Straßen gebaut, Regierungs- und Wohngebäude errichtet, wurde die phantastische Summe von zwanzig Millionen Dollar ausgegeben. Zählt man den Dollar zu einst vier Goldmark, so sind das 80 Millionen Goldmark, wieviel ist das heute? Kaum mehr aufzubringen.

1912 wurden als Geschenk der Stadt Tokio einige Tausend japanischer Kirschbäume gepflanzt, die noch heute Washington im Frühling eine bezaubernde Heiterkeit geben. Die Schößlinge dieser Bäume wanderten nach 1950 wieder nach Tokio zurück, dessen Baumbestand im Krieg heruntergekommen war, eine freundliche Geste trotz des grimmigen McArthur. Heute werden Senatoren wie Henry Clay auch nicht mehr von Ziegen gejagt, allenfalls von Reportern und Taxifahrern, und dabei fällt mir ein, daß ein Nachfahre jenes Henry Clay, den die Zeitgenossen ›the great compromiser‹ nannten, als amerikanischer Militärgouverneur 1948 in Berlin alles andere als kompromißbereit war, als es galt, der sowjetischen Blockade Berlins zu widerstehen. Er setzte entschlossen seine Panzer an die Spitze der Konvois nach Berlin und spannte die inzwischen legendäre Luftbrücke. Ich meine Lucius Dubignon Clay, den Präsident Kennedy 1961 bei seinem Besuch in Berlin erneut mit der schwierigen Stabilisierung der Situation in der alten deutschen Hauptstadt betraute.

Das Kapitol

›The Mall‹ entlangfahrend, jene breite prächtige Allee, die zwischen dem Washington Monument und dem Capitol gespannt ist und damit einen gewiß gewollten Bezug herstellt zwischen dem Persönlichkeitskult und repräsentativem Prinzip, in dem der einzelne Abgeordnete notwendigerweise untergehen muß in der Summe einer Entscheidung, sehen wir von Westen kommend die gewaltige Rotunde mit der darüber gewölbten Kuppel des Kapitols. Sowohl der klassizistische Säulenportikus mit seinem Dreiecksgiebel, als auch die mächtige Kuppel mit dem umlaufenden, säulenumstandenen Tambour sprechen die kühle Sprache des Klassizismus. Unzweifelhaft wird hier durch den Namen wie die Dimensionen die Größe der Antike beschworen. So ist auch das Vergilzitat auf der Rückseite des Großen Staatssiegels der Vereinigten Staaten zu verstehen, das zu Anfang dieses Buches steht: Novus Ordo Saeculorum – Die neue Ordnung der Jahrhunderte. Mögen wir Heutige dies auch reichlich pathetisch empfinden, oder uns fragen, ob solcher Anspruch in die Wirklichkeit umgesetzt werden konnte, für die Gründer dieses Staates war es ein ebenso ernsthaftes Ziel wie eine tief empfundene Überzeugung, auf diesem Wege zu sein.

Dabei ist den Planern gleich zu Beginn ein Mißgeschick beim Bau des Kapitols unterlaufen. Sie hatten angenommen, daß die Stadt sich östlich des Kapitols entwickeln würde und dorthin seine Schauseite ausgerichtet. Später legte man der Westseite eine Freiterrasse und Treppe vor, durch die wir nun die große *Rotunde* betreten, die ein Pantheon der amerikanischen Geschichte ist. Bei fast dreißig Metern Durchmesser und knapp doppelter Höhe, bietet sie Raum für Gemälde großer Augenblicke der amerikanischen Geschichte und einige überlebensgroße Büsten, unter denen die Abraham Lincolns durch ungeschminkten Realismus auffällt. Sinnweisend sind die mächtigen Eingangstüren aus Bronze, geschmückt mit Darstellungen der Reisen des Kolumbus. Auch die anschließende Statuary Hall und viele Korridore sind gesäumt von den Statuen großer Amerikaner, die hier einen zwangloseren Eindruck machen als ähnliche Ansammlungen marmorner Größen etwa in der Kehlheimer Befreiungshalle oder der Donaustaufener Walhalla.

Das 1815 begonnene Kapitol wurde 1851 und dann nochmals 1959 erweitert und dient dem Senat wie dem Repräsentantenhaus. Während der Senat als Oberhaus oder Bundesrat kaum zugänglich ist, sind die Sitzungen des Repräsentantenhauses öffentlich. Karten sind in den persönlichen Büros der Kongreßmitglieder erhältlich, für Ausländer nach Vorzeigen des Passes beim Serjeant-at-Arms. Bevor vom Mechanismus der amerikanischen Legislative die Rede sein soll, wollen wir den äußeren Eindruck des *Repräsentantenhauses* auf uns wirken lassen. Es ist ein sehr großer und dennoch intim wirkender Raum, in warmem Mahagoni gehalten, mit schmalen geschmackvollen Goldleisten über den umlaufenden Säulenumgängen. Immer noch dominiert hier der kühle, aber menschenfreundliche Geist des Klassizismus. Die Abgeordneten, wie die stets zahlreichen Zuschauer auf den weiten Tribünen, halten sich an eine strikte Kleidungsordnung – ein ganz unamerikanisches Bild, wenn man, von der Straße kommend, die Würde des Hauses wahrnimmt, wobei unser Wort ›Würde‹ nur unvollkommen das englische ›dignity‹ übersetzen kann. Flach und niedrig ist der Aufbau der Rednertribüne, es gibt keine Regierungsbank, alles ist auf geringe optische Unterschiede angelegt.

Sparsam sind die Attribute der Macht in diesem beeindruckenden Raum. Keine kühne Heraldik, keine großen Gebärden. Und doch verliert man keinen Augenblick das Gefühl für das Gewicht der Entscheidungen, die hier getroffen werden. Liegt es nur daran, daß Macht hier tatsächlich vorhanden ist? Ganz oben läuft ein Medaillonband um den Saal mit den Flachreliefs großer Herrscher der Weltgeschichte. Neben viel Römischem sind auch Karl der Große und Napoleon zu sehen, die sich in der Neuen Welt seltsam genug ausnehmen. Oder sollen die Abgeordneten dezent daran erinnert werden, daß es ohne Vorbilder auch in einer Demokratie nicht geht?

Auch gewisse andere fürstliche Gepflogenheiten haben sich dem Kongreß vererbt. So ist ein tagender Kongreß an der wehenden Flagge auf dem First zu erkennen, und bei Nachtsitzungen leuchtet die zwanzig Fuß hohe Laterne auf der Kuppel des Kapitols – Erinnerung an die sorgenvollen Nachtsitzungen des alten englischen Unterhauses?

Wenn wir das Kapitol von der Ostseite – seiner eigentlichen Schauseite – betreten, so befindet sich der Senatsflügel rechts und das Repräsentantenhaus links. Eine Freitreppe von kapitolinischen Ausmaßen führt uns hinan, dann queren wir die Rotunda mit malerischen Lichteffekten und gelangen in die *Statuary Hall*, die wir schon erwähnten. Sehr im Gegensatz zur geglückten Greek-Roman-Revival-Architektur des Äußeren verrät das Innere keinen glücklichen Geschmack. Pomp, glitzernde Leuchter und allzuviel bunter Marmor lassen den Einfluß des fortgeschrittenen 19. Jahrhunderts erkennen, den Neureichtum der Zeit, Talmi in Form und Farbe. Der Kongreß hatte schon früh jeden Bundesstaat eingeladen, zwei seiner berühmten Söhne und Töchter hier als Statuen zu verewigen. Das Anwachsen der USA auf 50 Bundesstaaten hat eine schreckliche Raumnot unter den marmornen Größen verursacht, sie drängen sich auf allen Korridoren und sind den lebenden, eilenden und hastenden Senatoren und Abgeordneten eher im Wege. Dabei kann es einem rechten Politiker auch nicht gefallen, daß alle Ruhmesplätze der Nation schon seit langem vergeben sind. Manche der Statuen sind durchaus auch scherzhaft gemeint, zum Beispiel die des Oklahoma-Humoristen Will Rogers, der zu Lebzeiten geäußert hatte, man müsse den Volksvertretern immer auf die Finger schauen, und dessen Statue nun so steht, daß er mit pfiffigem Blick genau die Kongreßtüren im Auge behält. Das eigentliche Leben im Kongreß spielt sich natürlich nicht in den Sitzungssälen und Korridoren ab, sondern in den kleinen Büros der Abgeordneten, den Ausschüssen und den Verwaltungsräumen. Berge von Papier stapeln sich auf Tischen und Borden, nervöse Sekretärinnen hasten mit Akten umher. Eine Schulklasse von munteren Knirpsen kommt daher, es wird laut, und der Herr Lehrer versucht den Geräuschpegel mit strengen Hinweisen, ganz unmotivierten Stimmhebungen und einem pathetischen Zeigefinger zu senken. Die Weihe des Hauses hat ihn ganz ergriffen; er memoriert Fakten, keiner hört ihm zu, die Kinder haben einen Spatz auf dem Fenstersims entdeckt.

Tief unter dem Senatsflügel verkehrt eine kleine, kuriose Untergrundbahn zum *New Senate Building*, die auch Besuchern offen steht. Im New Senate ist mittags eine prächtige Cafeteria geöffnet, in der sich auch politische Größen zwanglos unters Volk mischen. Doch sind amerikanische Senatoren schlecht zu erkennen, sie haben weit weniger als europäische Artgenossen eine Aura bedeutungsvoll gefurchter Stirnen und unsichtbarer Lorbeerkränze.

Über Wählen und Regieren

Bevor wir das Kapitol verlassen, um uns anderen Regierungsgebäuden zuzuwenden, ist ein Exkurs darüber notwendig, wie in Amerika gewählt und regiert wird – ein nicht ganz unkompliziertes Kapitel.

Der Präsident der Vereinigten Staaten ist zugleich Staatspräsident und Regierungschef. In Europa kommt einem Regierungschef bekanntlich das lästige und gelegentlich belastende Geschäft der Tagespolitik zu, indes ein Staatspräsident die dankbare Aufgabe hat, die ewigen Werte der Nation in schönen Worten auszudrücken. Diese Arbeitsteilung gibt es hier nicht. Der Präsident der Vereinigten Staaten hat beides in der Hand, und, sehr ernsthaft gemeint, tagespolitisches Mißgeschick wird stets ein wenig aufgewogen durch den großen Atem der Geschichte, den er repräsentiert. Das hat wohl Charles de Gaulle im Sinn gehabt, als er der Dritten Republik Frankreichs eine Präsidialverfassung gab, die manche amerikanischen Züge trägt, so wenig ansonsten Charles de Gaulle amerikafreundliche Neigungen nachgesagt werden.

Die Wahl des Präsidenten der Vereinigten Staaten ist ein sehr komplizierter Vorgang. Das hängt damit zusammen, daß die Gründungsväter der Verfassung dem Präsidenten eine so starke Stellung zugemessen haben und nun mit der Sorge leben mußten, wie seine Wahl freigehalten werden könnte von demagogischer Beeinflussung. Der direkten Wahl durch das Volk mißtraute man, und so wurde ein Filter vorgeschaltet, indem alle Staaten zunächst Wahlmänner wählen müssen; jeder Staat so viele, wie er Abgeordnete und Senatoren im Kongreß hat. Zur Zeit sind dies 538 Wahlmänner, die ihrerseits (der stark amerikanisch beeinflußten Verfassung der Bundesrepublik nicht unähnlich) den Präsidenten wählen. So ist das Wahljahr, jedes vierte Jahr, von starker politischer Bewegung erfüllt.

Schon im Frühjahr beginnt sich mit den Primaries, den Vorwahlen in einzelnen Staaten, das große Karussell zu drehen. Ihr Wert ist umstritten, es ist mehr eine Meinungsumfrage, von manchen als Augenauswischerei abgetan. Im Juli wählen die beiden Parteien, die Demokraten und die Republikaner, auf ihren Nationalkonventen die Kandidaten. Es ist das Eigentümliche an der Präsidentenwahl, daß nicht nur die Protagonisten zweier Parteien sich zur Wahl stellen, sondern jede Partei mindestens zwei Wahlmöglichkeiten anbietet, so daß parteipolitische wie persönliche Gesichtspunkte zum Zug kommen. Häufig genug findet ein Vorrennen im parteiinternen Parcours beider Parteien statt. Für europäische Beobachter irritierend, wird der Parteiengegensatz häufig zum Nebenrennen. In einem gewissen Sinn tragen die Parteien ihre Flügelkämpfe bereits bei der Wahl aus, was mancher europäischen Partei auch ganz gut täte. Traditionell ist das Eintreten für Farbige und gesellschaftliche Randgruppen und Unterprivilegierte eher der demokratischen Partei eigen, indes das arrivierte Bürgertum die Hochfinanz und das Unternehmertum die republikanische Partei stützen. Doch sind diese Parteien alles andere als weltanschaulich orientierte Gebilde. In ihnen dokumentiert sich weitaus mehr Herkunft, sozialer Status und wirtschaftliche Interessen. Der Komiker Bill Rogers – Narren sprechen die Wahrheit – hat einmal gesagt: »I'm not a member of an Organized Party – I'm a Democrat.«

Anfang November jeden vierten Jahres treffen sich die Wahlmänner zur eigentlichen Präsidentenwahl. Sie ist im Grunde aber längst gelaufen, da die Wahlmänner sich verpflichten, einem bestimmten Kandidaten ihre Stimme zu geben. Hinzu kommt, daß jeder Staat mit der absoluten Mehrheit seiner Stimmen (popular vote) *alle* Wahlmänner einer bestimmten Partei zuspricht. Die anderen Stimmen fallen unter den Tisch, so daß das ansonsten sehr direkte Wahlsystem der USA durch die Hintertüre doch Elemente des Verhältniswahlrechtes in sich aufnimmt. So kommt es, daß zum Beispiel Kennedy, der mit hauchdünner Mehrheit in den popular votes gewann, einen weit höheren Prozentsatz der Wahlmännerstimmen auf sich vereinigen konnte.

Die eigentliche Präsidentenwahl im Dezember ist nur noch eine Formsache, dann schwört der Präsident den Eid auf die Verfassung, wie dies schon der erste Präsident George Washington auf dem Balkon der Federal Hall in New York am 30. April 1789 mit den Worten tat: »I do solemnly swear that I will faithfully execute the office of President of the United States and will, to the best of my ability, preserve, protect and defend the Constitution of the United States.«

›The Constitution‹ ist das staatszusammenhaltende Zauberwort. Nicht das Volk der Vereinigten Staaten, nicht dessen Nutzen und Wohl, nicht die Vorsehung wird beschworen, sondern ganz nüchtern die Verfassung. Dies macht uns erneut deutlich, wie losgelöst von europäischen Begriffen, ererbten, am Boden klebenden Rechten, frei von allem theologischen Überbau, hineingestellt in eine fast antik-griechische Abstraktion, sich dieser Staat versteht.

Die Männer, die diese Verfassung geschaffen haben, die nie geändert, nur durch Amendments (Zusatzartikel) erweitert wurde, haben sie damit in einen zeitlosen Rahmen gestellt. Als älteste geschriebene Verfassung der Welt hat sie nichts von ihrem Glanz verloren in einer Welt, die alle Augenblicke wechselnden Bedürfnissen die passende Mütze aufgesetzt hat. Doch ist es amüsant, daß gerade John Adams, der in den noch-englischen Zeiten Amerikas gerne den Oberjakobiner gespielt hat, bald nach der Wahl Washingtons pseudofeudale Formen zu entwickeln begann. Er wünschte, daß der Präsident mit ›His Highness the President of the United States and the Protector of the Rights of the Same‹ angesprochen werde. Der Kongreß wandte sich befremdet ab, seither heißt es schlicht: Mr. President. John Adams hatte offenbar selbst auf die Präsidentschaft geschielt, und als er an der Jahrhundertwende Präsident wurde, saß er alsbald dem großen Maler Gilbert Stuart Modell, der auch das berühmte Bild seines Vorgängers gemalt hatte. Dabei verriet er Stuart, »that Washington got the reputation of being a great man, because he kept his mouth shut«. Das aber konnte John Adams gerade nicht. So ist auch allzu Menschliches um die Wiege der Vereinigten Staaten gewoben.

Wie regiert nun der amerikanische Präsident? Völlig anders als die meisten europäischen Staatsmänner! Etwas provokativ gesagt, gibt es in Amerika weder eine Regierung (Government) noch ein Kabinett von Ministern (Cabinet). Mit schlichtem Understatement wird von einer Verwaltung (Administration) gesprochen, und die obersten Bundesbehörden nennen sich Abteilungen (Departments), an deren Spitze ein Sekretär steht, etwa der ›Secretary of Commerce‹ oder der ›Secretary of Defense‹. Manchmal nennt er sich noch schlichter ›Postmaster General‹ und erinnert damit an den alten preußischen Generalpostmeister. Der ›Secretary of State‹ ist keineswegs ein Staatssekretär, wie man gelegentlich in den Nachrichten hören kann, sondern der Außenminister, dem bei der besonderen Struktur des amerikanischen Bundesstaates eine klammernde Funktion zukommt. Ein solches Understatement ist als Erbe der Sons of Liberty anzusehen, denen bei der Gründung der Vereinigten Staaten das Wort ›Minister‹ ein Greuel war, die Vorstellung von gepuderter Allongeperücke und barockem Herrschaftsanspruch signalisierte.

Beschäftigen wir uns darum zunächst mit den Secretaries. Sie stehen wie ein europäischer Minister einem Department vor, das trotz aller Bescheidenheit in der Namengebung de facto ein Ministerium ist und dem auch in Amerika gültigen Parkinsonschen Gesetz mit Fleiß folgt, auch um so mehr Eigenleben entfaltet, je häufiger die Secretaries wechseln. Im Gegensatz zu europäischen Ministern bilden aber die Secretaries kein Kabinett oder eine Regierung unter Vorsitz des Präsidenten. Zwischen ihnen gibt es relativ wenig offiziellen Kontakt, und neben der Führung ihres Amtes haben sie nur beratenden Charakter. Der Präsident ruft sie gewöhnlich einmal in der Woche zu einer Sitzung im Weißen Haus zusammen, meist im legendären Oval Room, hört sich ihre Meinung an, die die Meinung einer Fachbehörde ist und nicht mehr. Auch im Kongreß haben die Secretaries keinen

Sitz im Repräsentantenhaus, es gibt keine ›Regierungsbank‹, sie dürfen nicht einmal zuhören, werden aber unbarmherzig vor Ausschüsse des Repräsentantenhauses oder Senats zu den gelegentlich gefürchteten Hearings geladen. Die Sekretäre werden vom Präsidenten mit Zustimmung des Senats ernannt oder entlassen, ohne den Kongreß zu hören.

Die Willensbildung des Präsidenten, seine Beschlüsse und damit die der Vereinigten Staaten, vollziehen sich im White House Office, an dessen Spitze eine kleine Gruppe von Beratern steht, die jeder neue Präsident völlig frei unter den ihm genehmen oder herausragenden Persönlichkeiten des Landes auswählt, wobei Parteipolitik eine untergeordnete Rolle spielt. Diese Einrichtung hat sich nicht etwa allmählich herausgebildet, sondern wurde schon von George Washington geschaffen. Das White House Office ist die logische Folge der Präsidialverfassung, die im Präsidenten allein die Regierung sieht. Wie er seinen Stab zusammensetzt, ist seine Sache und darum ist die Redewendung ›die amerikanische Regierung‹ eher irreführend. So ist denn auch jeder Wechsel im Weißen Haus mit einem recht turbulenten Ein- und Auszug verbunden. Henry Kissinger war vielleicht der Herausragendste jener ›Confidential Advisers to the President‹, mächtig, einflußreich und den eigentlichen Secretary of State völlig in den Schatten stellend. Das hat dem Kongreß freilich nicht gefallen. War schon der Auftritt des Secretary of State vor einem Kongreßausschuß eine unbefriedigende Angelegenheit, bei der mehr verschwiegen wurde als gesagt, um wieviel unbefriedigender war es, Henry Kissinger einzuvernehmen, der als Presidential Adviser keine rechtliche Beziehung zum Kongreß unterhielt, zu allem Überfluß auch noch in seinem Buch ›Castlereagh, Metternich and the problem of peace 1812-1822‹ seine Bewunderung für den Fürsten Metternich zum Ausdruck brachte.

Ist die Stellung etwa des Secretary of Defense auch formal wenig abgesichert, so hat er auf ganz anderem Wege ein gewaltiges Plus gegenüber seinen europäischen Kollegen.

Ein europäischer Minister führt stets einen Vielfrontenkrieg. Sein Ministerium hat eine Fachmeinung, der er als politischer Beamter Rechnung tragen muß, seine Partei gängelt seine Initiativen, seine Kabinettskollegen haben divergierende Ziele, der Finanzminister hat kein Geld, den Regierungschef, der die Richtlinien der Politik bestimmt, soll er überzeugen und – last not least – eine eigene Meinung möchte er auch noch haben. Der Secretary des State Department etwa hat es leichter. Er kommt in aller Regel aus einem großen Industriekonzern oder einem Anwaltsbüro, und wenn ihm die Politik zu sehr gegen den Strich geht, so tut er, was schon die Minister und Generäle Friedrichs des Großen taten, wenn Alldero Allerhöchste Ungnade über ihnen schwebte: sie quittierten ihren Dienst und zogen sich auf ihre Güter zurück. Das schafft Unabhängigkeit des Denkens und Handelns, befreit vom lästigen Schielen auf einen sicheren Wahlkreis, und so funktioniert die amerikanische Regierungsmaschine auf den oberen Ebenen auch weit mehr als der Braintrust eines großen Konzerns, auf Zeit bestellt und dem Erfolg, nicht der Partei und irgendeiner Weltanschauung verpflichtet. Die in Europa so gern zitierte Parteibasis kann bei der Präsidentenwahl teilnehmen oder es bleiben lassen. Wie auch immer, jeder ›Basismann‹ hat nur *einen* Wahlzettel in der Hand, wie der Rest der Wahlberechtigten, und keine Möglichkeit, über Parteiplattformen und imperative Mandate sich in den Vordergrund zu drängen.

So ist das Regieren in den Vereinigten Staaten angelegt auf eine fast völlige Unabhängigkeit des Präsidenten vom Kongreß, aber auch des Kongresses vom Präsidenten. Die einzige Waffe des Kongresses, einen Präsidenten zur Verantwortung zu ziehen, ist die formelle Anklage. Ein solches Impeachment ist nur einmal – im Zusammenhang mit Watergate – in Betracht gezogen worden. Die Unabhängigkeit vom Kongreß hat aber auch eine Kehrseite: Der Präsident kann dem Kongreß zwar Bericht erstatten, aber er kann ihn nicht beeinflussen, denn er hat weder Sitz noch Stimme. Die Formel, die daraus resultiert, ist sehr einfach: Der Präsident regiert mit einer Präsidialverfassung, die manchen Monarchen vor Neid hätte erblassen lassen können – aber der Kongreß hat das Recht, alle Geldmittel zu bewilligen oder zu verweigern, und dieses Recht begrenzt unübersehbar die Macht des Präsidenten.

Um dieses System zu verstehen, das extreme Macht mit extremer Machtbeschränkung kombiniert, fast den Anschein erweckt, auf Konflikte angelegt zu sein, muß man in die Frühzeit des Kongresses zurückgehen. Damals wie heute war und ist das riesige Land natürlich weit weniger homogen als kleinere europäische Staaten. Die Unterschiede von Klima, Wirtschaftsstruktur und gesellschaftlichen Formen ließ als bindende Kraft nur eine starke Stellung des Präsidenten zu. Auch waren sich die Väter der amerikanischen Verfassung im klaren, daß sie ein Gebilde schufen, dessen endgültige Ausdehnung schwer abzusehen war. Die Verfassung mußte also Spielraum für zukünftige Entwicklungen haben. Ein schwacher Präsident und ein konservativer und herrschsüchtiger Kongreß hätten vielleicht zu einer Behinderung des Zusammenwachsens dieser riesigen Landmasse geführt. So hat der Verfassungskongreß unter Leitung Washingtons 1787 eine starke Hand des Präsidenten vorgesehen, ein Akt großer Klugheit und Selbstüberwindung, wenn man bedenkt, daß dieser Kongreß eben erst einen übermütigen Monarchen in seine Schranken gewiesen hatte. Derselbe Kongreß war aber auch ein kluger Hausvater, der wußte, daß die großen Worte da ein Ende finden, wo die Mittel fehlen. So hat sich der Kongreß vorbehalten: Durch Verweigerung der Geldmittel die Vorstellung des Präsidenten zu blockieren – Gesetze gegen den Widerstand des Präsidenten durch Überstimmung seines (möglichen) Vetos in Kraft zu setzen – Kriege zu erklären, Steuern zu erheben und das Budget festzulegen.

Obwohl die bundesstaatliche Komponente Amerikas durch den Aufstieg zur Weltmacht etwas in den Hintergrund getreten ist, hat sie nach wie vor großen Einfluß auf das Geschehen. Die Rolle der Gouverneure der Bundesstaaten, die sich ihr eigenes Recht und ihre eigene Gesetzgebung bewahrt haben, ist noch ausgeprägter als in der föderalistischen Bundesrepublik, hat keinerlei Parallelen zu Frankreich und England. Dabei hat sich im Süden, in Louisiana, sogar ein Zipfel mit französischem Recht erhalten, und vielerorts ist die englische Neigung festzustellen, daß das Recht nicht nur eine normierte und geschriebene, sondern auch eine gewachsene, tradierte Ordnung hat. Im Hinblick auf die Macht des Präsidenten ist es dann wieder kurios, daß sich der Senat, dem eigentlich die Aufgabe zukommt, nur die Interessen der Bundesstaaten zu wahren, das Recht vorbehalten hat, außenpolitische Verträge abzuschließen. All das mündet in eine Stellung des Präsidenten, der zwar viel mehr ›darf‹ als unser Bundeskanzler, der französische Präsident und der englische Premier, der aber auch schnell bei Maßnahmen und Beschlüssen ungedeckt im Freien stehen kann. So erklärt sich auch der große Strom von Kontakten, die unterhalb der offiziellen Ebenen gepflegt werden.

Wie stark die Vereinigten Staaten in den letzten Jahrzehnten das überschaubare Gehäuse der Monroedoktrin verlassen haben, gewollt oder ungewollt die Rolle einer Weltmacht annehmen mußten, erweist ein kurzer Blick in den Code of Federal Regulations. Obwohl eine sehr trockene Auflistung von Bundesbehörden und Aufgabenbereichen, zeigt es in der kunterbunten Mischung von The President, Accounts, Agriculture, Banks and Banking, Foreign Relations, Indians, Mineral Resoures, National Defense, Postal Service, Protection of Environment, Public Health, Wildlife and Fisheries usw. das allmähliche Herauswachsen aus den klassischen Departments, die Entstehung zahlreicher, vom Präsidenten unabhängiger Behörden, denen im Gegensatz zu den obersten Bundesämtern der Bundesrepublik, etwa der Physikalisch-Technischen Bundesanstalt, der Biologischen Bundesanstalt, dem Bundesgesundheitsamt, exekutive Befugnisse zukommen.

Hier wie dort also der Trend zu mehr Fachbehörden, mehr Fachverstand, der oft genug nur Ressort-Egoismus ist und Blindheit anderen Problemen gegenüber. Hat der Bundeskanzler eine Richtlinienkompetenz, an der viele zerren, so steht der Präsident der Vereinigten Staaten in einer einzigartigen, von keinem Menschen dieser Erde geteilten Position. Die ungeheure Belastung, die an die geistigen und körperlichen Kräfte des Präsidenten gestellt werden, die Einsamkeit des Amtes, das von keiner Parteibasis getragen wird, die gedankliche Last großer Vorgänger, deren gestrengem Blick aus den Gemälden im Weißen Haus es standzuhalten gilt, haben noch jeden Präsidenten dieses Jahrhunderts gezeichnet.

Das Oberste Bundesgericht

Östlich des Kapitols liegt das *Supreme Court Building*. Das antikisierende Gebäude des Obersten Gerichtshofes der Vereinigten Staaten wurde in den zwanziger Jahren unseres Jahrhunderts von Cass Gilbert erbaut, den wir in New York schon mit dem Woolworth Tower kennengelernt haben. Der Court ist vielleicht das schönste Gebäude Washingtons. Schlichte Formen eines korinthischen Tempels, erlesene Qualität der Marmorarbeiten, die unter der Sonne zu strahlendem Weiß aufleuchten, und im Inneren warme Hölzer, unbestrittene Eleganz, die auf buntes Geglitzer verzichten kann. Es ist erstaunlich, daß noch in diesem Jahrhundert die Funktion eines Gebäudes mit vielerlei technischen Einrichtungen und stilreine Klassik derart zusammenklingen.

Unvorstellbar ist für europäische Geister die Rechtsstellung und der Einfluß des Supreme Court. Dabei ist uns die dreiinstanzliche Einteilung der Justiz in District Courts (Bezirksgerichte), Courts of Appeal (Berufungsgerichte) und Supreme Court (Oberstes Bundesgericht) geläufig, doch trennt das amerikanische Recht nicht in Ordentliche Gerichtsbarkeit und Verwaltungsgerichtsbarkeit und kennt auch keine Arbeits- und Sozialgerichte. Das Recht wird weit mehr als in unserer fachlich aufgesplitterten Rechtslandschaft als eine Einheit verstanden. So ist das Oberste Bundesgericht auch für verfassungsrechtliche Fragen zuständig. Seine neun Richter, die vom Präsidenten mit Zustimmung des Senats ernannt werden, bilden einen einzigen, für Zivil-, Straf- und Verfassungsklagen zuständigen Senat. Das Herausragende an den Richtern Amerikas, insbesondere den Richtern des Supreme Court, ist ihre Unabhängigkeit, sind ihre vom Gesetz vorgesehenen Einkünfte, die sie weitgehend immun machen gegen die Versuchungen von Politik und Wirtschaft, und der Respekt, der ihnen in der Öffentlichkeit und der Presse entgegengebracht wird. Hierin spiegelt sich nicht nur eine ungebrochene Rechtstradition, die sich nie hat vorwerfen lassen müssen, einmal nach dieser, einmal nach jener Seite zu nachgiebig gewesen zu sein, sondern auch die pragmatisch-nüchterne Einstellung des durchschnittlichen Amerikaners, der genau weiß, daß irdische Gerechtigkeit immer Stückwerk ist, aber noch weit besser als blanke Willkür, womit sie der im besonderen Maße deutschen Sehnsucht nach dem absoluten Recht fremd gegenübersteht. Diese Überzeugung hat Amerika einen starken Rechtspositivismus beschert, eine Betonung des formalen Rechts und der Prüfung auf Einhaltung rechtlicher Normen. Die unseren Prozessen häufig anhaftende Prüfung aller möglicher Nebenumstände, personengebundener Bewertungen, ist dem amerikanischen Recht fremd. Entsprechend knapp und kühl ist die Gerichtsatmosphäre, die soziale Bewertungen von Ursachen und Folgen vor die Tür weist.

Diese Unverrückbarkeit des formalen Rechts schränkt zwar den richterlichen Spielraum ein, gibt dem Gerichtsvorsitzenden – wie in England immer noch mit ›Your Honour‹, Euer Ehren, angeredet – einen spürbaren Abstand zu den sonstigen Prozeßbeteiligten. Der Judge und insbesondere die neun Weisen des Supreme Court in ihrem weißen Marmortempel sind, trotz aller Versuche des Journalismus, daran zu kratzen, immer noch ein der Kritik entzogenes letztes Heiligtum Washingtons, und alle Versuche, hinter die Kulissen des Supreme Court zu blicken, wurden von den ›Brethren‹, wie die neun Richter in gutmütigem Spott genannt werden, scharf zurückgewiesen. In der Machtstellung dieser Richter, unter denen ein Schwarzer, aber keine Frau ist, liegt die Ahnung eines Rechtsgefühls, das seine Quellen nicht nur im römischen Recht sieht. Sahen die Römer im Gesetz zunächst eine ganz einfache Sammlung normativer Regeln für die Beziehungen der Menschen und ihren geschäftlichen Umgang, so wurden sie in der späten kaiserlichen Zeit irritiert durch den Einfluß der aus Griechenland herüberdrängenden Gedanken. Die Griechen sahen in der Gesamtheit ihrer Gesetze, in den Nomoi ihrer Polis, eine sittliche und schöpferische Macht. Das Gesetz regelte nicht dies und das, sondern war schlechthin der Geist der Polis, des griechischen Stadtstaates. Es entspricht der Tradition Amerikas, diesen Gedanken aufgegriffen zu haben, verständlich in einem Land, dessen Rechtstradition immer eine rein weltliche war, zwar auf ein starkes Gottvertrauen gegründet, aber frei von allem theologischen Überbau. Im Gesetz verkörpert sich für den Amerikaner weit mehr als für den Europäer, den Kirchen, aber auch moderne Weltanschauungen stets auf staatstragende andere Werte hingewiesen haben, die Ordnung dieser Welt.

Betreten wir das Supreme Court Building von der First Street aus, so lesen wir über den korinthischen Säulen ›Equal Justice Under Law‹. Das ist nicht zu verwechseln mit dem Kampfruf der Französischen Revolution nach Égalité. Nur gleiche Anwendung des Rechts unter dem Gesetz wird hier versprochen. Die Sitzungen des Supreme Court sind öffentlich, und zwischen Oktober und Juni kündet morgens um zehn Uhr ein Ausrufer an: »The Honorable, the Chief Justice and the Associate Judges of the United States!« Zu anderen Zeiten kann man überall frei umhergehen, lediglich in den Gerichtssaal gelangt man nur in Gruppenführungen. Der Saal in Marmor, Mahagoni und tiefrotem Samt macht uns deutlich, wie hier monarchisches Sendungsbewußtsein transformiert wurde in das über allen, auch dem Präsidenten, stehende Gesetz. Links vom Court Room, in Richtung der prächtigen marmorkühlen Halle, aus deren Vestibül der

Blick auf einen grünenden Binnenhof fällt, gelangen wir in ein wunderschönes, in elliptischen Spiralen an- und absteigendes Treppenhaus. Und da ein solches Gebäude nicht nur von robentragenden Richtern erfüllt ist, findet sich auch hier eine angenehme Cafeteria für die Angestellten und Besucher.

Südlich des Court findet sich *The Folger Shakespeare Library* mit einer gewaltigen elisabethanischen Halle, sowie die *Library of Congress*, die auch abends geöffnet ist, so daß sich ein Abendbesuch empfiehlt. Dies ist keine Bibliothek im üblichen Sinne. Es ist eine wahre Festung im Stile der Neo-Renaissance mit einem luxuriösen Lesesaal, mit farbenprächtigen Hallen und Korridoren, in denen einzigartige Schaustücke unter Panzerglas ruhen, wie eine Gutenbergbibel von 1455. Studenten geben gute Führungen und erläutern den Fundus, der inzwischen auf über 80 Millionen Bücher angewachsen ist. Die Bibliothek bietet auch Konzerte, Autorenlesungen und Vorträge. Wer auf den Spuren von Verwandten wandelt, mag den Genealogy Room aufsuchen – doch wird diese Aufgabe bereits von jedem New Yorker Telefonbuch gelöst, in dem jeder beliebige europäische Familienname in einer solchen Massierung zu finden ist, daß man bei vielen Seiten wähnt, ein deutsches, französisches oder italienisches Telefonbuch, je nachdem, in der Hand zu haben.

Das Weiße Haus

Das Weiße Haus, dessen Entstehung und Geschichte wir schon eingangs dieses Kapitels dargestellt haben, liegt, durch den ›Ellipse‹ genannten Park von Constitution Avenue getrennt, in einer weiten Grünanlage. Den Wohnsitz des amerikanischen Präsidenten, der zugleich sein Dienstsitz ist, besuchen wollen, heißt in der Saison viel Geduld mitbringen. Da nur wenige Räume, und diese nur an wenigen Stunden, der Besichtigung freigegeben sind, empfehle ich allenfalls im Winter einen Besuch, wenn die Atmosphäre nicht von sechsreihig anstehenden, popcornknabbernden Touristen verstellt ist. Es sind die historischen Räume im Ostflügel, vor allem der East Room, die gezeigt werden. In diesem Raum hält der Präsident seine Pressekonferenzen und empfängt zu formellen Essen. Er weiß, daß er hier aufgebahrt werden würde, sollte er während seiner Dienstzeit sterben. Im Grünen Salon, der mit Möbeln des 18. Jahrhunderts ausgestattet ist, hängt ein Porträt John F. Kennedys von Aaron Shikler, das den jungen Präsidenten in einer seinem Alter ganz unangemessenen Nachdenklichkeit zeigt, ein ahnungsvolles Bild. Der folgende Blaue Salon wurde von Präsident Monroe und seiner Frau geprägt. Die Porträts zeigen die ersten acht Präsidenten der USA. Es folgt der Rote Salon im Federal Style, an den sich der State Dining Room anschließt, dessen weiß-goldene Eleganz von Jacqueline Kennedy mitgeprägt wurde, deren Porträt im Erdgeschoß wir bemerkt haben.

Im Grunde genommen ist die Außenansicht über die sattgrünen Rasenflächen am schönsten. Unter all den klassizistischen und römisch angehauchten Bauten Washingtons verkörpert das Weiße Haus noch am ehesten den Zeitgeist, aus dem die Vereinigten Staaten sich entwickelt haben, den Geist der allmählichen Ablösung von England. Eine formale wie inhaltliche Ähnlichkeit mit dem stilleren Mount Vernon ist spürbar. George Washington ist dem stadtfernen Landsitz immer treu geblieben, der seinem Wesen auch gemäßer war.

Der oasenartige Charakter des Weißen Hauses wird besonders deutlich durch die Art, wie seine Bewohner nach einem Wochenende zurückkehren. Dröhnt am Montagmorgen gegen neun Uhr der große Hubschrauber des Präsidenten über die Ellipse, so ist bereits aller Autoverkehr gestoppt, die Fußgänger werden angehalten, und jeder Sichtkontakt mit dem Landeplatz wird unterbunden. Seit Dallas sind die Sicherheitsverantwortlichen vorsichtig geworden. Nichtsahnend von all dem, war ich an einem Montagmorgen unterwegs und suchte einen Parkplatz. Einer jener schwarzen Polizisten, die im allgemeinen so viel angeneh-

Das Weiße Haus um 1820

mer sind als ihre weißen Kollegen mit den bulligen Gesichtern, riet mir eine Nebenstraße. Der Tip war gut, und als ich gerade zurückkam, fegte der Rotorenwind des Helicopters die Kirschblütenblätter über die Straßen. Ich stand an einem kleinen Seiteneingang, und der mir nun schon bekannte Polizist hätte mich von Rechts wegen weiterscheuchen müssen. Er tat es nicht. So konnte ich durch die Seitenpforte des hohen schwarzen Eisengitters das nüchterne Zeremoniell beobachten, einen Präsidenten im blauen Anzug und Frau Rosalynn Carter im roten Kleid, wie sie eilig ins Gebäude strebten, umgeben von den üblichen Aktentaschenträgern, während hinter den großen Rhododendronbüschen einige feuerrote und messingblitzende Feuerwehrautos für alle Fälle lauerten. Mein schwarzer Freund schaute mich an, ich schaute ihn an, und dann sagte er, nicht ohne Wohlwollen in der Stimme: »Poor chap, I wonna change.« Mit dieser Meinung wird er nicht allein stehen.

Bei der vermutlich beschränkten Zeit wird es kaum möglich sein, alle bedeutenden Bauten Washingtons aufzusu-

VIII

Edward Hopper (1882-1967)

The Lighthouse at Two Lights

Gemälde 1929

Edward Hopper ist einer der Großen der amerikanischen Malerei und wird als der bedeutendste amerikanische ›Realist‹ des 20. Jahrhunderts angesehen. Eine besondere Anziehungskraft übten das Meer und die Architektur auf ihn aus – beides konnte er in seinen Leuchtturm-Bildern verbinden, die er von der Studentenzeit an immer wieder malte, und deren schönste Ende der zwanziger Jahre in Neuengland entstanden sind.

New York, The Metropolitan Museum of Art
(Hugo Kastor Fund)

chen. Die Weitläufigkeit der Stadt zwingt zur Benutzung des Autos. Dabei fällt uns das *Jefferson Memorial* bereits bei der Überquerung des Potomac als ein gewaltiger Säulentempel auf, dessen flach gewölbte abschließende Schale in der Sonne weithin leuchtet und sich im kirschbaumumstandenen Tidal Basin spiegelt. Das *Lincoln Memorial*, kurz vor der Rampe der Arlington Memorial Bridge, fordert förmlich die obeliskenförmige Nadel des *Washington Monument* heraus, man könnte auch sagen, der Parthenon grüßt das alte Ägypten. Dieser gesuchte Bezug zu den Bauformen vergangener bedeutender Epochen steht in einem gewissen Gegensatz zu den weiten Leerräumen dazwischen, es ist, als ob die Stadt noch nicht ihre endgültige Form und Ausfüllung gefunden hätte.

Die Nationalgalerie

So wird es uns nach kurzer Rundfahrt wieder in den Bereich des Capitols und der National Gallery ziehen. Die Nationalgalerie zumal wird ein Höhepunkt des Besuchs in Washington sein. In der Großzügigkeit ihrer Raumaufteilung, in der Eleganz ihrer blumengeschmückten Binnenhöfe, deren Springbrunnen frische Kühle verbreiten, mit ihrer gepflegten Cafeteria an einem rauschenden Wasserfall ist diese Sammlung zweierlei: eine atemberaubende Darbietung erstrangiger Werke der Malerei und eine atemspendende Oase der Stille und Kühle in einer sommerheißen und verkehrsdurchpulsten Stadt. Die Dimension dieser Sammlung wird schon aus ihren Eingängen deutlich. Von der Constitution Avenue gelangt man unmittelbar in das Souterrain, während sich vom Madison Drive der Zugang direkt zum Hauptgeschoß öffnet. Der Drive wird untertunnelt durch eine Rolltreppe, die zum East Building führt, das der modernen Kunst gewidmet ist. In diesem riesigen Komplex aus weißem Marmor, Gärten und bequemen Sitzgruppen hält man sich am besten an die chronologische Ordnung, die in Gallery 1 mit der italienischen Malerei des 13. Jahrhunderts beginnt. Eintritt, Führungen und Informationsschriften sind frei – auch die Abendkonzerte, die an allen Sonntagen von September bis Juni um 18 Uhr im East Garden Court stattfinden.

Über die ausgestellten Schätze haben Berufenere geschrieben. Doch möchte ich willkürlich wenige Bilder herausgreifen, um einige Anregungen zu geben. Die Maler haben stets ihre Zeit, deren Gesichter und, mehr noch als die Gewänder, die Gedanken eingefangen. Schenkt uns der Louvre das rätselhafte Lächeln der Mona Lisa, so hat die National Gallery fast sechs Millionen Dollar ausgegeben, um des Meisters ›Ginevra de' Benci‹ zu erwerben; 1474 entstanden, zeigt es eine junge Florentinerin, deren sehr ernstes Gesicht vor einem Hintergrund von Wacholderbüschen (ginepro, ital.: Wacholder) aus einer unruhigen und vieles in Frage stellenden Zeit blickt. Leonardos Mona und Leonardos Ginevra, sie hätten sich nicht gemocht (Gallery 6). Im selben Saal hängt ein mir besonders liebes Bild des Filippino Lippi (1457-1504), in dessen Blau- und Rottönen sich das Idealbild eines florentinischen Mannes spiegelt, ruhig, beherrscht, aber von wachem Interesse an seiner Umwelt.

Die Gallery 4 bewahrt das Tondo, das Lippi zusammen mit Fra Angelico gemalt und die ›Anbetung der Heiligen aus dem Morgenland‹ genannt hat. In seltsamer, beeindrukkender Weise ist die Perspektive auf verschiedene schiefe Ebenen aufgeteilt und gibt dem Bild große Tiefe. Zarte Ultramarins wechseln mit helleuchtenden Karmesinrots und Zinnober, und der Vordergrund leuchtet förmlich in der bezaubernden Pracht seiner Blumen.

Der Rubenssaal zeigt ein wenig bekanntes Bild von Pieter Paul Rubens (1577-1640) ›Tiberius und Agrippina‹. Es ist eine meisterhafte Charakterstudie römischen Wesens. Auch seine Darstellung ›Daniel in der Löwengrube‹ enthüllt einen minutiösen Beobachter. Selten sind so prächtige Bestien gemalt worden, majestätisch und verspielt zugleich.

Auch die deutsche Malerei ist hervorragend vertreten. Matthias Grünewald mit einer Kreuzigungsgruppe, gegen

1510 entstanden, ein kleineres Gegenstück zu seinem berühmten Isenheimer Altar. Ein Glanzstück ist Albrecht Dürers ›Madonna mit Kind‹ von 1505, eine in leuchtendes Seidenblau gehüllte Maria vor einem tiefroten Hintergrund und das bäurisch muskulöse Jesuskind verraten den Einfluß Giovanni Bellinis, und durch das Fenster schaut das Grün der Landschaft herein und entspannt die strengen Farben. Daß Cranach der Ältere, Baldung Grien, Altdorfer und Holbein der Jüngere hier vertreten sind, sei nur erwähnt.

Groß ist die Sammlung der französischen Neoklassizisten in der Gallery 56. Unter den Bildern Ingres', Davids und Elisabeth Vigée-Lebruns ragt ein Gemälde heraus, das Napoleon in seinem Arbeitskabinett zeigt. 1812 gemalt, als der Stern des Korsen schon etwas im Sinken war, zeigt es einen von nächtlicher Arbeit ermüdeten Kaiser. Es ist verbunden mit dem Ausspruch: »In der Nacht arbeite ich für die Wohlfahrt meiner Untertanen und am Tage für ihren Ruhm« – der ganze unverbesserliche Napoleon! Es berührt merkwürdig, daß dieses Bild von einem seiner Gegner bei David bestellt worden war, dem Marquess of Douglas. Napoleon respektierte das, war aber eitel genug, sich von David eine Replik malen zu lassen.

Auch die Sammlung der Turners, Gainsboroughs und Reynolds in Gallery 59 verdient Beachtung und fordert den Vergleich mit der spanischen Schule um Goya in der benachbarten Gallery heraus, der den fundamentalen Unterschied der Geisteshaltung zwischen dem England und Spanien des 18. Jahrhunderts offenbart. Goya zeigt im Charme der etwa sechsjährigen Condesa de Chinchon das frühreife Raffinement im Umkreis des spanischen Hofes, das sich wenige Schritte weiter zu der fast apokalyptischen Szene des Stierkampfes wendet, chaotische Selbstauflösung und Vernichtung. Wie kühl und wohlerzogen wirkt daneben George Romneys Bild des Archibald Campbell, 1770 gemalt: Die gelassene Selbstsicherheit eines englischen Gentleman aus der großen Zeit des Empire. Romneys Ganzporträt von Lady Broughton und das entzückende Kinderbild der dreijährigen Miß Willoughby lassen den Unterschied der englischen zur spanisch-höfischen Erziehung ahnen.

Die Impressionisten sind Legion, und von den Expressionisten sagten die Washingtonians lange: »Gott schütze uns vor solcher Kunst.« Das haben sie inzwischen bedauert und müssen nun hohe Preise zahlen, um sie im Ostflügel des Museums präsentieren zu können.

Georgetown und Arlington

Der Blick auf das offizielle Washington verhüllt, daß diese Stadt keine Wohnstadt ist. Am späten Nachmittag erstirbt das Leben in den weiten Straßen, macht sie noch leerer und einsamer. In Washington leben, heißt darum, in Georgetown oder Alexandria oder einer anderen kleineren Stadt im Grünen wohnen. Dem sollten wir uns anschließen, und sei es für zwei Nächte.

Georgetown, das ja viel älter ist als Washington, noch aus englischer Zeit stammt, liegt zwischen dem Potomac und den nach Dumbarton Oaks ansteigenden Höhen. Der Zuweg führt – die Bezeichnung Georgetown erscheint im Straßenbild nicht – am besten über M Street, auf die die Washington traversierende Pennsylvania Avenue zuläuft.

Im Gegensatz zu New York, dessen hin- und herpendelnder Nord-Südverkehr die Benutzung öffentlicher Verkehrsmittel einfach macht, ist Washington nur mit Taxen oder dem Leihwagen zu erleben. Da die Hauptstadt vermutlich nicht Anfang oder Ende unserer Reise darstellt, sollten wir uns nicht scheuen, den eigenen Wagen auch zu benutzen. Der Weiträumigkeit sind viele Parkplätze zu danken, zumal an den Memorials, in Arlington und in der Nähe des Capitols und der National Gallery empfehlen sich Parkhäuser.

Das alte Georgetown zieht sich von der heute durch stählerne Schnellstraßen verdorbenen Wasserfront entlang der Wisconsin Avenue den Hang hinauf. Hier liegen auch die meisten Hotels, das ›Holiday Inn Georgetown‹, das ›Sir Walter Raleigh Inn‹, das renommierte ›Georgetown Inn

Wellington‹, seit kurzem auch die ›Four Seasons‹, den ›Vierjahreszeiten‹ in Hamburg und München folgend. Die Straße ist gesäumt von vielen Restaurants, meist mit französischem Einschlag, wie denn überhaupt Georgetown etwas von Montmartre und Schwabing an sich hat, angenehme Zerstreuung nach der steifen Strenge der Verwaltungspaläste. Die Preise sind moderat, man gibt sich lässig, weltstädtische Ansprüche sind fehl am Platz, dafür ist das Parken kein Problem. Gegen acht Uhr abends füllen sich die Lokale, manche mit Stühlen auf dem Gehsteig. ›Chez Odette‹, ›Au Pied de Cochon‹ und ›Brasserie Lorraine‹ – die Namen verraten angenehme Küche, elsässisches Bier und freundliche Weine in der Karaffe.

An der Wasserfront des alten Tabakhafens von Georgetown beginnt der reizvolle *Chesapeake and Ohio Canal.* Gegen Ende des 18. Jahrhunderts begonnen, wurde er aus Mangel an Mitteln und mit der beginnenden Konkurrenz der Eisenbahn nicht mehr fertig gebaut. Einst gedacht, die Landwirtschaft des reichen Ohiotals mit dem Atlantik zu verbinden, dient er seit den zwanziger Jahren als Naherholungsgebiet. Leider hat ein Hurrican 1972 vieles zerstört, doch ist der Wiederaufbau fast abgeschlossen, und so kann man vom Foundry Building, 1055 Thomas Jefferson Street, Georgetown, mit altertümlichen Barken landeinwärts fahren, gezogen von Maultieren, die auf dem alten, landseitigen Treidelpfad laufen, wie dies einst auch an deutschen Flüssen üblich war. Der Treidelpfad dient auch für Radfahrer und Wanderer und bietet eine stille, fast vergessene Landschaft, im Frühjahr voller Osterglocken, aufgeregt schnatternden Enten und der Nostalgie kolonialzeitlicher Häuser.

Fährt man Georgetowns Wisconsin Avenue nordwärts, so gelangt man über S Street nach dem alten *Dumbarton Oaks Garden,* in dessen schönen georgianischen Häusern die ›Colonial Dames of America‹ ihr Hauptquartier haben. Der Park, weitgestreckt hinab zum Rock Creek, war 1944 Schauplatz der von Franklin Delano Roosevelt einberufenen Dumbarton Oaks Conference, deren Ziel – im Hochgefühl des nahen Sieges – die Gründung der Vereinten Nationen war. Es ist eine Eigentümlichkeit europaferner amerikanischer Präsidenten, zu glauben, die menschliche Natur und damit die Politik könnten durch Vereinbarungen gezügelt werden. Diesem Irrtum sind sowohl Präsident Wilson am Ende des Ersten und Präsident Roosevelt am Ende des Zweiten Weltkriegs zum Opfer gefallen – vielleicht in dem nur allzu menschlichen Bestreben, ihr Lebenswerk zu zementieren.

Sollte das Wetter ungünstig sein, wäre es denkbar, noch einen weiteren Museumsbesuch zu unternehmen. Die Auswahl in Washington ist schier unerschöpflich. Dem jüngeren und technisch interessierten Besucher öffnet sich die Vielfalt der Ausstellungen der *Smithsonian Institution*, vor allem aber das *National Air and Space Museum* an der Südseite der Mall zwischen 4. und 7. Straße. Es ähnelt etwas den entsprechenden Abteilungen des Deutschen Museums in München, doch hier ist der Blick weniger nach rückwärts als in kühne und ferne Zukunftsräume gerichtet. Im *Albert Einstein Spacearium* können wir uns für eine simulierte Tour ins Weltall einschiffen, für Junge wie Ältere gleichermaßen interessant.

Das *Hirshhorn Museum*, ebenfalls an der Südseite der Mall zwischen 8. und 9. Straße, ist das Vermächtnis des Urankönigs Joseph Hirschhorn. 1899 in Lettland als Kind einer armen Familie geboren, wanderte er mit seinen Eltern 1905 nach New York aus. Und wieder ereignete sich eine jener unwahrscheinlich klingenden amerikanischen Stories, daß ein in armselige Verhältnisse hineingeborener Mensch einer der reichsten Männer des Landes wird. Das Credo an die unbeschränkten Möglichkeiten wurzelt darin, die Chance, die jeder hat: eine Form des säkularisierten Wunders. Findet man in den granitumhüllten Etagen des Hirshhorn Museums vor allem moderne Malerei, so ist der daneben angelegte Garten – im Englischen ›a sunken garden‹ genannt – ein Ort des Verweilens vor einzigartigen Skulpturen: Auguste Rodins ›Bürger von Calais‹, Jacob Epsteins ›Heimsuchung‹, Giacomo Manzùs ›Monument eines Kardinals‹, Henry Moores ›König und Königin‹, Pablo Picassos ›Frau mit Kind‹ und Marino Marinis ›Pferd und Reiter‹. Wo gibt es Vergleichbares in einer den Vergleich so herausfordernden Weise zu sehen?

Der Besuch des *National Cemetery of Arlington* kann beim Abschied von Washington auch dem zum Erlebnis werden, der sonst keine Neigung verspürt, auf Friedhöfen der Vergangenheit nachzutrauern. Am Lincoln Memorial führt die Arlington Memorial Bridge über den Potomac und zu dem sanft ansteigenden Hügel, an dessen Hang Amerika seine Gefallenen, aber auch die verstorbenen Armeeangehörigen bestattet – sofern sie dies gewünscht haben oder ihre Angehörigen es wünschen. Es ist ein riesiges Gräberfeld aus mehreren Jahrhunderten, gärtnerisch wunderschön angelegt. Drunten, jenseits des glitzernden Potomac, liegt die Kapitale mit der gewaltigen Kuppel des Kapitols. Es ist still hier oben, die Kirschbäume blühen, die Magnolien und die zwitschernden Vögel teilen sich das Bürgerrecht mit den Toten.

Elektrobusse fahren den Hügel hinan, man sollte zu Fuß gehen, der Wind vom Fluß kühlt. Fast alle Besucher zieht es zum Grab des Lieutenant John F. Kennedy USN, der, man könnte hier meinen im Nebenberuf, der 35. Präsident der Vereinigten Staaten war. Gehen wir am frühen Morgen, wenn der Tau noch glitzert, sind wir allein mit unseren Gedanken. Es gibt manchen Hinweis, daß Kennedy seinen frühen Tod geahnt hat, und es sind ahnungsvolle Worte aus einer seiner Reden, die, in grauem Granit gemeißelt, die Brüstung zu seinem Grab bilden, das sehr schlicht und bescheiden, ausgezeichnet nur durch den wunderschönen Blick hinauf auf die Höhe des Custis Lee Mansion und die breitausladenden alten Bäume, in einer flachen Mulde liegt:

With a good conscience, our only sure reward with history, the final judge of our deeds, let us go forth to lead the land we love, asking HIS blessing and HIS help, but knowing that here on earth God's work must truly be our own ...

Steigt man weiter hinauf, so gelangt man zu dem schon genannten *Custis Lee Mansion*, dem Wohnsitz von George Parke Custis, Enkel Martha Washingtons aus ihrer ersten Ehe. George Washington hatte George und seine Schwester Nelly adoptiert, sie haben das wunderschöne Herrenhaus auf diesem Hügel erbaut, nachdem ihr leiblicher Vater bei der Belagerung von Yorktown gefallen war. Die Tochter von George Washington Custis heiratete 1831 Robert E. Lee, Offizier in der Armee der Vereinigten Staaten, von dessen schwerem Entschluß, sich der Konföderation der Südstaaten anzuschließen, wir an anderer Stelle noch lesen werden. Obwohl gewillt, die Einheit der Union zu wahren, konnte er sich doch nicht dem Ruf seines Heimatstaates Virginia entziehen und verließ am Morgen des 20. April 1861 Arlington House, um nie wiederzukehren.

Was dann folgte, ist das, was alle Verlierer von Kriegen am eigenen Leibe erfahren haben: Enteignung, Verarmung. Doch hat der Supreme Court 1883 der Familie Lee das Haus zurückgegeben, allerdings im verwüsteten Zustand. Custis Lee, des Generals Sohn, hatte kein Geld zur Wiederherstellung, und so kaufte die Regierung den Besitz mit dem dazugehörigen Land und verwandelte ihn in den heutigen National Cemetery. Erst 1955 konnte sich ein widerstrebender Kongreß dazu entschließen, einen Schlußstrich unter die Vergangenheit zu setzen und das Custis Lee Mansion im Stil der Zeit wiederherzustellen, in Erinnerung an einen großen Mann, der an dem noch heute schwelenden Konflikt gescheitert war. Die Tragik, die in diesem Haus, in den Bildern zu ahnen ist, ist nur Teil jener allgemeineren Tragik, die in den vielen hügelauf und -ab wandernden hellen Grabsteinen liegt.

Beim Weiterwandern tauchte aus dem lichten Hellgrün des Parks eine rotberockte Militärkapelle auf, einige Trompetensignale flatterten durch den Wald, und die Uniformierten nahmen Aufstellung vor der Trauerkapelle. Ein Sarg, mit der Flagge der Vereinigten Staaten bedeckt, wurde unter den Klängen des Star Spangled Banner auf eine Lafette gehoben, eine Reihe von Seeoffizieren in blendendweißen Uniformen senkte ihre Degen, dann zog das Gespann an und, voran die Militärmusik, zog der Trauerzug mit einer Ehrenkompanie von Matrosen und geleitet von Berittenen seinen Weg. Ein Bild aus einer anderen Zeit, mit leuchtend roten und blauen Uniformen, die Messinginstrumente blitzten in der Sonne, und ich nahm an, dies sei wohl das Begräbnis eines alten Admirals aus dem vergangenen Krieg. Ich fragte einen unter den Bäumen stehenden weiblichen Corporal und vernahm, daß ein schlichter Sergeant der Marines bestattet wurde, der bei einem Hubschrauberunfall ums Leben gekommen war. Was für ein Land, in dem einem gefallenen Feldwebel die gleiche Ehre erwiesen wird wie einem Flottenchef, und manches Grab am Waldrand fiel mir ein, in Eile in Zeltplanen gehüllte Gefallene. Ich wandte mich ab und suchte die Stille.

Alexandria und die Ufer des Potomac

NEBEN Georgetown, wir schlugen es bereits vor, bietet sich Alexandria bei einem Besuch Washingtons als Übernachtungsort an. Die Schwesternstädte liegen auf eine Distanz von dreißig Kilometern an verschiedenen Ufern des Potomac. 1750 gegründet, lief einst der Tabakhandel Virginias über diese beiden Städte, deren Häfen den Segelschiffen jener Zeit, weit landeinwärts, zugänglich waren. Als dann 1791 der Federal District of Columbia mit 10 mal 10 Meilen abgesteckt wurde, gehörten davon etwa 70 Quadratmeilen Maryland und 30 Quadratmeilen Virginia, und der Blick über den gemächlich fließenden Potomac war nicht immer liebevoll. Schon 1826 wollte das einverleibte Georgetown zurück zu den Fleischtöpfen Marylands, was nicht geschah, und wenig später räsonierten die Virginier über das sinnlose Landgeschenk an den Columbia District, was ihnen Alexandria zurückbrachte. Da Planung stets mit Geschick und Zufall hadert, ist Georgetown heute mehr ›washingtonian‹ als Alexandria, und überraschenderweise spiegelt sich in Alexandrias Straßennamen immer noch Merry Old England mit King-, Prince-, Duke-, Royal-, Pitt- oder Queenstreet. Gegen den Potomac hin hat sich in der Old Town das alte koloniale Ambiente erhalten, mit über tausend Häusern des 18. und 19. Jahrhunderts, überfüllt von Antiquitätengeschäften, Kunstgalerien und kleinen Restaurants, die an die Bistros in Paris oder Londoner Pubs erinnern.

Wenn wir mit dem Wagen ankommen, empfiehlt es sich, vom Parkway über Washington und Cameron Street zum

Ramsay House zu fahren, das an der Kreuzung von King und Fairfax Street nur wenig entfernt vom Potomac-Ufer zu finden ist. In Ramsay House ist das Tourist Council untergebracht, das uns eine Parkerlaubnis verschafft, und während wir uns beraten lassen, schweift unser Blick durch die alten Klapplädenfenster in den hübschen Garten mit seinen schon den Süden verratenden Lorbeer- und Maulbeerbäumen. 1749 errichtet, spiegelt es die Wohnkultur einer Zeit, die, gemessen an den Mühen der ersten Siedler, bereits eine europäische Lebensführung errungen hatte. William Ramsay, ein schottischer Kaufmann, war der erste Bürgermeister der jungen Stadt, die von George Washington als siebzehnjährigem Gehilfen eines englischen Regierungsbeamten vermessen worden war. Diesem Städtchen, aus dem Nichts entstanden, hat er auch später immer gute Gefühle bewahrt. Wer je über ›schlaksige Amerikaner‹ geklagt haben sollte, hier in den alten Zentren des Ostens wird er eines Besseren belehrt. Liebenswürdigkeit, kulturelle Interessen und eine unermüdliche Hilfsbereitschaft machen den Europäer fast hilflos.

Stadtbummel

In den sechziger Jahren unseres Jahrhunderts begann man mit der Restaurierung des alten historischen Viertels; damals fing das historische Interesse an zu erwachen, das seitdem Amerika beflügelt und bei der Zweihundert-Jahr-Feier der Unabhängigkeit, 1974, seinen vorläufigen Höhepunkt erfuhr. So lassen Sie uns aufbrechen zu einem Rundgang über das alte Kopfsteinpflaster. Dabei kann uns am 22. Februar oder am ersten Samstag im November passieren, daß wir plötzlich im Trommelwirbel von rotberockten Soldaten mit Dreispitzen einhergehen und am alten Hafen finsterschwarze Kanonen Lärm und Pulverrauch verbreiten.

Gleich neben Ramsay House ist *Carlyle House*, 121 North Fairfax Street, in dem sich 1755 eine unerfreuliche Begegnung einiger britischer Provinzgouverneure mit General Braddock zugetragen hat. Man beriet darüber, wie man den aufmüpfigen Kolonisten schärfere Steuern abzwacken könne. Die Folge dieses Verlangens einer ›taxation without representation‹ führte zum Stamp Act und mitten hinein in den Amerikanischen Unabhängigkeitskrieg. Die Einrichtung von Carlyle House, in dem später Washington und Lafayette häufig zu Gast waren, zeigt Möbel und Gerätschaften des 18. Jahrhunderts.

Westlich davon, aber immer noch in der Fairfax Street, liegt der *Stabler-Leadbeater Apothecary Shop*, 1792 gegründet und bis 1933 in Händen derselben Familie. Wie alle alten Apotheken ist es eine Fundgrube abenteuerlichen Geräts, von Porzellantöpfen mit seltsamen lateinischen Inschriften bis zu handgeblasenen Phiolen und einem Riesentopf mit Oleum Castor, Bibergeil, das früher gegen rheumatische Erkrankungen gern angewandt wurde.

Wenn die alten Virginier kein Rheuma hatten, dann gingen sie zu *Gadsby's Tavern*, Ecke Royal- und Cameron Street. 1752 erbaut, feierten hier George und Martha Washington und ihre Freunde, John Adams, Thomas Jefferson, der Marquis de Lafayette und Baron von Steuben ihre Feste. Immer noch wird am 22. Februar Washington's Birthday mit einem intimen Ball in historischen Kostümen gefeiert, und wir sollten uns dies nicht als eine Art Faschingsparty vorstellen. Das alte Coffeehouse, der älteste Teil, enthält Möbel des 18. Jahrhunderts, das jüngere, 1792 erbaute City Hotel zeigt noch den Ballsaal der fröhlichen virginischen Gesellschaft mit der hängenden Musikbalustrade. Doch sind dies Kopien, die Originale befinden sich im Metropolitan Museum in New York. Die Frau des ehemaligen Präsidenten, Betty Ford, hat aber 1976 den gestrengen Museumsdirektoren den alten Kamin aus Gadsby's Tavern wieder abgeluchst und an seinen alten Platz zurückstellen lassen. Dies ist im übrigen kein Museum, sondern eine echte Taverne, in der man essen und trinken kann, und an warmen Sommerabenden spielt ein kleines Kammertrio im Garten.

Ein solcher Abend in Gadsby's Tavern und ein Bummel durch Alexandria kann zum unvergeßlichen Erlebnis werden. Am späten Nachmittag angekommen, sollten wir ein Zimmer im ›Old Town Holiday Inn‹ vorbestellt haben. Es ist ein Holiday Inn besonderer Art, mit einer old fashioned Lounge und elegant eingerichteten Zimmern, aus denen der Blick hinabfällt in den hübschen Binnenhof, in dem ein vom ersten Bourbon des Abends belebtes Publikum zu finden ist. Dann streifen wir durch die King Street zum Potomac hinab, auf den Balkons der alten Tavernen sitzen die Menschen unter Goldregen und Vorhängen satter Glyzinien, die ganze Atmosphäre ist wohltuend pariserisch, erinnert an kleine Nebenstraßen auf dem Montmartre.

Drunten am Potomac kann man in der Ferne die in der Abendsonne aufleuchtende Kuppel des Capitol sehen, Scharen von Seglern suchen den heimischen Hafen, wir aber suchen Gadsby's Tavern, um unseren Appetit zu stillen. Das äußerlich nüchterne Backsteingebäude zeigt kaum ein Schild. Wer es nicht weiß, hält es für ein Museum und geht weiter. Öffnet man die Türe, so empfängt uns das Halbdunkel eines georgianischen Wirtshauses, Kerzen beleuchten den dunkelhölzernen Raum nur spärlich, und der Wirt, der gutes Benehmen mit dem Aussehen eines Posthalters verbindet, groß, bärtig, bestimmt, angetan mit gelbem Spitzenjabot, weist uns einen Platz. Dann erscheint der Eleve in dickgestrickten weißen Kniestrümpfen mit dem unvermeidlichen Eiswasser. Seine hochgeschlossene biedermeierliche Halsbinde stört ihn sichtlich. Die Wirtstöchter, wenn man das so sagen darf, tragen sich da offenherziger, dafür sind die blaubedruckten Kattunröcke bodenlang. Das Publikum ist in mancher Hinsicht seltsam unamerikanisch, das soll sich im Laufe des Abends noch klarer herausstellen.

Ein Riesen-Ribsteak mit Yorkshire Pudding und frischer Horse-radish Sauce, zusammen mit einem abgelagerten Ale, sind die Belohnung eines langen Tages. Aus dem nahen Gartenraum dringt angenehme Cembalomusik, etwas von Händel und Purcell, und dann kommt die große Karaffe mit Chablis auf den langen Tisch, abwechselnd von den Gästen neu gefüllt. Am Nachbartisch fallen mir Gäste auf, die tabakbraune altväterliche Röcke tragen mit goldgestickten Knöpfen und grauen Perücken. Karnevalszeit ist nicht mehr, aber in Amerika ist man vor Überraschungen nie sicher. Als die Stunde schon fortgeschritten ist und die verbliebenen Gäste, aber auch die offenherzigen Saaltöchter zusammenrücken, steht einer auf, greift zu einer winzigen Mandoline und trägt in einem seltsam guttural klingenden altmodischen Englisch mit breit gezogenen Vokalen eine Ballade aus dem Unabhängigkeitskrieg vor. In der späten Stunde und im flackernden Kerzenlicht scheint die Zeit wie weggeblasen, es ist eine souveräne Darbietung, ohne jeden Zweck, just for fun. Der Wirtshauspoet, der da vorträgt, sein Gesicht in tausend Falten verzogen und mit Schalksaugen, ist, wie raunend zu hören ist, Legationsrat an der Botschaft Ihrer Britischen Majestät in Washington. Wenn das Majestät gewußt hätte ...

Am andern Morgen durchstreifen wir Gentry Row und Captains Row, in deren platanenbestandenen Kopfsteinpflaster-Straßen sich die Atmosphäre des 18. Jahrhunderts erhalten hat. Das Kopfsteinpflaster haben die kriegsgefangenen ›britischen‹ Hessen gegen 1775 gesetzt, so trampelt man sozusagen auf der eigenen Geschichte herum. Die bauernbunten kleinen Vorgärten der alten Kapitänshäuser erinnern an ähnliche Sträßchen in Küstenstädten Hollands und Norddeutschlands, vielleicht an Oevelgönne an der Elbe, die Häuser niedrig, mit gebauchten Fensterscheiben, viel Messing in Form von Türklopfern und alten Stallaternen. Doch der alte Tabakhafen, der einst den Kapitänen und ihren Schiffen Arbeit auf dem Weg nach Europa gab, ist nicht mehr. Alexandria ist durch Omnibusse mit der Hauptstadt verbunden, die in Washingtons 10th Street und Pennsylvania Avenue NW starten. Wenn in Washington die Gastronomie auf Cafeterias abgestellt ist, von denen Spötter sagen, daß sie die einzige zuverlässige Stütze der Administration seien, so ist das alte Alexandria ganz auf Pubs abgestellt und das ebenso alte Georgetown auf Bistros.

George Washingtons Mount Vernon

Ein Aufenthalt in Alexandria, das am frühen Morgen und am späten Nachmittag am schönsten ist, verbindet sich in bequemer Weise mit einem Ausflug nach Mount Vernon, der Woodlawn Plantation und der stillen Gunston Hall, die relativ nah beieinander südlich von Alexandria am Potomac liegen.

Wir verlassen Alexandria auf dem Mount Vernon Memorial Highway, einer besonders schönen, am Potomac entlangführenden Straße, wenig befahren und mit angenehmen Parkplätzen am glitzernden Strom mit seinen ins Wasser hineinwachsenden Auwäldern. Hin und wieder liegen Villen unter den riesigen Bäumen, in deren Halbschatten prächtige Azaleen glühen. Der Potomac hat zahllose Buchten mit idyllischen Picknickplätzen und neben der Straße läuft ein schöner Radweg entlang. Die zwanzig Kilometer nach Mount Vernon zu radeln, ist sicher ein Genuß; so waren an einem schönen Maimorgen auch mindestens doppelt soviele Radfahrer wie Autofahrer unterwegs, rasteten an den Aussichtspunkten – fröhliche Menschen jeden Alters.

Dann weicht der Potomac nach Westen aus und zwischen dem tief eingeschnittenen Little Hunting Creek und Dogue Creek liegt der Wohnsitz George Washingtons, ein Ort, der noch heute Wohlbehagen verbreitet, obwohl er eher bescheiden in seinen Dimensionen ist. Auf einem sanft zum Potomac abfallenden grünen Hügel steht das schlichte, aber elegante Herrenhaus im Kolonialstil. Washington hat hier von 1754 bis zu seinem Tode 1799 gewohnt, im Grunde immer als Besitzer einer Plantage und eng verbunden mit den anderen Pflanzern im Umkreis. Ein zweigeschossiger Säulengang ist dem Haus flußseitig vorgeblendet, eine sogenannte Piazza, wie ja das Ganze aus mehreren Teilen bestand, die Washington von seinem Stiefbruder Lawrence übernahm und allmählich zu dem heutigen angenehm proportionierten Bau vergrößerte. Es ist ein Holzhaus, aus Rot-Zedern erbaut, und die landesübliche Manier des ›clapboard‹, bei der das obere Verschalungsbrett das darunterliegende teilweise überlappt, wurde nach Washingtons eigenen Vorstellungen abgewandelt zu einer Steinimitation. Die Bretter stoßen aneinander, leicht abgekantet, und sind dreimal mit dicker weißer Farbe gestrichen, dann gesandet, wodurch ein fast täuschender Eindruck von geboßten Steinquadern entsteht.

Durchwandern wir die mit zurückhaltend feinem Geschmack ausgestatteten Räume, und lassen wir uns Zeit, die gelassene Ruhe und stille Heiterkeit dieses Ortes zu erfassen. Wenn wir den Vergleich mit ähnlichen Landsitzen in Europa anstellen, so wird uns vielleicht zweierlei auffallen: Gemessen etwa an den italienischen Villen des Veneto befriedigt Mount Vernon auch hohe Ansprüche und Erwartungen. Wichtiger war mir persönlich die Erkenntnis, wie offen und frei dieses Haus in die Landschaft eingebettet ist, sich ihr öffnet, die Bedingungen Vitruvs erfüllt. Wenn man bedenkt, daß das Bauen und Wohnen sich hier in unmittelbarer Nähe der häufig wechselnden Fronten des Unabhängigkeitskrieges vollzog, dann versteht man erst, welch ein Gefühl der Sicherheit und inneren Gelassenheit von diesem Menschen Washington ausgegangen sein muß, wie tief die innere Überzeugung von der Rechtlichkeit des amerikanischen Anspruchs gegenüber der britischen Krone war.

Wo auch immer wir uns in den USA bewegen, immer wird uns der Name Washingtons begegenen. Die Bundeshauptstadt, ein Bundesstaat und zahllose Berge und andere geographische Örtlichkeiten sind nach ihm benannt. Sein Name ist untrennbar verbunden eben mit dem Sieg der Amerikaner über die weit größere Macht der britischen Krone, und manches von den Taten und Ereignissen, die zu diesem Sieg führten, haben wir an anderen Stellen dieses Buches schon kennengelernt. Auch der Mensch George Washington blieb dabei nicht im Verborgenen, ein Mensch, dem das Prädikat ›ungewöhnlich‹ nur mangelhaft gerecht wird. Nun, da wir uns an seinem geliebten Landsitz befinden, möchte ich noch etwas tiefer in seine Lebensgeschichte eindringen, die aus sehr britischen Wurzeln, aber auch aus dem Ambiente eines wohlhabenden, fast aristokratischen Pflanzerlebens Virginias hervorgeht und hineingerät in den Aufbruch zur Unabhängigkeit. Etwas überspitzt könnte man sagen, ohne das militärische und politische Wissen, das ihm englisches Erbe zugespielt hat, hätte er seine geschichtliche Mission nicht erfüllen können – aber dieses Erbe machte ihn auch während seiner zweiten Präsidentschaft 1792 bis 1796 empfindlich gegen die Angriffe jener, die ein entschlossenes amerikanisches Eingreifen in das Ringen zwischen dem revolutionären Frankreich und dem erzkonservativen England verlangten. Wir können nur ahnen, daß Washington, in dem sich Mut, Entschlußkraft, Sinn für Realismus paarten, zunehmend den gefährlichen Überschwang der Kreise um Samuel Adams erkannte, sich den neuenglischen republikanischen Schwärmereien versagte – aber auch nicht bereit war, den Common sense als das wichtigste englische Erbstück völlig preiszugeben. Samuel Adams, der sich in der Rolle eines römischen Konsul gefiel, gern Ovids ›Remedia Amoris‹ mit seinem Leib- und Magenspruch »Principiis obsta« – »Wehre den Anfängen« zitierte, war ein Feuerkopf, aber auch ein geschickter Taktiker. Der Erfolg der American Revolution hat ihm suggeriert, nun könne auch der Rest der Welt im gemeinsamen Fackelschein der Amerikanischen und Französischen Revolutionen aus den Angeln gehoben werden. Manches von diesem Denken beseelt auch heute noch die puritanische Landschaft um Boston. Washington stand dem fern. So hart er zupakken konnte, das Kontemplative und Beobachtende lag ihm näher. Und wenn man alt geworden ist, so hat man eine Menge beobachtet.

Am 22. Februar 1732 in Pope's Creek Plantation am Potomac geboren (zu erreichen über State 3 östlich von Fredericksburg), entstammt Washington einer Familie, die im Aufschwung der Plantagen Virginias Wohlstand errungen hatte. Der Großvater John war 1657 beim Schiffbruch der Ketsch ›Sea Horse‹ hängengeblieben, der Vater hatte ein

Eisenwerk gegründet, aber der Sohn hatte militärische Ambitionen, geriet mitten hinein in den Bau des Britischen Empire. 1740 brach der englische Admiral Edward Vernon auf, um den Spaniern Porto Bello in der Karibik abzujagen. Dieses ganz abseitige Ereignis hat Verschiedenartigstem Pate gestanden: Londons Portobello Road mit dem größten europäischen Antiquitäten- und Trödlermarkt, Admiral Vernons Scherznamen ›Old Grog‹, den er erhielt, weil er den durstigen britischen Matrosen den Rum mit Wasser verdünnte und damit ein noch immer beliebtes Getränk kreierte (das sich freilich in Labrador und Skandinavien besser einführte, einen echten Kreolen eher schaudern läßt) und dem Namen des Landsitzes von Washingtons Halbbruder Captain Lawrence Washington, den er in Erinnerung an Vernons Sieg ›Mount Vernon‹ nannte. Später übernahm George Washington diesen Besitz und erweiterte ihn um die Seitenflügel.

Von hier brach also der Mann auf, der mit bewaffneter Hand der englischen Krone Schach bot, zunächst selbst englischer Offizier war, Weggefährte des legendären James Wolfe, der Quebec den Franzosen und Montcalm entriß. Wie englisch war dieser Mann und was war das Amerikanische an ihm?

Drei Jahre nach der Einnahme von Porto Bello, 1743, trafen sich zwei englische Offiziere auf dem Schlachtfeld von Dettingen in Württemberg: Jeffrey Amherst und James Wolfe. Gemeinsam mit den Truppen Maria Theresias war es ihnen gelungen, die französisch-bayerischen Armeen zu schlagen und die Franzosen wieder über den Rhein zurückzudrängen. Das Wort von der ›Balance of Power‹ war zu jener Zeit die große Devise der englischen Politik. Gemeint war die Balance der europäischen Mächte: Österreich half man gegen das Frankreich Ludwigs XIV., Friedrich den Großen ließ man Schlesien einnehmen, um die gestützte Maria Theresia nicht allzu übermütig werden zu lassen, und als im Siebenjährigen Krieg Franzosen und Österreicher gemeinsam gegen Preußen zogen, stand England auf der Seite

Preußens. Solches Tun war aber weniger von Edelmut diktiert als von der soliden Überlegung, daß die auf dem alten Kontinent sich in den Haaren liegenden Mächte Albion in Übersee nicht in die Quere kommen möchten.

Wenig später fochten Amherst und Wolfe gegen die Franzosen in Amerika. Auch der noch sehr junge George Washington war an ihrer Seite, erlebte 1754 das Fiasko des Marsches nach Fort Duquesne, bei dem über tausend britische Rotröcke und virginische Blauröcke von den in den dichten Wäldern fast unsichtbar bleibenden Indianern getötet wurden. Washington lernte das Laufen, »anybody broke and ran as sheep pursued by dogs« sind seine eigenen Worte. Erst 1758 gelang es Forbes und Washington, Fort Duquesne den Franzosen abzujagen – seither nennt es sich in Erinnerung an den großen Pitt: Pittsburgh, Pennsylvania.

In jener Phase des Old French and Indian War, der allmählich in den Siebenjährigen Krieg überging und von Schlesien über Amerika und die Philippinen bis nach Indien ausgetragen wurde, sank der Stern Englands zusehends. Montcalm eroberte die Forts an den großen Seen und Fort William Henry am Lake George, Clive verlor Kalcutta, Friedrich der Große sah sich der vom Regensburger Reichstag beschlossenen Reichsexekution gegenüber und verlor bei Kolin ein Heer, Washington verteidigte als junger Oberst der virginischen Miliz das Shenandoah-Tal gegen die Indianer, und erst 1757 kam die große Wende. Die Franzosen unterlagen in Indien, ihre Flotte wurde von Admiral Hawke versenkt, Friedrich siegte bei Roßbach und Leuthen, und James Wolfe saß dem Chevalier de Montcalm vor Quebec im Nacken. Und wieder war Washington dabei, als die schottischen Highlanders in ihren Kilts gegen die französischen Regimenter La Sarre, Languedoc, Roussillon und Béarn anrannten. Wolfe und Montcalm fielen, aber der Stachel des englischen Sieges ist bei den Francokanadiern bis heute unvergessen. Montreal mit seiner erzkonservativ französischen Gesellschaft und das britische Toronto, immer noch sind sie feindliche Brüder.

Darf uns nun wundern, daß George Washington, aus einer solch erfolgreichen englisch-militärischen Tradition hervorgehend, und inzwischen zum wohlhabenden Plantagenbesitzer um Mount Vernon geworden, den allzu republikanischen Neigungen eines Samuel Adams distanziert gegenüberstand? Was wollte er wirklich? Washington und die meisten seiner Weggefährten, so dürfen wir vermuten, wollten ein unabhängiges Amerika, frei von der Willkür des Parlamentes in London, frei von wirtschaftlichen Zwängen, die die Entwicklung Amerikas einengten. Als sichtbar wurde, daß dieses Ziel nicht durch Protest und Aufruhr in den Grenzen des Britischen Empire zu verwirklichen war, kam es zum Bruch. Für Washington und Benjamin Franklin war dies aber kein Bruch mit dem Herzen, sondern nur die unvermeidliche Abgrenzung in formaler Hinsicht. Nach dem Friedensschluß 1783 in Versailles schrieb Franklin an den englischen Botschafter in Paris: *Was würden Sie zu dem Vorschlag eines Familienvertrages zwischen Frankreich, England und Amerika sagen? Amerika würde so glücklich sein wie jenes Sabinermädchen, die das friedensstiftende Mittel zwischen Vater und Mutter geworden war.* Benjamin Franklin wollte mit dieser Anspielung auf den Raub der Sabinerinnen durch die Römer sagen, daß Amerika sich als gemeinsam gezeugte Tochter englischen und französischen Geistes betrachte.

Das aber war eine große Illusion. Sie entsprach weder der geschichtlichen Gegebenheit, noch dem Gefühl der englischen wie französischen Siedler in Amerika. Aber diese Geschichte bezeugt uns zumindest die ungebrochene Kontinuität der Bindungen zwischen Amerika und England. Das hochgemute und gerne in klassischen Zitaten schwelgende Lebensgefühl jener Zeit bekundete auch Lafayette, als er der französischen Regierung den Sieg mit den Worten des klassischen Bühnendramas übermittelte: »Das Spiel ist vorbei – der fünfte Akt ist zu Ende gekommen.« Ahnte er, daß zum sechsten Akt ›Vor der Bastille‹ bereits hinter den Kulissen geprobt wurde? Wie viel prosaischer war die Ankündigung in Philadelphia. Am 22. Oktober 1781 um drei Uhr nachts traf Washingtons Adjutant Tench Tilghman in der Stadt ein und befahl einem laternenbewaffneten Nachtwächter, die Bürger zu wecken. Der Wackere muß ein Sohn sächsischer Eltern gewesen sein und des Englischen noch nicht recht mächtig. Er wandelte durch die Straßen und rief »Basht dree o'glock und Cornwallis ist gedaken!« – er ist so oder so verstanden worden.

George Washington zog sich bald nach Mount Vernon zurück. Aber bereits 1787 leitete er den Verfassungskonvent in Philadelphia, der am 17. September 1787 jene Verfassung verabschiedete, die aus dem losen Staatenbund einen Bundesstaat machte. Daß diese Verfassung seither unverändert Bestand hat, wie schon erwähnt die älteste geschriebene und in Kraft befindliche Verfassung der Welt ist, spricht ein weiteres Mal für die integrierende Kraft Washingtons und seinen politischen Weitblick. Weit war der Bogen der Meinungen gespannt, den er zusammenzwingen mußte. Dabei ging es zunächst um den auch Europa bis in die jüngste Zeit nicht unbekannten Gegensatz zwischen starker Zentralgewalt und einem extremen Föderalismus gewachsener Bindungen in den einzelnen Bundesstaaten. Die den zentralen Bundesstaat anstrebenden Kräfte um George Washington und Alexander Hamilton nannten sich – um es späteren Generationen schwerer zu machen – ›Föderalisten‹, und die partikulare Interessen vertretenden Kräfte des Südens, um Jefferson geschart, nannten sich ›Republikaner‹, dann aber sehr bald ›Demokraten‹, obwohl der Begriff Republikaner später den Norden umfaßte. Nicht nur wegen dieses häufigen Etikettenwechsels, sondern wegen der oft nur in Nuancen differierenden Ziele ist es noch heute schwierig, die parteipolitische Landschaft Amerikas zu verstehen.

1797 versagte sich Washington einer dritten Kandidatur als Präsident, er hatte gespürt, wie der Schwung seiner Freunde erlahmte. Dann kam nach Adams Jefferson 1801 zur Macht, und bis in die Mitte des 19. Jahrhunderts herrschte nun der Süden, seine immer etwas aristokratisch gebliebene Weltsicht wie seine mehr auf Staatenbund denn auf Bundesstaat gerichteten Ziele. Gegen 1860 schlug das Pendel wieder zurück. Mit Abraham Lincoln betrat erneut der Norden und mit ihm eine rigorosere Ethik die Szene.

So erkennen wir zum wiederholten Male, daß die den Sezessionskrieg auslösende Sklavenfrage nur das Zünglein an der Waage und der alte Gegensatz, der schon den Ersten kontinentalen Kongreß beunruhigt hatte, immer noch vorhanden war.

Die Nationalgalerie in Washington bewahrt ein Bild von den Bewohnern Mount Vernons vor dem Hintergrund des abendlichen Potomac. Ein kühler Hausherr, zu dem Martha Washington etwas betulich kontrastiert, daneben die beiden Adoptivkinder aus Marthas erster Ehe, George und Eleanor Parke Custis Washington, die Ahnen der begabten, aber unglücklichen Lee-Familie. Als Washington starb, hat Henry Lee gesagt: »First in War, First in Peace and First in the Hearts of His Countrymen«. Ähnliches ist von manchem Großen gesagt worden, aber dann fährt Henry Lee fort: »He was Second to None in the Humble and Endearing Scenes of Private Life.« Und das ist wenigen Persönlichkeiten der Geschichte nachgesagt worden. Viel besagt auch sein Wappenspruch: Exitus Acta Probat – Der Ausgang erweist die Sache. Sie *hat* sich erwiesen.

Die Washingtons waren hier seit 1660 heimisch, seitdem Karl II. von England ihnen durch Lord Culpeper Land gewährte. George war eher ein stilles und zurückgezogenes Leben beschieden, bevor ihn der Kongreß rief. Die Jahre zuvor, hier, waren die glücklichsten in seinem und seiner Frau Leben. Und als er schon gegangen war, schrieb er ihr: »I should enjoy more real happiness in one month with you at home than I have the most distant prospect of finding abroad ...«

Betritt man das ausgedehnte Gelände vom Parkplatz aus, gewinnt man den Eindruck ruhigen Landlebens. Leicht hügelig schwingen sich viehbestandene Weiden zum Potomac hinunter, wo am Flußufer eine hübsche Dampferlände auch den Besuch zu Schiff von Washington aus möglich macht, breiten mächtige Atlaszedern ihre Äste über einen Rasen, der dem Publikum offen steht. Manche Besucher liegen im Gras oder sitzen auf den Korbsesseln unter dem Säulenportikus und sinnen, einen Grashalm zwischen den Lippen, den Wolken nach, die sich im Fluß spiegeln. Einmal kommt eine Schulklasse, und wenn man sechzehn ist, hat es der genius loci schwer, und so fängt das übliche Flachsen unter den jungen Leuten an. Der Lehrer, kühl wie der Wind vom Fluß, sagt: »This is a place of contemplation, not a playing ground.« Einer der rothaarigen Jungen, den ich als alles andere denn schüchtern und angepaßt eingeschätzt hätte, erwidert nur: »Sorry Sir, I understand.« Kein weiteres Wort.

Bei der Besichtigung des Hauses entdecken wir viele Möbel, Kamine und Bilder, die englische Freunde Washington noch nach der Trennung von England schenkten, so den schönen Kamin im Speisesaal, 1785 aus London geschickt. Auch Ungewöhnliches ist zu sehen. Der Hauptschlüssel der Pariser Bastille, den Lafayette mit den Zeilen übersandte: »The main key of the fortress of despotism. It is a tribute which I owe as a son to my adoptive father.«

Sind die Räume des Erdgeschosses von einer gewissen Förmlichkeit, wenn auch klein im Zuschnitt, so wirken die Schlafzimmer des Obergeschosses sehr persönlich und privat, erlauben die Vorstellung von einer harmonischen Hausgemeinschaft, unter die sich freilich oft Besucher und Freunde als Hausgäste mischten, so daß das Ehepaar sich zurückzog in abseits gelegene Gemächer, die man nur über eine steile Treppe erreichen kann. Niedrige Decke, Rupfenteppich, kleine tüllverhangene Fenster und das traditionelle virginische Himmelbett mit gedrechselten Pfosten geben eine angenehme Wohnatmosphäre. Offensichtlich hat man hier abends oft gesessen, Bücherregale und Sekretär lassen es vermuten. In diesem Raum ist George Washington am 14. Dezember 1799, kurz vor dem Ende des 18. Jahrhunderts, das er maßgebend mitgeprägt hat, gestorben. George und Martha Washington ruhen »at the foot of vineyard enclosure« mitten unter ihren alten Bäumen, wie sie sich es gewünscht hatten, kein pompöses Mausoleum wölbt sich über ihnen, nur der weite Himmel Virginias.

Durchwandert man Washingtons Haus und Gut, so rundet sich das Bild eines ungewöhnlichen Mannes. Der Eigensinn, immer nur das zu tun, was er wollte und sich jeglicher Aufgabe zu verweigern, die seinem Empfinden widersprach, hätte einen anderen an den Rand des finanziellen Ruins gebracht. Washington wurde dieser Eigensinn zum Erfolg. 1795, ermüdet von den Amtsgeschäften, sagte er: »Kein Streben liegt meiner Natur und Begabung mehr als der Landbau; noch habe ich nach irgendetwas mehr Verlangen, als wieder die Erde zu pflügen.«

Rings um das Herrenhaus sind viele Nebengebäude, auch der Stall, in dem sein Lieblingspferd Nelson, das ihn durch den Lärm vieler Schlachten getragen hat, später das Gnadenbrot erhielt. Ein kleines Museum bewahrt persönliche Andenken auf, auch die berühmte Büste George Washingtons, die der französische Bildhauer Jean-Antoine Houdon 1785 angefertigt hat. Das Tonmodell hierzu ist in Mount Vernon entstanden, die Büste gilt darum als das wirklichkeitsgetreueste Abbild des Generals. In einer Vitrine liegt eine Kuriosität, das sogenannte ›Prussian Sword‹, das ein Verehrer, ein gewisser Theophil Alte, Washington mit der Eingravierung gesandt hat: »Vernichter des Despotismus, Beschützer der Freiheit, standhafter Mann.« Welche Gedanken mögen diesen Degen über den Atlantik begleitet haben?

Dieser Frage wollen wir aber nicht nachgrübeln, zumal uns das nahe Mount Vernon Inn zur Entspannung und zum Lunch einlädt. Es ist im nachgebauten Federal Style gehalten. Die hohen französischen Fenster geben den Blick frei auf die üppigen Azaleen des Parks, und trotz der qualitätvollen Ausstattung kostet der Lunch nur wenige Dollar, wird serviert von sehr höflichen Bedienungen im alten Gewand der Zeit. Noch jedesmal, wenn ich zu Hause Freunden einen Schmalfilm aus Amerika gezeigt habe, fragten mich zumal die Kinder, ob denn in Amerika alle Männer einen Dreispitz und die Frauen lange Kleider trügen. Was die freundlichen Bedienungen aber angeht, so ist mir in diesem Inn widerfahren, was einem Mann in der Alten Welt kaum widerfährt: Nach der Begleichung meiner Schuld machte die hübsche Bedienung einen tiefen Knicks, und als ich etwas erstaunt aufsah, sagte sie nur: »You are welcome, Sir.« Verwirrt gestehe ich, jenseits des ersten halben Jahrhunderts, daß dies ein erhebender Moment für einen halb sozialisierten Europäer war.

Gunston Hall: Haus eines Stillen im Land

Von Mount Vernon sind es nur wenige Meilen nach *Woodlawn Plantation.* Gegen 1800 als Herrenhaus erbaut, diente es Washingtons Adoptivtochter und ihrem Mann. Washington war für seine Großzügigkeit bekannt und liebte es, seine Kinder und ihre Familien im nahen Umkreis zu wissen. Nahebei steht Frank Lloyd Wrights *Pope-Leighey House* von 1940. Es ist interessant, wie der berühmte Architekt den uralten und zu allen Zeiten geliebten Gedanken eines Landsitzes hier mit bescheidenen Mitteln durch einen Flachbau realisiert hat. Beide Häuser sind zu besichtigen und finden sich bei der Einmündung des Vernon Memorial Highways in den uns altvertrauten Highway 1.

Bevor wir auf den Highway stoßen, liegt rechts am malerischen Dogue Creek eine der schönsten alten Mühlen Amerikas, *Grist Mill.* Es ist ein altes, massives Gebäude, dessen drei Stockwerke aus Feldsteinen errichtet sind. Reizvoll ist die Anlage am Bach und unter hohen virginischen Eichen, deren lichte Belaubung die Sonnenstrahlen auf dem Boden tanzen lassen, der Bach plätschert, leise knarrt und klappert das alte Mühlwerk: ein höchst angenehmer Platz zum Rasten.

Folgen wir nun dem Highway 1 südwärts, so gelangen wir hinter Pohick Church, der alten Pfarre von Mount Vernon, und den umliegenden Gütern auf einen nach links abbiegenden Feldweg, der nach *Gunston Hall* führt. Dabei queren wir erstmals sumpfartige Waldstrecken, die dann noch tiefer im Süden in die Dismal Swamps übergehen, jene die Küstenvegetation der Carolinas bestimmende Landschaft. Erbauer von Gunston Hall war George Mason (1725-1792), Abgeordneter der Virginia Chamber in Williamsburg. Sein 1755 in georgianischem Stil errichtetes Haus ist klein, aber erlesen eingerichtet. Im ersten Moment fällt es schwer sich vorzustellen, daß von diesem friedlichen, kontemplativen Ort Anregungen ausgegangen sind, die die amerikanische Geschichte tiefgreifend beeinflußt haben. Doch lassen Sie uns zuerst das Haus betreten. Im sogenannten ›Chinese Chippendale Room‹ fällt die in Amerika seltene Rokoko-Ornamentik mit fernöstlichen Motiven auf. Schöner ist der ›Palladian Room‹ in einem eleganten, englisch abgewandelten palladianischen Stil, den man auch ›Adam's Style‹ nennt. Faszinierend ist die Einbettung dieses Hauses im besten europäischen Geschmack der Zeit in eine fast noch Urwald zu nennende üppige Vegetation. Der Park ist reich an schönen Solitärgehölzen, die meisten mit Namensschildern versehen, so daß man die Flora Virginias hier studieren kann. Wie so viele Engländer, muß auch Mason der Gärtnerei verfallen gewesen sein, sicher hat er die Bäume nie in ihrer heutigen Größe und Schönheit gesehen. Prächtige Willow Oaks, Eichen mit schmalen, weidenähnlichen Blättern, die das Licht durchlassen, wechseln mit gewaltigen Red Cedars (Juniperus virginiana), die den noch größeren Redwoods in Kalifornien mit ihrer zerrissenen roten Rinde ähneln. Die Rot-Zeder ist lange Zeit das eigentliche Nutzholz Virginias gewesen, hat die Architektur der Holzhäuser in einem Staat bestimmt, der über wenig Naturstein verfügt. Schön sind auch die mächtigen Buchsbaumalleen, die kleinblättrigen Linden, Roteichen, Bitternuß Hickory, aber auch so fremde Gewächse wie der Kentucky Coffee Tree, der nichts mit Kaffee zu tun hat, und der Tulpenbaum.

Fern am Fuß des sanft abfallenden Geländes liegt der Potomac, wo Mason, wie alle Plantagenbesitzer, eine kleine Lände unterhielt, denn der Verkehr von Menschen und Gütern lief weitgehend über die bequemen Flüsse, die auch von Seeschiffen jener Zeit gleichsam bis vor die Haustüre befahrbar waren. Das erklärt auch den Import kostbarer, aber schwerer Möbel aus England, doch ist diese Erklärung nicht ausreichend, um den Ausstattungsreichtum ganz zu verstehen. Wie Gunston Hall sind die meisten Plantagenhäuser nur wenige Jahrzehnte nach den bescheidenen Siedlungsversuchen in Jamestown erbaut worden. Mag sich auch der eine oder andere Kolonist einen Baumeister aus London verschrieben haben, so müssen hier doch schon sehr früh ausgezeichnete Handwerker zu finden gewesen sein. Wo fand man aber Handwerker im Urwald? Nun, man brachte sie aus England als ›indentured servant‹ mit. Darunter verstand man einen Auswanderungswilligen, mittellos zwar, aber bereit, seinem Patron einige Jahre als Handwerker zu dienen, bis die Kosten der Überfahrt und der Erstausstattung abgegolten waren. In Gunston Hall kennen wir seinen Namen: William Buckland, ein ausgezeichneter ›carpenter‹ und ›joiner‹, also ein Zimmermann und Tischler, dazu Schnitzer und Baumeister in einer Person. Seine Arbeiten sind im weiten Umkreis zu finden, auch Buckland hat Virginias Stil mitgeprägt.

George Mason war einer der Stillen im Lande, verließ selten seinen Landsitz, aber die Feder, die er hier, hoch über dem Potomac, führte, hat ihre Spuren in der Virginia Declaration of Rights von 1776 hinterlassen: »That all men are by nature equally free and independent and have certain inherent rights ... namely, the enjoyment of life and liberty, with the means of acquiring property, and pursuing and obtaining happiness and safety.« Mason gehörte bezeichnenderweise auch zu denen, die sich weigerten, die Verfassung von 1787 zu unterschreiben. Die ›rights of all men‹ hatten für ihn keine Grenze da, wo die Haut zu dunkel war. Betrachtet man den ausgedehnten Besitz, so fragt man sich, wie dieser Mann ohne Sklaven Weizen und Tabak anbauen konnte. Offenbar fand er einen Weg, indem er freie Farbige entlohnte, denn Gunston Hall gedieh durch viele Generationen hindurch bis 1866. Der Zug in den Westen hat, wie auch andernorts, die Landwirtschaft an der Ostküste in Schwierigkeiten gebracht. Heute werden die meisten dieser Häuser mit Hingabe von den ›Colonial Dames of America‹ gepflegt, einer stillen, aber sehr reichen und einflußreichen Gesellschaft, mit der sich auch ausgepichte Spekulanten höchst ungern anlegen.

Hier in George Masons Gunston Hall habe ich mich auch gefragt, woher dieses englisch-amerikanische Bürgertum, trotz der noch weltweit vorherrschenden aristokratischen Vorurteile, seine ungeheure Selbstsicherheit nahm. Dabei denkt man natürlich auch an die Entwicklung, aber auch Verkümmerung des bürgerlichen Selbstbewußtseins in Deutschland. Das deutsche Bürgertum erlebte seinen kulturellen Höhepunkt an der Wende zum 19. Jahrhundert, einem großen Augenblick, in dem wie nie zuvor (und danach) Literatur, Musik und Philosophie aufblühten. Als gegen Ende des Jahrhunderts, in den Gründerjahren, politischer Einfluß und Macht hinzukamen, hatte es seine große Zeit längst hinter sich. Das westeuropäische, zumal das englisch-amerikanische Bürgertum kulminierte bereits gegen die Mitte des 18. Jahrhunderts in einem ungewöhnlichen Zusammentreffen kulturellen *und* politischen Höhenflugs. Die Spuren der sich daraus entwickelnden Selbstsicherheit sind immer noch sichtbar, mag äußerer Glanz und Reichtum, zumal in England, auch dahingegangen sein. Die Erinnerung ist es, die Haltung bewahren läßt und das Bewußtsein von Würde und Unabhängigkeit schafft. Es liegt nahe, dies alles mit der manchmal gescholtenen (und im geheimen bewunderten) Sicherheit des alten Adels zu vergleichen, der gleichermaßen, wenn auch Jahrhunderte früher und fast vergessen, den Höhepunkt kultureller *und* politischer Entfaltung erlebt hat. Mit all dem mag es auch zusammenhängen, daß Adel und Bürgertum in England in einer unauffälligeren Distanz zueinander gelebt haben als in Deutschland, wo Unterwürfigkeit im Gehrock eilfertig dienerte, wenn hohe Herrschaften sich sehen ließen. Wichtiger ist die praktische

Folgerung, das Auseinanderleben des politischen und kulturellen Deutschland. Beginnend im wilhelminischen Reich und sich steigernd in diesem Jahrhundert, sind der homo politicus und der homme de lettres meist auf befremdlicher Distanz geblieben. So hat der Schatten der Willow Oaks über dem Potomac auch einen leichten Schatten auf die geschichtliche Erinnerung geworfen, und solche Schatten sieht man in der Fremde deutlicher.

Der Sezessionskrieg

DER Sezessionskrieg oder Civil War (1861-1865) ist eines der unerfreulichsten Ereignisse in der amerikanischen Geschichte. Er hat tiefe Gefühle aufgewühlt, die noch heute zwischen dem Süden und dem Norden der USA stehen. Von allen Kriegen sind Bürgerkriege stets die seelisch grausamsten, sie trennen Familien, zerschneiden allmählich gewachsene Bande zwischen Volksteilen, und insofern könnte man ja schon den Unabhängigkeitskrieg als eine Art Bürgerkrieg betrachten. Wie wir wissen, hat ihn die britische Krone über eine lange Zeit auch nur als einen klassischen Fall von Aufruhr verstanden. Und doch, wie an anderer Stelle dieses Buches schon ausführlich behandelt, hat die American Revolution zwar die Bande äußerer Zusammengehörigkeit zerschneiden können, aber nicht vermocht, Haß und Verachtung zwischen den beiden Gegnern zu säen. Dies aber ist dem Civil War gründlich gelungen. Viel wichtiger als die Ereignisse dieses Krieges sind darum auch die Gründe, die geistigen und sozialen Strömungen, die zu ihm führten.

Am Ende des amerikanischen Kampfes um die Unabhängigkeit trat eine Phase politischer Erschöpfung ein. Unter den Präsidenten George Washington und Thomas Jefferson, also in dem Zeitraum von 1789 bis 1809, galt es, Grundlagen der Verwaltung zu legen und der Tatsache Rechnung zu tragen, daß die Abtrennung vom britischen Empire auch eine Umdisponierung der Wirtschaft nach sich ziehen mußte. Die Wiederbelebung des Handels, der Zwang zur

Improvisation und Ausnutzung von Bodenschätzen führten in den jungen Vereinigten Staaten zu einer Frühphase industrieller Entwicklung, wie sie in Europa erst gegen die Mitte des 19. Jahrhunderts eintreten sollte. Der Aufbau der Wirtschaft und ihre Intensivierung nahm im Süden und Norden der USA unterschiedliche Züge an. Während der volkreichere Norden sehr rasch eine leistungsfähige Industrie entwickeln konnte, waren die Südstaaten auf den Einsatz billiger Arbeitskräfte, und das heißt Negersklaven, angewiesen.

Zu diesem ökonomischen Aspekt kam aber unverkennbar schon sehr früh eine deutlich verschiedene geistige Grundströmung. Im puritanischen Nordosten lehnte man die Sklaverei ab, weil man sie als Wiederauflage jener Formen europäischer Sklaverei empfand, der man gerade entkommen war. In den Südstaaten dagegen hatte sich schon früh ein quasi-feudales Prinzip herausgebildet, in der Art, wie die Lord Proprietors, die mit königlicher Charter ausgestatteten adeligen Landbesitzer, Kolonisierung betrieben. Sie hatten keine Bedenken, unterprivilegierte und unfreie Neger als billige Arbeitskräfte auf den riesigen Plantagen des Südens einzusetzen.

Beim Besuch der Independence Hall in Philadelphia haben wir bereits gehört, daß diese Frage auch bei der Unabhängigkeitserklärung eine Rolle spielte und nur mühsam überbrückt werden konnte. Artikel 9 der amerikanischen Verfassung von 1789 sagt: »Die Einwanderung oder Hereinholung (!) solcher Personen, deren Zulassung einer der derzeit bestehenden Staaten für angebracht hält, darf vom Kongreß vor dem Jahre 1808 nicht verboten werden, doch kann eine solche Hereinbringung mit Steuer oder Zoll von nicht mehr als zehn Dollar für jede Person belegt werden.« Die Verfassung sah also in der Sklavenfrage eine Übergangsregelung vor, der am 2. März 1807 bereits ein definitives Verbot des Sklavenimports folgte. Offen blieb dabei die Frage, was mit den bereits im Land befindlichen Sklaven zu geschehen habe, deren Kinder ja automatisch in der Sklaverei verblieben. Lange wich man dieser Frage aus, aber als der Staat Missouri, bislang nur als Territorium geführt, um Aufnahme in den Bund ersuchte, kam es zum ›Missouri Compromise‹: Im heutigen Missouri, Teil des einst französischen Louisiana, wurde die Sklaverei verboten. Damit war eine soziale Grenze gezogen. Während im Norden die Antisklaverei-Bewegung immer deutlicher hervortrat, schlossen sich die Südstaaten, Virginia, die beiden Carolinas, das 1819 von Spanien unter Druck gekaufte Florida, aber auch die im Krieg gegen Mexiko 1848 hinzugekommenen Staaten Texas und Neumexiko, enger zusammen. Gerade die deutlichen Ausdehnungsbestrebungen der jungen Vereinigten Staaten, ihre wenig glückliche imperialistische Phase, haben die schon 1789 erkannten Probleme ungemein verschärft, da alle Neuerwerbungen aus alter spanisch-feudaler Tradition und durch den Charakter ihrer Landwirtschaft unwillkürlich Schulter an Schulter standen.

Im Norden hatte sich inzwischen eine recht aktive Gesellschaft der Abolitionisten gebildet »mit dem Ziel, den Wert der Persönlichkeit und die gesellschaftliche Stellung der Farbigen dadurch zu heben, daß sie ihre geistige, moralische und religiöse Ertüchtigung befürwortet und das allgemeine Vorurteil gegen sie abbaut«. Wütend reagierten die Carolinastaaten und verbaten sich jede Einmischung.

Just in diesem Augenblick brachen in Kansas und Nebraska, die noch nicht den Status von Bundesstaaten hatten, bürgerkriegsähnliche Unruhen aus, bei denen es um die Niederlassungsfreiheit der Squatter ging. Unter diesem Namen verstand man die in den Westen an die ›Frontier Line‹ gehenden Siedler, deren staubaufwirbelnde Planwagenkolonnen noch heute Kinoleinwände füllen. Damals wirbelte der Staub auf über der Frage, ob denn Siedler aus den Südstaaten ihre Sklaven mitnehmen dürften, denn damit würden die neuen Territorien automatisch zu Sklaverei bejahenden Staaten. 1857 entschied das Oberste Bundesgericht zwar im Sinne der Südstaaten, aber gleichzeitig bildete sich im Norden die Republikanische Partei, die zwar nicht in die inneren Verhältnisse des Südens eingreifen wollte, sich aber energisch jeder weiteren Ausdehnung der Sklaverei widersetzte. Diese Polarisierung von Republikanern und ihnen gegenüberstehenden Demokraten des Südens ist der amerikanischen Politik bis heute geblieben.

Eine seltsame Episode im Verlauf der amerikanischen Sklavenbewegung ist die Gründung des Staates Liberia an der afrikanischen Westküste. Bereits 1822 begann eine humanitäre Gesellschaft mit der Rücksiedlung freigelassener Negersklaven. 1847 faßte man verschiedene dieser Siedlungen unter dem Namen ›Liberia‹ zusammen, und 1857 kam noch die Negerrepublik Maryland hinzu, in deren Namen sich allerlei Gefühlsverwirrungen dieser bedauernswerten Opfer vermuten lassen. 1862 haben die Vereinigten Staaten Liberia nicht nur völkerrechtlich anerkannt, sondern auch wirtschaftlich und finanztechnisch unterstützt. Die Flagge Liberias ist immer noch die gleiche wie das Star Spangled Banner – doch statt fünfzig Sternen im blauen Feld steht nur ein einziger. Auch die liberianische Währung ist mit der amerikanischen namens- und einstweilen wertgleich. Die rückgewanderte Schicht amerikanisch-protestantischer Neger, deren Namen meistenteils an Virginia oder Carolina erinnern, haben sich aber nur in der Küstenebene Liberias niedergelassen. Ihre Counties – wie zählebig sind britische Institutionen! –, ihre Verwaltung und Rechtsprechung sind ein Abklatsch Amerikas, doch hat es den Anschein, daß jene Neger, die durch das Fegefeuer einer zweimaligen Atlantiküberquerung unter unerfreulichen Umständen gegangen sind, gegenüber ihren weniger gebildeten Stammesbrüdern aus dem Busch die Überlegenheit herauskehren und das alte Sprichwort bestätigen, daß neue Herren rasch die alten Standesvorteile wahrnehmen.

Mit der Wahl Abraham Lincolns zum Präsidenten, der als Parteigänger des Nordens galt, kamen die Dinge rasch zum Bruch. Im März 1861 schlossen sich die Staaten South Carolina, North Carolina, Virginia, Georgia, Florida, Alabama, Mississippi, Tennessee, Arkansas, Louisiana und Texas zu den ›Konföderierten Staaten Amerikas‹ zusammen. Die Entwicklung drängte nun zu einer Entscheidung, wobei die Sklavenfrage fast an den Rand gedrängt wurde. Plötzlich stand ein ganz anderes Thema im Vordergrund: Die kräftig aufgeblühte Industrie des Nordens hatte schon längere Zeit versucht, durch Schutzzölle den von den Südstaaten gewünschten Freihandel mit Europa zu unterbinden. Der Süden Amerikas schien dem Norden das geeignete und natürliche Absatzgebiet zu sein, was eine zweite Welle der Abneigung in den Südstaaten hervorrief. Die ganze Geschichte war zu einer Überlebensfrage der amerikanischen Einheit geworden, und so dürfen wir uns nicht wundern, wenn die politischen Fronten nur schwer auszumachen sind. Hier Republikaner, dort Demokraten, Freihandelsanhänger, Protektionisten, Sklavenhalter und Sklavereigegner, und im Hintergrund die europäischen Staaten, von denen einige hofften, bei dieser schönen Gelegenheit alte Rechnungen mit Amerika begleichen zu können: Frankreich zum Beispiel, das den Verlust seiner amerikanischen Besitzungen nie ganz verschmerzt hatte, England, dem der verlorene Krieg von 1812 ein Stachel war, Spanien, das in der Karibik Verluste hinnehmen mußte, und alle miteinander, weil sie ihre Märkte im Süden der USA nicht verlieren wollten. Das mußte die Monroedoktrin auf eine harte Probe stellen.

Am 2. Dezember 1823 hatte Präsident Monroe in einer Botschaft an den Kongreß verkündet, daß »wir jeden Versuch, ihr System [das der europäischen Staaten] auf irgendeinen Teil dieser Hemisphäre auszudehnen, als gefährlich für unseren Frieden und unsere Sicherheit betrachten werden«. Diese Monroedoktrin hat immer zwei Gesichter gehabt und ist zu verschiedenen Zeiten unterschiedlich interpretiert worden. Zunächst einmal war sie ganz einfach die Erklärung der Zurückweisung jeder europäischen Einmischung auf der westlichen Erdhalbkugel. Sie ist bis in unser Jahrhundert immer wieder als isolationistische Bestrebung interpretiert worden. Einige Politiker in Berlin haben zuweilen auf die Monroedoktrin falsche Hoffnungen gebaut.

Sie beschäftigt sich nämlich nur ganz am Rande mit der Frage der Zweckmäßigkeit eines amerikanischen Eingreifens an anderen Orten, ihr Ziel ist die Abschirmung der westlichen Hemisphäre, darum hat Amerika auch so empfindlich auf das russische Engagement in Kuba reagiert. So wurde auch das Vermittlungsangebot Napoleons III. während des Sezessionskrieges entschieden abgelehnt, der seine Lektion aber immer noch nicht richtig gelernt hatte und sich in das Abenteuer mit Kaiser Maximilian in Mexiko einließ. Die Monroedoktrin ist darum auch eher als eine Phase der Selbstfindung Amerikas zu verstehen, das sich im 19. Jahrhundert viel deutlicher als im 18. von Europa und seinen Gedanken abwendet.

1861 – der Süden ist in heller Aufregung. In den weißen Herrenhäusern mit ihren magnoliengeschmückten Parks gibt es nur ein Thema: die Wahl eines jungen und unbekannten Rechtsanwaltes aus dem Norden zum Präsidenten. Man kannte seine Einstellung zur Sklaverei, und unvergessen und unvergeben war ein gewisses Buch von Harriet Beecher-Stowe, ›Onkel Tom's Hütte‹, das die Damen der Southerners schnell in ihren weiten Krinolinen versteckten, wenn die Herren dazu kamen. Es war einfach unerhört, was da an Schauergeschichten erzählt wurde, was wußte diese kühle Autorin aus Neuengland überhaupt vom Süden? In der Tat, Harriet Beecher-Stowe ist nie im Süden gewesen. Ihr Buch war eine reine Kolportage, geschrieben in einem hübschen Landhaus am Merrimac. Vielleicht haben wir auf unserer Reise durch Neuengland sogar einmal dort übernachtet. Jedenfalls, in den Clubs von New Orleans und auf den Veranden von Charleston war man entschlossen, sich vom Norden zu trennen.

Am 11. April 1861 um 2 Uhr mittags war es soweit: mit einem Kanonenschuß auf Fort Sumter in der Bucht von Charleston begann das Ringen, bei dem es zunächst um eine Loslösung vom Norden und etwa ab 1863 um eine Wiedervereinigung der Vereinigten Staaten von Amerika ging. Der Norden war volkreicher, der Süden couragierter und brillanter in seinen militärischen Aktionen. Die Atmosphäre in der Konföderierten Armee war feudal angehaucht. Bravour, Champagner und schöne Frauen spielten eine große Rolle. Der Londoner Times-Korrespondent schildert die Szene:

In jedem Zelt herrschte größte Gastfreundschaft, und alle Besucher wurden herzlich willkommen geheißen. Kisten mit Champagner und Rotwein, französische Pasteten und dergleichen waren draußen aufgestapelt. Inmitten dieser aufgeregten Gesellschaft kam ich mir wie ein vollkommen nüchterner Mann vor, der zu spät zu einem Gelage erscheint. ›Wollen Sie mit mir trinken, Herr, auf dieses (und dann kam ein schrecklicher Ausdruck) von Lincoln und alle Yankees?‹ rief man mir zu. Diese Burschen aus Carolina sind prächtige Kerle, wenn auch ein bißchen blutrünstig – ihnen haftet noch etwas vom Rittertum an, von dem sie anscheinend glauben, daß es ihnen durch ererbtes Recht zukommt.

In dieser Stimmung errangen die Südstaaten rasch erste militärische Erfolge. Die Wende kam, als die industrielle und technische Übermacht des Nordens sich langsam zwar, aber dann immer deutlicher auszuwirken begann. Von vielen Zeitgenossen völlig unbemerkt, wurde der Civil War zum ersten Materialkrieg der Geschichte. Er wurde eines der tragischsten Kapitel der amerikanischen Geschichte, und wieder wollen wir weniger den äußeren Ereignissen folgen als dem Prozeß der inneren Zermürbung der Südstaatler und der tiefen Frustration, die das Ende des Krieges nach sich zog. Robert Edward Lee, Urenkel George Washingtons, von dem wir schon sprachen, späterer Oberbefehlshaber der Konföderierten, hat am 20. April 1861 einen Brief an seine Schwester geschrieben. Es ist der Brief eines klugen, später von tiefer Tragik umschatteten Mannes. Wir werden ihm am Ende der Auseinandersetzung wieder begegnen.

Meine teure Schwester! Augenblicklich befinden wir uns im Kriegszustand, und dagegen kann man nichts machen. Der ganze Süden ist in Aufruhr, und nach langem Zögern hat sich Virginia mitreißen lassen. Wenn ich auch die Notwendigkeit einer solchen Entscheidung nicht einsehe und ich für meinen Teil es vorgezogen hätte, mich fernzuhalten und mit aller Kraft die Aufhebung dieses unnatürlichen Zustandes – möge er zu Recht oder Unrecht bestehen – zu fordern, so mußte ich doch in Anbetracht meiner Lage entscheiden, ob ich für oder gegen meinen eigenen Staat Stellung nehmen sollte.

Trotz meiner Ergebenheit der Union gegenüber und meiner treuen Gesinnung als amerikanischer Bürger, habe ich mich nicht entschließen können, den Arm gegen meine Eltern, meine Kinder und meine Heimat zu erheben. Und so habe ich Abschied genommen von der Armee in der Hoffnung, niemals zum Degen greifen zu müssen.

Das ist nicht der Brief eines Kriegslüsternen! Die leise Skepsis in diesen Zeilen fand bald ihre Bestätigung in der Wirklichkeit. Als die Jahre dahingingen, trugen fast alle Frauen auf den Plantagen des Südens Trauer um ein verlorenes Familienmitglied. Nur alte Männer und Krüppel blieben zu Hause, und die Knaben machten mit Hilfe der Neger die Feldarbeit. Die Kirchenglocken wurden schon bald eingeschmolzen; der Mangel an allem und jedem, insbesondere aber an Waffen und Pulver, lähmte die Armee in zunehmendem Maße. Stimmung und Stolz unter diesen Frauen hat Margaret Mitchell in ihrem Roman ›Vom Winde verweht‹ bewegend erzählt.

1862/63 gelingt es den Nordstaaten, den Mississippi entlang bis nach New Orleans durchzustoßen. Die Konföderierten wiederum versuchen immer wieder, nach Washington vorzudringen. In zwei Materialschlachten 1862 bei Antietam und 1863 bei Gettysburg verläßt die Konföderierten endgültig das Kriegsglück. Es ist wie immer bei den dicken Kanonen und den ausgeruhten und bestens ausgerüsteten Truppen der Unionsstaaten. Jefferson Davis, der Präsident der Südstaaten, schreibt 1863:

Im Frühjahr 1863 hatte der Feind seine frühere Position bei Fredericksburg eingenommen. Er war sehr stark und bereitete sich im größten Maßstab auf einen Angriff in Richtung Richmond vor, das als der Angelpunkt des Krieges betrachtet wurde. Die Verteidigung unseres Landes hatte fast alle Einwohner schon zu den Waffen gerufen ... Man entschloß sich, durch einen kühnen Vorstoß den Krieg nach dem Norden zu tragen und damit gleichzeitig den Feind aus dem Shenandoah-Tal zu vertreiben.

Bei Gettysburg kommt es zum unerwarteten Zusammenstoß der Truppen. Noch einmal erringen die zahlenmäßig zunächst stärkeren Konföderierten unter Lee, der sich nach langem Zögern an die Spitze der Südstaatenarmee gestellt hatte, erste Erfolge, um dann unter dem Druck der massiv herangeführten Verstärkung der Unionstruppen doch das Feld räumen zu müssen. Zum ersten Mal geht den Infanterieangriffen ein zermürbender Artilleriebeschuß voraus. 140 Geschütze der Konföderierten eröffnen am 3. Juli mittags das Feuer auf die Unionsregimenter. Ein New Yorker Oberst beschreibt den Beginn:

Ein bedrückendes Schweigen hatte sich auf das Schlachtfeld gesenkt. Es war wie die Stille, die so oft dem Sturm vorausgeht ... Elf Uhr – zwölf Uhr – ein Uhr; da wurde draußen eine Kanone abgefeuert. Danach eine im Mittelabschnitt, und danach brach die ganze Linie in Flammen aus. Unsere Männer stürzten in ihre Stellungen, warfen sich zu Boden, und keiner zu früh.

Die Nähe dieser Schilderungen zu den Materialschlachten an der Westfront 1916-1918 ist unübersehbar. Doch die Offiziere aus den preußischen, französischen und österreich-ungarischen Generalstäben, die als Beobachter dem Geschehen beiwohnen, erkennen nicht den Unterschied zu früheren Kriegen. Sie fühlen sich auch dem lockeren Ton auf den südlichen Plantagen und bei den konföderierten Kavallerieregimentern mehr verbunden als dem bei den so nüchternen, rechnenden Kommandeuren des Nordens. Keiner ihrer Berichte hat in Europa einen Widerhall gefunden.

Bei der Trauerfeier für die Gefallenen hat Abraham Lincoln seine berühmte ›Gettysburg Address‹ gehalten: eine in Amerika unvergessene Ansprache. Verfaßt von einem Präsidenten, der aus bescheidensten Verhältnissen stammte und trotz seines hohen Idealismus und seines Eintretens für die Rechte der Schwarzen zur Präsidentschaft kam, zeigte sie in Aufbau und Inhalt unverkennbare Anklänge an die Leichenrede des Perikles für die athenischen Gefallenen zu Beginn des Peloponnesischen Krieges. Aber wie das mit der Geschichte so ist, auf Perikles folgte der plebejische Kleon und auf Lincoln die Geschäftemacher der ›Reconstruction‹. Dennoch sind Lincolns Worte über Inhalt und Wert des Begriffes Demokratie so lesenswert wie Perikles Vergleich von Athen und Sparta.

Gegen Mitte des Jahres 1864 führt der Oberkommandierende der Unionstruppen, General Grant, die entscheidenden Schläge gegen Lee. Die Verluste auf beiden Seiten überschreiten alles, was man bislang in Feldzügen erlebt hatte. Bei Petersburg läuft die Interstate 95 nahe an den Schauplätzen vorbei, auf denen der Widerstand der Südstaaten zusammenbrach. Im Osten der Stadt hat man das Schlachtfeld nicht bebaut. Durchzogen von Gräben und Artilleriestellungen hat sich die Erinnerung an die zehn Monate währenden erbitterten Grabenkämpfe zwischen der Unionsarmee unter Ulysses S. Grant und den Konföderierten Regimentern unter Robert E. Lee erhalten.

Grant wollte den Konföderierten den Todesstoß versetzen, indem er ihre Hauptstadt Richmond einnahm, doch Lee vereitelte seinen Angriff und zwang Grant, auf Petersburg auszuweichen. Um ein Haar hätten Grants Negerregimenter die Stadt genommen, im letzten Moment brach man den Angriff ab, weil man in der Nacht die Stärke des Gegners überschätzt hatte und sich nicht dem Vorwurf aussetzen wollte, die schwarze Infanterie sinnlos zu opfern. Lee nützte diese Stunden und zog seine Truppen aus den Wällen von Richmond ab. So lag man sich in Petersburg lange Monate gegenüber. Der zähe Widerstand kostete 70000 Amerikanern das Leben, und erst als die letzten Nachschubwege der ausgebluteten Südstaaten abgeschnitten zu werden drohten, räumte Lee die Stadt, zog sich mit dem Häuflein Getreuer nach Appomattox Court House am gleichnamigen Fluß zurück, wo er am 9. April 1865 kapitulierte.

Überall auf dem Schlachtfeld stehen Kanonen, halb überwachsen von der barmherzigen Natur. Der Geist der Südstaaten aber lebt noch. Von Charleston bis Petersburg sieht man da und dort die Flagge der Konföderierten verstohlen wehen: rot mit einem blauen diagonalen Kreuz mit weißen Sternen. Der ganze verletzte Stolz der Southerners, ihre noch heute spürbare Empfindlichkeit den erfolgreichen Yankees aus dem Norden gegenüber spricht aus den Gedenksteinen und Denkmälern. Die United Daughters of the Confederacy bewachen eifersüchtig dieses Erbe, aber die Zahl derer ist kleiner geworden, die in solchen Ressentiments noch einen Sinn sehen. Auch das allmähliche Einlenken der Bundesregierung in Washington, die die Denkmäler im Süden heute bereitwilliger als schützenswerte Stätten der ganzen Nation versteht, hat zur Entspannung beigetragen.

Am Ende der Kämpfe zwischen Nord- und Südstaaten verstand niemand mehr den Sinn dieses Ringens. Die Weißen des Südens waren ausgeblutet und verarmt. Die Neger waren hilflos mit ihrer neuen Freiheit und nicht weniger machtlos als zuvor. Die Sklaverei des Feudalismus war abgelöst worden durch die Sklaverei des frühen Maschinenzeitalters – alles war offenbar vergeblich.

Bei der Kapitulation in Appomattox und im letzten Zukken dieses furchtbaren Krieges kommt wieder etwas Versöhnliches und Menschliches zutage. Lee und Grant treffen sich zum Waffenstillstand. Grant erscheint in grober Feldbluse und Lee in voller Uniform. Grant bekundet in seinem Verhalten großen Respekt, so daß ein etwas vorwitziger Leutnant in Grants Stab fragt: »Wer von den beiden ergibt sich eigentlich wem?« Grant selbst berichtet:

Ich weiß nicht, was General Lee in diesem Augenblick fühlte. Da er ein sehr würdevoller Mann war, konnte man unmöglich erkennen, ob er innerlich froh war, daß die Sache endlich ein Ende genommen hatte, oder traurig über das Ergebnis ... Auch ich fühlte mich alles andere als erfreut bei der Niederlage des Gegners, der sich so lange und tapfer geschlagen hatte und um eine Sache, glaube ich, die die böseste war, für die ein Volk je gekämpft hat, und eine, für die es überhaupt keine Entschuldigung gibt. Dennoch will ich nicht die Aufrichtigkeit der Mehrzahl jener in Frage stellen, die die Waffen gegen uns erhoben haben.

Das sind zeitlose Worte.

Fair waren die Bedingungen des Waffenstillstandes. In einem Brief an Lee gibt Grant bekannt: »Hiernach erhält jeder Offizier und jeder Mann die Erlaubnis, an seinen Wohnsitz zurückzukehren, ohne von der Autorität der Vereinigten Staaten behelligt zu werden, solange sie ihr Ehrenwort und die gültigen Gesetze ihres Wohnortes beachten.«

General Chamberlain, der im Auftrag Grants die Kapitulation überwacht, schildert bewegt und bewegend das Ereignis:

Es war der Vormittag des 12. April. Wir formierten uns an der Hauptstraße und beobachteten, wie die Unterlegenen ihre Zelte abbrachen. Es war eine unangenehme Pflicht. Und dann rückten sie an, mit ihrem alten schwingenden Marschschritt und wehenden Fahnen. Voran das stolze Banner der Konföderierten – das große weiße Feld, das in der oberen Ecke ein sternenbesetztes blaues Kreuz auf rotem Grund trägt, dann die Regimentsfahnen über den furchtbar gelichteten Reihen. Die Bedeutung des Augenblicks bewegte mich tief ... Vor uns – stolz in ihrer Demütigung – stand die verkörperte Tapferkeit: Männer, die nicht Anstrengungen und Leiden, nicht die Aussicht auf den Tod noch Unglück gebeugt hatte. Sie standen abgezehrt, ausgehungert und zerlumpt, aber aufrecht vor uns, und ihre Augen blickten geradeaus in die unseren und weckten Erinnerungen, die uns mehr verbanden, als jedes andere Band es könnte.

Am Abend der Kapitulation reitet Lee zu dem Ort Bukkingham und bittet im Gasthof um ein Zimmer. Aber die Betten sind längst besetzt, Lee wird abgewiesen und irrt wie seine müden Soldaten durch die Nacht.

Am vierten Jahrestag der Kapitulation von Fort Sumter in der Bucht von Charleston geht das Star Spangled Banner wieder am Fahnenmast des Forts hoch, und Präsident Lincoln berichtet den Mitgliedern des Senats in Washington von einem seltsamen Traum, den er in der Nacht zum 14. April 1865 gehabt hatte: »Ich saß in einem sonderbaren Boot, das ich nicht zu beschreiben vermag. Es bewegte sich auf ein dunkles Ufer zu. Den gleichen Traum hatte ich vor allen Siegen, vor Antietam, vor Gettysburg, vor Vicksburg ...« Am Abend trifft den Präsidenten die Kugel seines Mörders in der Loge des alten Ford Theaters in Washington. Booth heißt der Mann, und er bezeugt noch im Moment der Tat klassische Bildung, indem er Lincoln zuruft »Sic semper tyrannis!« Das konnte der Präsident unter dem Knall des Pistolenschusses vielleicht noch verstehen, aber sicher nicht begreifen. Er wähnte doch, die Tyrannei der Sklavenhaltung gerade abgeschafft zu haben.

Im 13. Amendment zur Verfassung der Vereinigten Staaten wurde die Sklaverei am 18. Dezember 1865 untersagt. Aber noch bei der Uraufführung des Filmes ›Vom Winde verweht‹, rund ein Jahrhundert danach, pfiffen die Zuschauer die blau uniformierten Unionssoldaten wütend aus und sangen in Atlanta den Dixie Song, wenn man so will, die Marseillaise der Südstaaten. Der Geburtstag von General Lee, der 19. Januar, ist in den elf Sezessionsstaaten immer noch ein gesetzlicher Feiertag. Doch ist die große Sympathiewelle, die eigentlich erst in unserem Jahrhundert über die Südstaaten hereinbrach, für sie ebenso zu spät gekommen wie für die Indianer das erwachende Interesse an ihnen. Amerikanische Historiker sind ohnehin der Meinung, daß die dem Krieg folgende Phase der ›Reconstruction‹ mehr Schaden verursacht hat als der Krieg selbst. Die Plötzlichkeit, mit der die Sklaven freigelassen wurden, ließ sie ohne Rat. Dieser wurde dann von jenen Weißen aus dem Norden geliefert, die als ›carpetbaggers‹, also mit dem Margarinekoffer, eintrafen, mit den Hilflosen ihre Geschäfte machten und die entsprechende Agitation betrieben. Das hat dem Haß der Entmachteten eine neue Richtung gegeben und ihre Vorurteile gegen die Yankees bestärkt. Erst Eisenhower gelang es als erstem Republikaner bei seiner Wahlkampagne das Herz der Südstaaten zu erringen. Atlanta, die geistige Hauptstadt der Southerners, jubelte dem General zu, fast genau hundert Jahre nach der Brandschatzung Atlantas durch einen anderen republikanischen General: W. T. Sherman.

Charme des Südens oder das alte Virginia

MIT dem Betreten Virginias sind wir dem Old South schon sehr nahe gekommen. Klima und Landschaftsformen ändern sich zunächst nur unmerklich, es ist eher ein gewandeltes Lebensgefühl, eine mildere Atmosphäre mit gewissen aristokratischen Formen, die uns das Gefühl einer Veränderung vermitteln. Die hohe Luftfeuchtigkeit in der Nähe des Meeres und der tief ins Land ziehenden Buchten, die sommerliche Schwüle lassen kaum ahnen, daß der Winter streng sein kann, mit langen Frost- und Schneeperioden. Und wenn in Europa der Übergang zur Weichheit und Üppigkeit des Südens – sehen wir von Griechenland einmal ab – verbunden ist mit der Zäsur des Alpenübergangs und all den charmanten, aber manchmal natürlich auch weniger charmanten Eigenschaften romanischer Völker, so ist Virginia im unmerklichen Übergang aus den flachen Landschaften Delawares und Marylands und in der Kontinuität englischen Lebensstils zunächst kaum verschieden von den nördlicheren Landschaften, die wir bereits durchfahren haben. Lediglich der zunehmende und deutlich ins Blickfeld tretende Einfluß der Neger, ihres mehr barocken Lebensgefühls, ihrer Laissez-faire-Laissez-aller-Mentalität setzt Farbtupfer und gibt dem Englischen kolonialzeitliches Ambiente, von den einen bewundert, von den andern kritisiert.

Fredericksburg am Rand der Schlachtfelder

Washington verlassend, führt uns die Interstate 95 wie der fast parallel verlaufende Highway 1 zunächst nach Fredericksburg. Die am Rappahannock River etwa achtzig Kilometer südlich von Alexandria gelegene Stadt hat im Unabhängigkeitskrieg, aber auch im unseligen Sezessionskrieg eine große Rolle gespielt. Ihre historischen Bauten sind bis 1727 zu verfolgen, und in der gärenden Zeit des ›Stamp Act‹ und der ›Bostoner Tea Party‹ war die *Rising Sun Tavern* eine Stätte stürmischer Auseinandersetzungen zwischen den Royalisten oder Tories und den von England wegstrebenden Bevölkerungsschichten. Wir dürfen auch nicht annehmen, daß in jener Zeit alle amerikanischen Kolonisten mit englischer Staatsbürgerschaft von der Krone wegwollten. In diesem jungen Land, das inzwischen seine eigenen Katastrophen kannte, mit Dürrejahren, Überschwemmungen und Seuchen fertig werden mußte, immer noch im Kampf mit nomadisierenden Indianerstämmen lag, war für viele Bürger die englische Krone Inbegriff der Sicherheit, ein einigendes Band in der bunten Nationalitätenliste der Kolonisten, auch ganz einfach ein beruhigendes Prinzip von Gesetz und Ordnung. Dieses Prinzip wird ja heute von manchen Gruppierungen gern angegriffen, doch sind dies meist Theoretiker und keine Pragmatiker. Ein liebenswerter Mensch unserer Tage wollte es gerne ersetzt sehen durch das Begriffspaar love and order. Vielleicht war es auch love and order, was einst mehr an das englische Mutterland band als law and order. Der Schritt in die Unabhängigkeit war ein großes Risiko, und mochte man sich auch über Steuern ärgern, so galt die eher bange Frage vieler Siedler, ob denn ein unabhängiges Amerika sich zu einer Qualität ›of it's own‹ entwickeln könne. Dieses Für und Wider mochte auch die hitzigen Debatten in der Rising Sun Tavern in Fredericksburg angeheizt haben. Auf den nahen Schlachtfeldern, insbesondere auf dem Manassas Battlefield, wurde aus diesen Debatten blutige Wirklichkeit, als sich zeigte, daß das inzwischen unabhängig gewordene Amerika unter starken inneren Spannungen stand, die sich im Sezessionskrieg auswirkten. Die Südstaaten haben bei Manassas zweimal das Heer der Nordstaaten besiegt, und wieder war Virginia als Grenzstaat gespalten in seiner Meinung, und Hauptkriegsschauplatz. Wir dürfen uns auch sowohl den Unabhängigkeitskrieg als auch den Sezessionskrieg nicht als Kriege mit fester Frontlinie vorstellen, sondern als eine Folge offener Feldzüge, immer wieder unterbrochen durch Phasen der Erschöpfung und Regeneration.

Die einst gelobte Gastfreundschaft der Rising Sun Tavern existiert nicht mehr, sie wäre auch für unseren Geschmack etwas zu herzlich – no more than five to a bed. Da wird es uns eher zum *Kenmore House* ziehen, 1752 für Betty Washington erbaut, deren Mann, Fielding Lewis, die Kanonen für Washingtons Armee goß, sicher nicht umsonst, wie die Einrichtung verrät. Vielleicht ist das Haus deshalb im Sezessionskrieg als eines der wenigen in Fredericksburg stehen geblieben. Die Stadt wechselte siebenmal den Besitzer, etwa eine Viertelmillion Soldaten kämpften hier 1862 auf engstem Raum. Die Militärattachés der europäischen Mächte, meist aus adeligen Häusern, haben diese Kämpfe beobachtet, aber sie haben sie nicht verstanden. Keiner der europäischen Staaten hat irgendwelche Konsequenzen aus dem massierten Artillerieeinsatz gezogen.

Lebendige Kolonialzeit in Williamsburg

Den Besuch der alten Schlachtfelder, auf denen noch heute Hunderte von Kanonen im Halbschatten der Bäume herumstehen, werden wir uns ersparen, um statt dessen über Richmond, die Hauptstadt von Virginia, deren gemäßigte Hochhaussilhouette aber keinen Besuch lohnt, auf dem Highway 60 nach Williamsburg zu gelangen.

Das alte Williamsburg, auch Colonial Williamsburg genannt, ist ein unbestrittener Höhepunkt Virginias, den wir nicht versäumen sollten. Doch was wir hier sehen werden, ergänzt durch einen Besuch im noch älteren Jamestown, mag wenig geeignet sein, die Ansprüche eines nach Höhepunkten lechzenden Globetrotters zu befriedigen. Alles ist von stiller Art, man muß sich Zeit nehmen, denn die Uhren gehen hier ganz unamerikanisch langsam.

Im Jahre 1926 begann eine Reihe von jungen Enthusiasten mit jener Restaurierung in Williamsburg, die für Amerika ein Beispiel setzte. John D. Rockefeller, Jr., hat bis zu seinem Tode 1960 dieses Unternehmen mit riesigen Summen unterstützt, was zur Ehre des sonst so gern geschmähten Kapitals auch einmal gesagt werden muß. Das Ziel all dieser Bemühungen war, eine noch weitgehend original erhaltene, aber etwas heruntergewirtschaftete Stadt aus der Kolonialzeit so zu restaurieren und mit Leben zu erfüllen, daß Formen und Atmosphäre des frühen Amerika spürbar werden. So sind die alten Stadtteile instandgesetzt worden, und in etwa hundert Häusern, Läden, Küchen und Werkstätten gehen Menschen in Kleidern des frühen 18. Jahrhunderts den Beschäftigungen jener Zeit nach. Wir sollten dies nicht als Mummenschanz oder einen der vielerorts üblichen historischen Umzüge für Touristen abtun. Die Menschen, die wir sehen, leben und arbeiten in Williamsburg in der ernsthaften Absicht, eine frühe Epoche amerikanischer Geschichte sichtbar zu machen. So lassen wir uns einfangen in der Duke of Gloucester Street oder in Raleigh's Tavern von der Liebenswürdigkeit einer versunkenen Zeit, mitten unter Männern und Kindern in Kniehosen, Schalkragenhemden und Dreispitz und hübschen Frauen in langen Kleidern und Stroh-Bonnets mit bunten Seidenbändern. In den Werkstätten sind Schuhmacher, Drucker, Perückenmacher und Schmiede mit den alten Handwerken beschäftigt.

Das frühe, noch britische Williamsburg entstand gegen 1693 und war Zentrum der Kronkolonie Virginia. Nach der ersten Landnahme durch Sir Walter Raleigh zur Zeit der großen Elisabeth, kurz nach 1600, hatte sich das Leben der Siedler innerhalb eines knappen Jahrhunderts stabilisiert, und das damals, 1607, gegründete Jamestown war zugunsten von Williamsburg verlassen worden. Im Zuge des allmählich nach Westen vorrückenden Siedlungsgürtels mußte aber auch Williamsburg seinen Rang als Hauptstadt später an Richmond abgeben. Diesem Umstand verdankt Williamsburg die Erhaltung alter Bausubstanz. Bereits 1693 wurde auch das William and Mary College gegründet – nur Harvard ist älter. Auch an der Schwelle der Unabhängigkeit behauptete Williamsburg noch seinen Rang, als der Abgeordnete von Virginia, Patrick Henry, hier 1765 seine gegen die englische Stempelsteuer gerichtete ›Stamp Act Resolves‹ einbrachte. 1776 sandte die Virginia Convention von Williamsburg ihre berühmte Resolution an den ersten amerikanischen Kongreß in Philadelphia mit der Forderung, »that the colonies were absolved from all allegiance to the British Crown«. Noch im selben Jahr wurde hier die Virginia Declaration of Rights verabschiedet – Grundlage der heutigen Bill of Rights, von der schon die Rede war.

Empfehlen möchte ich, ein oder zwei Tage in Williamsburg zu wohnen. Wenn man motorisiert ist, ist das beispielsweise in der ›Princess Ann Motor Lodge‹, 1350 Richmond Road, sehr bequem. Nicht weit vom historischen Kern entfernt, bietet dieses Mittelklasse-Motel eine angenehme Atmosphäre. Vielleicht aber reizt es uns, in einer solch alten Stadt näher an der Vergangenheit zu wohnen. Dann sollten wir unsere Schritte zum ›Williamsburg Inn‹ im Zentrum lenken. Großzügig den Geist des kolonialen Südens atmend, sind Aufenthaltsräume wie Zimmer im Stil des Early Regency gehalten. Aber auch der Lebensstil in diesem Haus, das Entgegenkommen des Personals, geben das Gefühl, persönlicher und nicht zahlender Gast zu sein. Wenn auch die erste Elisabeth nie ihre Kronkolonie Virginia gesehen hat, die zweite verschmähte den Besuch des alten Williamsburg nicht und wohnte in diesem Inn. Die Preise sind nicht niedrig, doch gemessen an europäischen großen Städten eher erstaunlich günstig. Unter den Restaurants kulminiert ebenfalls dieses Inn und seine Dependance, die Williamsburg Lodge. Der Begriff ›große Küche‹, in Amerika sonst wenig gehört, ist hier am Platz, und im Bay Room werden vor allem hervorragende Fischgerichte geboten. Da in amerikanischen Hotels das Frühstück nicht obligatorisch ist, nutzen wir die Gelegenheit eines morgendlichen Spaziergangs im erwachenden Williamsburg, um im Coffeeshop des ›Cascades Restaurants‹ (Information Center Drive) zu frühstücken. Die frische Luft hat uns dann auch etwas aufnahmefähiger gemacht für gebratenen Schinken, gegrilltes Huhn und Wildpasteten. Vor dem Abendessen werden wir kein Bedürfnis mehr verspüren, nochmals ein Restaurant aufzusuchen.

Dann sollten wir durch die Duke of Gloucester Street gehen, die uns die beste Gelegenheit gibt, Stil und Lebensweise des alten kolonialzeitlichen Amerika kennenzulernen. Entlang der weiten und mit ausladenden Bäumen gesäumten Allee liegen die meist anderthalbstöckigen, holzbeplankten weißen Häuser, die man gegen 1930 wiederhergestellt hat. Einige hatten sich ohnehin erhalten, und manche sind noch von ihren alten Besitzern bewohnt. Die hübschen kleinen Handwerkerstuben der Schneider, Taschner und Perückenmacher, der Silberschmiede, Drucker und Tischler sind belebt; im James Geddy House restauriert der Silversmith, der zugleich ein Gunsmith ist, gerade eine alte Büchse, und im Mary Smith Shop sind Instrumentenmacher dabei, Violinen, Gitarren, aber auch Spinette und Hurdie-gurdies, wir würden sagen Klampfen, instandzusetzen. Während es hier nach Holz und Lacken riecht, ein Cembalo gestimmt wird, zieht uns ein anderer Duft über die Straße zu Raleigh's Tavern, in dessen Backhaus gerade Gingerbread gebacken wird. Alle diese kleinen, weißen Gebäude in ihren grünen Gärten und im Halbschatten der Eichen sind ebenso familiär wie wohnlich. Auch die alten Trachten tragen wesentlich zu dieser Stimmung bei; und wer meint, täglich mit Touristen umzugehen, müsse doch abstumpfen und zur tristen Gewohnheit werden, sieht sich hier getäuscht. Das mag daran liegen, daß von Williamsburg jeder Massentourismus ferngehalten wird. Die Hotellerie hält ein hohes Niveau, und die meisten Besucher sind intensiv an den Sehenswürdigkeiten interessiert, so daß sich viele gute Gespräche ergeben.

Sehr hübsch ist *Raleigh's Tavern* in der Nähe des Capitols. Nach dem Inventar von 1770 wiederausgestattet, gibt sie ein gutes Bild des Reisens in jener Zeit. Die Gästezimmer im oberen Geschoß sind sehr unterschiedlich. Da gibt es schöne Einzelzimmer mit Baldachinbetten, bequemen Stühlen und Sprossenfenstern, von denen aus man die Äpfel von den Bäumen pflücken konnte. Aber die meisten Betten standen in Korridoren und Dormitories, ohne jeden privaten Bereich, und in einen Ledersessel mußten sich mehrere Gäste teilen, ein Schicksal, das auch dem ominösen pot de chambre beschieden war, den man mit Pottschamber so herrlich eingedeutscht hat. Ein Herr von Stand, der damals reiste, brauchte fünf Plätze: für sich selbst, seinen Diener und drei Pferde, von denen eines Packpferd war. Die zahlungskräftigen Gentlemen fanden in Raleigh's Tavern eine behagliche Bleibe, und im Gegensatz zu europäischen Gasthöfen ähnlicher Natur gab es viele Aufenthaltsräume zum Zeitvertreib. Gleich im Erdgeschoß liegt ein schönes Billardzimmer sowie ein Kartenzimmer, in dessen bequemen Ledersesseln man sich zu einem kleinen jeu aux cartes niederließ, bis am späten Nachmittag der Tavernkeeper seinen Portweintresen öffnete. Was wir heute eine Bar nennen würden, war sehr klug und praktisch angeordnet: ein kleiner, durch ein Holzbord abgeteilter Raum, aus dem eine Falltüre direkt in den kühlen Keller führte. Dorthin zu entschwinden, bedeutete natürlich für den Keeper ein Risiko, genauer gesagt für die dickbauchigen, grünen und braunen Portwein- und Sherryflaschen mit den Kellereimarkierungen Tejo, Lisboa oder Jerez. So ließ er ein Gatter herab, auf englisch ›a bar‹, was dem heutigen Allerweltsausdruck ›to open the bar‹ seinen alten Sinn wiedergibt.

Der Apollo Room diente mit seinem schweren Eichenklapptisch geschäftlichen Verhandlungen, die Speiseräume sind mit geschnitzten cupboards aus Walnußholz, Staffordshire-Steingut und Zinngeräten ausgestattet. Alle diese

Räume sind wohnlich und repräsentativ zugleich, obwohl sehr schlicht zugeschnitten. Mit den einfachsten Mitteln, einem umlaufenden blaugrauen Zahnfries unter der Decke, den tief herabgezogenen französischen Sprossenfenstern, hier und da einer Kaminummantelung in ruhigen klassizistischen Formen, hellen, leger drapierten Vorhängen, wird Atmosphäre geschaffen. Die Wände zeigen interessante alte Stiche, darunter eine Ansicht New Yorks von Friedrich Leizelt und vergilbte Landkarten Virginias. Besonders geliebt hat man offenbar halbrunde Wandnischen mit einem rundbogigen Gewände nach der Art Palladios; der große Vicentiner hätte seine Freude daran gehabt.

Am Ostende der Gloucester Street liegt in einer Umwallung das *Kapitol*, das alte State House der Kolonie Virginia, architektonisch verwandt dem Pennsylvania State House in Philadelphia. Kurz nach 1700 im Stil der Renaissance erbaut, wirkt es noch fast mittelalterlich durch die massiven Rundungen der Seitentrakte, die wie Türme anmuten. Das Kapitol ist trotz seiner Kleinheit von großer Raffinesse im architektonischen Aufbau wie im Detail. Den östlichen Balken eines H bildet das Abgeordnetenhaus (Chamber of Burgesses), in der die Virginia Assembly (Unterhaus) von 1704 bis 1780 zusammentrat. Entsprechend der englischen Gewaltenteilung hatten auch die Kolonien eine Art Unterhaus, wenn auch mit sehr stark reduziertem Einfluß. Den Abgeordneten stand der Gouverneur mit seinem aristokratischen Staatsrat (Virginia Council) gegenüber, folgerichtig im westlichen Balken des H untergebracht. Der Querbalken ist ein Korridor, eine symbolische Brücke. Sie trägt einen kleinen hölzernen Glockenturm und beherbergt im Erdgeschoß die Wachhalle, in der sich in Notzeiten die Miliz zusammenfand, zu der jeder Kolonist zwischen 18 und 60 Jahren gehörte.

Das Abgeordnetenhaus und das Oberste Gericht der Kolonie sahen in den Jahren vor der Revolution das wachsende Unbehagen der Kolonisten gegenüber der Politik des Mutterlandes. In diesen Räumen dürfen wir uns Patrick Henry und Thomas Jefferson vorstellen, in heftiger Kontroverse mit jenen Bürgern Williamsburgs, die den Konflikt mit der Krone nicht wollten und dafür auch gute Gründe vortrugen. Dabei war die Rolle des letzten britischen Gouverneurs keine sehr glückliche. John Murray, Earl of Dunmore, war einer jener Repräsentanten der Krone, die mit den englischen Worten ›haughty and aloof‹ unmißverständlich charakterisiert sind. Von ihm stammt das Wort von der »damned breed of Adamses in Boston«, und von Patrick Henry, dessen berühmte ›Bill of the Stamp Act Resolves‹ wir schon erwähnten, sprach er verächtlich als »a certain Patrick Henry«. Der »gewisse Henry« erschien dann am 3. Mai 1775 mit hundert Bewaffneten, und der Earl of Dunmore begab sich eilig auf ein Schiff seiner Majestät, das im James River lag, um nach Schottland zurückzusegeln.

Es kann wenig Zweifel bestehen, daß ein maßvollerer und klügerer Provinzgouverneur den Lauf der Dinge in eine andere Richtung hätte wenden können, denn neben Heißspornen wie den Adamses und Henry gab es sehr besonnene Männer wie George Mason, der in der Stille von Gunston Hall seine Virginia Declaration of Rights formuliert hatte. Im Juni 1776 in der Virginia Assembly in Williamsburg eingebracht, bot sie immer noch die Möglichkeit eines Brückenschlags. Doch der Korridor über der Torhalle des Kapitols wurde nie begangen. Die Philadelphia-Erklärung, daß die Kolonien von aller Verpflichtung gegenüber der britischen Krone entbunden seien, brachte den Bruch.

Gehen wir darum durch diesen ungenützten Korridor der Geschichte. Die Amtsräume des Gouverneurs im Westteil des Kapitols sind weit kostbarer ausgestattet als die Räume des Unterhauses. Schwere Tapeten, üppige Renaissance-Stühle, Gemälde des englischen Königs William und seiner Gemahlin Mary, den Gründungspatronen von Williamsburg, künden von Machtbewußtsein und lassen die Szene glaubhaft werden, in der Gouverneur Dunmore, mit seinen Beratern um den großen ovalen Tisch sitzend, die Burgesses, am Ende des kleinen Saales mit dem Dreispitz in der

Hand stehend, kühl beschied, die Assembly sei hiermit aufgehoben. Die uns führende Dame in gebauschter Krinoline war eine ebenso kluge, kundige wie lustige Ciceronin. Schon im Court Room hatte sie einer englischen Familie mit Augenzwinkern erklärt: »We are still rich colonies, but you are poor British.« Später, vor Charles W. Peales großem Wandbild von Washington befragt, ob dies ein Original sei, bemerkte sie trocken: »The only reproduction in this room, that's me.« In der Tat, das Gemälde ist original und nach langer Erbfolge nach Williamsburg zurückgekommen.

Die verbitterten Abgeordneten fanden nur wenige Schritte entfernt in Raleigh's Tavern eine erste Stätte, den Groll hinunterzuspülen. Capitol und Tavern liegen einen Steinwurf auseinander; selten ist ein unsere heutige Weltordnung mitbestimmender Schritt in derart engem Umkreis eines fast dörflichen Lebens entschieden worden. Das Rumoren in Raleigh's Tavern gegen die verschiedenen Knebelungsversuche der britischen Krone, Patrick Henrys aufrührerische Reden im Apollo Room, und Thomas Jefferson, der gerade seine Studien im William and Mary College begonnen hatte – das alles hielt sich noch in legalen Bahnen, wenn auch unter den argwöhnischen Blicken des königlichen Gouverneurs. Doch die britische Strafaktion gegenüber Boston wurde als eine feindliche Invasion betrachtet; wir dürfen vermuten, daß an diesem Abend der Portweinverbrauch in der Tavern beträchtlich anstieg. Henry und Jefferson, Lee und Mason bezeichneten diesen Tag als einen ›day of fasting, humiliation and prayer‹, und auch an jenem, an dem Gouverneur Dunmore die Virginia Assembly auflöste, traf man sich still in der Tavern und setzte etwas in Gang, wovon die Welt bald hören sollte. Ein altes Gemälde von Howard Pyle zeigt uns Henry Lee, Thomas Jefferson und Patrick Henry, wie sie im Nebenzimmer bei Kerzenlicht einen Brief an die Nachbarkolonien formulieren: »An attack made on one of our sister Colonies, to compel submission to arbitrary taxes, is an attack made on all British America!« Ihr Wunsch war ein gemeinsamer Kongreß in

Philadelphia. Am 5. September 1774 trat er in Carpenters' Hall zusammen. So hat die alte Tavern in Williamsburg, die eigentlich eher wie ein gemütliches georgianisches Landgasthaus aussieht, an einem stillen Sommerabend der große Atem der Geschichte gestreift.

Am westlichen Teil der Gloucester Street beginnt Palace Green, eine breite Allee, die zum *Governor's Palace* führt, dem Wohnsitz des königlichen Gouverneurs. Stolz schaut der britische Löwe von einem der beiden Torpfosten herab, und das schottische Einhorn versäumt nicht, auf dem anderen Pfosten sein pfiffigstes Gesicht zu machen. Im Unterschied zum Kapitol ist der im wesentlichen gegen 1724 fertiggestellte Gouverneurspalast nur noch äußerlich mit seinem steilen Schieferdach späte Renaissance. Die Räume haben eine sehr verfeinerte klassizistische Ausstattung. Leider ist der alte Palast, der nach Earl Dunmore noch Henry und Jefferson als republikanische Gouverneure sah, im Dezember 1781 abgebrannt. Von 1931 bis 1934 wurde die Ruine wiederaufgebaut, streng nach alten Unterlagen, und die verlorengegangene Einrichtung durch Käufe in englischen Schlössern ersetzt. Doch geschah dies nicht nach dem Motto »so wird's wohl gewesen sein«, sondern nach den detailliert erhaltenen Inventarlisten des 18. Jahrhunderts. So zeigt der Palast heute das Bild eines kleinen englischen Landschlosses, prächtig und wohnlich zugleich, im wesentlichen zurückgehend auf die Gouverneure Fauquier und Lord Botetourt.

Die Seitenflügel beherbergen als eine Art Kavaliersgebäude die Arbeits- und Wohnräume der Sekretäre des Gouverneurs. Meist waren dies junge Leute aus England oder Virginia, die ohne Entlohnung hier Einblick in die Staatsgeschäfte nahmen, bis sich ihnen eine Chance zu eigener Verantwortung bot. Solche Sekretärsstellen waren begehrt, kamen nur für Söhne aus begüterter Familie in Frage, aber wir sollten auch sehen: das Risiko von Erfolg oder Mißerfolg trug der Bewerber, kein Parteibuch gab ihm Anspruch auf Berücksichtigung im Staatsdienst.

The Main Hall, die Haupthalle im Erdgeschoß des Palastes, ist nicht groß, aber beeindruckend, erlaubt die Vorstellung, hier sei nicht nur Repräsentation ausgeübt, sondern seien auch Gäste mit Wärme begrüßt worden. Dieser Eindruck setzt sich fort im Front Parlour, einem Empfangszimmer mit chinesischem Teppich und schönem Chelsea Porzellan. Das Kartenspiel hatte wohl eine große Bedeutung in diesem – noch – stillen Teil der Welt. Prachtvolle Mahagoni-Tische mit Kartenecken, eingelassenen Aschenbechern und auskragenden Teilen, auf denen man etwas zum Knabbern oder Trinken abstellen konnte, sind im ganzen Haus zu finden.

Jenseits der Halle hatte der Housekeeper sein Revier. Silber, Gläser, Kerzen füllen lange Regale, denn der Palast sah allabendlich viele Gäste, diente als gesellschaftlicher Treffpunkt der Upper Ten von Virginia. Das läßt uns auch verstehen, warum der aufsässige Geist eines Patrick Henry nicht nur Freunde im Lande hatte, vielleicht hätte man klüger getan, ihn auch zu einem Glas Sherry zu bitten, und ganz sicher hatte die American Revolution auch gewiß sozialkritische Züge. Das wird uns beim Betreten des prachtvollen Dining Room im Erdgeschoß noch deutlicher. Die kassettierten elfenbeinfarbenen Holzpaneele, der große Kamin in edlen Marmorarten und raffiniert schlichten klassizistischen Formen, die genuesischen Samtvorhänge, die qualitätvollen Mahagonitische, gedeckt mit Silber, das gegen 1730 in London mit dem Wappen der Botetourts angefertigt wurde – das alles gibt eine Vorstellung von Vollkommenheit, die in einem ungeheuren Kontrast steht zur Ärmlichkeit der ersten Anfänge in Roanoke und Jamestown, von denen wir hören werden.

Der später angebaute große Ballsaal, halb in den Garten hineingebaut, war in der Saison der gesellschaftliche Mittelpunkt Virginias. Viele Konzerte sind in ihm bezeugt, und auch heute findet alle ein, zwei Wochen ein Kammerkonzert bei Kerzenlicht hier statt. An das Kerzenlicht gewöhnt man sich übrigens sehr schnell, denn das alte Williamsburg kennt weder Autos noch elektrische Lampen. Häuser, Tavernen, Palast sind mit mildem flackerndem Licht erfüllt, ein sehr angenehmes Bild für unsere überreizten Augen.

Das Treppenhaus im palladianischen Stil führt hinauf in die Bibliothek und die Privaträume der Gouverneursfamilie. Ein Bombé-Kastenschrank aus Massachusetts im Chippendale-Stil und aus Rosenholz gefertigte Bücherschränke lassen vermuten, daß die Möbeltischlerei diesseits und jenseits des Atlantik von gleicher Perfektion war. His Lordship's Bedchamber diente nicht nur zum Schlafen, es war ein Refugium zu später Stunde mit bequemen Sesseln, Uhr und Schreibsekretär. Selbst in diesen Räumen fehlen nie ein oder zwei Jagdflinten – noch waren Indianerüberfälle in der Nacht nicht ganz aus der Mode gekommen.

Der Mittelraum des Obergeschosses diente als Empfangssaal bei Audienzen. Der Mitteltisch trägt ein prachtvolles Schmuckstück, einen aus Schildpatt, Perlmutt und Silber um 1700 in Jamaica gefertigten Behälter. Queen Elisabeth II hat ihn, ein spätes Geschenk der britischen Krone und ein Zeichen immer noch vorhandener Verbundenheit, bei ihrem Besuch Williamsburg geschenkt. Die Königin wird sich hier recht vertraut gefühlt haben, stehen doch überall die Büsten der Georgs aus dem Hause Hannover wie ihrer Frauen, Sophia Dorothea von Celle, Karoline von Ansbach-Brandenburg und Charlotte von Mecklenburg-Strelitz. Mit Georg III. und Queen Charlotte endet die englische Zeit in Amerika; ein Rundgang durch die Nebengebäude und Gärten, die Palastküche, in der eine gutmütige schwarze Mammie die Gerätschaften vorführt, beendet auch unser Intermezzo im Palast des virginischen Gouverneurs. Dabei hätte ich fast vergessen, auf den ausgedehnten Weinkeller hinzuweisen. Etwa 10000 Liter der verschiedensten Weine und anderer Spirituosen waren hier gelagert, und im nahen unterirdischen Eishaus bewahrte man das aus den zugefrorenen Seen gehauene Eis für die heißen Sommermonate, was die Vorstellung des Lebens in einer englischen Kolonie in angenehmster Weise abrundet.

So hatte das englische Amerika, dessen in Williamsburg flatternde Flagge bereits die dreizehn roten und weißen Streifen zeigte, an Stelle der Sterne auf blauem Grund aber den Union Jack führte, in Pennsylvania und in Virginia zwei völlig verschiedene Herrschaftsprinzipien verwirklicht. Waren Penn und seine Nachfolger im persönlichen Besitz eines riesigen Landes, versehen mit einer königlichen Charter, die die Rechte zwischen ihm und der Krone aufteilte, so war Virginia eine königliche Provinz, regiert von einem Gouverneur im direkten Auftrag des Privy Councils, des Kronrates in London. Die virginischen Gouverneure zumal herrschten über ein äußerst unbestimmtes Gebiet, das sich, nach den Karten im Palast, ohne definierte Grenzen bis zum Mississippi und bis zu den Großen Seen erstreckte, in Wahrheit aber beschränkt war auf einen schmalen Küstensaum bis zu den Alleghenies. Der Gouverneur war Generalkapitän der Miliz und Vizeadmiral der Krone, oberster Gerichtsherr, sein Veto konnte alles blockieren. Kein Wunder, daß – im Gegensatz zum milder gestimmten Pennsylvanien – Virginia zur Brutstätte der aufbegehrenden Gedanken des 18. Jahrhunderts wurde. Je näher britischer Besitz an das Kolonialreich der Spanier grenzte, um so ausgeprägter war der direkte Herrschaftsanspruch der Krone, um so umfassender die Kompetenz der Gouverneure. Ihre Titel, wie Generalkapitän der Miliz und Vizeadmiral, sind unmittelbar dem spanischen Vorbild in Mittelamerika nachgebildet. Dieses Nebeneinander politischer Strukturen: einer strengen Theokratie in Boston, einer liberalen, am Geschäft orientierten Charter in Philadelphia und einer feudalen Herrschaft in Williamsburg ist kennzeichnend für englisches, nonkonformistisches Denken. Aber gerade die Verschiedenartigkeit gab dem Ganzen eben das unverkennbar Englische, scharf abgegrenzt von der übrigen Welt.

Zwei Privathäuser in Williamsburg sind einen Besuch wert. Das *Peyton-Randolph House*, 1715 an der Ecke Nicholson und North England Street erbaut, war das Heim des Speakers der Virginia Assembly und späteren Präsidenten des First National Congress in Philadelphia. Der Wohnstil des Kaufmanns Peyton-Randolph, der viel in Amerika und England herumkam, unterschied sich nicht grundsätzlich von dem eines königlichen Gouverneurs. Alle Räume finden ihre bürgerliche Entsprechung, bescheidener in Größe und Ausstattung. Die kolorierten Stiche der Jahreszeiten im Treppenhaus lassen in einem winzigen Detail die uralten Freuden der Kinder erkennen: eine Venusmuschelschale und ein Strohhalm dienen im Verein mit Seifenlauge ›to blow bubbles‹, was man gar nicht erst übersetzen muß.

Das gegen 1750 errichtete rote Backsteingebäude des *Wythe House*, unweit des Palace Green gelegen, gehörte einem Juristen. Mit George Wythe hält die Jurisprudenz ihren Einzug in das College von William and Mary. Aber auch die Naturwissenschaften und Philosophie beschäftigten diesen Mann, der mit seinen Vorlesungen Thomas Jefferson maßgebend beeinflußt hat. Den Töchtern seines Hauses galt die Bewunderung der Männerwelt Williamsburgs, »a pretty girl is ever worth regarding«, und der Vater war wohl öfters abgelenkt durch seine Studien mit wissenschaftlichen Instrumenten, darunter einer 1785 in London hergestellten Luftpumpe zum Evakuieren von Glasbehältern, deren handwerkliche Perfektion bewundernswert ist. Ein 1770 gefertigtes Experimentiergerät diente Versuchen zur Gravitation und zur Simulierung von Planetenbewegungen. Auch heute würde ein Feinmechaniker mit allen Präzisionswerkzeugen unserer Zeit sich schwer tun, eine solche Arbeit abzuliefern.

In der beginnenden Dämmerung werden wir aufgeschreckt durch Trommelwirbel und vereinzelte Flintenschüsse. Es gehört zum Ritual Williamsburgs, daß sich gegen Abend die Virginia Militia auf der freien Fläche am alten Courthouse von 1710 trifft, um zur Freude kleiner und großer Kinder einen Sack Schwarzpulver durch die Rohre zu jagen. Da werden alte Kanonen verschiedenen Kalibers, die kleinsten ›grass-hoppers‹ genannt, weil sie beim Abschuß zurückspringen, und viele Flinten abgefeuert, und allmählich versinkt der ganze Platz in stickigen Pulverschwaden.

Falls wir noch keinen Tisch in einer der Tavernen Williamsburgs bestellt haben, empfiehlt es sich, unter dem Schutz dieses Pulverdampfes unbemerkt den Rückzug anzutreten, um noch einen guten Platz, etwa in *King's Tavern* in Gloucester Street, zu ergattern. Mag es die Dunkelheit des Gasthofes sein, dessen knarrende Treppen wir, spärlich geleitet durch einige Kerzen, ersteigen, mögen es die College-Studenten in ihrer alten Tracht sein, vielleicht auch die ungewohnte Art, zu kochen – Fasanenpastete, Filet mignon gefüllt mit Austern oder einer jener mächtigen englischen Fleischpasteten mit gedämpften Erdnüssen, zu denen der Chablis so gut paßt – die Enge in den niedrigen Stuben läßt die Gäste zusammenrücken und miteinander reden, sonst in Amerika recht ungewöhnlich. Der Student, der im historischen Kostüm bedient, hat hier Tradition: Schon vor zweihundert Jahren pflegten seine Kommilitonen dies zu tun, war es üblich, auf eigenen Füßen zu stehen.

In einem Dreieck, gebildet aus Richmond Road und Jamestown Road, liegt das *William and Mary College*, dessen 1695 vermutlich nach Plänen von Christopher Wren erbautes Wren Building sehenswert ist. Als wir es im Mai besuchten, waren gerade die Graduate Exams in Gang. Eine gespenstische Stille lag über dem Campus, nur eine ältere Kustodin bewachte tapfer das Hauptgebäude. Zu meiner großen Überraschung gab sie mir sogar ein deutsches Faltblatt zur Information: ›Die Universität William and Mary in Virginien‹. Ich entnahm ihm, daß schon 1618, ganze elf Jahre nach der Ansiedlung in Jamestown, der Gouverneur Yeardley Anweisung erhielt, eine Universität zu errichten. Der Indianerüberfall von 1622 machte diese Pläne zunichte. Erst 1693 unterzeichneten König William (von Oranien) und Königin Mary die Charta der Universität, die sich seitdem so nennt. Nur wenige Jahre jünger als Harvard, ist das Wren Building das älteste amerikanische Universitätsgebäude, das sich erhalten hat. Im kolonialen Virginia verbrachte ein Junge vom zwölften Lebensjahr an vier Jahre mit Mathematik, Latein, Griechisch und klassischer Philosophie. Dann folgten weitere vier Jahre des Studiums der Philosophie oder Theologie, später kam das Recht als Studienfach hinzu. So altmodisch die Studiengänge sich auch anhören mögen, sie hatten innere Konsequenz. Die Moralphilosophie umfaßte Logik, ohne die es eben nicht geht. Dann kam Rhetorik, denn was nützt der schönste Gedanke, wenn man ihn nicht ausdrücken kann, und letztlich kam die Ethik, die das mehr Handwerkliche der Logik und Rhetorik hinaufhob auf die Ebene der Verantwortung. Schon 1697 wurde dem College (das sich auch heute noch College nennt, obwohl es natürlich eine Universität ist) eine Schule zur Unterrichtung der Indianer angeschlossen. Übrigens hat Williamsburg bereits 1706 eine kostenlose Public School für alle Kinder eingerichtet.

Im inneren Säulengang des Wren Building ist eine Gedenktafel zu sehen, die alte und neue Verwirrungen menschlichen Geistes enthüllt. Nach der Belagerung von Yorktown hatten französische Truppen unter dem Grafen Rochambeau das College als Lazarett benutzt und bei ihrem Abzug angezündet, vielleicht, weil es sich nach einem englischen König nannte. Das war natürlich keine sehr noble Maßnahme, und Benjamin Franklin, damals amerikanischer Gesandter in Paris, bewog König Ludwig XVI., Mittel des französischen Staates bereitzustellen, um das College wiederaufzubauen. Diese Fakten berichtet die Gedenktafel, nennt die Namen der hier gestorbenen Franzosen und ihre Regimenter. Eingeweiht hat sie Marschall Pétain ...

Wie frei, ungezwungen und vertrauensvoll man in dieser Studentenstadt lebt, erfuhr ich durch Zufall. Meine Hotelbuchung war ausgelaufen, aber ich wollte noch zwei Tage bleiben, um die Umgebung kennenzulernen. Man empfahl mir ein Privatquartier, das leicht zu finden war, da viele Studenten schon abgereist waren. Die Landlady führte mich in ein Appartement mit einem virginischen Baldachinbett von fürstlichen Dimensionen, daneben lagen ein kleines Studio mit einem hübschen Kamin und ein Bad mit einer wahren Orgie von Frottéetüchern. Eingedenk meiner alten

Studentenbude in Heidelberg konnte ich vor Staunen nur die Augenbrauen hochziehen. Dann gab die Dame mir die Schlüssel zu ihrem Haus mit den Worten: »See you later in the evening.« Sie wußte, daß ich Deutscher bin, hatte flüchtig meinen Namen gehört – wo gibt es noch soviel unkompliziertes Vertrauen in den Mitmenschen?

Kurz vor Verlassen Williamsburgs liegt gegenüber der Lodge zur Linken das *Abby Aldrich Rockefeller Folk Art Center* mit schönen Sammlungen naiver Gemälde, an denen Amerika so reich ist. Wie amerikanische Kinder in der Freiheit des Landlebens, wenig gegängelt, eher freundlich geführt von den Älteren, heranwachsen, kann uns in dieser liebevoll gestalteten Sammlung deutlich werden. Bleiben wir hier aber einen Augenblick vor dem Gemälde von Edward Hicks ›The Reign of Peace‹ stehen. Gegen 1830 entstanden, ist es bereits ein wehmütiger Rückblick auf eine untergegangene Zeit des frühen Amerika, eine Zeit, in der die Hoffnung auf eine Herrschaft des Friedens zwischen Indianern und Weißen im Umkreis William Penns noch grünte. Es ist ein bescheidenes Kunstwerk, ein wenig naiv, vielleicht deshalb so liebenswert. Im Hintergrund sehen wir die mit einem Segler belebte Flußlandschaft des James oder Delaware – wir werden ähnlichen Landschaften mit ihren geheimnisvollen Wäldern noch bei Jamestown begegnen. Aber auch dieses Bild ist mir im selben Jahr nochmals begegnet, an einem ganz unerwarteten Ort. Ich hatte in Rom zu tun. In den Kolonnaden des Bernini, unmittelbar vor den Toren der Peterskirche, fand sich eine Ausstellung des Titels ›A Mirror of Creation‹, eine Sammlung früher amerikanischer Landschaftsmalerei, liebevoll zusammengestellte Sujets ›unserer‹ Reise. Da waren sie wieder alle: ›The Garden Eden‹ aus dem Shelburne Museum in Burlington, die ›Wasserfälle der Catskills‹ aus der Washburn Gallery und eben der ›Reign of Peace‹ aus Williamsburg! Das aber wäre wohl kaum erzählenswert. Bemerkenswert war indessen Ralph Waldo Emersons Motto zu dieser Ausstellung: »I am nothing, but I see it all; the current of the universe circulating through me; I am part of God.« Wer hätte solche naturreligiösen Philosophien aus der Neuen Welt in den Räumen der ältesten Institution der Alten Welt gesucht – waren die antiken Flur- und Waldgötter auf dem Umweg über Amerika wieder nach Rom zurückgekehrt? Kaum, doch schien ein freundlicherer Wind durch die Kolonnaden zu wehen, die Duldung auch anderer Gedanken.

King Carters Residenz

Vom Folk Art Center führt eine schmale Waldstraße nach Carter's Grove, einer der größten Plantagen am Ufer des James River. Der Farmer Robert Carter hatte zu Beginn des 18. Jahrhundert einen riesigen Besitz erworben, den er mit Hilfe von über tausend Sklaven bewirtschaftete. Gegen 1750 baute sein Enkel Carter Burwell das Herrenhaus, das noch heute, seither ununterbrochen bewohnt, eine authentische Vorstellung von südlicher Lebensart gibt. Carter Burwell war Burgess von Virginia, wir dürfen annehmen, daß er Patrick Henry nicht zu seinen Freunden zählte. Aber er gehörte auch nicht zu den Freunden der Krone und des Gouverneurs; Washington und Jefferson waren häufig in Carter's Grove zu Gast. War er ein geschickter Frontenwechsler, eigentlich nur interessiert an der Erhaltung seines Besitzes? Wir wissen es nicht, doch ist mir auf meiner Reise in den Süden immer deutlicher bewußt geworden, aus wie vielen Facetten sich der Antrieb zur American Revolution zusammensetzte. Ein Mann, der in der Pracht von Carter's Grove residierte, konnte schon deshalb kein Freund des tonangebenden Gouverneurs sein, weil er der Reichste im Land war, seinerseits Anspruch auf gesellschaftliche Dominanz erhob.

Die etwa sieben Meilen lange Fahrt mit dem Wagen über den staubigen Kolonialweg sind eine Einstimmung in die Einsamkeit jener Zeit. In der leicht hügeligen Landschaft voller Farne, Wildblumen und ungewöhnlicher Bäume queren wir verschiedentlich breite Sumpfstreifen, in deren olivgrünem Brackwasser Wandervögel Zwischenstation machen und sich eine anderswo verdrängte Vegetation erhalten hat. An dem steilen Hang vor der Brücke über den Tutter's Neck Creek gibt es einen Bestand der Mountain Laurel (Kalmia latifolia), den man nicht mit Berglorbeer übersetzen darf. Ein Heidegewächs ähnlich dem Rhododendron, hat sie prachtvolle violette Blüten. Gelegentlich sieht man Gruppen von Walnußbäumen, die alte aufgegebene Siedlungsstellen kennzeichnen. Tief schneiden die ›tidal freshwater marshes‹ ins Land, von Ebbe und Flut berührte Marschen mit einem Süßwasser führenden Bach, übersät von der Arrow Arum Pflanze, deren breitlappige Blätter zusammen mit den Sumpffarnen für alle diese Sumpfgebiete charakteristisch sind.

Das große Herrenhaus von Carter's Grove öffnet sich dem in der Ferne glänzenden James River mit ungewöhnlich großen Fenstern. Geschickt gepflanzte Bäume schirmen die Sonne in der Mittagshitze ab. Auffallend schön ist das im Georgian Style gehaltene Treppenhaus mit der großen Halle, alles in warmen rotbraunen Hölzern. Die Innenausstattung stammt von Tischlern aus England, dabei hat der Kunsttischler Richard Baylis weit über Virginia hinaus einen Ruf gewonnen. Die auch in Amerika nicht untätige Fama berichtet, daß sowohl Washington als auch später Jefferson in einem der Räume, dem sogenannten ›Refusal Room‹, bei einem Heiratsantrag abgeblitzt sind. Warm getönt und mit ausgezeichneten Gemälden und Porträts aus der frühen amerikanischen Geschichte bestückt ist die Bibliothek, die ein fast fürstliches Sendungsbewußtsein der Carters vermuten läßt. Robert Carter wurde von seiner Zeit ›King Carter‹ genannt, und noch heute atmet in den prachtvollen Korridoren dieses schloßartigen Landsitzes der Geist von Macht, der sich weder der Krone in London noch später der als kleinbürgerlich empfundenen Schikane des Kongresses unterwerfen wollte. Kein Wunder, daß es 1861 im Sezessionskrieg erneut zum Bruch kam, einem Bruch, bei dem der moralisierende Puritanismus des Nordens allerdings

MEN
BIG DIAMONDS FOR LESS

SEMI-ANNUAL
sale
QUALICRAFT SHOES
6 98 7 98
2 PAIR 13 00
2 PAIR 15 00

IX

Richard Estes (geb. 1936)

Untitled

Farbserigraphie 1974

Richard Estes ist der vielleicht bedeutendste der amerikanischen Photo-Realisten. Er malt entvölkerte Stadt-Landschaften, wobei die Stadt immer New York ist. Seine Malerei wie seine graphischen Arbeiten basieren auf Fotos, die er sonntags in den menschenleeren Straßen macht. Von den graphischen Techniken bevorzugt er den Siebdruck, da er mit diesem Verfahren am sichersten die Schärfe der Linie und die Klarheit wie Vielfalt der Farben erreicht, die die ›Perfektion‹ seiner Arbeiten ausmachen.

New York, The Museum of Art
(Geschenk von Parasol Press, Ltd.)

auch viel von der Wärme des Südens vernichtet hat, Amerika ärmer und farbloser geworden ist.

Wie verschieden diese ›beiden‹ Amerika sind, ist oft genug an ihren Frauen erkennbar. Finden wir im Norden oft hohe, harte und metallene Frauenstimmen, so gewinnt der Süden durch klangvolle, warme und vokalreiche Stimmen, die nicht auf Weichheit, eher auf Souveränität schließen lassen. Die Frauen des Südens, um erneut auf Margaret Mitchells ›Vom Winde verweht‹ zurückzukommen, waren nie Frauenrechtlerinnen, ihre Selbstsicherheit wies ihnen unwillkürlich einen gleichberechtigten Platz in der Gesellschaft. Auch die Dame, die uns durch Carter's Grove führte, verband südstaatliche Liebenswürdigkeit und einen hochschulreifen Kenntnisreichtum in amerikanischer Geschichte mit jenem gesellschaftlichen Flair, das in den amerikanischen Städten des Nordens nur als nervöses und schrilles Zerrbild sichtbar wird. Helène-Louise de Chastenay Maussion, die Carter's Grove 1778 besuchte, fand, es sei »la plus élégante maison en Virginie«.

Pocahontas, die indianische Prinzessin

Unweit westlich von Richmond liegt Powhatan County, in dessen Name die Erinnerung an den Indianerstamm der Powhatan lebt. Es war ein Stamm der Algonquin-Familie, beherrscht von einem Häuptling von auffallend großem Wuchs, Klugheit und einer über die sonstige Verschlagenheit der Eingeborenen hinausragenden Einsicht. Als die englischen Kolonisten unter ihrem Anführer, Captain John Smith, 1607 begannen, die künftige Stätte von Jamestown zu roden und erste Blockhäuser zu errichten, schaukelten auf der kleinen Bucht des James River noch jene drei zerbrechlichen Galeonen, mit denen sie den Atlantik überquert hatten. Die Lage der Siedler war nicht sehr vorteilhaft, zu frisch war noch die Erinnerung der Indianer an die spanischen Überfälle, bei denen die Gefangenen zu Sklaven gemacht wurden. Doch ließ man die Siedler gewähren, trotz der Warnung und Prophezeihung des Werowance, des Medizinmannes, daß aus dem Osten Männer kommen würden, um die kleine Stammesföderation der Powhatan zu zerstören. Niemand weiß, warum bei fast allen Stämmen von den Azteken bis zu den Indianervölkern Kanadas solche Voraussagen von den Priestern gemacht worden sind. Vielleicht war ganz einfach das Meer, über das die weißen Männer kamen, den Indianern unheimlich, sie befuhren es einfach nicht, fischten nicht darin, litten gelegentlich lieber Hunger, statt diese Nahrungsquelle anzunehmen.

Da erschien zur Überraschung der Engländer ein vielleicht zehnjähriges Indianermädchen, trollte sich durch die entstehende Siedlung und fing ganz unbefangen an, mit den Kindern der Ansiedler zu spielen. Ihr Name war Pocahontas, und vor allem die Jungs mochten sie bald gerne, denn sie war voller Energie, ein richtiger Treibauf und wußte tausend interessante Dinge in der Umgebung aufzustöbern. John Smith, der rasch erkannt hatte, welchen Wert eine solche Kontaktaufnahme haben könnte, beschreibt Pocahontas als »A child of tenne years old, which not only for feature, countenance and proportions exceeded any of the rest of her people but for wit and spirit, the non-pareil of Powhatan countrie.«

Es spricht für die Unbefangenheit der Engländer, daß sie den Umgang ihrer Kinder mit dieser Häuptlingstochter gefördert haben, obwohl sie sich andererseits gegen die Powhatans wehren mußten, die schon vierzehn Tage nach ihrer Ankunft die Siedlung angriffen und einen der ihrigen getötet hatten. Pocahontas teilte nicht die Feindseligkeit ihres Volkes. Ihr Interesse an den Fremden, ihrer Kultur, die sie faszinierte, führte zu einer engen inneren Bindung vor allem an John Smith, den sie in späteren Jahren Vater nannte. Offen bleibt, warum ihr wirklicher Vater, Häuptling Powhatan, diese Entwicklung duldete. Er war ein herrischer Mann, unterjochte die Nachbarstämme mit barbarischen Methoden, forderte achtzig Prozent Tribut von allen Fellen, Kupfer und Perlen in seinem Machtbereich, und stapelte diese Dinge in einem der drei königlichen Tempel in Uttamusack am Oberlauf des nahen York River, damit sie mit ihm eines Tages begraben würden. Vielleicht ist der Grund ganz einfach: Der königliche Häuptling, möglicherweise kann man ihn in Anlehnung an Mittelamerika einen Kaziken nennen, hatte etwa hundert Frauen und damit gewiß einige Schwierigkeiten, seine Kinderschar zu beaufsichtigen.

Smith brach im Dezember 1607 auf, um den Oberlauf des Chickahominy River zu erkunden. Dabei geriet er in die Hände der Powhatans, die sehr geschickt versuchten, ihn ›umzudrehen‹, damit er ihnen helfe, seine Landsleute zu bekämpfen. Aber auch das Versprechen, sich die schönsten Frauen des Stammes aussuchen zu dürfen, konnte Smith nicht umstimmen, vielleicht hat das Angebot ihn eher erschreckt. So beschloß der Rat der Stämme, ihn im Frühjahr bei einem rituellen Fest zu martern und zu töten. Nach einem endlosen Gelage mit Wildbret, Maiskuchen und Truthahn fiel man über John Smith her – aber man hatte nicht mit Pocahontas gerechnet. Sie sprang auf, nahm seinen Kopf in ihre Arme und schützte ihn so vor den Tomahawks. Powhatan war beeindruckt von seiner Tochter, es war nicht die Art indianischer Frauen, sich in solche Männerangelegenheiten zu mischen, und gab Smith frei.

Später trat Pocahontas zum Christentum über, heiratete einen englischen Adligen, John Rolfe, und besuchte im Sommer 1616 die Heimat ihres Mannes zusammen mit ihrem Sohn. Ein Porträt jener Zeit zeigt Mutter und Sohn Thomas in englischer Tracht, aber mit unverkennbar indianischen Gesichtszügen. Queen Anne empfing sie bei Hof in einer großen Zeremonie, und Rebecca Rolfe, wie sie nun hieß, trug einen roten weiten Mantel mit reichen Goldstickereien, ein schwarzes goldgeknöpftes Unterkleid und einen weißen Spitzenkragen. Lord und Lady de la Warr, Lord Proprietor von Virginia, führten sie bei Hof ein, und alle Zeitgenossen rühmen die intelligente und selbstsichere indianische Prinzessin. Hatte nur politische Klugheit den Hof geleitet oder war es wahrer Respekt vor Ebenbürtigkeit, auch wenn diese anders war? Die humanistischen Gedanken jener Zeit an der Schwelle der Aufklärung waren, wie wir aus manchen Zeugnissen erfahren können, recht frei und offen. Der enger werdende Kontakt mit fremden Ländern und Sitten führte zu einer ungeheuren Erweiterung des Horizonts, eine Situation, nicht unähnlich der des römischen Weltreiches. Die Fähigkeit der Römer, die Völker des Mittelmeeres in ihrem Reiche aufgehen zu lassen, ihnen römisches Bürgerrecht zu gewähren, ihnen nicht nur militärischen Zwang anzutun, sondern auch den Schutz des Ius Romanae zu gewähren, war ein in der Renaissance wiederbelebtes Vorbild, und für eine zeitlich schwer definierbare Phase der Weltgeschichte gab es die atemberaubende Vision der Erneuerung der Pax Romana, oder wie es ein Zeitgenosse sah: »Never since the heroic days of Greece and Rome has the world had such a sweet, just, boyish master.« Diese Liberalität hat später erhebliche Risse bekommen – für einen Moment der Geschichte war sie eine leuchtende Hoffnung, zerstoben wie der Glanz des Heiligen Römischen Reiches Deutscher Nation, zerfallen in einer noch anhaltenden Woge des Nationalismus. Man mag hier darüber nachsinnen, ob die großen Konsolidierungsphasen der Geschichte den Menschen nicht weitaus mehr Glück gebracht haben als die eifersüchtigen Separierungstendenzen, die oft genug vom Eifer der Schulmeister angefeuert wurden.

Das Ende von Pocahontas ist traurig genug. An einer Lungenentzündung kurz vor der Rückreise gestorben, wurde sie auf dem St.Georgskirchhof nahe der Themsemündung bestattet. Ihr Grab hat sich erhalten. Auch die kleine Kirche von St.Mary the Virgin in Heacham, Norfolk, dem Stammsitz der Familie Rolfe, bewahrt ein Basrelief mit folgender Inschrift:

Princess Matoaka Rebecka Pocahontas / Daughter of Powhatan Hereditary Overking of the Algonquin Indians of Virginia / Born 1595 Baptised 1613 Died 1617 / Her romantic Marriage in 1614 to John Rolfe / Brought Peace to the Settlement / To Marke a Picturesque Episode / In the History of Two Nations

Ruinen der Kolonialzeit in Jamestown

Wenn wir uns nun aufmachen, das nahe südlich Williamsburg liegende Jamestown zu besuchen, so wird uns in schonungslosem Kontrast vor Augen geführt, welch einen gewaltigen Schritt die englischen Kolonisten in einem Zeitraum von knapp über hundert Jahren gemacht hatten. Im Mai des Jahres 1607 gegründet, ist diese frühe englische Siedlung an einer Nebenbucht der Chesapeake Bay, zu der sich der James River aufstaut, heute nur noch Ruine. In dem hübsch angelegten Ausgrabungspark können wir uns überzeugen, daß die Archäologie nicht nur an versunkenen antiken Stätten eine Aufgabe hat. Nur noch der alte Kirchturm von 1639 erinnert an die Brandkatastrophe, der Jamestown 1698 zum Opfer fiel. Vieles mag zusammengekommen sein, daß man sich dann entschloß, nach Middleton Plantation, dem heutigen Williamsburg, zu ziehen. In der Nähe hat man das alte Fort und das Dorf rekonstruiert, und die Nachbildungen der alten Kolonistenschiffe schwimmen in einem kleinen Hafen, zerbrechliche Galeonen: ›Susan Constant‹, ›Godspeed‹ und ›Discovery‹.

»The fleet fell from London«, schrieb George Percy am 20. Dezember 1606 in sein Tagebuch, als die kleine Flotte die Themse abwärts segelte. Die Virginia Company of London hatte sie ausgerüstet, und Jakob I. unterstützte nachdrücklich das Unternehmen, von dem er sich vor allem Behauptung gegenüber den Spaniern versprach. Als die Schiffe den Tower passierten, mag Sir Walter Raleigh aus seinem Gefängnis ihren Segeln sehnsüchtig nachgeschaut haben. Zur Zeit der großen Elisabeth als heimlicher König Englands angesehen, fiel er nach einer diskreten Heirat in die Ungnade der Herrscherin, stieg nochmals zu hohem Glanz auf, um nach dem Tod der Gloriana 1603 endgültig in die Nacht des Towers zu fallen. Jakob I., dem Stuart, waren die religiösen Toleranzvorstellungen Raleighs ein Dorn im Auge. Das Scheitern des ersten Kolonisationsversuchs in Roanoke Island – von dem wir dort hören werden – hatte den eng mit

Raleighs Namen verbundenen Ruhm Virginias verdunkelt. 1618 starb er auf dem Schafott. Sein Ende beleuchtet in greller Weise das Mißverhältnis zwischen der geldgierigen und machtsüchtigen Krone und einem Mann, dessen geistige Brillanz, dessen Phantasie, Charme und Gedankenreichtum den verkniffenen Stuart weit in den Schatten stellte. Bereits 1603 zum Tode verurteilt, verbrachte er fünfzehn Jahre im Tower, um schließlich noch eine Chance zu erhalten: in Guyana eine Goldmine für den König auszubeuten. Das Unternehmen scheiterte, Raleigh war an Fieber erkrankt, sein Sohn fiel im Kampf mit den Spaniern, aber das alles hat Jakob I. nicht gehindert, den mit Anstand zu seiner Familie Zurückgekehrten dem Scharfrichter zu überantworten. Mißerfolg hieß in jenen Zeiten und in hohen Rängen: Tod. In der Nacht vor seiner Hinrichtung schrieb Raleigh im Tower »on the snuff of a candle«: »Cowards fear to Die, but Courage stout / Rather than live in snuff, will be put out.«

Das Geschwader der genannten Galeonen nahm ungeachtet dessen Kurs über die Kanaren auf die Inseln über dem Wind, trieb dann mit Wind und Strömung nordwärts, bis es am 13. Mai 1607 in die Chesapeake Bay einlief und, des süßen Wassers wegen, ein Stück den James River hinaufkreuzte. George Percy schrieb nun in sein Logbuch: »We came to our seating place, where oure shippes doe lie so neere the shoare, that they are moored to the trees.«

Das Ziel der Kolonisten war undeutlich formuliert. Sicher erwartete niemand, im Gegensatz zu den Spaniern, raschen Reichtum durch Goldfunde. Aber es sollte noch einige Jahre dauern, bis man im stetigen Ackerbau und in der Viehzucht die geeigneten Überlebenschancen sah. 1608 und 1609 erreichten neue Siedler Jamestown, die Pottaschegewinnung aus verbrannten Baumstämmen und letztlich die Glasherstellung war eines der Ziele, aber es war naiv anzunehmen, durch den Export solcher Dinge nach England ein besseres Leben zu finden als in der alten Heimat. Feudale Querelen unter den begleitenden Adeligen störten. Das ursprünglich gute Verhältnis zu den Powhatan-Indianern verschlechterte sich, um 1610 war es nur dem Eintreffen von Lord De la Warr zu verdanken, daß Jamestown überlebte. Langsam wurde der Raum südlich der inzwischen entstandenen kleinen Stadt in Ackerland verwandelt, endlich war man befreit von der Angst um die Nachschubschiffe.

In einem gewissen Sinne beginnt die politische Geschichte Virginias am 30. Juli 1619, als Gouverneur Yeardley in der Kirche Jamestowns erstmals die Virginia Assembly zusammenrief. Jakob I., in seiner geldgierigen Ungeduld, löste 1624 die Virginia Company of London auf und machte Virginia zur königlichen Provinz, was die schon in Williamsburg besprochene Sonderstellung des Gouverneurs erklärt. So versteht sich auch das alte Wappen Virginias in der Kirche: ein Schild mit einem Helm, dem eine barbusige Meeresgöttin entspringt, flankiert von zwei Rittern, zu deren Füßen ein Band verkündet: »Virginia en dat quintom«, was bedeutet, daß Virginia als fünfter Teil Großbritanniens zu England, Schottland, Wales und Irland gefügt ist.

Als ich das erste Mal nach Jamestown kam, war es an einem regnerischen Frühlingsmorgen. Der Parkplatz dampfte vor Nässe, und nur wenige Besucher fanden sich in dem kleinen Museumsgebäude ein, dessen archäologische Funde von den Plagen der ersten Siedler kündeten: einige entrostete Harnische und Hellebarden, ein paar Ziegenfüße zum Spannen der Armbrüste, eine lateinische Bibel, die Lord De la Warr in Jamestown zurückgelassen hat, bescheidenes Hausgerät oder was davon nach 300 Jahren im Boden noch übrig war, auch einige Glasgefäße, die man hier selbst geblasen hatte.

Hart am Ufer des James River liegen die Grundmauern der Stadt. Das alte Fort ist durch Veränderungen der Uferlinie abgeschwemmt worden. Im Grunde steht nur noch der Kirchturm, 1639 als Turm der ersten Steinkirche erbaut. 1907 hat man ihn konserviert, und die Colonial Dames of America haben auf den alten Feldsteinfundamenten der 1617 erbauten Holzkirche und den Backsteinfundamenten von

1639 einen Raum in spätgotischen Formen wiedererstehen lassen, damit Gefühl und Anschaulichkeit wenigstens einen Halt finden. In diesem sehr englisch wirkenden Raum, naßkalt, aber nicht ohne innere Wärme, finden sich einige Epitaphien und Erinnerungsstücke, die keinerlei Glanz verbreiten, aber bewegende Monumente menschlichen Wagemutes sind, Standfestigkeit und seelische Kraft jenes Häufleins Menschen enthüllen, 105 an der Zahl, von denen im Spätherbst 1607 nur noch fünfzig am Leben waren.

Im Gegensatz zum ›Mayflower‹-Experiment war dieser Kolonisationsversuch von einigen Edelleuten begleitet worden, die nicht gewohnt waren, zu arbeiten und sehr schnell und untereinander in die Bahnen altgewohnter feudaler Streitigkeiten gerieten. Das Leben war kurz in jenen Tagen; mangelhafte Nahrung, körperliche Entbehrung, Epidemien forderten ihre Opfer. Captain John Smith, von dem wir im vorigen Abschnitt hörten, starb bereits am 21.6. 1631. Ein Epitaph nennt seinen Wahlspruch: »Accordamus vincere est vivere.« Auch wir mögen wohl mit Smith übereinstimmen, daß Siegen Leben heißt, vor allem wenn der Sieg mit anderen Mitteln als der Waffe errungen wird. Wie stark an diesem verlassenen Ort der Wille zum körperlichen wie geistigen Überleben war, bezeugt auch ein anderer Epitaph, der dem Humanisten George Sandys gewidmet ist, der mit dem zweiten oder dritten Konvoi nach Jamestown kam:

Primo poetae americano
Qui dum quaestor aerarii coloniae virginiae erat.
Ovidi Metamorphosis in versus anglicus transtulit
Qui autem in terris nobis nempe inter omnia silvestria
Quam vis ipse finitimus circumsonaretur
Armis semina tamen rerum Humanorum sevit.

Im nebligen Dunst des James River, umgeben von den eigentümlich transparenten Wäldern der Sümpfe, in denen immer noch der Ruf der Powhatans nachzuhallen scheint, wirken lateinische Verse unwirklich, wie der verzweifelte Versuch, europäische Gedanken dem Raunen des Windes im Schilf entgegenzurufen.

Auch sonst waren die literarischen Neigungen bedeutend. Captain Edward Maria Wingfield, einer der Gründer der Virginia Company, der die Reise mitmachte, schrieb 1608 nach dem schrecklichen Winter das Buch ›Discourse of Virginia‹, später in England gedruckt. Wingfield war ein Vertrauter Raleighs und hatte noch in den Heeren der großen Elisabeth gedient, aber hier kam er mit der Partisanentaktik der Indianer nicht zurecht. Er ging nach England zurück, starb 1613 auf seinem Besitz in Huntingdonshire. Daß ein solcher Mann mitfuhr, zeigt uns, daß dies nicht nur ein Unternehmen Mittelloser war, die hier ihre letzte Hoffnung suchten.

In dieser Kirche wurde auch die Indianerin Pocahontas getauft und im April 1614 heiratete sie John Rolfe. 1622 starb er, vermutlich an einer ruhrartigen Epidemie, und dieses Jahr brachte Jamestown in eine furchtbare Krise. Die bislang mehr neugierigen als feindseligen Indianer überfielen Jamestown und die zahlreichen inzwischen an den Ufern des James entstandenen Plantagen. Ein halbes Dutzend dieser frühen Spuren zwischen 1620 und 1650 hat sich bis heute erhalten, so St.Luke's Church (1632), Adam Thoroughgood House (1634), Warren House (1652) und Bacon's Castle (1655). Das Blutbad von 1622 brachte einen bitteren Rückschlag, aber die Ressourcen der Siedler waren doch schon zu weit entwickelt, um Virginia in ernstere Gefahr zu bringen. Auch nach Pocahontas' Tod vor der Rückfahrt von London gab es noch Indianer, die den Weißen verbunden waren. Dem Vater Pocahontas' war inzwischen der blutrünstige Opechancanough gefolgt, dem 347 Siedler zum Opfer gefallen waren, doch wurde Jamestown selbst gerettet durch einen Indianerjungen namens Chanco, der am 22.3.1622 seinen Herrn Richard Pace warnte, so daß beide mit dem Kanu den nächtlichen James überqueren konnten, um die Wachen auf die Wälle zu rufen.

In dem Bemühen, die Herstellung von Glas voranzubringen, waren bereits 1608 mit Captain Newport acht deutsche und polnische Glasschmelzer angekommen, vermutlich vor allem aus dem Böhmerwald. Ihnen folgten bald italienische Glasbläser aus Murano, aber das Ganze war kein Erfolg, und bald erkannte besonders John Rolfe, daß Tabakanbau das wahre Gold von Virginia sein könne. 1616 schrieb er: »An easie laborer will keepe and tend two acres of corne, and cure a good store of tobacco.« Auch die Virginia Company hatte eine Schwäche Jamestowns entdeckt. In ihren Akten steht, »that a fitt hundreth might be sent of woemen, Maid young and uncorrupt to make wifes to the Inhabitants, to make the men there more setled and lesse moveable ...«

Wie rasch eine solche Kolonie in die politischen Querelen des Mutterlandes kommen konnte, zeigt das Cromwellsche Intermezzo in England. Sir William Berkeley, dessen Landsitz Green Spring, nur wenig oberhalb Jamestowns gelegen, die Üppigkeit von Virginias Golden Age erkennen läßt, wurde 1641 königlicher Gouverneur. Als Oliver Cromwell König Karl I. den Kopf vor die Füße legte, ignorierte Berkeley den Wirrwarr in England und hielt dem exilierten Karl II. die Treue. Viele Royalisten flohen damals nach Virginia, bis endlich das starrköpfige Interregnum vorüber war. Auch jene Zeit hat zum leicht feudalen Charakter von Virginia beigetragen, wovon der Palast am James River Zeuge ist. 1671 schrieb Berkeley eine bissige Bemerkung, die noch heute manchem Politiker in den Mund gelegt werden könnte: »I thank God there are no free schools nor printing, and I hope we shall not have these hundred years ...« Der ganze Unmut über die ewige Veränderungssucht der Menschen liegt in diesem Satz, und der erlaubte Zweifel, wohin sie führt.

So groß die Abneigung Oliver Cromwells gegen königliche Köpfe war, so gut verstand er sich offenbar mit den Londoner Tabakimporteuren. Jedenfalls setzten diese 1652 ein Handelsmonopol durch, in dessen Folge Virginia von den europäischen Märkten abgeschnitten wurde. Die Preise in England fielen. Daß wirtschaftliche Zwänge und Bedrükkungen nachhaltiger wirken als politische, mag auch erklären, warum nach Wiederherstellung der Monarchie durch

Karl II. der Gouverneur Sir William Berkeley mitten in eine Revolte unzufriedener Virginier geriet, die wutentbrannt ganz Jamestown in Asche legten und Berkeley außer Landes zwangen. So bestätigt sich die alte Erfahrung auch hier, daß nach dem Sieg über den äußeren Feind, hier die Indianer, die Flinten emsig im eigenen Hause benutzt werden. Der Anführer der Rebellion, Nathaniel Bacon, starb durch Krankheit, und seine Majestät vergab seinen Parteigängern mit der seltsamen Formel »His Majesty hath forgot it himself«, was reichlich naiv klingt, doch wer weiß, manchmal verbirgt sich Weisheit hinter der Maske von Einfalt.

Die Motive von Bacon und seinen Anhängern zeigen, daß es ihnen nicht um edle Grundsätze in der Politik ging, sondern handfest um nackten Vorteil. In seiner Anklageschrift gegen Berkeley steht 1676: »For having raised unjust Taxes ... For assuming the monopoly of Beaver Trade ... For having protected, favoured and emboldened the Indians ... Wee accuse Sir William Berkeley as guilty ...« Hier wird sehr deutlich, daß eine gewisse Schicht der Siedler in den Indianern eine auszurottende Spezies sah, und die guten Anfänge mit dem König Powhatan und mit Pocahontas in Vergessenheit geraten waren. So ist es angemessen, Powhatan das letzte Wort in diesem Kapitel zu geben. 1612 äußerte er gegenüber Captain Newport, der offenbar den Überlegenen spielen wollte: »Powhatan hält es unter seiner Würde, mit dem um Nichtigkeiten feilschenden Newport zu verhandeln.« Und an anderer Stelle sagt er mit geradezu biblischer Weisheit: »Was nützt es dir, etwas mit Gewalt zu nehmen, was du auch mit Liebe bekommen kannst, oder jene zu vernichten, die dich nähren?«

Wälder und Sümpfe am James River

Die Ruinen von Jamestown liegen auf einer kleinen Insel, die durch den Back Creek vom Festland getrennt ist. Diese Insel wird von einer schmalen Fahrstraße von etwa zwölf Kilometer Länge durchlaufen, die uns zu stillen Buchten, farnreichen Sümpfen und alten Farmstellen führt. Es ist schön, hier zu fahren: Eigentümlich licht sind die nachgewachsenen Wälder, hier und da durchsetzt von Walnuß- und Maulbeerbäumen, die alte Siedlungsstellen verraten. Gelegentlich belehrt uns eine Tafel über Vergangenes, so an der nur noch durch eine gewisse Lichtung im Wald ahnbaren Fairfax Farm, deren Bewohner, Frauen und Kinder, an einem Sonntagmorgen von den Indianern erschlagen wurden, als der Hausherr den Gottesdienst in Jamestown besuchte. Die Tafel vermerkt aber auch in puritanischem Eifer, daß ein Junge, dem es in der Kirche zu langweilig war und der sich fortgestohlen hatte, ebenfalls von den bösen Rothäuten getötet worden war. Die Wälder haben eine leicht unheimliche, stille Schönheit. Die Belaubung beginnt durch die Beäsung erst in Übermannshöhe, so daß der Blick am Boden sehr weit dringen kann und einzelne Büsche und bewegte Zweige, hin- und herpendelnde Lianen, Lebewesen vortäuschen. Die häufig neblige Stimmung trägt noch ein übriges zum Geheimnisvollen bei. Schmale Bäche queren das einstige Farmland, Reiher stehen im Uferschilf, und am Black Point, nach einem kurzen Fußweg durch die Redcedars, stehen wir an einer breiten Bucht des James, der seine Wellen sanft auf den hellen Sandstrand wirft. Im Uferwasser steht eine schilfgetarnte Vogeljagdhütte, einige Wildgänse, die den Anschluß verpaßt haben, streichen aufgeregt ab. Das Ufer ist übersät mit aufgespülten Fischen, die den Reichtum dieser kaum genutzten Gewässer erkennen lassen. Neben Flußfischen finden sich Meeresfische, wohl junge, mit uns völlig ungewohnten und gespenstischen Formen, Sägefische mit beidseits von Zähnen besetzten Kiefern, kleine Grundhaie, die mit ihren Gründelbarten wie Welse aussehen, und Rochen, auf denen die Möwen stehen, um sie auszunehmen.

Bei der Rückfahrt huscht es wieder unter den Bäumen, Zweige knacken, als ich anhalte, und mit großer und schöner Selbstverständlichkeit zieht ein Rudel Damwild seinen Weg, schaut gelegentlich zu mir herüber und scheint mich für ein harmloses Wesen zu halten.

Doch haben wir über der Natur völlig vergessen, die alten Schiffe, besser: deren Nachbildungen, zu besehen, die etwas flußaufwärts an einer Bucht des James liegen. Im ersten Moment hält man die ›Susan Constant‹, ›Godspeed‹ und ›Discovery‹ für verkleinerte Schiffsmodelle. Doch sind diese winzigen und zerbrechlichen Galeonen in Originalgröße rekonstruiert worden; die kleinste hatte zwanzig, die größte hundert Bruttoregistertonnen. Ein Schleppkahn auf dem Rhein ist bereits zehnmal so groß, und die Vorstellung, über hundert Menschen waren hier auf Monate eingepfercht, ist abenteuerlich. Betritt man die schwankende ›Discovery‹, so neigt sie sich bereits, und die alte eiserne Kanone gerät ins Rollen, und doch haben beherzte Männer mit diesen Schiffchen den Atlantik bezwungen, haben seine Wellenberge abgeritten, ihre zerborstenen Masten notdürftig wiederaufgerichtet, und sind nach fünf Monaten von einem heftigen Sturm, vorbei an den gefürchteten virginischen Kaps, in die Bay getrieben worden. An der ›Susan Constant‹ nagte schon wieder der Zahn der Zeit, so hatte man sie auf eine hölzerne Helling gezogen, um mit alten Zimmermannstechniken ihren Rumpf zu beplanken. Die Galeone zwischen den hohen Stämmen des Urwalds, dahinter die Palisaden und Wälle des nachempfundenen Forts (das alte hat der James weggeschwemmt), die schilfgedeckten Häuser und vor den kanonengespickten Wällen einige Indianerhütten geben, bei aller Abneigung gegen Rekonstruktionen, einen anschaulichen Eindruck des Vergangenen.

Rückkehr zu den atlantischen Küsten

Historische Reminiszenz in Yorktown

NUN heißt es aber endgültig, aus diesem Teil Virginias aufbrechen. Manchen Leser mag schon das ungute Gefühl beschlichen haben, ich würde mich hier festsetzen – aber wäre das eigentlich eine schlechte Idee?

Der Highway 60 und Interstate 64 führen uns zurück in die moderne Welt, zum großen Flottenzentrum von Newport News und Norfolk. Zwischen diesen Städten vereint sich auch der James River, schon sehr breit geworden, mit der Chesapeake Bay und die mautpflichtige gewaltige Brücke bringt uns hinüber, während links und rechts der Brücke ganze Armaden von Tankern und riesigen Spezialfrachtern warten. Man hätte in dieser Gegend noch vieles besuchen können. Fort Monroe zum Beispiel oder das alte Yorktown am York River, Endpunkt des amerikanischen Unabhängigkeitskrieges und Knotenpunkt einer weltgeschichtlichen Verwicklung zwischen England, Frankreich, Spanien und Amerika. Die französische Hilfe unter Lafayette, Rochambeau und Admiral de Grasse war ja nicht eben selbstlos, wer hätte dies auch angenommen. Die zunehmenden Ungelegenheiten der Engländer in Amerika hatten den Appetit einiger europäischer Mächte geweckt und ihre Lust gemehrt, alte Scharten auszuwetzen. Als 1779 England sich weigerte, Gibraltar an Spanien abzutreten, um sich damit dessen Neutralität zu erkaufen, traten auch Spanien, dann Holland in den Krieg gegen England ein und verstärkten die bislang recht glücklos operierende französische Flotte zwischen den Westindies und Boston. Der englische Oberbefehlshaber in diesem Gebiet, Lord Charles Cornwallis, hatte sich 1781 in Yorktown eingeigelt, um Verstärkungen aus New York zu erwarten. De Grasse aber hatte inzwischen die Einfahrt in die Chesapeake Bay gesperrt und in einem seltenen Augenblick britischer Geschichte war die Überlegenheit zur See verloren gegangen. Folgenschwer war das Ergebnis. Washington führte geschickt einen Scheinangriff auf New York, band dort die englisch-hannoveranischen Regimenter und setzte seine und Rochambeaus Truppen nach Yorktown in Marsch. Der englische General Howe in New York bemerkte die List zu spät, Cornwallis saß in der Falle, und draußen auf der Chesapeake Bay kreuzten 34 französische Linienschiffe. Cornwallis kapitulierte mit Anstand am 19. Oktober 1781. In seinem Bericht an das Oberkommando steht der bemerkenswerte Satz: »Unter diesen Umständen hielt ich es für erbarmungslos und zutiefst unmenschlich, das Leben meiner Soldaten zu opfern.« Noch galt die Weisheit, daß ein guter Soldat weiß, wann er geschlagen ist. Wenige Tage später traf die Entsatzflotte, von New York kommend, in den Narrows ein und bemerkte gerade noch rechtzeitig die verdächtige Stille, sie hätte auch keine Chance mehr gehabt. Als der britische Premier Lord North in 10, Downing Street die Nachricht erhielt, hob er resignierend die Arme und rief: »O God, it is all over!«

So liegen zwischen dem Anfang der englischen Herrschaft in Nordamerika in Jamestown und ihrem Ende in Yorktown 174 Jahre und ganze 15 Meilen.

Marinestützpunkt Norfolk

An dieser Stelle möchte ich für den geschäftlichen Besucher Washingtons einflechten, daß er mit einem Zeitaufwand von knapp einer Woche eine Rundreise rund um die Chesapeake Bay antreten kann, die in gedrängter Form viele Eindrücke bietet. Eine solche Fahrt führt von Washington und Alexandria über Interstate 95 nach Richmond, folgt dann der Interstate 64 nach Williamsburg, Jamestown und Norfolk, quert die breite Einfahrt der Bucht mittels Tunnel und Brücke, um dann über Ocean City, Cambridge und Annapolis nach Washington zurückzuführen. Es ist eine sehr maritime Reise, stets im Umkreis der großen Bucht und ihrer Nebenflüsse, des Potomac, Rappahannock, York und James River, westlich der Bucht in geschichtsträchtigem Gebiet, östlich in stillen ländlichen Regionen.

Jenseits der meeresweiten Aussicht von der Brücke über die *Hampton Roads,* wie die Einmündung des James River genannt wird, können wir dem Highway 60 bis *Virginia Beach* folgen, einem sommerlich sehr belebten Seebad bei Cape Henry. Doch die Lust zu einem Bad im Meer findet an North Carolinas Stränden bessere Gelegenheiten! So empfehle ich, in Norfolk zunächst eher dem Admiral Taussig Boulevard und dem Schild *Norfolk Naval Station* zu folgen. Schon von weitem sehen wir den Wald von Masten und Schiffen in diesem größten amerikanischen Marinestützpunkt am Atlantik. Wenn man an Schiffen interessiert ist, kann man gar nicht vermeiden, so nah wie möglich an die Naval Base heranzufahren, und unversehens hatte ich nicht aufgepaßt und stand einem grimmigen Marineinfanteristen gegenüber, der mit seiner Maschinenpistole eines der Tore bewachte. Zu meiner großen Überraschung – und ganz Amerika ist voller solcher Überraschungen – wurde ich aber wegen meiner zivilistischen Arglosigkeit keineswegs getadelt. Der Posten holte den diensthabenden Offizier hinzu, der rasch bemerkte, daß ich kein Amerikaner bin, nach Woher und Wohin frug und mir dann einen knallroten Gästepaß gab, der, hinter die Windschutzscheibe gesteckt, freie Fahrt in die Marinebasis eröffnete.

Es war eine beeindruckende Fahrt. Zahllose Hafenbecken, Lagerhallen und Umschlageinrichtungen dienen etwa 150 Kriegsschiffen der Atlantic and Mediterranean Fleet. Durchzogen von Schienensträngen, durchpulst vom Hin und Her der Sattelschlepper, muß man aufpassen, nicht unversehens über die Kaimauer gedrückt zu werden. Im U-Boot-Hafen liegen ganze Rudel von Atomunterseebooten mit ihren ungewohnt hohen Türmen, daneben Zerstörer und Fregatten, deren Kanonen noch am ehesten den Eindruck eines Kriegsschiffes geben, völlig verschieden von den gewaltig aufgetürmten Riesengebirgen der Flugzeugträger der ›Nimitz‹-Klasse und einer Armada von Kommandoschiffen, meist umgebauten Kreuzern, die einen Wald von Radarantennen und geheimnisvoller, ballonumhüllter elektronischer Sensoren in den Himmel recken. Norfolk Naval Station ist auch Kommandobasis des ›Admiral US Atlantic Fleet‹ und der ›Supreme Allied Command Atlantic NATO‹. So kann man hier auch europäische und deutsche Schiffe sehen. Überhaupt wehen überall bunte Wimpel in einer den Landratten nicht verständlichen Sprache. Steht man an der Pier unter den hochaufragenden Aufbauten eines Schiffes der ›Albany‹-Klasse, erdrückt schier von einer überbordenden Elektronik, wird einem bewußt, wie stark heute Seeherrschaft ausgedrückt wird durch technische Überlegenheit, aber auch wie unerhört empfindlich diese Schiffe gegenüber Feindeinwirkung sind. Auf dem benachbarten Träger der ›Forrestal‹-Klasse aus den späten fünfziger Jahren wurde gerade das Aufzugsystem überprüft, mit dem die in den Hangars unter Deck stehenden Maschinen auf das Flugdeck gebracht werden. In atemberaubender Geschwindigkeit schoß die Aufzugsplattform unter schrillem Motoren- und Warnsirenengeräuschen auf und ab, spuckte Maschinen aus, die an Deck hastig verteilt wurden, während sich Rudel von Mannschaften auf sie stürzten, um die Tragflächen abzuklappen. Ich hatte das Bedürfnis, in einer Cafeteria auf dem Gelände diese hektischen Bilder mit einem Bier abzukühlen, sah einem Segler nach, der in altmodischer Ruhe und Gelassenheit an all dem vorbeizog und kämpfte innerlich mit dem leidigen Zwiespalt von Verstand und Gefühl. Die Kantinenwirtin mochte mir solche Gedanken angesehen haben, wir sprachen ein paar Worte, sie war erst seit kurzem hier, hatte mit ihrem Mann, einem Air Force Sergeant, Jahre in Berlin verbracht und nahm die Welt philosophisch: »Don't worry, we keep our powder dry« – doch das sagt sich in Norfolk leichter als in Old Germany.

Das alte Norfolk mit seiner Wasserfront hat alte maritime Erinnerungen. Vielleicht nicht immer die besten. Noch in den fünfziger Jahren sollen in den Grünanlagen Schilder gestanden haben: »Sailors and dogs keep off the grass«. Das hat sich offenbar gegeben, aber St. Paul's Church zeigt in ihren Mauern noch die Kanonenkugel, die Lord Dunmore am 1. Januar 1775 abgefeuert hatte. Offenbar sollte hier der Ärger mit Patrick Henry in Williamsburg abreagiert werden!

Die Outer Banks von North Carolina

Der Highway 17 zieht nun weiter nach dem Süden. Mitten in den Dismal Swamps, den ungesunden Küstensümpfen, quert er die Grenze nach North Carolina und führt durch riedgrasbewachsene Ebenen, auf denen im Mai unbeschreiblich leuchtende Strandnelken hellrote Polster bilden. Bei Camden zweigt die Straße 168 zur See ab, läuft eine Weile auf der schmalen Landzunge zwischen dem Albemarle Sound und dem Currituck Sound, um dann bei *Point Harbor* auf einer langgestreckten Brücke auf die Outer Banks überzuwechseln, jener über 160 Kilometer ausgedehnten Kette von Nehrungen mitten im Atlantik.

Sand, Dünen, Strandhafer, die rollenden Brecher des Atlantik, Hotels, kleine Fischerhäfen – das sind die Outer Banks. Die Luft ist von Salz erfüllt, die Winde wehen unermüdlich und manchmal so heftig, daß Gischt über die Dünen fliegt. Ausgebleichte Gerippe von gestrandeten Seglern säumen die Banks, deren Vorfeld ein wahrer Schiffsfriedhof aller Zeiten war und ist. Landseits zieht sich der Albemarle-Sund hin, ein Eldorado der Fischer und Segler. Hier finden sich auch die alten Orte wie *Kitty Hawk,* deren moderne Schauseite sich freilich nach dem Meer wendet, mit Tausenden von stillen, oft unbewohnten Holzhäusern, wie wir das auch von der jütländischen Westküste kennen. Die Outer Banks sind erst in unserem Jahrhundert erschlossen worden. Noch vor hundert Jahren liefen hier Geschichten um von Blackbeard, dem Piraten, der nach einem ›Waffenstillstand‹ mit der Krone erneut sein blutiges Gewerbe aufnahm, gefürchtet von der Karibik bis zu den virginischen Kaps, um endlich sein Haupt zu verlieren, das, am Bug eines englischen Kriegsschiffes angenagelt, allen Schiffen entlang der Küste gezeigt wurde, teils zur Beruhigung, teils zur Abschreckung.

Vorbei an Kitty Hawk, wo die Gebrüder Wright 1903, nur wenige Jahre nach Otto Lilienthal, ihre ersten Flugversuche von einer hohen Sanddüne in den Aufwind des Atlantik hinein machten, gelangen wir nach *Nags Head.* Einsam wie Nantucket Island vor der Küste von Massachusetts, wird es beherrscht vom Gekreisch der Seemöwen und vom hohen Bau des ›Armada Inn‹, von dessen oberen Stockwerken man weit über See und Sund blicken kann. Nags Head hat einen Namen, dessen Ursprung umstritten ist. Die meisten meinen, der alte Blackbeard habe hier nächtens Ponies mit Laternen am Nacken herumgeführt, um Schiffe auf die Sandbänke zu locken, welch schöner, aber nicht erhaltenswerter Brauch ja auch an europäischen Küsten geübt worden sein soll. Auch Kill Devil Hills soll seinen unchristlichen Namen der christlichen Seefahrt verdanken, die hier einen Umschlagplatz für illegale Rumtransporte aus der Karibik unterhielt. Eine letzte Blüte erlebte der Schmuggel 1774, als flache Schaluppen den Pulvernachschub aus der Karibik für George Washington besorgten.

Doch das ist alles vorbei, die einsame Unwirtlichkeit, die manchen Gewerben dienlich war, ist heute durch Autostraßen erschlossen, aber immer noch dominiert hier die Natur, und nach heftigeren Stürmen ist der die Outer Banks verbindende Highway im Sand begraben.

Die Inns und Lodges entlang dieser Küste sind eingerichtet für länger bleibende Gäste, vor allem solche, die dem Fischen als Sport huldigen. Alle paar Meilen führt ein breiter hölzerner Anglersteg hinaus ins Meer, und es kann winden und wehen, wie es will, immer harren hier sturmerprobte Angler geduldig der Dinge, eingemummt in bunte Südwester, die Angeln eingerammt in die Holzbohlen des Stegs. Die technische Perfektion, mit der das Fischen hier betrieben wird, ist selbst für unsportliche Naturen beeindruckend. Vor dem Steg, und mit den Achsen halb im Sand begraben, stehen Spezialjeeps mit griffigen Pneus. Der Bug, hätte ich beinahe gesagt, der Kühlergrill, ist geschmückt mit einer grandiosen Vorrichtung, an der bis zu zehn Angeln wie mittelalterliche Lanzen hochaufgerichtet sind, und wie ein Turnierreiter kommen sie auch dahergefahren, schmettern ihr Horn und sagen den Fischen den Kampf an. Was hier gefangen wird, im Nahfeld der Küstenbrandung, ist freilich solchen Aufwand nicht wert, ein paar Goldmakrelen, hier und da ein Stachelrochen von Fußgröße, eigentlich ist es eher traurig zu sehen, wie Kreaturen nur um des Spaßes wegen getötet werden, um dann achtlos liegen zu bleiben und von den Möwen gefressen zu werden. Aber darüber kann man mit Anglern nicht reden.

So empfiehlt es sich für uns, ins ›Armada Inn‹ zu ziehen, wo angenehme Zimmer und ein gutes Restaurant warten und an kühleren Tagen ein Swimmingpool direkt in den Dünen liegt. In älteren Karten ist das Hotel noch als ›Ramada Inn‹ geführt; es liegt an der *Whalebone Junction,* von der die Straße zu dem noch zu besuchenden Roanoke Island abzweigt.

Von hier bis Cape Hatteras erstreckt sich die *Cape Hatteras National Seashore,* die ein merkwürdiges Doppelgesicht zeigt. An Land ist es ein Geheimtip für alle, die einsame Natur und unverdorbene Meereslandschaft lieben. Auf See ist es eine der gefürchtetsten Küstenstrecken der Welt – the Graveyard of the Atlantic. Dabei sieht das Meer ganz friedlich aus, und den wahren Zusammenhang erkennt man erst, wenn man eine großräumige Seekarte der amerikanischen Ostküste betrachtet und die Handelsgegebenheiten kennt. Zwischen New York und Charleston springt die Küste bei

Cape Hatteras um etwa 130 Meilen vor, und da der Schiffsverkehr zwischen Amerika und Europa selten nur einen Hafen der Ostküste anläuft, sondern turnusmäßig verschiedene Häfen wie New York, Philadelphia, Baltimore, Newport News und Savannah bedient, muß dieser ganze Verkehr samt der amerikanischen Küstenschiffahrt an Cape Hatteras und seinem weithin flackernden Leuchtturm vorbei. Das haben die Seeleute seit den ältesten Zeiten gefürchtet, nicht weniger als die Riffe vor der Florida-Küste, denn der Pamlico Sound und seine Nebenstraßen führen hier dem Atlantik unendliche Sandmengen zu. Dieser Sand hat die Nehrungen der Outer Banks aufgebaut, aber die Strömungen sind unberechenbar, schwemmen hier ab und dort zu, und so finden sich vor der Küste und auf den Seekarten, mit vielen Warnungen versehen, ausgedehnte unterirdische Sandbänke. Zumal bei Ostwind wurden sie den Seglern zum Verhängnis, wenn sie nicht gegen den Wind ankamen, aber auch Motorschiffe sind immer wieder hier gestrandet, bis in die jüngste Zeit. Zu allem Überfluß war Cape Hatteras für die deutschen Unterseeboote des Zweiten Weltkriegs eine beliebte Lauerposition. Hier war es leicht, Schiffe, die einer Geleitzugposition zustrebten, abzufangen. Das Ergebnis sind zahlreiche Wracks, die, von Torpedos zerrissen, in der seichten Tiefe ruhen. Mit ihnen ruhen auch zahlreiche deutsche U-Boote auf dem Meeresboden, beginnend mit U 85 im Jahre 1942 und endend mit U 548 im April 1945.

Doch sollten wir solch düsteren Gedanken entfliehen, indem wir uns in die Brandungswellen des Atlantik stürzen, eine lange Wanderung auf dem feinkörnigen, muschelübersäten Strand machen oder in einer Dünenmulde im Windschutz bräunen. Gegen fünf Uhr abends mag uns der Weg zum kleinen Hafen am *Oregon Inlet* führen, wo der Croatan Sound ins Meer einmündet. Gewaltig sind hier die Gezeitenströmungen, was man als Schwimmer bedenken sollte, es gibt heimtückische Unterströmungen zwischen nicht erkennbaren flachen Sandbänken. Baden sollte man deshalb nur im Mittelfeld einer Insel und an belebten Stränden. Am späten Nachmittag erleben wir die Rückkehr der Hochseesportfischer, die mit ihren weißen Yachten den Tag in Küstenferne benutzt haben, um vor allem dem Blauen Marlin nachzustellen. Der Blue Marlin (Makaira nigricans) ist der Paradefisch, wegen seiner Größe, seines schmackhaften Fleisches und seiner wehrhaften Natur. Der hier gefangene größte Marlin wog etwas mehr als eine halbe Tonne! Aber auch die kleineren, ein bis zwei Meter langen Artgenossen sind beeindruckend mit ihren großen Augen in einem fast dunkelblauen schuppenlosen Rumpf, dessen Oberkiefer sich zu einer Art Lanze formt. Allenthalben sieht man die vom Whisky angefeuerten Angler, wie sie ihre Beute wiegen und begutachten: der Mensch im Urzustand. Seltener ist der Schwertfisch, der dem Marlin nicht unähnlich ist, aber schlanker und mit noch weiter auskragendem ›Schwert‹ am Oberkiefer. Auch kleine Haie, Mako Sharks genannt, werden gefangen und gelten in Form von Steaks als Delikatesse. Massenfische sind je nach Jahreszeit der Thunfisch, in der Gestalt leicht zu verwechseln mit dem Bull Dolphin, einer Delphinenart, die an der regenbogenfarbenen Haut zu erkennen ist, die große Goldmakrele, die Seeforelle, der Seehecht und der Seewolf. Das Bild des abendlichen Hafens, der in der Sonne gleißenden Boote, der fachsimpelnden Sportfischer und ihrer farbenprächtigen Beute samt ihrem ebenfalls farbenprächtigen bikinibunten Anhang erinnern ein wenig an Hemingways ›Der alte Mann und das Meer‹, denn auch die meisten Sportangler sind schon etwas außerhalb der Blüte ihrer Jahre, was sie durch die Jugendlichkeit ihrer Umgebung wettzumachen suchen.

Seetüchtige können über die Outer Banks Chamber of Commerce in Kitty Hawk ein Charterboot mieten, aber es sei bitte nie vergessen, daß dies nicht die Ostsee ist! Manchmal geht solch ein Abenteuer auch schief, wenn ein heimkehrendes Boot mit dem Kiel auf einer Sandbank aufsitzt, von der Strömung heftig ergriffen wird und ungemein komisch wirkende Anstrengungen zu einem Kopfheister zu machen scheint. Dann muß die nahe Coast Guard gerufen werden, die mit gewaltigem Schraubenquirlen den Grundgänger wieder flottschleppt, angefeuert von den schadenfrohen Rufen der Glücklicheren. Die sonstigen Aufgaben der Cost Guard auf ihrem einsamen Ausflug über dem Atlantik bestehen aus härteren Anforderungen als dem Abschleppen barbusiger Meerfrauen, lang ist die Liste der sichtbaren Wracks entlang der Küste. Die Wracks wandern mit den Sanden, verschwinden geheimnisvoll und tauchen an anderer Stelle unerwartet wieder auf. Wenige hundert Meter nördlich des Oregon Inlet haben sich eiserne Teile der Reling der 1969 gesunkenen ›Oriental‹ wieder ans Licht gearbeitet, und die 1921 gesunkene ›Laura A. Barnes‹, eine 1918 in Maine gebaute hölzerne Viermastbark, hat man vollends ans Ufer gezogen, die skelettierten Reste ihres Holzrumpfs sind von der Sonne braunschwarz verbrannt. Die ›Barnes‹ war im Mai 1921 von New York nach Georgetown, S.C., unterwegs, als ein ›Nor'-Easter‹ sie erfaßte, einer jener berüchtigten Nordoststürme, alle Masten brach und das steuerlose Schiff auf die Sandbänke zutrieb. Die nahe Coast Guard hat alle acht Mann der Besatzung gerettet, dann wanderte das Wrack fast fünfzig Jahre lang die Küste in einem Bereich von zwei Seemeilen auf und ab, bis man 1973 den letzten Rest, den Kielboden und ein paar Spanten barg. Das älteste Wrack, von dem man weiß, ist die 1526 nach einem Hurrican gesunkene spanische Galeone ›La Bretona‹, die unter dem Kommando von Lucas Vasquez de Ayllon stand, doch hat man von ihrer goldenen Ladung nie etwas gefunden. Kein Wunder, die Diamond Shoales, die Diamant-Bänke, haben sie in ihre gefräßigen Tiefen gesaugt.

Das gescheiterte Unternehmen Roanoke Island

Ganz andere Eindrücke vermittelt uns ein Ausflug zur ›Lost Colony‹, der frühesten Stätte englischer Kolonisation in Nordamerika, eng verbunden mit den Namen Sir Walter Raleighs und Sir Francis Drakes. Von Whalebone Junction führt eine Straße westlich über den Roanoke Sound zu der

Insel Roanoke, die waldreich mitten in der spiegelnden Fläche des Sunds liegt. Es war Königin Elisabeth I., die den Halbbrüdern Raleigh und Gilbert eine Charter zur Inbesitznahme des Landes erteilt hatte, und angeblich war es auch die Königin selbst, die jene Neuerwerbung ›Virginia‹ taufte, vielleicht von dem poetischen und chevaleresken Raleigh dazu bewogen, denn die Zeitgenossen hatten die unverheiratet gebliebene Königin bereits ›Virgin Queen‹ genannt, und der Anstand gebietet, dazu ein ernsthaftes Gesicht zu machen, führte Raleigh doch in seinem Wappen den Spruch ›Amore et Virtute‹.

Die Landung auf Roanoke Island, ihr tragischer Ausgang, dessen Geheimnis bis heute nicht gelüftet worden ist, die Verquickung mit der vielleicht bedeutendsten Phase der englischen Geschichte, hat die Menschen lange beschäftigt und aufgewühlt. Die ganze Geschichte beginnt am Hof der großen Elisabeth, noch war Spanien der wahre Beherrscher der Meere. Aber das England der frühen Renaissance war von einer geheimnisvollen Unruhe erfaßt worden, Gefühle und Stimmungen brachen auf, wie nie zuvor blühten Dichtkunst, Theater und Musik, eine Welle humanistischer Erweckung ging durch das Land und der politische Wille tat sich kund, aus der jahrhundertelangen Isolation aus- und aufzubrechen in ein Goldenes Zeitalter. Für ein kleines und von der See umgürtetes Land hieß der Aufbruch zur Weltpolitik: Aufbruch zur Seeherrschaft.

Innerhalb ganz weniger Jahre liefen die englischen Werften den spanischen den Rang ab, waren schnelle englische Galeonen den schwerfälligen, mit Artillerie überfrachteten, auf Enterkampf bedachten spanischen Schiffen überlegen und fanden sich kühne Kapitäne, sagen wir ruhig Freibeuter, die den spanischen Silbertransport aus der geplünderten Neuen Welt unter Druck setzten. Sir Francis Drake war der große Mann unter vielen anderen, auch er war in das Roanoke-Abenteuer verstrickt. Sir Walter Raleighs Interessen dagegen neigten mehr zu Entdeckungen, kühnen, besitzergreifenden Schritten in der Neuen Welt. Raleigh hatte auch als erster erkannt, daß Amerika nicht auf Dauer zur Goldsuche und Inkaplünderung dienen konnte, daß andere und dauerhaftere Initiativen verlockender waren. Sein älterer Halbbruder, Sir Humphrey Gilbert, erhielt 1578 eine Charter »to colonize remote heathen and barbarous land, not actually possessed by any christian prince«. Hinter dieser vorsichtigen Formulierung verbirgt sich das diplomatische Bemühen, sich nicht unmittelbar mit den Spaniern anzulegen, die eben erst die Versuche der Franzosen, an der Küste von Florida seßhaft zu werden, brutal abgewehrt und alle Siedler, meist Hugenotten, ermordet hatten, mit der scheinheiligen Begründung »nicht, weil sie Franzosen seien, sondern weil sie Ketzer seien«. Da konnten sich die englischen »Ketzer« auch nichts Besseres versprechen.

Sir Gilbert kam bis Neufundland, trieb dann die Ostküste südwärts, mußte aber wegen schwerer Stürme die Heimreise antreten. Gilbert war ein gottesfürchtiger Mann, erzogen in der strengen Verantwortung humanistischen Denkens – so fuhr er auf dem zerbrechlichsten Schiff seiner Flotte. Als dieses schließlich in der rauhen See scheiterte, rief er noch im Sinken mit dem Sprachrohr zur benachbarten Galeone die berühmtgewordenen Worte herüber: »We are as neere to heaven by sea as by land.« Sir Walter Raleigh war bewegt von den Berichten der Überlebenden, und er rüstete 1584 eine kleine Expedition aus, die am 13. Juli 1584 die Outer Banks erreichte, vermutlich auf der Höhe von Nags Head. Es waren wohl die Sanddünen, die später den Gebrüdern Wright dienen sollten, die die Expeditionsteilnehmer beschrieben: »From the toppes of those hills next adjoining, we sawe the sea on both sides and a floke of Cranes arose …« Auch die Kraniche nutzten also den Aufwind an den Dünen, und rasch hatten die Seeleute entdeckt, daß in der windstillen Lagune, Teil des Albemarle Sounds, auf den waldreichen Inseln ein geeigneter Platz zum Siedeln sein mußte.

Im nächsten Frühjahr sandte Raleigh eine Flotte von sieben Schiffen unter dem Kommando seines Cousins Sir Richard Grenville von Plymouth aus. Es war ein für die damalige Zeit großes Unternehmen, wissenschaftlich fundiert und ausgerüstet, nur mit der nötigsten militärischen Bedekkung versehen. Der Zeichner John White begleitete Grenville, seine kolorierten Zeichnungen der Indianer, ihrer Behausungen und Werkzeuge sind ein bedeutendes Dokument des frühen Amerika geworden. Um die Spanier, denen das Unternehmen nicht verborgen bleiben konnte, zu beruhigen, besuchten sie den spanischen Gouverneur auf Hispaniola, dem heutigen Haiti. Der Grande war höchlichst überrascht, daß die Engländer zwei Indianer bei sich hatten, Manteo und Wanchese, die sie von Nags Head mitgenommen hatten, damit sie in England Englisch lernen sollten. Daß diese beiden Indianer am Bankett teilnahmen und sich recht ungezwungen unter den Weißen bewegten, störte ihn sehr, er vermerkte es jedenfalls kritisch in seinem erhaltengebliebenen Bericht an die Krone Spaniens. Dann brach man auf, fand südlich von Cape Hatteras eine Lücke in den Outer Banks und ging an der Nordküste von Roanoke Island an Land.

Wir selbst sind inzwischen mit dem Wagen vor dem kleinen Touristen-Pavillon auf der Insel angekommen, von dem ein Rundweg durch den dichten Urwald der Insel zur Nordküste führt. Heraustretend aus dem Dämmer des Waldes, dessen Bäume behangen sind mit dem wehenden und wallenden Spanischen Moos, stehen wir an eben der Stelle, an der Grenville ankerte und die Siedler auf das sandige Ufer übersetzten. Nach einigen Tagen kehrte Grenville nach England zurück, die Kolonisten aber erbauten im angenehmen Juniwetter des Jahres 1585 ein Fort aus Sandwällen und Holzpalisaden, versehen mit einigen kleinen Kanonen, um sich dann in der Nähe erste bescheidene Blockhäuser aus Rot-Zedern zu errichten.

Rasch machte man eine Bestandsaufnahme, und John White zeichnete seine berühmte Karte der Outer Banks, der Inseln und der zu erkennenden indianischen Dörfer an den Ufern der kleinen Flüsse, die dem Albemarle-Sund zuliefen.

Das Leben ließ sich gut an, die Wälder waren reich an Wild, »beares which are all of blacke colour, providing good meat«, zur Überraschung fand man Trauben, eine sauere kleine Traube und eine größere von ansprechender Süße. Auf dem Waldpfad, den wir gekommen sind, können wir diese Reben noch immer sehen, sie klettern an den Bäumen hoch und geben eine gute Anschauung, wie die Menschen der Antike den Wein aus den Wäldern des Mittelmeeres herausgelöst und zu einer Kulturpflanze gemacht haben.

Die ersten Schwierigkeiten begannen mit dem einbrechenden Winter, den man offenbar unterschätzt hatte. Auch war der Charakter des ganzen Unternehmens noch nicht auf Ackerbau und Viehzucht ausgerichtet, man blieb in gefährlicher Abhängigkeit vom Handelswillen der Indianer und der Ankunft von Schiffen mit Nachschub. Der hochmütige Geist unter den englischen Anführern, kaum gebremst durch die mildere Denkweise der an ihren Forschungen interessierten Humanisten, führte rasch zu ersten Zerwürfnissen mit dem Indianerhäuptling Pemisapan vom Stamme der Roanokes. Bald plünderte man die indianischen Dörfer, leerte die Fischfallen und zerstörte durch Gier die Austernbänke. Im Juni 1586 war die Lage desperat geworden, als die Nachricht eintraf, daß Sir Francis Drake mit einer reichen Beuteflotte von den Westindischen Inseln vor der Küste lag. Man hielt Rat, und Drake bot an, die 103 Kolonisten nach England zurückzusegeln. Doch Governor Lane entschied sich, durchzuhalten, und erhielt von Drake eine kleine Pinasse, um in der Lagune beweglicher sein zu können. Bevor Vorräte an Land geschafft werden konnten, brach ein Sturm herein und Drake hatte alle Mühe, seine Armada von der Küste weg und in die offene See zu bringen. Doch er kehrte zurück und nahm nun doch alle Kolonisten nach England mit. Nur Tage später kam Grenville mit Nachschub in Roanoke an, sehr enttäuscht über die Entwicklung der Dinge.

Sir Walter Raleigh hatte aus dem Fehlschlag gelernt. Am 8. Mai 1587 sandte er eine neue Expedition aus. Diesmal mit Farmern und Handwerkern ausgerüstet, die von ihren

Frauen und Kindern begleitet waren. Auch versuchte man, die Fehler im Umgang mit den Eingeborenen nicht zu wiederholen. Manteo, der immer noch mit von der Partie war, wurde ganz unbefangen im Namen der Königin zum Lord of Roanoke ernannt, und fünf Tage später gebar Eleanor Dare, die Tochter von Captain John White, eine Tochter, von der man mit allem Recht sagen kann, sie sei die erste weiße Amerikanerin gewesen. Ihr Taufname war ein Programm: Virginia.

Im Spätherbst kehrte John White nach Plymouth zurück, um Nachschub und weitere Kolonisten herüberzuholen. Er geriet in England mitten hinein in die Aufregungen, die die Nachrichten vom Aufbruch der Großen Armada König Philipps von Spanien ausgelöst hatten. Ein strikter königlicher Befehl verbot jedem Schiff die Ausreise, alle Kräfte wurden zusammengezogen, um der Armada zu begegnen. Als White endlich doch zwei kleine Schiffe flott gemacht hatte, gerieten diese vor La Rochelle in ein Gefecht mit französischen Schiffen und kamen zerzaust wieder in Plymouth an. Jahre vergingen, große und bedeutende Jahre für das Britische Empire, indes John White immer mehr daran verzweifelte, endlich ein Schiff nach Roanoke in Fahrt zu bringen. Im August 1590 ankerte er schließlich doch vor der Nordküste seiner Insel. Am anderen Morgen sah er Rauch über den Bäumen aufsteigen, aber alle Signale, Musketenschüsse blieben unbeantwortet. Die Häuser der kleinen Siedlung waren niedergelegt, die Balken waren zur Errichtung einer Palisade benutzt worden. Spuren von Gewalt fehlten, eiserner Hausrat war von Gras überwuchert, und an einem Stamm war das Wort ›Croatoan‹ eingeschnitzt.

Schwere Stürme verhinderten die Suche auf der Insel, das Wasser ging zur Neige, die Quellen an Land waren verdorben, und so mußte White schweren Herzens zurücksegeln. Er hat seine Tochter und Enkelin nie wiedergesehen, und viel ist darüber gerätselt worden, ob sich die Kolonisten, um dem Hungertod zu entgehen, dem freundlichen Indianerstamm der Croatoans angeschlossen haben.

So scheint es keine Spuren auf der Insel mehr zu geben, der Urwald hat alles wieder in Besitz genommen, verwunschen und verwachsen sind die Pfade zum Nordufer, der Sandstrand ladet zwar zum Bad, aber kaum je verirrt sich ein Mensch hierher. Doch hat man 1935 begonnen, das alte Fort zu suchen. Man fand um 1950, wie man auch vermutet hatte, die Stätte an der Ostküste, an der Governor Lane sich eingerichtet hatte. Die Erdwälle jener Ausgrabung sind deutlich im Gelände zu sehen, doch die Ortschaft blieb immer noch unauffindbar. Aus dem erdgefüllten Graben des Forts förderte man Gerät, spanische Olivenölkrüge aus Ton, eisernes Handwerkszeug, Harnische und Waffen zutage, doch ist ihre zeitliche Zuordnung nicht eindeutig, zumal europäische und indianische Stücke vermischt gefunden wurden. Der interessanteste und zeitlich leicht einzuordnende Fund stammt – aus dem alten Nürnberg! Es sind drei münzenartige Zählmarken aus Messing, sogenannte Counters. Nach langem Suchen in Archiven bekam man heraus, daß sie zwischen 1550 und 1574 in Nürnberg für England angefertigt wurden. Sie zeigen auf der einen Seite die drei Tudorkronen (England, Schottland und Wales) mit der umlaufenden Schrift »Got ist warglich« und auf der anderen Seite Reichsapfel und Kreuz des Deutschen Reiches mit der umlaufenden Schrift »Hans Schultes Zu Nuremberg«.

Unweit des *Lost Colony Park* haben Freunde und Anhänger englischer Gartenbaukunst ›The Elizabethan Gardens‹ angelegt, eine hübsche schattige Anlage, bemerkenswert vor allem durch die Kombination baumhoher Rhododendrons mit alten Eichen, von deren Ästen das Spanische Moos wie eine malerische Dekoration herabhängt, ein lichtfunkelnder Zauberwald. Auch Virginia Dare hat man hier eine Statue gesetzt, sentimentale Erinnerung an das, was hier einen Anfang hätte nehmen können.

Unsere Reise führt uns nun weiter südwärts entlang den Outer Banks, Meile um Meile an den haferbestandenen und windgerippten Dünen entlang, während sich auf der Lagunenseite immer stärker die Bayberries ausbreiten, ein Myrtengewächs, immergrün und mit blaugrünen Früchten, von einer dicken Wachsschicht umgeben, die in ärmeren Zeiten zur Kerzenherstellung diente. Was unseren Hochgebirgen die windgebürstete Kriechföhre, ist den nicht minder windgepeitschten Landschaften von North Carolina bis Florida die Bayberry, die Badenden einen Strandkorb ersetzt. Um aus diesem Geflecht von Inseln und Wasserflächen wieder herauszukommen, empfiehlt es sich, am frühen Morgen gegen halb sechs Uhr im Armada Inn aufzubrechen, nachdem am Vortage bereits die Fähre nach Cedar Island bestellt worden ist. Die Fähre verläßt Ocracoke Island um zehn Uhr.

So bleibt uns ein letzter Abend in Nags Head, die Sonne geht in roter Pracht über Roanoke Island unter, die Leuchtfeuer blinken entlang der Küste auf, letzte Segler streben mit Positionslicht in den Sund. Das Family Style Dinner im Restaurant bietet Berge von frittierten Shrimps, dazu mit Käse überbackene Broccoli, der Wein kommt von der New Yorker Seite des Lake Ontario.

Bei Cape Hatteras nimmt uns die Fähre nach *Ocracoke Island* auf, sie ist gebührenfrei und bedarf keiner Voranmeldung. Auf der einsamen Insel leben einige hundert wilder Ponys. Da Amerika vor seiner Entdeckung keine Pferde kannte, müssen die Tiere Nachkommen von spanischen oder englischen Vierbeinern sein, die bei den zahlreichen Schiffbrüchen entlang dieser Küste an Land schwammen. Überall sind Schutzzonen für Wasservögel: Graugänse, Schneegänse, Kraniche, Kormorane. Die Menschen, die in dem kleinen Fischernest Ocracoke leben und von der See abhängig sind, sprechen ein merkwürdig schweres und breites Englisch, mit Worten, die auf dem Festland längst ausgestorben sind; ein wenig erinnert es an den kaum verständlichen Helgoländer Dialekt, Salzwasser scheint zu konservieren. Ocracoke ist erst seit dem vergangenen Krieg als Basis der Coast Guard etwas belebt, sein Friedhof erinnert an das schon erwähnte Sterben vor Cape Hatteras. Hier liegen auch die gefallenen Seeleute des englischen Kreuzers HMS ›Bedfordshire‹, der 1942 vor dem Ocracoke Inlet von einem deutschen U-Boot torpediert wurde und sank.

Die Fähre nach *Cedar Island* braucht für die kleine Seereise etwa zweieinhalb Stunden, sie ist hochgetürmt mit Bootsanhängern und schnittigen Yachten, und die vielen Fahrwassertonnen zwingen sie zum Zickzackkurs. Die spiegelglatte Wasserfläche wird häufig bräunlich verfärbt, unversehens bricht sich die Bugwelle im nur fußtiefen Wasser und ganze Gruppen von Möwen, Kormoranen und Reihern stehen bis zum Bauch im Wasser und fischen.

Von Cedar Island führt der Highway 70 bis *Beaufort,* einer 1713 gegründeten Stadt an der Mündung des Intracoastal Waterway in die Nehrung. Diese Schiffahrtsstraße ist für den Warenverkehr zwischen den großen Sunds gedacht, vermeidet die Risiken der offenen See und bietet heute vor allem den Sportbooten viele Möglichkeiten. Landeinwärts liegt das von Schweizern gegründete *New Bern* mit dem 1767 erbauten Tyron Palace, dessen hufeisenförmiger Säulenumgang auf die palladianische Villa Badoer in Rovigo zurückzuführen ist, vielleicht auch das Vorbild für Washingtons Mount Vernon war. Hinter *Morehead City* folgen wir der 24, um dann den Sperrbezirk von Camp Lejeune auf der 172 zu queren. Der Posten gibt uns ein Permit für höchstens eine Stunde, ab und zu feuern ein paar Kanonen über die Straße weg, da hilft nur: Augen zumachen und weiterfahren. Dann folgen wir dem Highway 17 bis *Wilmington,* einem bequemen Etappenziel mit ausgezeichneten Motels an der Einfahrtstraße. Zu empfehlen ist das ›Best Western Inn‹, gut geführt, umstanden von ersten Palmetto-Palmen.

Wilmington zeigt an seiner Wasserfront einige gut erhaltene und hübsche Stadtquartiere in jenen Bauformen, die wir in Charleston in ihrer vollen Blüte erleben können. So nehmen wir hier ersten Kontakt mit dem Alten Süden auf, wenn wir durch die Straßen schlendern, die alle zu der langgestreckten, von Cape Fear über zwanzig Meilen landeinwärts reichenden Bucht führen. Auch hier liegt an dem einst von der Massachusetts Bay Company besiedelten Gestade manch alter Segler, aber jenseits der Wasserstraße ragt Größeres und Gewaltsameres seine Gefechtstürme in den Himmel. Wie in Fall River die ›Massachusetts‹, so liegt hier in einem Seitenbecken des Hafens die ›North Carolina‹. Beide Schiffe gehören, wie wir schon in Fall River gehört haben, der letzten Serie amerikanischer Schlachtschiffe an, und die ›North Carolina‹ bietet dem Blick von der Stadtseite ihr gewaltiges Heck als grauen Klotz aus Stahl, auf dem der riesige Drillingsgeschutzturm sitzt, selbst wieder überragt vom achteren Gefechtsmast mit seinen vielen Brücken, Radars und einem Gewimmel von Zwillings- und Vierlingsflakgeschützen auf ausbordenden Konsolen. Zum Schiff selbst gilt das schon in Fall River Gesagte, doch ist die ›North Carolina‹ in einem weit besseren Erhaltungszustand und die nautische Instrumentierung der Brücke, die optischen Feuerleit- und Rechenanlagen sind noch intakt und setzen den Interessierten anschaulich ins Bild.

Nachdem wir nun die drei gefürchteten carolinischen Kaps, Cape Hatteras, Cape Lookout und Cape Fear, hinter uns gebracht haben, zieht sich die Küstenlinie nach Überschreitung der Grenze von South Carolina sanft nach Westen zurück. Die sich dabei bildende *Long Bay* zwischen Wilmington und Georgetown ist ein einziges Badeparadies von Mai bis Oktober. Der schönste Ort, für einige Tage Pause auf unserer Reise sehr zu empfehlen, ist *Myrtle Beach*. Der Highway 17 zieht in einiger Strandferne entlang, und nahe dem hellfarbenen Sandufer verläuft eine kleinere, die Hotels und Pensionen verbindende Uferstraße. Das Ganze erinnert unwillkürlich an die italienischen Seebäder an der nördlichen Adria, hat denselben Rhythmus: Die Uferstraße ist strandseitig gesäumt von Hotels von immer noch familiärem Charakter, und alle hundert Meter führt ein Holzbohlensteg über die letzte schmale Düne zum breiten Strand, der allen gehört. Die Hotels freilich sind weit komfortabler als an der Adria – Ausnahmen hier oder da mögen nur die Regel bestätigen. Fast alle haben ein Schwimmbad mit Meerwasser, an dem ja nicht gespart und das nicht gechlort werden muß. Alle sind reizvoll umrahmt von windzerzausten Palmen und relativ preiswert. Doch fällt auf, wie wenige Kinder man sieht, auch wie blaß die Farben gegenüber Italien wirken, sieht man einmal von den kräftigen Türkistönen der Schwimmbäder und den bunten Markisen ab. Das kunterbunte, fröhliche Leben an der Adria, das Gewimmel der im Wasser plantschenden oder im Sand buddelnden Kinder fehlt hier, und mag man dort in den fünfziger Jahren auch manchmal gestöhnt haben über den Umtrieb, am Myrten-Strand South Carolinas wirkt alles, bei aller Vollkommenheit, zu unterkühlt.

Charleston und der Alte Süden

Baumwolle, Reis, Indigo: Schicksal des Landes

DIE Ouvertüre zur Pracht des Alten Südens, das ist die Avenue of Oaks an der *Boone Hall Plantation,* nur wenige Meilen vor Charleston am Highway 17 gelegen. Fährt man zur Zeit der Azaleenblüte im April durch die lange Allee von virginischen Sommereichen, sieht man die Pracht der in ungewöhnlich schönen Farbnuancen angeordneten Azaleen und Kamelien vor dem hohen weißen Säulenportikus des Herrenhauses, dann gewinnt man eine erste Ahnung vom Lebensstil einer Epoche, untergegangen zwar, aber im Wesen dieser Landschaft nachhallend.

Teil der Low Country of South Carolina, dienten die riesigen Plantagen von Boone Hall der Baumwollgewinnung und dem Anbau der Pecan-Nuß. Die Pecan-Nüsse sind in Amerika sehr beliebt und verbreitet, wachsen als Frucht der Hickorynut Trees (Carya illioensis), die zur Gruppe der Eschen gehören; sie sind länglich braun und sehr aromatisch. Auch heute noch ist Boone Hall, nach dem Ende der Baumwollkultur, die größte Pecan-Plantage in den USA.

Das sehr schöne Herrenhaus wurde gegen 1740 im Georgian Style erbaut, und 1935 erneuert, die Räume des oberen Geschosses und die Bibliothek sind zu besichtigen, aber bei weitem das Schönste ist das Spiel des Lichtes im wehenden silbergrauen Moos der Eichen, das eigentlich gar kein Moos ist, sondern ein Epiphyt, von dem niemand so recht weiß, wie er sich ernährt, was seinem malerischen und dekorativen Charakter keinen Abbruch tut. Die Avenue of Oaks hat Captain Thomas Boone 1743 zusammen mit dem Haus angelegt, sein Vater John hatte den weitläufigen Besitz 1681 aus der Hand der acht Lord Proprietors erhalten, acht Freunden König Karls II., die den Landstreifen zwischen dem 29. und dem 36. Breitengrad mit aller königlichen Huld geschenkt bekamen. Wo zwischen Breitengraden geschenkt wird, können auch kleine Geschenke weitergereicht werden – wie reich war die Welt damals noch, und wie armselig das Rangeln der kleinen Duodezfürsten im Heiligen Römischen Reich Deutscher Nation.

Charleston, seine zwergpalmenbestandene Battery, die traumhafte Schönheit seiner Magnolien- und Azaleenparks, seiner heute wieder bewußt gepflegten alten Herrenhäuser und Stadtquartiere, ist ein besuchenswertes Ziel, gleichgültig, ob wir dem Alten Süden innerlich ablehnend oder freundlich gegenüberstehen. Hier konzentriert sich die Landschaft, die wir durchfahren haben, verdichtet sich zu einem besonderen Lebensgefühl, dem des Südens schlechthin. Und wie im italienischen Mezzogiorno oder in Andalusien, von den armen Provinzen Portugals ganz zu schweigen, werden wir einer Landwirtschaft begegnen, die den Blick des durch Überindustrialisierung überreizten Nordeuropäers wie Nordamerikaners zunächst befriedigen mag, die erleichternde Feststellung erlaubt, daß unsere Erde noch immer große Freiräume hat. Sehen wir dann aber die ersten Halbpachtbauern, Weiße, Schwarze oder Mischlinge, wie sie hinter ihrem armseligen Pflug hergehen, gezogen von halbblinden Maultieren, dann werden erste Zweifel in uns aufkommen. Auch Amerika kennt also die ›mezzadrìa‹, diese unglückliche Verquickung und Verteilung von Last und Plage und magerem Ertrag, die den ganzen Süden Italiens kennzeichnet. Langsam wandelt sich dieses Bild durch die Südwanderung der Industrie, die das Bruttosozialprodukt hochschnellen läßt, doch die Menschen leben nicht von solch trockener Weisheit der Statistiker, und wie überall in der Welt stehen sich die Fronten gegenüber: hier die einen, die die freie Landschaft vom Untergang bedroht sehen und erhalten möchten, was natürlich ist, aber oft nicht bereit sind, ein Leben in schlichter Bescheidung zu leben. Und die anderen, die in den Schlagworten der Zeit, den zu schaffenden Arbeitsplätzen, dem steigenden Wohlstand, die alleinseligmachende Philosophie erblicken. Dabei stoßen wir ungewollt auf die großen Probleme der Monokulturen in den Carolina-Staaten.

Baumwolle, Reis und Indigo hießen und heißen die Schicksalsworte hier im Süden. Charleston ist ihr sichtbares Ergebnis und ihr lastendes Erbe. Selten auch hat sich mit bestimmten landwirtschaftlichen Erzeugnissen soviel Politik, Herrschsucht und soziologische Struktur verbunden. Beginnen wir darum mit dem Cotton, dem Kattun, der dreimal die Menschheit bewegt hat: indirekt eine der Ursachen für die Sklavenansiedlung in Amerika und damit des Sezessionskrieges, direkt Ursache der beginnenden Industriellen Revolution im England des 19. Jahrhunderts und Ziel weiträumiger, durchaus imperialistischer Handelspolitik. War die Schafwolle ein in nahezu allen Ländern vorhandenes Produkt, so hatten die Baumwolle und der Flachs nur regional begrenzte Ausdehnung. Der Flachs und das aus ihm gewonnene Leinentuch war eine Angelegenheit des mittelständisch-bäuerlichen Nordens. Seine Kultivierung und Verarbeitung war immer eingebettet in zahlreiche andere landwirtschaftliche Kulturen und Gewerbe. Man möchte sagen, das Leinen war in alten Zeiten eine allen Bevölkerungsschichten vertraute Textilie, Unterschiede gab es nur in der Feinheit des Gewebes, vielleicht noch in der Verschönerung durch kunstvolle Stickereien. Alte gewachsene bäuerliche Kultur umgab seine Entstehung und hielt noch bis in unser Jahrhundert daran fest.

Die Baumwolle dagegen ist ein Kind des warmen Südens. Sie war schon den alten Indern und Ägyptern bekannt und wurde durch die Araber, wie so vieles, in das mittelalterliche Europa gebracht. Damit gewann sie den Charakter eines

Luxuserzeugnisses, wie seltene Gewürze und Duftstoffe, und über lange Zeiträume war sie nur in vornehmen Kreisen bekannt, während das einfache Volk sich mit grobem Leinen und rupfigen Wollstoffen begnügte. Der heutige Gebrauch war also völlig auf den Kopf gestellt, und erst mit der aufkommenden Pflanzung der Baumwolle in den riesigen Plantagen des amerikanischen Cotton Belts von Texas bis zu den Carolina-Staaten und der gegen Ende des 18. Jahrhunderts in England entwickelten Spinnereimaschinentechnik wurde Baumwolle zu einem preiswerten Textilrohstoff und drängte das immer noch in Kleinbetrieben erzeugte Leinen zurück – heute ein Luxusartikel für feine Tischdecken.

Im Jahre 1748 verließ der erste Segler mit einer Fracht amerikanischer Baumwolle Charleston. Hier und in Ägypten versorgte sich das englische Mutterland, und noch wärend des Unabhängigkeitskrieges hatte die britische Krone die Hoffnung, in diesem aristokratisch regierten Süden zu überstehen, mochten die puritanisch-versponnenen Neuengländer auch treiben, was sie wollten. Auch im Sezessionskrieg war der Baumwollhandel über Charleston eine sorgenvolle Betrachtung wert, versuchten englische Blokkadebrecher immer wieder, die Sperre der Unionsmarine zu durchbrechen – ganz abgesehen von den weiterbestehenden freundlichen Beziehungen zweier Aristokratien, die beide den Wert des Geldes kannten.

Alle Monokulturen sind problematisch. Ob Kaffee in Südamerika, Baumwolle in South Carolina, Tabak in Virginia: eine Mißernte bringt ein ganzes Land an den Rand des Ruins. Auch Charleston ist wiederholt heftig vom Baumwollfieber geschüttelt worden. So kann nicht verwundern, daß man versuchte, mit anderen Kulturen diesem Dilemma auszuweichen. Die häufig sumpfigen Küstenniederungen der Carolinas wurden mit Erfolg zum Reisanbau genutzt. Auch das war natürlich Sklavenarbeit. Aber allmählich hatten die Bemühungen der Biologen und Chemiker Erfolg, die ertragreichere Sorten züchteten und mit Nährstoffen versorgten, so daß heute Reisanbau auch maschinell betrieben werden kann. Sehr zu Unrecht denken wir bei Reis zuerst an den Fernen Osten. Der aber kann sich kaum selbst ernähren, und im Welthandel auftauchender Reis ist meistens US-amerikanischer Langkornreis. Auch in Südostasien versucht man heute, diese vieltragenden Reishybriden anzubauen – oft vergeblich, da einfach Düngung, Schädlingsbekämpfung und Wissen fehlen. Dabei enthüllt sich die ganze Problematik unterentwickelter Länder, aber wir vergessen dabei zu leicht, wie ›unterentwickelt‹ unsere eigene Landwirtschaft noch im vergangenen Krieg war, uns kaum ernähren konnte, während wir heute mit den Überschüssen nicht fertig werden. Schuld daran ist die oft geschmähte chemische Industrie, die entgegen weit verbreiteter Ansichten mehr für den Gründgürtel der Erde getan hat als die jahrhundertelange extensive Felderwirtschaft, die oft genug in Auspowerung und Versteppung des Bodens endet, was von manchen Reformhausphilosophen nicht gesehen wird.

Auch die dritte große landwirtschaftliche Kultur in den Carolinas ist ein Musterbeispiel von Mode, Politik und Landwirtschaft. Ich meine den König der Farbstoffe, den Indigo. Die schon etwa 2000 Jahre vor Christus in Ägypten nachweisbare, in Europa manchmal ›Färberwaid‹ genannte Pflanze, liefert einen recht lichtechten, schönen, dunkelblauen Farbstoff. Seine intensive Kultivierung in Indien durch die Engländer befriedigte fast hundert Jahre den Farbenhunger eines anspruchsvoller gewordenen Europa. War im Mittelalter wie im Altertum farbige, gar bunte Kleidung nur Königen und Fürsten vorbehalten, so wurde das dunkelblaue Tuch geradezu zu einem Symbol bürgerlicher Wohlhabenheit. Indigoblaue Uniformen führten sich ein, nur die Franzosen hingen noch an ihren krapproten Hosen, und die Matrosen aller Länder lieben immer noch ihr blaues Tuch. Daß England praktisch das Monopol für Baumwolle *und* Indigo in der Hand hatte, war einer der Stützpfeiler seines Empires im Verein mit der Industrialisierung in der Phase des Manchestertums. Der große Umbruch kam mit der Entdeckung der Indigosynthese 1880, durch A. von Baeyer, die das Startsignal zur Blüte der deutschen chemischen Industrie Ende des 19. Jahrhunderts gab. Den Zorn hierüber hat die I.G. Farbenindustrie noch 1945 zu spüren bekommen, aber es zeigt uns auch, wie eng der koloniale Süden Amerikas mit England verbunden war. Boshafte Menschen behaupten deshalb, wenn schon die reichen Pflanzer Carolinas kein adelig-blaues Blut in den Adern hätten, dann doch wenigstens einen Schuß Indigo.

Stadtbummel im Auto

Bei aller Verschiedenheit haben Charleston und Manhattan etwas Gemeinsames: Auch Charleston liegt auf einer schmalen Halbinsel, die sich zwischen Ashley River und Cooper River hinzieht, seine Schauseite, die Battery, öffnet sich einer weiten Meeresbucht, in der Fort Sumter wie verloren herumschwimmt und an die Forts in der Hudson-Bucht erinnert. Auch die Küstenstruktur ist ähnlich, lagunenartig, und den weiten Badestränden auf Long Island entsprechen hier die Strände auf Sullivans Island und der Isle of Palms, die den Rhythmus des Grand Strand von Myrtle Beach weit in den Süden fortführen. Auch die vielen Flüsse und Bäche in der Umgebung Charlestons bieten Fischern, Anglern und Wassersportlern ein in eine reiche Vegetation eingebettetes Paradies. Hier lebt noch der amerikanische Stör und liefert, wenn auch beschränkt, Kaviar. Die mittlere Jahrestemperatur in Charleston bewegt sich um 20 Grad Celsius, schließlich liegt es auf der geographischen Breite von Marokko.

Sehr angenehm ist das Wohnen in der alten Stadt, je näher an der Battery, um so angenehmer. Wärmstens empfohlen – Voranmeldung unumgänglich – sei das ›Sword Gate Inn‹ (111 Tradd Street). Relativ klein, hat das alte, weit von der Straße zurückgesetzte Haus nur wenige, mit antiken Möbeln ausgestattete Zimmer, sehr persönlich ist die Begrüßung, und der Sherry Decanter wie das üppige Frühstück lassen Anfang und Ende des Tages gleichermaßen angenehm erscheinen. Aber auch das ›Best Western King Charles Inn‹ mit großer Garage im Binnenhof und das ›Mills Hyatt House‹ (beide Meeting Street) bieten angenehme Zimmer, wenn auch etwas entfernt vom Historical District.

So lassen Sie uns aufbrechen zu einem morgendlichen Autobummel durch Charleston. Welch eine Stadt für Autofahrer! Wo gibt es das noch: Ganz langsam trödelt man dahin, kommt hier zum Stehen, schaut und photographiert, gibt wieder etwas Gas, zuckelt hinter einer Pferdedroschke her, es riecht nach Rössern und nach Tang vom Hafen, ein Arm hängt zum Fenster heraus, die Kühlanlage summt, der Hintermann, so einer da ist, hält und wartet in Freundlichkeit, bis wir zuende gefilmt haben, keine Hupe, kein Terror, hier weiß man noch, daß das Leben viel zu schade zum Hasten ist. Manche alten Straßen sind noch kopfsteingepflastert mit den rund-buckligen Steinen aus dem Piedmont. Der weichgefederte Wagen hoppelt förmlich; ›Cobblestone-riding‹ nennen es die Einheimischen, und wenn man langsam genug ist, fühlt man sich wie in einem Sattel. Wir begegnen vielen Pferdedroschken mit knallgelben hohen Rädern und einem bunten Baumwollverdeck. Hat der Kutscher ein, zwei Fahrten gemacht, hält er ein Nickerchen unter einem Baum, der nächste Fahrgast wird ihn schon wecken. Gegen zehn Uhr steigt die Temperatur auch im Mai schon auf 33 Grad, die weißen mehrstöckigen Stadthäuser der Plantation Lords reflektieren das grelle Sonnenlicht, es wäre aufdringlich, wenn nicht das üppige schwellende Grün der Gärten, die zarten Violetts und Rosas der Rhododendron, Azaleen und Kamelien es auffangen würden.

Der unbeschreibliche Charme der Häuser an der *Battery*, die aristokratische Noblesse ihrer Gärten und Einrichtungen lassen allzu rasch vergessen, daß Charleston wie wenig anderen Städten Amerikas Größe und Tragik, Überfluß und Verzweiflung, Triumph und Niederlage beschieden waren. 1670 unter bescheideneren Umständen gegründet, war

Charleston bereits gegen 1730 eine sehr kosmopolitische Stadt mit einem ungemein reichen kulturellen Leben, erfüllt von pulsierendem Handel, hochgeriggten Schiffen dichtgedrängt im Hafen, Scharen von Pflanzern, die in der Kühle des Morgens in die Stadt kamen, um zu kaufen und zu verkaufen; und immer war Charleston eine Stadt schöner Frauen, die sich zu kleiden und zu bewegen wußten.

Vor Jahren hatte man mir erzählt, Charleston sei heute eine heruntergekommene Stadt voller Slums. Das mag für einige nördliche Stadtteile gelten. Der südliche Teil der Halbinsel aber ist ein Kleinod unter den Städten Amerikas mit mindestens tausend wunderschönen, phantasiereich abgewandelten Privathäusern, die meisten sind auch privat genutzt und einige zu besichtigen. So liegt an der East Battery das *Edmondston-Alston House:* Weit schweift von seinen oberen Stockwerken der Blick über die breite Meeresbucht, deren silbernes Flimmern von den kurzen Büscheln der Palmetto-Palmen so angenehm kontrastiert wird. Fast alle Häuser an der East Battery zeigen eine spezifische Eigenart: die Side Piazza. Eine ›Piazza‹ ist im Sprachgebrauch des Old South der dem eigentlichen Haus vorgeblendete, zwei oder drei Stockwerke übergreifende Säulenumgang. In seinen schönsten Beispielen gemahnt dieser architektonische Gedanke an einen griechischen Tempel, dessen Cella vom Peripteros der Säulen umrahmt wird. Zwischen Mauer und Säulen betonen breite Veranden mit zierlichen Balustraden die Waagrechte, den Eindruck des Ganzen in Vier- oder Rechtecke auflösend, vor deren Halbdunkel das Strahlendweiß der Säulen und ihrer Kapitäle reizvoll aufleuchtet. An der East Battery erzwingen nun Fluß und Uferstraße ein Betreten des Gartens von der Schmalseite, so daß die Häuser ihre prächtige Schauseite auf kleine palmengeschmückte Seitengärten öffnen, daher der Name ›Side Piazza‹.

Die Einrichtungen sind von erlesenem Geschmack. Schöne Möbel des frühen 19. Jahrhunderts schmücken das 1828 von Charles Edmondston erbaute Haus. Nach zehn Jahren war das Vermögen des Baumwollexporteurs in einem Market-Crash zerronnen, nun zog der Reispflanzer Charles Alston ein. Doch sollten wir uns alle diese Menschen nicht als Parvenus vorstellen. Ein Blick in die reiche Bibliothek zeigt uns nicht nur die meterfüllende British Encyclopedia und Alisons History of Europe, sondern viele französische und spanische Bücher der Zeit. Zahllose reizvolle Stiche mit Seefahrt-Motiven schmücken das Haus, ganze Serien von Piranesis zeigen Ansichten des Alten Rom, auch die Hausherrin und ihre Tochter erfreuen mit ihrem Anblick und einem eisgekühlten altmodischen Sorbet, plaudern mit ihren (wenn auch zahlenden) Gästen, die ihre Tickets aber diskret und außerhalb des Hauses kaufen, bevor sie zu dem Rundgang aufbrechen.

Wer Freude an geschmackvollen Inneneinrichtungen hat, erlesenem Mobiliar, der kann sich in Charleston satt sehen, gleich, ob er das *Heyward-Washington House,* das *Calhoun Mansion* oder andere Herrenhäuser besucht. Er wird sich an eleganten Treppenhäusern erfreuen, deren Kristallüster durch mehrere Stockwerke hängen und die besondere Feinheit des Adam's Style zur Geltung bringen, und stets wird er diese Häuser verlassen und sich verunsichert fragen, ob er wirklich in Amerika sei. Der Engländer Robert Adam (1728-1792) hat eine sehr persönliche Variante des palladianischen Stils geschaffen, eine Variante, die menschliche Wärme in den kühlen Klassizismus hineingetragen hat: Leichtigkeit, Anmut und Grazie. Einiges davon ist auf sehr persönlichen Wegen – insbesondere durch hugenottische Familien – wieder nach Europa getragen worden. So erinnert das *Manigault House* in Charleston in mancher Hinsicht an das Hamburger Fontenay-Haus, das der 1769 in Philadelphia geborene John Fontenay kurz vor den Wirren der napoleonischen Zeit 1793 erbaute. Von beiden Häusern wird man sagen dürfen, was Gisela Schiefler vom Fontenay-Haus anmerkte: daß seine bescheidenen Maße von der maßvollen Bürgerlichkeit und der Adel seiner Proportionen von der vornehmen Gesinnung des Erbauers zeugen. Vermutlich waren Beaumarchais und Talleyrand als Refugiés bei Fontenay zu Gast, Beaumarchais, dem wir im Aufbruch zur Amerikanischen Revolution wiederholt begegnet sind.

Doch sind nicht nur die großen Häuser der Reichen sehenswert, auch die bescheideneren Behausungen haben Charme, eine dem Auge wohlgefällige Form, gepflegte, oft winzige Vorgärten, und wie oft hängt vor den weißen Haustüren ein blumen- oder tuchgeschmückter Strohhut, phantasievoll dekoriert und voller Fröhlichkeit.

Palladio in Amerika

An dieser Stelle mag es erlaubt sein, nochmals auf den bedeutendsten Architekten Amerikas zurückzukommen, auch wenn er Amerika nie gesehen hat. Gemeint ist Andrea della Gondola, genannt Andrea Palladio. Auf unserer Reise von Neuengland nach Charleston sind wir ihm immer wieder begegnet, und wenn es eine für Amerika kennzeichnende Architektur gibt, so ist es der Georgian Style – nach der Unabhängigkeit ›Federal Style‹ genannt –, dessen Spuren ins 16. Jahrhundert und ins Veneto zurückzuverfolgen ungemein reizvoll und vielfach überraschend ist.

Als Handwerkerkind 1508 in Vicenza geboren, hat Palladio, dieser erste große Berufsarchitekt und Architekturtheoretiker, seine wichtigsten Werke in und um Vicenza und Venedig hinterlassen. Aus dem gründlichen Studium der antiken Baukunst sowie der seiner unmittelbaren Vorgänger wie Michelangelo, Bramante oder Sansovino entwickelte er eine Architekturkonzeption, in der er den verschiedenen Bauideen der Renaissance in unverwechselbar eigenwilliger Handschrift gültige Gestalt gab. Seine Paläste, Villen und Kirchen, entstanden aus einem ungezwungenen und dennoch übereinstimmenden Verhältnis zwischen Idee und Handwerk, vereinen antike Großartigkeit mit kühler, aristokratischer Eleganz. Seine Bauwerke und seine theoretischen Schriften dienten der Nachwelt als Vorbild einer Stilrichtung, die schier vergleichslose Verbreitung fand. Der Palladianismus hat England geprägt, hat auf Norddeutschland übergegriffen, wo er sich zumal in den Herrenhäusern Schleswig-Holsteins dokumentiert, ist nach Dänemark, auch in einzelne mittel- und süddeutsche Residenzen wie Kassel, Karlsruhe, selbst München gedrungen, und hat schließlich seinen kühlen Charme, seine klaren Formen und Proportionen der Neuen Welt zum Geschenk gemacht.

Als 1613 der Pfälzer Kurfürst Friedrich V. die Tochter Jakobs I. von England heiratete und man von London den Rhein hinauf nach Heidelberg fuhr, war im Gefolge Elisabeths der Architekt Inigo Jones. Der Kurfürst hatte seiner jungen Frau ein prächtiges Tor im Heidelberger Schloßgarten errichten lassen; dessen römisch überhauchte Renaissanceformen im Verein mit der strengen antikisierenden Gliederung des Ottheinrich-Baus mögen es Jones angetan und seine Schritte nach Italien beschleunigt haben. Anschließend reiste der englische Architekt nach Vicenza und hinterließ die Erkenntnisse seiner italienischen Reise in Form von Kommentaren auf einem Exemplar von Palladios ›Quattro libri dell' architettura‹. Er wurde der erste Verfechter des Palladianismus in England. Rund hundert Jahre später, 1719, reiste der Architekt Richard Boyle, 3. Earl of Burlington, nach Italien, und der Einfluß, den er nach seiner Rückkehr auf die englische Architektur nahm, löste eine neuerliche und nachhaltige Begeisterung für den Klassizismus im Geist Palladios aus, in deren Gefolge nun auch Inigo Jones wiederentdeckt wurde.

Diese Einflüsse fanden natürlich auch ihren Weg in das englische Nordamerika, und es ist seltsam zu sehen, daß sich der Palladianismus im kolonialen und dann erst recht im unabhängigen Amerika freigehalten hat von anderen stilistischen Einflüssen der Zeit. Hatte man zunächst ganz einfach die englische Tradition übernommen, sich an Jones und Burlington angeschlossen, so suchte und fand man bald den direkten Weg zu Palladio, vor allem seiner antiken Komponente. Besonders der spätere Präsident Thomas Jefferson, ein begabter Architekt, wurde zum Promotor Palladios für die USA, damit in einer Reihe stehend mit Weinbrenner in

Karlsruhe, Hansen in Hamburg, Schinkel in Potsdam, von Erdmannsdorf in Sachsen und A. Bundsens in Schleswig-Holstein. Sein eigenes Herrenhaus ›Monticello‹ in Albemarle County, oder die Universitätsgebäude in Charlottesville, die wir noch sehen werden, und das Virginia State Capitol in Richmond, die er zusammen mit Latrobe baute, wirkten als Vorbild. Gouverneur von Virginia (1779-1789), Secretary of State in Washington (1790-1793), schließlich Präsident (1801-1809), haben die Neigungen dieses Mannes tiefgreifenden Einfluß geübt.

Was ist das nun: Georgian Style, Federal Style oder Palladianism? Im Grunde ist es die Umkehrung der griechischen Tempelbauweise auf die profane Architektur, die auf die schon von Vitruv getroffene Feststellung zurückgeht, daß der griechische Tempel nichts anderes sei als die Sublimierung und Vergeistigung des einfachen Hauses in der Cella. Charakteristisch sind bei Palladio die von Säulen getragenen Dreiecksgiebel, das Frontispiz (vom lateinischen frons = Stirn und spicius = Anblick). Über einer Freitreppe erhebt sich die Kolossalordnung der mehrere Stockwerke übergreifenden Säulen und trägt den vorspringenden klassizistischen Dreiecksgiebel. Das Ausbalancieren von tragenden und lastenden Kräften – in Vicenza so schön zu sehen wie in Charleston oder Charlottesville – gibt auch kleinen bescheidenen Häusern mit ihren zwei Säulen und einem Giebelchen darüber Charakter und Charme.

Neben dem *Miles Brewton House* in Charleston selbst, dessen Portikus 1765 unmittelbar der Villa Barbaro in Maser nachgestaltet wurde, ist bei Charleston *Drayton Hall* an den Ufern des Ashley charakteristisch palladianisch, das 1738 erbaut wurde und die Erinnerung an die Villa Cornaro in Piombino Dese im Venezianischen bewahrt.

Die Tage des Kanonendonners

An der Südspitze Charlestons, am Zusammenlauf von Ashley River und Cooper River, liegt White Point Gardens.

Unter schönen, alten Bäumen, umgeben von Azaleen, fahren schwarze Kindermädchen immer noch herrschaftliche hochrädrige Kinderwagen aus, ohne daß die Welt daran zerbricht, wie man überhaupt den Eindruck hat, daß die Farbigen in den mit ihnen gemeinsam gewachsenen alten Städten des Südens nicht dem Ghettosyndrom nördlicherer Städte verfallen. Erst in Miamis unnatürlicher Kunstlandschaft wird das wieder anders werden. Zwischen den Bäumen toben die Kinder, und ihr Lieblingsspielzeug scheinen die alten Kanonen zu sein, die in allen Größen umherstehen. Mit großer Unbefangenheit erklimmen schon die Kleinsten ihren Fünfpfünder, die Großen kommandieren mit herrischer Gebärde die plumpen Mörser, die immer noch ihr Maul nach Fort Sumter recken, als ob sie nicht wüßten, was sie angerichtet haben. Weit draußen liegt das Fort, mit dessen Beschießung am 12. April 1861 der Sezessionskrieg begann. Ganz Charleston war auf den Beinen oder lag am Hafen in den Fenstern, um zuzusehen, wie neunzehn konföderierte Batterien Fort Sumter mit Granaten überschütteten. Es war keine große Heldentat, Fort Sumter hatte nur das Pech, von einem aus dem Norden kommenden Bataillon besetzt zu sein – hier wurde, wie stets bei Beginn eines Krieges, mit viel Kanonendonner und mit der Lupe gesuchten Begründungen Stimmung gemacht. Charleston hat es schwer gebüßt. Und wieder am 12. April 1865 hißten die Unionstruppen erneut die Flagge der Vereinigten Staaten auf Fort Sumter – nun hatte das Wort United States seinen Wortsinn etwas geändert: für die ehemals Konföderierten steht seither United im Passiv. Eine Augenzeugin berichtet von jenem Tag:

Für jemanden, der noch nie etwas von den eigentlichen Folgen des Krieges gesehen hatte, bot die Stadt Charleston einen schrecklichen Eindruck. Unser Bombardement hatte seine Spuren überall hinterlassen, sogar an den Kirchtürmen und Friedhöfen ... Alle, die es irgend möglich machen konnten, hatten die Stadt verlassen, die Straßen waren leer ... und Gruppen von Negern, die von fernen Plantagen auf Flößen den Strom herabgekommen waren und von denen viele noch nie zuvor eine große Stadt gesehen hatten, lungerten umher. Fast ohne Ausnahme waren die Haussklaven bei ihren Herren und Herrinnen geblieben; diese hier waren Feldarbeiter, und sie lachten sorglos wie kleine Kinder. Da ihre neue Freiheit ihnen kein Brot gab, lebten sie meist von den Almosen unserer Truppen ... Schwere Büsche goldener Rosen hingen über Gartenmauern und an den Veranden der festverschlossenen Häuser; gelegentlich schlich ein alter schwarzer Diener verstohlen in eine Hintertür ...

Küstenausflug mit Edgar Allan Poe

Ein kleiner Ausflug mag uns am frühen Abend, wenn die Seebrise kommt, über den Cooper führen nach Mount Pleasant und Sullivans Island. Die Brücke über den Cooper mit ihrer in der Sonne blitzenden Gitterkonstruktion hat steile Auffahrtsrampen, man hat das Gefühl, bei noch etwas gesteigerter Geschwindigkeit könne man von ihnen leicht von der Erde abheben, und selbst der nahebei liegende riesige Flugzeugträger ›Yorktown‹ wirkt eher erdenschwer. Er wird im Volksmund ›Fighting Lady‹ genannt, weil das 1943 von Stapel gelaufene Schiff immer verstanden hatte, unter dem Kommando des indianerblütigen Kapitäns Clark erfolgreich zu sein, aber nie das eigene ›make up‹ in Unordnung bringen zu lassen. Der 41000 Tonnen große Träger kann samt den auf Deck aufgestellten Maschinen eingehend besichtigt werden. Fußballfeldgroße Hallen und die angrenzenden Werkstätten zur Instandhaltung der Flugzeuge vermitteln eher den Eindruck eines Industriebetriebes als eines Kriegsschiffes. Interessant ist der Besuch der ›Insel‹, der auf der Steuerbordseite des Flugdecks aufragenden Kommandobrücke mit ihren auf verschiedene Ebenen verteilten Befehlszentren für die nautische Schiffsführung und den Flugbetrieb, und darüber die Admiralsbrücke, von der bunte Signalwimpel zu den vielen aktiven Schiffen hinübergrüßen, die dem Navy Yard am Cooper zustreben. Das Schwesterschiff der ›Yorktown‹, die ›Wasp‹, hatten wir 1970 noch im Hamburger Hafen erlebt, die nachfolgenden Riesen der ›Enterprise‹- und ›Nimitz‹-Klasse können Flußmündungen wie Cooper und Elbe nicht mehr befahren.

Immer der Küste folgend, gelangen wir nun nach *Mount Pleasant,* dessen Wasserfront einen schönen Ausblick auf Charleston und die nahen Forts Sumter, Moultrie und Johnson öffnet. Im Hibben Mansion hatten die Briten nach ihrer Rückeroberung von Charleston im Unabhängigkeitskrieg die amerikanischen Rebellengeneräle eingesperrt; paradox genug, war unter ihnen auch ein Casimir de Medici. Auf *Sullivans Island,* am Beginn der sandigen, palmenbestandenen atlantischen Strände, hat Edgar Allan Poe, der große amerikanische Novellist und Vater der Kriminalstory, die Erzählung ›Gold Bug‹ (Der Goldkäfer) geschrieben, eine jener Geschichten, in denen das Besondere allmählich ins Absonderliche übergeht, eine Quelle, aus der Agatha Christie sichtlich angeregt wurde, mehr noch Alfred Hitchcock geschöpft hat. Poe schildert darin die Küste South Carolinas:

Am Westende der Insel, wo das Fort Moultrie liegt und ein paar elende Holzbauten stehen – sie werden während des Sommers von Leuten bewohnt, die vor dem Staub und dem Fieber von Charleston flüchten –, kann man wohl die stachlige Zwergpalme finden; aber sonst ist die ganze Insel, mit Ausnahme dieses westlichen Punktes und einem Strich harten, weißen Gerölls an der Küste, von dem dichten Gestrüpp der wohlriechenden Myrte bedeckt, die von den englischen Gärtnern so sehr geschätzt wird. Dieser Strauch erreicht hier oft eine Höhe von fünfzehn bis zwanzig Fuß und bildet ein nahezu undurchdringliches Dickicht, das die Luft mit seinen Düften erfüllt.

Auch wenn heute die Palmetto-Palmen (Sabal palmetto) mit ihren hohen und schlanken Stämmen das Bild beherrschen, so bleibt doch immer noch der aromatische Geruch der Sweet Bay (Magnolia virginiana), und der Bayberries (Myrica cerifera), dem Duft der europäischen Macchien verwandt, lange in der Erinnerung haften.

Auch sonst hat sich hier eine sehr frühe Zeit Amerikas erhalten, die eher afrikanisch anmutet. Am Straßenrand sitzen Neger und flechten Körbe aus Palmblättern, die sie gleich an Ort und Stelle verkaufen. Ihre Sprache ist kaum verständlich, eine Art afrikanisch-amerikanisches Patois, ›Gullah‹ genannt, das, wie man sagt, aus dem fernen Angola stammt. Auch der Voodoo-Kult, eigentlich in der Karibik heimisch, reicht mit seinem Einfluß bis hierher. Alte abergläubische Vorstellungen beherrschen das Leben der Neger, teils aus der afrikanischen Heimat mit herübergekommen, vielleicht auch teilweise das Ergebnis abstumpfender täglicher Erfahrungen. Der Fremde wird wenig davon sehen, bis auf die Fensterläden und Türen, die zur Abwehr böser Geister blau bemalt sind.

Offenbar ist dieser Landstrich dem Verqueren günstig gesonnen, wobei wir ruhig sehen sollten, daß manches uns verquer Erscheinende aus der Sicht anderer Rassen oder Weltvorstellungen durchaus nicht quer, sondern auf dem geraden Weg liegt. Gelegentlich hatten auch die Weißen ihre Probleme auf diesem Gebiet, und das alte England lieferte und liefert immer noch schönste Beispiele für einen Nonkonformismus, der bei Männern spleenig, bei Frauen eher sektiererisch genannt zu werden verdient. So wohnte im letzten Jahrhundert in einer stillen Nebenstraße Charlestons Mary Bailey Cross, die als junges Mädchen von zwanzig Jahren entschlossen ihre Koffer packte und von England in die Türkei segelte, um den jungen Sultan von seinem muselmanischen Irrglauben zu bekehren. Der Sultan, sonst nicht uninteressiert an blonden Neuigkeiten, hörte sich geduldig die quäkerischen Erweckungsreden an, lächelte, und ließ Miss Bailey ziehen. Ein kluger Mann, der Sultan. Dann segelte die junge Dame nach Boston, denn das mit dem Puritanismus war ja auch nicht in Ordnung, hier tat Bekehrung not. Das mochten nun die Bostonians nicht, sie waren aber nicht so geduldig wie der Sultan, vielleicht auch nicht so weise, und setzten die Lady auf ein Schiff, das zu den fernen Barbados-Inseln fuhr. Aber irgendwie entwischte sie dort dem gestrengen Auge des Gouverneurs und lief in den Hafen von Charleston wie auch in den Hafen der Ehe ein.

Das amerikanische Spoleto

Ein großes Ereignis in Charleston ist das Spoleto Festival USA, das seit 1977 alljährlich im Mai stattfindet und eng mit dem italo-amerikanischen Komponisten Gian-Carlo Menotti verbunden ist. Menotti hatte den Aufbruch Amerikas in neue und zugleich alte musikalische und geistige Traditionen gespürt. Was mit der Abwendung Amerikas von Europa zur Zeit der Verkündung der Monroedoktrin begann, die ja weit mehr einen kulturpolitischen als einen außenpolitischen Akzent setzte, konnte nicht von Dauer sein. Hatte noch das Amerika der Washington, Hamilton und Jefferson einen durchaus europäischen Charakter, geprägt von den geistigen und kulturellen Strömungen der Alten Welt, so war dies alles im folgenden Jahrhundert und in der Begeisterung des Aufbruchs in den Wilden Westen, seine unendlichen Plains und die erhofften, teilweise ja auch ergatterten Reichtümer, fast vergessen worden. Amerika isolierte sich, schloß sich ab in der Meinung, europäisch-kulturelles Erbe störe seine Kreise, behindere die Entwicklung eines typisch amerikanischen ›way of life‹. Der Alte Süden, der zäher am romanischen Erbe, an spanisch-französischen Einflüssen festgehalten hatte, war nach dem Sezessionskrieg verstummt, zum Verstummen gebracht worden.

Das allmähliche Entgegenkommen des Nordens im Verein mit der wirtschaftlichen Besserung der Verhältnisse im Old South nach 1945, die Amerika nicht fremde Sehnsucht nach Sonne und Wärme, nach weicheren Formen des Lebens, hat auch das alte Charleston, die Perle des Old South, wieder zum Leben erweckt. Menotti ist das Verdienst zuzuerkennen, diese Stimmung gespürt und zwei verträumten Landstädten der Alten und der Neuen Welt einen Impuls gegeben zu haben. Das frühmittelalterliche Spoleto, Teil der umbrischen Landschaft, die mit ihren gebrochenen dunklen

Braun- und Grüntönen die Maler inspiriert hatte, war gegen Ende des Mittelalters und mit der Auflösung des Kirchenstaates zu einem vergessenen Landstädtchen herabgesunken. Auch das einst stolze Charleston hat die Wirren des Sezessionskrieges nur als etwas ramponierte ›Grand Old Southern Belle‹ überlebt, aber es ist immer noch eine Spirited Lady, eine stolze und geistvolle alte Dame. So begann Menotti sein Festival diesseits und jenseits des großen Teiches mit einem Programm, das Europa moderne Musik und Amerika vor allem klassische Musik brachte.

Wenn die Opern Cimarosas und Pergolesis oder die hinreißende Kammermusik im alten Dock Street Theatre verklungen sind, dann strömen die Besucher Charlestons zur Middleton Place Plantage. Es ist ein großes farbenfrohes Volksfest mit Spielen und Zauberern, an denen auch die Kinder ihre Freude haben; Profis und Amateure musizieren im Freien, umlagert von kleinen Gruppen; Hungrige picknicken unter uralten virginischen Eichen und schwellenden Magnolienbäumen, um am späten Nachmittag ein George-Gershwin-Konzert inmitten einer bunten, im Grünen gelagerten Menge zu erleben. Gershwin hat Charleston geliebt und hat der alten Cabbage Row unweit des City Market – umbenannt in Catfish Row – in seiner Oper ›Porgy and Bess‹ ein Denkmal des Alten Südens gesetzt. In der blauen Stunde des fallenden Abends gewinnen die ›Rhapsody in Blue‹ und ›Midsummertime‹ neue Dimensionen der Stimmung, verschmelzen mit der Parklandschaft, der gelösten Heiterkeit eines überaus sympathischen Publikums. An einem solchen Abend, wenn die aufkommende Seebrise die Blätter der Magnolienblüten vor sich hertreibt und die hellfarbenen Röcke der Damen bauscht, ist nicht mehr die Hautfarbe das Thema, sondern der aufsteigende schmelzende Ton eines Fagotts.

Doppelte Begegnung mit Père Prioleau

An der Ecke Queen/Church Street steht die Hugenottenkirche Charlestons, deren Geschichte und Epitaphe ein denkwürdiges Memento an die Irrwege des alten Europa und die frühen amerikanischen Jahre sind. Im April 1680 ankerte die ›Richmond‹, aus London kommend, mit 45 Hugenotten an Oyster Point in der Bucht von Charleston. Die fürchterlichen Religionskriege, die Frankreich zwischen 1562 und 1590 zerrissen hatten, waren mit dem Edikt von Nantes König Heinrichs IV. von 1598, das den Hugenotten Religionsfreiheit zusicherte, nicht zu Ende gekommen. Nach Heinrichs Ermordung 1610 durch intrigierende katholische Kreise kam es rasch wieder zu Unruhen, der protestantische Gottesdienst wurde unter Strafe gestellt, und langsam begann der Exodus der Hugenotten aus einem intoleranten Frankreich. Er kostete diesem Land über 400 000 Einwohner – für jene Zeit eine ungeheuerliche Zahl! –, die sich nach Preußen, England und Amerika ergossen und ein Ferment von Religion, Gelehrsamkeit, Handwerkskultur in den aufnehmenden Ländern wurden.

Schon 1687 wurde die erste hugenottische Kirche an der jetzigen Stelle erbaut. Queen Street war damals noch ein Kanal, auf dem die französischen Pflanzer mit ihren Booten sonntags zum Gottesdienst kamen. Die heutige, nach Bränden im 19. Jahrhundert erneuerte Kirche bewahrt den Epitaph von Elias Prioleau aus Saintonge in der Gironde. Sein Großvater Antonio Prioli war aus Venedig zugewandert, aber kaum hundert Jahre nach der Flucht vor den Sbirren der Serenissima war auch der Friede in der Girondemündung dahin. Die Soldateska Ludwigs XIV. riß die Kirchen in der Saintonge ab, die Hugenotten zerstreuten sich und gingen einzeln und heimlich nach London. 1686 gemeinsam nach Charleston segelnd, vereinten sie sich dort mit den schon 1680 Ausgewanderten.

Bewegend ist die Geschichte von Stephan Thomas, 1750 in Eymet in der Dordogne geboren, also lange nach der

Vertreibung der Hauptgruppen der Hugenotten. Aber immer noch hatte sich in den einsamen Tälern Mittelfrankreichs der protestantische Glauben erhalten, auf den de facto die Todesstrafe stand. Zusammen mit seiner kleinen Schwester Marie floh der vierzehnjährige Stephan quer durch Frankreich, gelangte mittellos auf einem Fischerboot an die englische Küste und reiste mit der letzten Gruppe von Hugenotten nach Carolina. 1839 gestorben, nennt ihn das Epitaph ›The Last Huguenot‹. Gelegentlich findet hier noch Gottesdienst in französischer Sprache statt. Er hat mich erinnert an meine hugenottischen Vorfahren mütterlicherseits, in deren Kasseler Karlskirche, inmitten des im letzten Kriege völlig zerstörten Hugenottenviertels, noch Mitte des vorigen Jahrhunderts ebenfalls französisch gepredigt wurde. Nichts davon ist erhalten, bis auf wenige, in einem altmodischen Französisch abgefaßte Tauf- und Sterbedokumente, heftig befehdet erst von den Deutschtümlern des Siebziger-Krieges, dann von den Großdeutschen. So ist mir bei den Worten des Vaterunsers: »Notre Père qui es aux cieux, que ton nom soit sanctifié, que ton règne vienne; que ta volonté soit faite, sur la terre comme au ciel ...« erneut und mit großer Deutlichkeit zu Bewußtsein gekommen, wie sehr sich Europa, und nicht sein schlechtester Teil, in Amerika bewahrt hat.

Es war also eine eher freundliche Überraschung, daß ich dem alten Vater Prioleau am Abend desselben Tages in der Prioleau Street nochmals begegnete. Hier steht *The Colony House,* in dessen angenehmen Räumen Charlestons alte Speisekultur gepflegt wird. Die Speisekarte beginnt mit dem Faksimile einer älteren Karte:

The Proprietor of
SAM'L PRIOLEAU'S
Tavern
is pleased to announce
a selection of new libations, the

RECEIPTS
for which are lately arrived from
BARBADOS, THE SOUTH SEAS
AND THE CONTINENT

Dann werden wir es schwer haben, zwischen Escargots ›Colony House‹, Scallops ›Barbados‹, Potted Creek Shrimps, Filled She Crabs, Low Country Chicken and Shrimp Creole zu wählen. Ich konnte nicht widerstehen und habe meinen Magen kosmopolitisch belastet mit Virginia prosciutto and Melon, einem Seafood Kabob aus frischen Fischen und Shrimps, gekocht, dann überbacken mit knusprigem Schinken und mit Sauce Béarnaise serviert. Dazu muß man natürlich einen trockenen Blanc de Blanc aus der Gironde trinken. A votre santé Père Prioleau ... dafür lasse ich manches Diner in Paris stehen.

Durch Klingsors Zaubergärten

Charleston hat seinen Besuchern, soweit sie vier, fünf Tage Zeit haben (und wir sollten sie lieber woanders einsparen), vieles zu bieten vom Besten – es wird noch lange in unserer Erinnerung lebendig bleiben. Nördlich am *Cape Romain* und südlich am *Edisto Beach,* jeweils knapp zwanzig Meilen von Charleston entfernt, haben sich sommerliche Biotope erhalten, in denen ein reicher Bestand von Wasservögeln, Alligatoren, Schmalwild oft nur wenige Meter neben den Cottages zu finden ist. Die Logger Head Turtle, eine heimische, sehr große Seeschildkröte, hat hier ihre Eiablageplätze, wilde Truthähne und die Marsh Hen, eine Art Sumpfhuhn, werden bejagt, und längs der Küste finden sich kleine Häfen, von denen aus auch der Fremde eine Hochseeangelfahrt für etwa zwanzig Dollar unternehmen kann.

Wenden wir uns nach Überqueren des Ashley nordwestwärts und folgen der Straße 61, so finden wir nach wenigen Meilen die Einfahrt zu der schon erwähnten *Drayton Hall* und den *Magnolia Gardens.* Es sind eigentlich zwei Zufahrten, aber Hall und Gärten gehören zusammen, sind Teil der

1671 von Thomas Drayton gegründeten Besitzung am Ufer des Ashley. Das prachtvolle palladianische Herrenhaus mit einem zweistöckigen Portikus im ionischen Geschmack ist zu besichtigen. Wirtschaftsgebäude und ausgedehnte Weiden mit einer ungewöhnlichen Rasse von bernhardinergroßen Kleinpferden leiten hinüber zu Magnolia Gardens, einem der großen Schaugärten der Welt zur Zeit der Azaleen- und Kamelienblüte Ende April – Anfang Mai. Die reizvolle wasserdurchzogene Anlage, in deren schwarzspiegelnden Teichen und kunstvollen Wasserläufen sich die Pracht üppiger haushoher Azaleen spiegelt, von eleganten weißen Holzbrücken überspannt, ist zauberhaft.

Auf der Weiterfahrt gelangen wir nach *Middleton Place,* 1741 von Henry Middleton in die hellgrünen Wälder des Ashley mit Terrassen, Alleen und symmetrischen französischen Gärten hineinkomponiert. Wir haben im Zusammenhang mit dem Spoleto Festival schon davon gehört.

Seit 1963 gehören auch die *Cypress Gardens* zu den besonderen Attraktionen Charlestons. Am Cooper River gelegen und über die Straße 52 zu erreichen, sind sie ein ehemaliges Wasserreservoir für die Reisfelder von Dean Hall. Die Reisfelder sind verschwunden, nach dem Sezessionskrieg breitete sich Verwahrlosung aus. Erst 1927 begann man den einzigartigen Wald von Sumpfzypressen (Taxodium distichum), die mit ihren rotrissigen Stämmen wie eine Säulenhalle aus dem schwarzdunklen Wasser der Sümpfe herauswachsen, zu kultivieren.

Diese spiegelnden Wasserflächen kann man mit einem Kanu durchfahren, das lichte gefiederte Grün der Sumpfzypressen erscheint im durchscheinenden Sonnenlicht besonders zauberhaft und führt zu wunderschönen Wasserspiegelungen. An anderen Stellen hat man über fünfzig Azaleenarten und, wie es heißt, dreihundert Kamelienarten auf kleine Inseln zwischen die Zypressenriesen gepflanzt. Auch dies könnte man Klingsors Zaubergarten nennen. Kein Wunder auch, daß in diesem Land die Botanik immer einen hohen Rang eingenommen hat. Der englische Hofarzt Sir

Hans Sloane, dessen Sammlungen von naturwissenschaftlichen Musterexemplaren, Kunstwerken und Handschriften den Grundstock zum Britischen Museum gelegt haben, sandte 1735 Mark Catesby aus, um die bewunderte Schönheit der Carolina-Staaten zu erfassen. Dessen berühmte ›Natural History of Carolina, Florida, and the Bahama Islands‹ (London 1731-1743) ist noch heute ein Standardwerk. Im selben Jahre wurde die erste immergrüne Magnolie im englischen Devonshire gepflanzt, heute noch blühend. Vor allem an den oberitalienischen Seen ist die Magnolia grandiflora mit ihren dunklen ledergrünen Blättern und duftenden weißen Blüten ein liebenswertes Adoptivkind aus den fernen Carolinas geworden.

Aber auch die Carolinas sind die Heimat ursprünglich dort nicht vorhandener Gewächse geworden. Der Franzose Michaux hat die indischen Azaleen und die Camellia japonica eingeführt, die in so besonderem Maße den heutigen gärtnerischen Reiz des Alten Südens ausmachen. Der in Charleston lebende Botaniker Alexander Garden machte die chinesische Gardenia berühmt, die von dem großen schwedischen Systematiker der Botanik, Linné, zu seinen Ehren so genannt wurde. ›Flora Caroliniana‹ hieß ein 1725 erschienenes Buch über die Gartenschönheiten dieses begnadeten Landstriches. John Drayton, dessen Haus am Ashley wir gerade besucht haben, hat es aus dem Lateinischen ins Englische übersetzt, was uns andeuten mag, daß in diesem Land nicht nur Reis gepflanzt und Geld gemacht wurde.

Am anderen Mittag fiel mir der Abschied schwer. Gegen zehn Uhr gaben die Damen des Charleston Symphony Orchestra im Symphony Designer House am Murray Boulevard ein Kammerkonzert. Hier hatte der Begriff Chamber Music noch seinen Sinn. Ein kleiner intimer Saal, dessen weit offene Fenster dem Ashley zugewandt sind, vom Seewind bewegte Musselinstores; die Damen an Cembalo, Harfe und Flöte in den weiten Krinolinen der Antebellumzeit spielten Rameau und Couperin, und ein freundlicher schwarzer Diener mit schneeweißem Haar reichte in der

Pause Erfrischungen. War es amerikanische Wirklichkeit? Wenige Tage danach, in den großen Städten am mittleren Atlantik, hielt ich es für einen Traum.

Rückreise-Visiten

Die Rückreise, wie meist etwas unter Zeitdruck, nehmen wir am besten über die Interstate 95 durchgehend bis Philadelphia oder New York. Die rund 1100 bzw. 1300 Kilometer sind bequem in zwei Tagen zu schaffen. Der Gedanke könnte reizen, statt dessen von Miami zurückzufliegen, die Entfernung Charleston–Miami mit 960 Kilometern würde auch dafür sprechen, zumal Miami seit kurzem auch von der Lufthansa angeflogen wird. Es scheint mir aber sinnvoller und erlebnisreicher, den Besuch von Florida zu verbinden mit einer Schiffsreise in die Karibik, einem Aufenthalt in Puerto Rico, den benachbarten wunderschönen Jungferninseln mit ihrem dänisch-westindischen Liebreiz, den Bahamas oder Bermudas. Da der Lufthansa-Flug Frankfurt–Miami über Nassau auf den Bahamas geführt wird, ergeben sich angenehme Kombinationen.

Die Rückfahrt auf der etwas eintönigen Interstate 95 führt uns an die Fall Line heran, die das flache Küstenland, die Tidal Plain, vom Piedmont trennt. Das Piedmont, im Westen an die Appalachen heranreichend, ist ein bedeutendes landwirtschaftliches Gebiet, dient in erster Linie dem Tabakanbau, dem Sojabohnen- und Maisanbau. Irgendwelche Vereinfacher haben Amerika einzuteilen versucht in den Cottonbelt, Cornbelt, Dairy Belt und wer weiß noch welchen Belt. Das mag in den großen Plains im Bereich von Mississippi und Missouri gelten, östlich der Appalachen heißt es der Landschaft Gewalt antun, zumal sich solche Strukturen in raschem Wechsel wirtschaftlichen Gegebenheiten anpassen.

Geblieben ist das Tabakgebiet um *Raleigh* und *Durham* in North Carolina, dessen sandige, leichte Böden dem Tabakanbau zuträglich sind wie die Sandböden des Oberrheintales, wo er aber sehr von klimatischen Zufälligkeiten abhängt. In Virginia und North Carolina hingegen ist die Tabakpflanze, die in der Wachstumsphase mit ihren krautigen Blättern viel Wasser braucht, dann aber auch Sonne zur Ausbildung der aromatischen Bestandteile, hervorragend aufgehoben. Die Stadt Raleigh war, metaphorisch gesagt, zwischen Kriegsende und der Währungsreform 1948 der weithin unbekannte Sitz einer unfreiwilligen deutschen ›Notenbank‹. Hier wurde nämlich jene seltsame Nachkriegswährung der ›Lucky Strikes‹ und ›Camels‹ hergestellt, die wie jede Währung eine Stückelung kannte: die einzelne Zigarette, die Packung und als Krönung für ganz große Kapitalisten die in glitzerndem Cellophan eingeschlagene Stange. Es ist unbekannt, ob sich der Board of XY Tobacco Corporation dieser Ehre bewußt war, jedenfalls war seine Währung für uns jahrelang die einzig effektive!

Quert man auf der Interstate die Flüsse, die der Ostküste zustreben, so ist man immer wieder überrascht, wie sie durch undurchdringliche Wälder mäandern, Sandbänke von dieser auf jene Seite schieben. Die dunklen Wasser fließen lautlos unter dem dichten Laubdach der sich von beiden Ufern einander zuneigenden Bäume, und niemand würde verwundert sein, ein Kanu mit einem indianischen Kundschafter mit lautlosem Paddelschlag unter dem Blätterdach auftauchen zu sehen. Man gab diesen Flüssen Namen, die sich schnell anboten: Dark Creek, Cape Fear River, oder indianische Namen wie Chìckahòminy oder Àppomàttox River, nannte sie auch nach den ersten Siedlern wie Cooper oder Ashley. Nichts hat sich bis heute geändert, die Wurzeln der Bäume wachsen in das dunkle Wasser hinein, Lianen und Baumreben verfilzen die Äste, angeschwemmte Baumstämme stauen die Wasser auf, werden zu biberbewohnten Dämmen, und eines Tages sucht sich der Fluß ein neues Bett.

Nach den rostroten und eisenoxydreichen Böden um Raleigh folgen ärmere Gegenden. Zwar laufen auch hier schöne Eichen- oder Ulmenalleen auf die alten Gutshäuser zu, doch wird der herrschaftliche Zuschnitt sehr viel bescheidener, und gleich nebenan liegen trostlose Negerhütten, mit Fliegendraht vernagelte Fenster, armseliger Hausrat ringsumher. Die kleineren Farmer brauchen natürlich im Zeitalter riesiger Pflug-, Sä- und Erntemaschinen kaum noch ›Manpower‹. Sie könnten diese bei den heutigen garantierten Mindestlöhnen und bei den niedrigen Preisen für landwirtschaftliche Erzeugnisse auch gar nicht mehr bezahlen. So dösen die schwarzen Familien auf ihren elenden kleinen Veranden vor sich hin, der Staat holt zwar ihre Kinder mit dem Schulbus ab, Medical Care und Arbeitslosenunterstützung funktionieren, aber das allein gibt ihrem Leben noch keinen Sinn und keine Freude.

Wer noch ein oder zwei Tage Zeit hat, dem sei in Virginia ein Ausflug nach *Charlottesville* und dem *Shenandoah Valley* empfohlen. Von Richmond führt die Interstate 64 zur Universitätsstadt Charlottesville, die noch in englischer Zeit, gegen 1750, gegründet worden ist. Namenspatronin war die Gemahlin Georgs III., Charlotte von Mecklenburg-Strelitz. Das eigentliche Glanzstück des kleinen Pflanzerstädtchens ist die University of Virginia, deren Hauptgebäude an der Wende der englischen zur amerikanischen Zeit errichtet wurden. Thomas Jefferson hat die Pavillons des Universitätscampus entworfen und mit Reminiszenzen an die Villen Palladios im Veneto versehen. Die Rotunde in Charlottesville lehnt sich an die berühmte Villa Rotonda an. Jeffersons Wohnhaus Monticello in Charlottesville, 1769 begonnen, entstand lange vor der Präsidentschaft, ein Bau mit ziegelroten Wänden, eingefaßt mit weißen Gesimsen, Balustraden und einem schönen Portikus, der auf einen wohlhabenden Lebensstil in den Jahrzehnten vor der Unabhängigkeit schließen läßt.

Von Rockfish Gap, westlich von Charlottesville, das wir über die Straße 64 unweit Waynesboro erreichen, führt der berühmte Skyline Drive über 160 Kilometer durch den Shenandoah National Park nach Front Royal. Die Straße folgt fast immer dem Gebirgskamm der Appalachen und stellt eine angenehme Alternative zur Interstate 95 dar. Die Ausblicke sind, zumal in den blauen Fernsichten des Herbstes, von großer Schönheit. An einer der von April bis Ende Oktober bewirtschafteten Lodges sollten wir den Wagen abstellen und den Spuren des straßenparallelen *Appalachian Trail* nachgehen, der grasüberwachsen zu bizarren Felsformationen und durch reizvolle Mischwälder führt. Wenn die Mason-Dixon-Line weiter nördlich zwischen Gettysburg und Antietam den Norden und Süden Amerikas trennt, als ob die beiden Landvermesser die späteren Auseinandersetzungen auf diesen bedeutendsten Schlachtfeldern der Sezession geahnt hätten, so bringt der von Norden nach Süden verlaufende Appalachian Trail wieder etwas Verbindendes in die Landschaft, die Erinnerung an ein frühes, von den Wirren des folgenden 19. Jahrhunderts noch nicht beunruhigtes Amerika. Die *Blue Ridge Mountains,* wie dieser Teil der Appalachen sich nennt, zeigen Höhen knapp unter tausend Metern, um gelegentlich zu sanften Pässen, ›Gaps‹ genannt, abzuschwingen. So nehmen wir beim Verlassen des Appalachian Trail auch Abschied von den amerikanischen Landschaften, durch die er uns von New Hampshires White Mountains und den Bärenbergen des Hudsontales bis auf die Höhen der Blue Ridge geführt hat. Wenn die mächtigen Interstates und Turnpikes unseren Wagen auch getragen haben, so sind unsere Gedanken viel lieber einem zugewachsenen, schmalen Indianerpfad gefolgt – auch das hochindustrialisierte Amerika hat inzwischen Zweifel, ob Beton der haltbarste Stoff ist. Von Front Royal führt uns dann aber doch wieder die Interstate 66 zurück nach Alexandria und Washington und damit auf die 95 North.

Ausklang

INDEM wir uns anschicken, Amerika zu verlassen, wird unwillkürlich die Frage in uns wach werden, wie wir Amerika gesehen haben, ob wir uns mit ihm, seinen Gedanken, dem besonderen ›American Way of Life‹ haben anfreunden, vielleicht sogar identifizieren können.

Bis zur Mitte dieses Jahrhunderts waren die Vereinigten Staaten sehr einheitlichen und unverkennbar amerikanischen Prinzipien verbunden, deren Quellen wir auf unserer Reise hier und da nahekamen. Gegen 1950 war Amerika auf einem einsamen Höhepunkt angelangt, den der Satz umschreibt: »There is no way like the American way.« Der sichtbare Verlust dieser Überzeugung trat nach Vietnam ein, doch war dieser Krieg ein viel zu peripheres Ereignis für die USA, als daß er für eine tiefere und überzeugende Begründung herhalten könnte. John F. Kennedy hat mit aller Kraft versucht, dieses Abenteuer zu vermeiden, manches deutet auf eine Ahnung seines frühen Todes und der Tragödie danach. Auch wußte Kennedy, daß die amerikanische Präsidialverfassung nur für starke Naturen zugeschnitten ist. In dem gewollten Antagonismus von The President und The Capitol stehen caesarische Verantwortung des einzelnen und kuriales Prinzip einer vielen Interessen dienenden Volksvertretung einander gegenüber. Washington, Jefferson und Franklin hatten klar erkannt, daß dieses Riesenland, das ein Kontinent ist, mit all seinen vielschichtigen Kräften und Strömungen nicht anders zu lenken ist. Ergänzen sich die von der Verfassung gesetzten Institutionen nicht, so ist

Amerika Brachland, auf dem viele zu säen und zu ernten versuchen. In den stillen Zeiten der Weltgeschichte war dies von freundlicher Bedeutungslosigkeit – heute ist es eine vitale und existentielle Frage.

Doch mögen dies vorübergehende Probleme sein. Alle Nationen haben bedeutende und weniger bedeutende Regierungschefs ertragen müssen. Die viel beunruhigendere Frage ist, ob nicht eine tiefgreifende Umorientierung in den Lebenszielen Amerika verändert. Das ist an der Westküste Amerikas deutlicher zu sehen als an der konservativeren Ostküste. Die großen Plains dazwischen sind noch stark von älteren Denknormen geprägt. Unverkennbar ist Amerika in eine Reifephase eingetreten; sich selbst mehr reflektierend, toleriert es auch immer mehr Randgruppen mit alternativen Lebensformen. In Europa ist dieser Prozeß schon früher und damit unauffälliger in Gang gekommen – in Amerika kam er rauschhaft an die Oberfläche, ein Rausch, der sich vermischte mit der Erkenntnis, daß die ›Machbarkeit aller Dinge‹ ohne die bittere Erfahrung des Scheiterns eine Utopie ist. Hatte noch Henry Luce voller Stolz das Wort vom ›American Century‹ geprägt (und mittels *Time* und *Life* weltweit verbreitet), so gilt heute eher die Feststellung von Hugh Sidey: »We are in America so young in years; yet we suddenly seem old from responsibility.« Man kann auch sagen, daß kein Volk so jung so alt hat werden müssen. Ob dies aber ein Nachteil ist, wird sich erst herausstellen müssen. Unverantwortlich jedenfalls ist das Herbeireden einer ›American Crisis‹.

Vergessen wir auch nicht, daß das Aufbegehren der jungen Generation, das Infragestellen überkommener Wertvorstellungen, in Amerika eine alte Tradition hat, Teil des englischen Nonkonformismus und Teil einer typisch amerikanischen Respektlosigkeit vor allzu etablierten und etikettierten Werten ist. Mit diesem Elternpaar fühlen sich Amerikas Alternative in durchaus ehrenwerter Gesellschaft. Nur durch den leidigen Drogenmißbrauch, der mehr ein medizinisch-administratives Problem ist und kaum ein geistesgeschichtliches, ist der Aufbruch der sechziger Jahre in eine falsche Dimension gerutscht. Doch hat Amerika immer wieder antizyklische Gegenkräfte entwickelt; leider spricht man immer nur von den Ausgeflippten, kaum wird von den stilleren alternativen Gruppen berichtet, die das Laute und Bunte scheuen, nicht in Makrobiotik und Consciousness Carnival, nicht im Halten von biologisch-dynamischen Hühnern und in Mescalin-Halluzinationen den Lebenssinn erblicken. Manchen dieser stillen jungen Menschen sind wir begegnet. Auf der Fifth Avenue wie in Williamsburg oder Charleston. Sie werben für ein besseres Amerika, manchmal mit, manchmal ohne religiösen Hintergrund, aber ihre Gesichter sind offen, ihre Augen vertrauenerweckend, unsere Sympathie gehört ihnen.

Eine lange Reise liegt hinter uns. Die Menschen, die uns begegnet sind, waren selbstbewußt und offen, manchmal anfänglich von kühler Zurückhaltung. In aller Regel sind wir auf Zuverlässigkeit, Ehrlichkeit, Takt und ein in Europa ungewohntes Maß an Höflichkeit gestoßen. Stille und unverbrauchte Landschaften, Wälder und Seen haben unseren Weg begleitet, häufig die Brandung und der Salzdunst des atlantischen Ozeans und das Gekreisch der Möwen. Zwischen Massachusetts und South Carolina haben wir einen großen Klimabereich durchfahren; der Leser wird längst entdeckt haben, daß die nördliche Schleife besser im Sommer und die südliche eher im Frühjahr erlebt werden sollte. Die großen Städte waren der Kontrapunkt zu den harmonischen Landschaften Neuenglands und Virginias, und dies nicht nur in optischer Hinsicht. Wir werden auf unserer Reise bemerkt haben, wie stark in diesem Volk noch der Glaube an Gott und die eigene Kraft, wie unverbraucht das Sprichwort ist: »Hilf dir selbst, so hilft dir Gott!« Die vornehmlich in intellektuellen Kreisen übliche Nabelschau hat weite Teile der Bevölkerung nicht zur Nachahmung veranlaßt, im Gegenteil. Daß diese Entwicklung aber nicht zu Intoleranz geführt hat, spricht eher für als gegen Amerika.

Allerdings sind die Grenzen alternativen Denkens sichtbar geworden.

Wenn nun also auch Amerika regionale Unterschiede stärker entwickelt, sich hierin den immer schon tiefverwurzelten Auffassungsunterschieden über Lebensinhalte und Ziele in Europa angleicht, so fragt man sich, welches Prinzip die Klammer ist, die all die zentrifugalen Kräfte zusammenhält. Das führt uns zum amerikanischen Demokratiebegriff, in Europa gelegentlich mißverstanden. Schon früh war hier ein Mißtrauen gegen die plebiszitäre Demokratie wach. Die Folge ist eine ausgeklügelte repräsentative Demokratie, deren Verfassungsväter sich eingehend mit dem großen athenischen Vorbild auseinandergesetzt hatten. Der Verfassungskonvent von 1787 war sich bewußt, daß zumal Platon und Aristoteles den Begriff Demokratie, isoliert betrachtet, weitgehend als Negativum verstanden, als die ›Herrschaft der Besitzlosen‹ und damit nur als eine auf den Kopf gestellte Form der Tyrannis oder der Oligarchie. Die amerikanischen Verfassungsväter wollten keine dieser Formen, sie wollten eine Verfassung, die nicht alle vor dem Gesetz gleich macht, sondern alle vom Gesetz gleich behandelt sehen will. Die Unterschiede in den Fähigkeiten wollten sie nicht nivellieren. Ihr Ziel war das Streben nach möglichst viel irdischem Glück für eine möglichst große Anzahl Bürger, striving for happiness, darin den Athenern (und nicht den Spartanern) nahekommend.

Der Feuerkopf der Revolution, John Adams, dem wir nun noch ein letztes Mal begegnen, beschwor den Verfassungskonvent 1787 von London aus, er möge die Worte Platons aus seinen ›Nomoi‹ wörtlich nehmen und in die politische Wirklichkeit umsetzen. Welch ein Gedanke: Ideen, die um 400 v.Chr. ausgesprochen wurden, derart blank zu realisieren: »Es gibt zwei Urformen des Staates ... und eine von ihnen mag Monarchie und die andere Demokratie genannt werden. Nun, wenn ihr die Freiheit wollt und die Verbindung von Freundschaft mit Weisheit, so müßt ihr an beiden Formen Anteil haben ... kein Staat kann wohl regiert werden, der nicht aus beidem geschaffen ist.« Diese Anweisung Platons haben die Verfassungsväter Amerikas fast buchstäblich in die gewollte Gegenüberstellung von Präsident und Kongreß umgesetzt.

Mit diesen Gedanken war ich am letzten Nachmittag in Philadelphia angekommen. Zum ersten Mal auf der ganzen Reise fand ich den Verkehr total zusammengebrochen. Tausende von Rotröcken marschierten mit klingender Regimentsmusik durch die Straßen und ich dachte erschrocken, die Truppen Ihrer Majestät seien zurückgekehrt. Doch Cornwallis ist schon lange tot, und so war es auch nur ein Veteranenumzug, der sich aus unerfindlichem Grunde im britischen Gewande gefiel.

Bei einem fundamentalen Ribsteak – keine Weltanschauung kann derart fundamental sein – und einem letzten Chablis versuchte ich, Amerika auf einen Nenner zu bringen. So etwas gelingt am besten in einem lateinischen Wortpaar, vielleicht war an dieser Kühnheit ein wenig der Wein schuld: Aequitas et Uniformitas: Billigkeit gegenüber Jedermann und Gleichförmigkeit. Denn das ist es, was Amerika bewußt gesucht und gefunden hat, die Billigkeit und Angemessenheit, und manchmal ist dann freilich die Uniformitas herausgekommen, doch hat diese Gleichförmigkeit nichts Bedrückendes, wird zunehmend von individuellen Strömungen aufgelockert, wie zur gleichen Zeit Europa der nivellierenden Kraft des Gemeinsamen Marktes anheimfällt. So war es auch wohl das allzeit wache Unterbewußtsein, das meine Schritte in eine griechische Taverne mit dem schönen Namen ›Hymettos‹ gelockt hatte, wo ich meinen Abschiedsschmerz in einem Retsina ertränken mußte. Platon hätte gelächelt …

Zeittafel zur amerikanischen Geschichte

HAUS TUDOR (die Zahlen sind die Regierungszeiten)		
Heinrich VIII. 1509-1547		Trennung von Rom und Gründung der Anglikanischen Kirche
Eduard VI. 1547-1553 (Sohn Heinrichs VIII. und der Jane Seymour)		
Maria I., ›die Blutige‹ 1553-1558 (Tochter Heinrichs VIII. und der Katharina von Aragon)		katholische Restauration
Elisabeth I. 1558-1603 (Tochter Heinrichs VIII. und der Anne Boleyn)		›Virgin Queen‹, ›Gloriana‹ Beginn des englischen Kolonialreiches
	1584	erste Siedlungsgründungen an der Küste von North Carolina durch Walter Raleigh
HAUS STUART		
Jakob I. (James) 1603-1625 (Sohn Maria Stuarts)	1607	Gründung von Jamestown
	1620	›Mayflower‹ in Plymouth
	1624	Virginia wird Kronkolonie; holländische Besiedlung Manhattans; Gründung von Nieuw Amsterdam
Karl I. (Charles) 1625-1649 (Sohn Jakobs I. und der Anna von Dänemark)	1642	–1649 Englische Bürgerkriege
		CHARTERED COLONIES
	1630	Massachusetts
	1635	Connecticut
	1636	Rhode Island
	1643	Neuengland-Konföderation
		PROPRIETOR COLONIES
	1632	Maryland
	1633	Carolina

REPUBLIKANISCHES INTERMEZZO		
Oliver Cromwell 1649–1658	1650	Vertrag von Hartford zwischen Peter Stuyvesant, den Algonquins und der Neuengland-Konföderation
	1651	Navigationsakte
HAUS STUART		
Karl II. 1660–1685	1664	Nieuw Amsterdam wird New York
	1665	Zweiter Englisch-Holländischer Seekrieg
	1681	William Penn gründet Pennsylvania
Jakob II. 1685–1688		
Maria II. 1689–1695 (Tochter Jakobs II.) und Wilhelm III. von Oranien 1689–1702		
Anna Stuart 1702–1714 (Tochter Jakobs II.)	1701 – 1713	Queen Anne's War
	1701 – 1714	Spanischer Erbfolgekrieg
HAUS HANNOVER		
Georg I. 1714–1727	1733	Gründung von Georgia
	1756 – 1763	Siebenjähriger Krieg
	1755 – 1763	French and Indian War
Georg II. 1727–1760	1763	Friede von Paris; England ist führende Kolonial- und Seemacht
Georg III. 1760–1820 ›Farmer George‹	1776 – 1783	Amerikanischer Unabhängigkeitskrieg
	1783	Friede von Versailles
	1812 – 1814	Englisch-Amerikanischer Krieg
	1861 – 1865	Sezessionskrieg
	1898	Amerikanisch-Spanischer Krieg

Präsident des First National Congress 1774 Peyton Randolph
Präsident des Second National Congress 1775(-1787) John Hancock u.a.
Präsident der Constitutional Convention 1787 George Washington

1	Washington, George	1789–1797	Föderalist
2	Adams, John	1797–1801	Föderalist
3	Jefferson, Thomas	1801–1809	Demokrat-Republikaner*
4	Madison, James	1809–1817	Demokrat-Republikaner*
5	Monroe, James	1817–1825	Demokrat-Republikaner*
6	Adams, John Quincy	1825–1829	Demokrat-Republikaner*
7	Jackson, Andrew	1829–1837	Demokrat
8	Van Buren, Martin	1837–1841	Demokrat
9	Harrison, William Henry	4.3.–4.4.1841	Whig
10	Tyler, John	1841–1845	Whig
11	Polk, James Knox	1845–1849	Demokrat
12	Taylor, Zachary	1849–1850	Whig
13	Fillmore, Millard	1850–1853	Whig
14	Pierce, Franklin	1853–1857	Demokrat
15	Buchanan, James	1857–1861	Demokrat
16	Lincoln, Abraham	1861–1865	Republikaner
	Davis, Jefferson	1861–1865	Gegenpräsident der Konföderierten
17	Johnson, Andrew	1865–1869	Demokrat
18	Grant, Ulysses Simpson	1869–1877	Republikaner
19	Hayes, Rutherford Birchard	1877–1881	Republikaner
20	Garfield, James Abram	4.3.–19.9.1881	Republikaner
21	Arthur, Chester Alan	1881–1885	Republikaner
22	Cleveland, Stephen Grover	1885–1889	Demokrat
23	Harrison, Benjamin	1889–1893	Republikaner
24	Cleveland, Stephen Grover	1893–1897	Demokrat
25	McKinley, William	1897–1901	Republikaner
26	Roosevelt, Theodore	1901–1909	Republikaner
27	Taft, William Howard	1909–1913	Republikaner
28	Wilson, Thomas Woodrow	1913–1921	Demokrat
29	Harding, Warren Gamaliel	1921–1923	Republikaner
30	Coolidge, Calvin	1923–1929	Republikaner
31	Hoover, Herbert Clark	1929–1933	Republikaner
32	Roosevelt, Franklin Delano	1933–1945	Demokrat
33	Truman, Harry Solomon	1945–1953	Demokrat
34	Eisenhower, Dwight David	1953–1961	Republikaner
35	Kennedy, John Fitzgerald	1961–1963	Demokrat
36	Johnson, Lyndon Baines	1963–1969	Demokrat
37	Nixon, Richard Milhous	1969–1974	Republikaner
38	Ford, Gerald Rudolph	1974–1976	Republikaner
39	Carter, James Earl	1976–1980	Demokrat

* (nach heutiger Lesart Republikaner)

Register

Nachweise

Autor und Verlag danken den Besitzern der abgebildeten Gemälde für freundliche Reproduktionsgenehmigung sowie für die Überlassung der Farbaufnahmen, Herrn Hartmut von Hentig für die Genehmigung, ihn zitieren und folgenden Verlagen für ihr Einverständnis, aus ihren Verlagswerken abdrucken zu dürfen: C. Bertelsmann, München (Werner Egli, Im Sommer, als der Büffel starb), S. Fischer, Frankfurt am Main (Thomas Mann, Doktor Faustus, Gesammelte Werke, Bd. IV, 1960, 1974; Carl Zuckmayer, Als wär's ein Stück von mir, 1966), Hoffmann und Campe, Hamburg (Sabina Lietzmann, New York – Die wunderbare Katastrophe, 1976) und Suhrkamp, Frankfurt am Main (Wolfgang Koeppen, Amerikafahrt, 1959; Max Frisch, Montauk, 1975). Die Zitate in den Bildlegenden sind Alfred Neumeyer, Geschichte der amerikanischen Malerei (Prestel Verlag 1974), entnommen.